民法物权

第二册

用益物权·占有

王泽鉴 著

中国政法大学出版社

序　　言

　　本书为拙著民法物权第二册，包括用益物权及占有。占有部分原系单独成册，因涉及物权基本制度，篇幅较多。用益物权部分则属新增，偏重于分析各种用益物权的法律结构，论述实务上重要争议问题，并探究用益物权的发展与台湾社会变迁的关联。本书出版承蒙程明仁先生协助校对。林清贤先生本其多年来支持的盛情，负责校阅全书，提供新的法令资料及改进意见，并致诚挚谢忱。为提早撰述担保物权，许多问题未及深思熟虑，错误难免，俟于完成民法物权全书后再通盘检讨补充。谨趁此机会对鼓励我的读者，表示敬意。感谢　神的恩典，让我仍能在喜乐中从事这些卑微的工作。

王泽鉴
2001.6.28
加拿大 U.B.C.

简 目

第一编 用益物权

第一章 概说 ······ (3)
  第一节 用益物权的意义、种类及内容 ······ (3)
  第二节 用益物权的经济机能、社会变迁及发展 ······ (9)
  第三节 用益物权与债权利用权 ······ (15)

第二章 地上权 ······ (19)
  第一节 地上权的意义、机能及发展 ······ (19)
  第二节 地上权的取得 ······ (24)
  第三节 地上权的期间 ······ (34)
  第四节 地上权的效力 ······ (35)
  第五节 地上权的消灭及其法律效果 ······ (43)
  第六节 "民法"物权编修正草案关于地上权的修正 ······ (53)

第三章 永佃权 ······ (61)
  第一节 永佃权的存废 ······ (61)
  第二节 农用权的增设 ······ (64)
  第三节 建筑用及农用双轨用益物权体系的建构 ······ (68)

第四章 地役权 ······ (71)
  第一节 地役权的意义及机能 ······ (71)
  第二节 地役权的种类及特性 ······ (78)

         第三节 地役权的取得 …………………………… (84)
         第四节 地役权的效力 …………………………… (87)
         第五节 地役权的消灭 …………………………… (93)
         第六节 "民法"物权编修正草案关于地役权
                的修正 …………………………………… (95)
 第五章 典权 ……………………………………………… (100)
         第一节 典权的意义、性质及社会功能…………… (100)
         第二节 典权的取得 ……………………………… (104)
         第三节 典权的期限 ……………………………… (109)
         第四节 典权的效力 ……………………………… (112)
         第五节 典权的消灭 ……………………………… (128)

第二编 占 有

 第一章 概说……………………………………………… (141)
         第一节 占有在"民法"物权编的体系地位……… (141)
         第二节 占有制度的历史基础…………………… (142)
         第三节 "民法"上的占有制度及其发展………… (147)
         第四节 占有的体系构成与请求权基础………… (152)
 第二章 占有的基本理论………………………………… (154)
         第一节 占有的意义……………………………… (154)
         第二节 占有的法律性质………………………… (168)
         第三节 占有与本权……………………………… (171)
         第四节 占有制度的功能………………………… (172)
 第三章 占有的分类……………………………………… (176)
         第一节 有权占有、无权占有…………………… (176)
         第二节 自主占有、他主占有…………………… (180)

第三节　直接占有、间接占有 …………………………（183）
　　第四节　自己占有、占有辅助 …………………………（189）
　　第五节　单独占有、共同占有 …………………………（196）
　　第六节　占有状态的特殊问题 …………………………（200）
　　第七节　占有状态的推定 ………………………………（203）
　　第八节　占有状态的变更 ………………………………（206）
　　第九节　占有状态体系构成与例题解说 ………………（211）
第四章　占有的取得和消灭 …………………………………（215）
　　第一节　直接占有的取得和消灭 ………………………（215）
　　第二节　间接占有的取得和消灭 ………………………（224）
　　第三节　依代理人、占有辅助人而取得占有 …………（227）
　　第四节　占有继受取得的效力 …………………………（228）
　　第五节　占有取得和消灭的体系构成与例题解说 ……（230）
第五章　占有的效力 …………………………………………（233）
　　第一节　占有权利的推定 ………………………………（233）
　　第二节　动产物权的善意取得 …………………………（240）
　　第三节　占有人与回复请求人的权利义务 ……………（313）
　　第四节　占有的保护 ……………………………………（338）
第六章　准占有 ………………………………………………（382）
　　第一节　准占有的意义、沿革与功能 …………………（382）
　　第二节　准占有的发生及消灭 …………………………（384）
　　第三节　准占有的效力 …………………………………（386）
附录一："民法"物权编部分条文修正草案条文对照表 …（390）
附录二：事项索引 ……………………………………………（442）
附录三："民法"物权编 ………………………………………（445）
　主要参考书目 ………………………………………………（476）

目　录

第一编　用益物权

第一章　概　说

第一节　用益物权的意义、种类及内容 …………………… (3)
第二节　用益物权的经济机能、社会变迁及发展 ………… (9)
　　第一款　用益物权的机能和社会变迁 ……………… (10)
　　第二款　用益物权的重构与再生 …………………… (13)
第三节　用益物权与债权利用权 …………………………… (15)

第二章　地上权

第一节　地上权的意义、机能及发展 ……………………… (19)
　　第一款　地上权的意义 ……………………………… (19)
　　第二款　地上权的机能及发展 ……………………… (23)
第二节　地上权的取得 ……………………………………… (24)

第一款　基于法律行为而取得地上权 …………………… (24)
　第二款　基于法律行为以外的事实而取得 ……………… (29)
　第三款　地上权的登记 …………………………………… (31)
第三节　地上权的期间 ………………………………………… (34)
第四节　地上权的效力 ………………………………………… (35)
　第一款　地上权人的权利 ………………………………… (36)
　第二款　地上权人的义务 ………………………………… (40)
第五节　地上权的消灭及其法律效果 ………………………… (43)
　第一款　地上权的消灭事由 ……………………………… (43)
　第二款　地上权消灭的法律效果 ………………………… (47)
第六节　"民法"物权编修正草案关于地上权的修正 ……… (53)

第三章　永佃权

第一节　永佃权的存废 ………………………………………… (61)
　第一款　永佃权的社会机能及式微 ……………………… (61)
　第二款　永佃权概述 ……………………………………… (62)
第二节　农用权的增设 ………………………………………… (64)
第三节　建筑用及农用双轨用益物权体系的建构 …………… (68)

第四章　地役权

第一节　地役权的意义及机能 ………………………………… (71)
　第一款　地役权的意义 …………………………………… (71)
　第二款　地役权的功能及发展 …………………………… (76)

第二节　地役权的种类及特性 (78)
第一款　地役权的种类 (78)
第二款　地役权的特性 (80)
第三节　地役权的取得 (84)
第一款　基于法律行为而取得 (84)
第二款　基于法律行为以外的事实而取得 (85)
第四节　地役权的效力 (87)
第一款　地役权人的权利义务 (87)
第二款　供役地所有人的权利义务 (92)
第五节　地役权的消灭 (93)
第六节　"民法"物权编修正草案关于地役权的修正 (95)

第五章　典　权

第一节　典权的意义、性质及社会功能 (100)
第一款　典权的意义及法律结构 (100)
第二款　典权的法律性质 (101)
第三款　典权的社会功能及其未来 (103)
第二节　典权的取得 (104)
第一款　基于法律行为而取得 (105)
第二款　基于法律行为以外的事实而取得 (108)
第三节　典权的期限 (109)
第一款　典权期限的规范功能 (109)
第二款　定有期限的典权 (110)
第三款　未定期限的典权 (112)
第四节　典权的效力 (112)

第一款　概说……………………………………………（113）
　第二款　典权人用益典物的权利及支付典价义务………（114）
　第三款　典物及典权的处分………………………………（115）
　　第一项　典权人的处分…………………………………（115）
　　第二项　出典人的处分…………………………………（118）
　第四款　典物灭失…………………………………………（124）
第五节　典权的消灭…………………………………………（128）
　第一款　回赎与找贴………………………………………（128）
　第二款　典权消灭的效果…………………………………（138）

第二编　占　有

第一章　概　说

第一节　占有在"民法"物权编的体系地位……………（141）
第二节　占有制度的历史基础………………………………（142）
　第一款　罗马法上的 possessio …………………………（142）
　第二款　日耳曼法上的 Gewere …………………………（144）
　第三款　Possessio 与 Gewere 在德国民法占有制度上
　　　　　的融合……………………………………………（145）
第三节　"民法"上的占有制度及其发展…………………（147）
　第一款　立法原则…………………………………………（147）
　第二款　判例学说…………………………………………（148）
　第三款　"民法"物权编修正草案………………………（149）
第四节　占有的体系构成与请求权基础……………………（152）
　第一款　占有制度的体系构成……………………………（152）

第二款　请求权基础 …………………………………………（153）

第二章　占有的基本理论

第一节　占有的意义 ……………………………………………（154）
  第一款　占有的概念 …………………………………………（154）
  第二款　占有概念的扩大和限缩 ……………………………（163）
  第三款　占有与持有 …………………………………………（165）
第二节　占有的法律性质 ………………………………………（168）
第三节　占有与本权 ……………………………………………（171）
第四节　占有制度的功能 ………………………………………（172）

第三章　占有的分类

第一节　有权占有、无权占有 …………………………………（176）
第二节　自主占有、他主占有 …………………………………（180）
第三节　直接占有、间接占有 …………………………………（183）
第四节　自己占有、占有辅助 …………………………………（189）
第五节　单独占有、共同占有 …………………………………（196）
第六节　占有状态的特殊问题 …………………………………（200）
第七节　占有状态的推定 ………………………………………（203）
第八节　占有状态的变更 ………………………………………（206）
第九节　占有状态体系构成与例题解说 ………………………（211）

第四章　占有的取得和消灭

第一节　直接占有的取得和消灭 ·················· (215)
　第一款　直接占有的取得 ······················ (215)
　第二款　直接占有的消灭 ······················ (222)
第二节　间接占有的取得和消灭 ·················· (224)
　第一款　间接占有的取得 ······················ (224)
　第二款　间接占有的消灭 ······················ (226)
第三节　依代理人、占有辅助人而取得占有 ·········· (227)
第四节　占有继受取得的效力 ···················· (228)
第五节　占有取得和消灭的体系构成与例题解说 ······ (230)

第五章　占有的效力

第一节　占有权利的推定 ························ (233)
第二节　动产物权的善意取得 ···················· (240)
　第一款　概说 ································ (240)
　第二款　动产所有权的善意取得 ················ (247)
　　第一项　利益衡量与规范模式 ················ (247)
　　第二项　动产所有权善意取得的要件 ·········· (254)
　　第三项　动产所有权善意取得的法律效果 ······ (270)
　　　第一目　物权变动：动产所有权的取得 ······ (270)
　　　第二目　动产善意取得与当事人间的债权关系 ······ (272)

第四项　盗赃或遗失物善意取得的特别规定…………（280）
　　　第一目　动产所有权善意取得的例外：
　　　　　　　盗赃或遗失物的无偿回复…………（280）
　　　第二目　动产所有权善意取得例外的例外………（290）
　　　第三目　案例研究：1988年台上字
　　　　　　　第2422号判决……………………………（294）
　　第五项　动产所有权善意取得的适用范围…………（303）
　第三款　其他动产物权的善意取得……………………（307）
第三节　占有人与回复请求人的权利义务………………（313）
　第一款　概说………………………………………………（313）
　第二款　占有物的使用收益………………………………（318）
　第三款　占有物灭失或毁损的赔偿责任…………………（322）
　第四款　对占有物费用支出的偿还………………………（327）
　第五款　适用范围与竞合关系……………………………（333）
　　第一项　适用范围……………………………………（333）
　　第二项　竞合关系……………………………………（335）
第四节　占有的保护………………………………………（338）
　第一款　占有在物权法上的保护…………………………（339）
　　第一项　立法目的与规范机能………………………（339）
　　第二项　对于占有的侵夺或妨害……………………（341）
　　第三项　占有人的自力救济权………………………（346）
　　第四项　占有保护请求权……………………………（352）
　　　第一目　概说………………………………………（352）
　　　第二目　占有物返还请求权………………………（354）
　　　第三目　占有妨害除去请求权……………………（358）
　　　第四目　占有妨害防止请求权……………………（360）
　　　第五目　占有保护请求权的行使期间……………（361）

第六目　占有之诉与本权之诉……………………（362）
　　第七目　间接占有人的保护请求权………………（364）
 第二款　占有在债权法上的保护………………………（373）
　第一项　占有的不当得利…………………………（373）
　第二项　侵害占有的侵权责任……………………（375）

第六章　准占有

第一节　准占有的意义、沿革与功能……………………（382）
第二节　准占有的发生及消灭……………………………（384）
第三节　准占有的效力……………………………………（386）
附录一："民法"物权编部分条文修正草案条文对照表 …（390）
附录二：事项索引…………………………………………（442）
附录三："民法"物权编…………………………………（445）
主要参考书目……………………………………………（476）

第一编　用益物权

基本理论 第一章

第一章 概　　说[1]

第一节　用益物权的意义、种类及内容

一、用益物权的意义

物权，指直接支配某物，享受其利益的权利。所有权系物权的典型，乃在法令限制的范围内对物为全面支配，得自由使用、收益、处分其所有物的权利，称为完全物权。所有权兼具使用价值和交换价值。为发挥物的使用价值，得设定用益物权（如地上权）。为发挥物的交换价值，得设定担保物权（如抵押权）。二者合称为定限物权。所以称为定限物权，其意义有二：（1）系于一定范围内对物为支配的权利。（2）对所有权加以限制，乃所有权以外的其他物权（参阅第762条、第763条[2]），"土地法"称为他项权利（"土地法"第11条）。[3]

---

[1]　"概说"具有导引及归纳复习的双重作用，请于读完各种用益物权后，再行研读，并加以整理补充！
[2]　文中法律条文如无特别说明，皆为"台湾地区现行民法"之规定。——编者注
[3]　参阅拙著，《民法物权》（一），第49页。

二、用益物权的种类

(一) 比较法上的用益物权

用益物权在法制史及比较法上有不同的种类,具有历史性和固有法性,并反映不同的经济体制和社会发展。[1]德国法上的用益物权(Nutzungsrechte)可概括分为地上权(Erbbaurecht)、役权(Dienstbarkeit)和土地负担(实物负担,Reallasten)。其中役权系一大类权利的总称,包括地役权(Grunddienstbarkeit)、限制的人役权(beschränkte persönliche Dienstbarkeit)、用益权(Niessbrauch)、居住权(Wohnrecht);其中用益权又有物上用益权(Niessbrauch an der Sache)、权利用益权(Nissbrauch an Rechten)及财产用益权(Niessbrauch an einem Vermögen)。其所以如此复杂的主要原因,系德国民法制定于德国统一之后(1896年制定,1900年施行),必须顾及各地的习惯。[2]

瑞士民法上的用益物权包括地役权、用益权及其他役权,土地负担;其中用益权得就动产、土地、权利或财产设定之。所称其他役权主要指地上权而言(瑞士民法第730条以下)。[3]

---

[1] Kunkel/Honsell, Römisches Recht, 4. Aufl. 1987, S. 180ff.; Bonfante, Istituzini Di Diritto Romans, 黄风译, 罗马法教科书, 中国政法大学出版社1996年版, 第251页以下。关于中国大陆社会主义的所有权制度与用益物权发展的关系, 参阅王利明, 物权法论, 中国政法大学出版社1997年版; 梁慧星、孙宪忠等, 中国物权法草案建议稿, 社会科学文献出版社2000年版; 米健, 用益物权——解决所有权难题的一个思路, 收于民商法论丛: 江平教授七十华诞祝贺论文集, 中国法制出版社2000年版, 第346页。

[2] 参阅孙宪忠, 德国物权法, 五南图书出版公司1999年版, 第233页以下; Baur/Stürner, Sachenrecht, S. 330ff., 360ff.; Brehm/Berger, Sachenrecht, S. 328ff.

[3] 参阅 Piotet, Dienstbarkeit und Grundlasten, in: Schweizerisches Privatrecht, 5. Band. Sachenrecht, 1977, S. 519ff.

日本民法上的用益物权计有地上权、永小作权、地役权及入会权四种（日本民法第265条以下）。[1] 永小作权系指支付佃租，而在他人之土地为耕作或畜牧的权利（日本民法第270条）。此种永小作权有一定存续期间（日本民法第278条），不同于台湾地区"民法"的永佃权。入会权系指居住于一定地域或村落居民在一定山林原野，为管理、运营使用收益之习惯上的权利（日本民法第263条）。

（二）台湾地区"民法"上的用益物权

台湾地区现行"民法"本诸物权法定原则，参酌德、瑞、日立法例，明定**地上权、永佃权、地役权及典权**四种用益物权。其中典权为传统固有的制度，关于其法律性质曾有争论，然依"民法"第911条"称典权者，谓支付典价，占有他人之不动产，而为使用收益之权"的规定，应认系用益物权。台湾地区"民法"规定四种用益物权，甚属简明，一方面在于整理旧物权（典权、铺底权），一方面则为增进物尽其用的经济效益，并兼顾所有权的自由。[2]

三、各种用益物权的内容

如何规定各种用益物权的内容？此属用益物权内容固定问题。为便于比较观察，先整理其要点如下：[3]

---

[1] 我妻荣/有泉亨，新订物权法，第338页；广中俊雄，物权法，第451页。
[2] 关于所有权与自由的最近发展，Hösch, Eigentum und Freiheit, 2000.
[3] 参照郑玉波，民法物权，第134页。

内容＼用益物权	地上权	永佃权	地役权	典权
标的物	不动产（限于土地）	不动产（限于土地）	不动产（限于土地）	不动产（土地及建筑物）
发生	意义·法定	意定	意定	意定
内容及效力 — 用益内容	使用他人土地，而有建筑或其他工作物或竹木	在他人土地上为耕作或牧畜	以他人土地供自己土地便宜之用	占有他人之不动产而为使用收益
内容及效力 — 对价	有偿或无偿	有偿:佃租	有偿或无偿	有偿:典价
内容及效力 — 期限	有期或无期	永久	有期或无期	期限不得逾30年
内容及效力 — 处分性	得让与、设定抵押权	得让与、设定抵押权不得出租土地	不得由需役地分离而为让与或为其他权利之标的物（从属性）	出典人得让与典物典权人得让与典权、转典、设定抵押权
消灭（特殊事由）	期满·抛弃·撤销	撤佃·抛弃	土地灭失 法院宣告	绝卖·留买 回赎·找贴

由上揭图表可知各种用益物权的法律构造多有不同，此涉及各种用益物权内容形成的立法政策问题（请比较分析其异同及理由），俟于论述个别用益物权时，再为详论。应先说明者有五：

1. 民法规定四种用益物权的标的物，仅以不动产为限。于动产则不得成立用益物权。其所以如此者，盖以动产系以占有为公示方法，难以表现较为复杂的用益物权关系。动产种类繁多，价值多低于不动产，如有用益的需要，可以买为己有或订立租赁或借贷契约（债之关系），不必赖有用益物权的设定。[1]

2. 各种用益物权，仅能于他人土地成立。比较法上有得于

---

[1] 郑玉波，民法物权，第132页。

自己土地设定用益物权（尤其是地上权），[1]台湾地区不采此种制度，用益物权虽因继承等原因得存在于自己土地之上（第762条但书），然此为例外，而非常态。

3. 用益物权系以物之利用为内容，原则上于同一标的物不能同时设定多数用益物权（如二个典权、二个永佃权、一个地上权和一个永佃权）。但用益内容不相排斥者，则得并存之，例如于同一土地上得设定一个以有空中走廊，一个以有地下街为内容的地上权。

4. 用益物权的设定有为有偿（永佃权、典权）；有为有偿或无偿，依当事人约定（地上权、地役权）。须注意的是，其为有偿时，无论法定或约定，均应准用"民法"关于出卖人瑕疵担保责任的规定（第347条）。

5. 地上权、永佃权及典权皆具处分性，得为让与或为抵押权的标的物（第838条、第843条、第917条、第882条），有助于使土地的利用归于最适于发挥其效能之人，并具担保债权的功能。关于地上权的让与，第838条规定："地上权人得将其权利让与他人。但契约另有订定或另有习惯者，不在此限。"关于永佃权和典权的让与，民法未设"但契约另有订定或另有习惯者，不在此限"的明文，应认不得以特约加以限制。[2]又地役权系为需役地而存在，不得由需役地分离而为让与，或为其他权利之标的物，原则上应与需役地所有权一并移转。

四、用益物权的得丧变更

用益物权的取得多基于当事人的法律行为，或为创设取得（如设定地上权）；或为移转取得（如地上权的让与），二者均属

---

[1] Baur/Stürner, Sachenrecht, S. 340.
[2] 本书第63页，第117页。

继受取得，皆应适用第758条及第760条规定，即其物权行为须以书面为之，并经登记始生效力。须注意的是，无论设定取得或移转取得均涉及债权行为，俟于地上权再行说明。[1] 用益物权亦有基于法律行为以外之事实而取得者，如时效取得、法定地上权的发生等。用益物权为财产权的一种不具专属性，皆得为继承的标的（第1148条），惟须登记，始得处分（第759条）。

用益物权的消灭原因，有为各种物权所共同的，如标的物灭失、公用征收。民法对各种用益物权明定有不同的消灭原因，俟于个别用益物权再为详述。用益物权因抛弃、存续期间届满、撤销权之行使或法院之判决等而消灭时，应申请涂销登记（"土地登记规则"第143条）。

又须注意的是，用益物权的内容变动时，如地上权期间的延长或缩短、无偿变更为有偿等，均须经登记，始生效力（第758条）。

兹为便于观察对照，将用益物权得丧变更的基本规范模式，图示如下：[2]

---

[1] 本书第24页。
[2] 参阅拙著，民法物权（一），第77页。

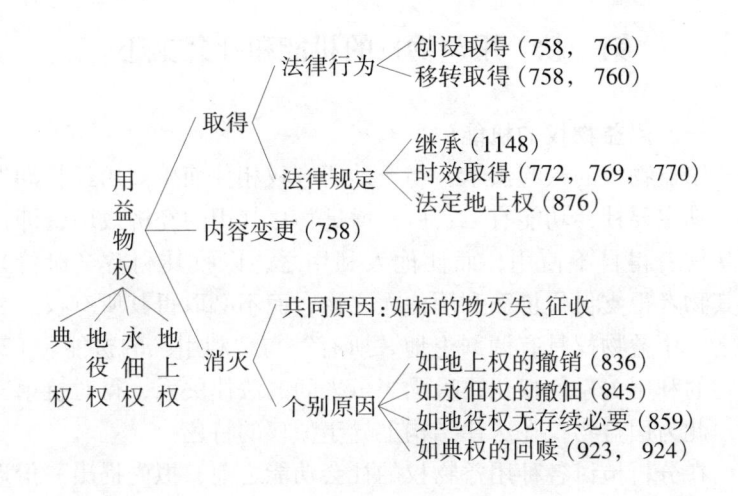

```
                        ┌─法律行为─┬─创设取得(758, 760)
              ┌─取得────┤         └─移转取得(758, 760)
              │        │         ┌─继承(1148)
              │        └─法律规定─┼─时效取得(772, 769, 770)
用            │                   └─法定地上权(876)
益────────────┤
物            ├─内容变更(758)
权            │
              │        ┌─共同原因:如标的物灭失、征收
典 地 永 地   │        │         ┌─如地上权的撤销(836)
役 佃 上      └─消灭───┤         ├─如永佃权的撤佃(845)
权 权 权 权            └─个别原因─┼─如地役权无存续必要(859)
                                 └─如典权的回赎(923, 924)
```

第二节 用益物权的经济机能、社会变迁及发展

——用益物权的兴起、式微与再生——[1]

民法设有地上权、永佃权、地役权和典权四种用益物权,您是否认识各种用益物权的社会机能,知道近年来各个用益物权登记的件数,而分析其与台湾社会变迁的关系? 用益物权是否业已式微? 如何修改民法关于用益物权的规定,强化用益物权的功能?

---

[1] 此项标题的灵感来自早年阅读 Edward Gibbon 的古典名著 The Decline and Fall of The Roman Empire; Atiyah 的 Rise and Decline of the Freedom of Contract (1979); Gimore 的 The Death of Contract (1977) 及内田 贵的契约の再生 (1990)。

第一款 用益物权的机能和社会变迁

一、用益物权的机能

用益物权的兴起甚早，与土地所有权相伴而生。历经长期发展，其主要社会功能有二：(1) 增进物尽其用的经济效用，即拥有其物者得自不使用，而使他人利用之，以收其利益（对价）。无其物者得支付代价而利用他人之物，而不必取得其所有权。易言之，用益物权具有调剂土地"所有"与"利用"的机能。(2) 使物的利用关系物权化，巩固当事人间的法律关系，得对抗第三人，此为用益物权在法律结构上异于债权的特色。

在分析检讨各种用益物权的社会功能之前，拟先提出一份近年关于用益物权的登记统计资料：

台闽地区办理土地他项权利登记笔数统计

年度别\权利项目	抵押权 笔 数	地上权 笔 数	地役权 笔 数	典 权 笔 数
1995	2 407 039	32 502	11	227
1996	2 421 175	28 630	1 541	50
1997	2 535 474	48 858	3 878	2 002
1998	2 112 392	32 633	433	16
1999	2 270 906	33 114	267	431
2000	2 033 521	29 530	560	29
2001(1-5月)	733 724	10 204	237	9

统计资料有助于法学研究，诚如美国伟大法学者 Holmes 氏所云，未来的法学者不是研究白纸黑字之人，而是通晓统计及经济之人。[1]统计资料的搜集、公布及应用最足表现一个国家现代法化的程度。如何建立运用土地登记资料，使物权法的研究能够建立在科学的基础上，实在是一个值得重视的重要课题。

二、用益物权与台湾社会变迁

前揭关于用益物权的统计，在某种程度可以反映台湾地区土地所有权制度及社会变迁，分别简要说明如下：

1. **永佃权**的消逝直接肇因于 50 年代的土地改革，[2]尤其是 1953 年"实施耕者有其田条例"的施行，规定出租的农地，地主除仍得保留部分土地外，其余土地一律由政府征收，转放现耕农民承领。在耕者有其田的制度下，永佃权殆无存在的余地。

2. **典权**为中国固有传统的制度，民法特设典权一章加以规范，确有必要，立法目的在于保护经济上的弱者（出典人）。在台湾，清治时期曾继受中国的典权制度。在日治时期，日本民法未施行于台湾以前设定的典权，自日本民法施行后，即适用日本民法不动产质权的规定。1945 年台湾光复后，如何依现行"民法"规定处理清治时期的典权及日治时期的不动产质权，乃成为

---

[1] Oliver Wendell Holmes, The Path of the Law, 10 Harvard Law Review 457, 469, 474 (1897) "For the rational study of the law the black letter man may be the man of the present, but the man of the future is the man of statistics and the master of economics… We Learn that for everything we have to give up something else, and we are taught to set the advantage we gain against the other advantage we lose, and to know that we are doing when we elect."

[2] 参阅林文益，台湾农村土地改革之政治经济分析（1949 - 1953），台大政治学研究所硕士论文（1945）。

实务上困难问题。[1]

就前揭关于典权登记的资料言，1997年共有2 002件，但1998年仅有16件，1999年有431件，2000年有29件。为何在1997年有较多典权的登记，固待研究，但就整个趋势言，典权已告式微，其主要理由有二：(1) 典权制度历经统治权的更易及不同的法制，影响其发展的继续性。(2) 出典人须将典物交付与典权人占有，因而丧失对典物使用收益的权能，典权人须一次支付相当于典物价值的典权，负担沉重。典权制度本身的法律构造已不符现代社会经济生活的需要。[2]

3. **地役权**的登记件数亦属不多，1998年有433件，1999年有267件，2000年则有560件。其供土地便宜之用的内容如何，究为通行、眺望、汲水或其他，固不得确知，但应以通行为多。近年来，台湾地区交通建设发展迅速，产业道路四通八达，设定以通行为内容的用益物权，其必要性相对减少。

4. 登记数量最多的是**地上权**。自1995年以来，每年多在3万件以上，2000年有29 530件。地上权在用益物权中居于最重要的地位，乃各国法制的共同现象，诚如"民法"立法理由书所云："盖社会进步、经济发达，土地价值逐渐腾贵，建筑物或其他工作物或竹木之所有人，有时不得并有土地之所有权，宜设地上权以应经济上之需要。"地上权时效取得是实务上重要争议问题。[3] 所感遗憾的是，统计资料无法显示地上权的内容（究为建筑物、工作物或竹木），有偿或无偿，其期限如何，难以作进

---

[1] 此涉及台湾地区"法律"发展史，参阅王泰升，台湾"法律"史概论，元照出版公司，2001。

[2] 参阅陈荣隆，百年来典权之沧桑及其未来展望，收于台湾"法制"一百年论文集，台湾法学会发行，1996年版，第546页以下。

[3] 拙著，民法物权（一），第199页。

一步的分析讨论。

第二款　用益物权的重构与再生

一、"民法"物权编的修正

"民法"物权编自1929年11月30日公布，1930年5月5日施行以来，迄今已逾70年。其间社会结构、经济形态及人民生活观念，均有重大变迁，原本立基于农业生产形态的"民法"物权编规定，已难因应今日多变的生活态样。"法务部"为因应当前社会实际需要，于1988年11月间组成"'民法'研究修正委员会物权编研究修正小组"，就现行"民法"物权编作全面性的检讨，修正完成"'民法'物权编部分条文修正草案暨'民法'物权编施行法修正草案"，于1999年3月送交"立法院"审议中。如前所述，台湾地区"民法"上规定的用益物权，除地上权外，已渐趋式微，从而"民法"修正的重点，应在于如何调整用益物权的类型和内容，期能适应社会需要，而发挥调剂"所有"与"利用"，物尽其用的功能。兹将修正要点简述如下，俟于各该用益物权再行详述：

1. 废除永佃权。
2. 增设农用权：创设一种以"支付地租以农作，种植竹木、养殖或畜牧为目的，在他人之土地为使用，收益之权（修正草案第841条之六以下）"。此项以"农用"为目的之用益物权与永佃权的世代交替，能否发挥其规范功能促进台湾地区农业发展，实值关注。
3. 调整地上权的内容，将第832条"称地上权者，谓以在他人土地之上有建筑物、或其他工作物或竹木为目的而使用其土地之权"的规定，修正为："称地上权者，谓以在他人土地之上下有建筑物、或其他工作物为目的而使用其土地之权。"此项修正具有二点意义：（1）删除第832条"或竹木"，使地上权之使用目的仅限于有建筑物或其他工作物。（2）将"土地上"修正为"土地之上下"，并明定"地上权得在他人土地上下之一定空间范围内设定之。"此项"区分地上权"将有助于强化地上权的作用（修正草案第841条之一第1项）。

4. 扩张地役权的客体及主体，将第851条"称地役权者，谓以他人土地供自己土地便宜之用之权"的规定，修正为："称地役权者，谓以他人土地供自己使用之不动产便宜之用之权。前项所称自己使用之不动产，以基于物权或租赁关系而使用者为限。"此项修正将原需役地之客体扩张及于"不动产"，土地及其定着物均包括在内；并将得设定地役权之人，不限于需役不动产之所有人，包括基于物权或租赁关系而使用之人。此项修正应有助于发挥地役权的功能，促进土地及其定着物的利用价值。

5. 调整典权的内容，包括将第910条"称典权者，谓支付典价占有他人之不动产，而为使用及收益之权"的规定，修正为："称典权者，谓支付典价在他人之不动产为使用、收益之权。"此项修正删除现行条文中"占有"二字，系在澄清占有仅系用益物权以标的物为使用收益之当然结果，乃为典权之效力，而非其成立要件。

二、用益物权的再生与发展

用益物权能否因"民法"物权编的修正，而更能发挥其调节物之所有与使用的功能？典权不符现代社会生活需要，已如前述，"民法"修正草案作了不少修正，虽使典权内容更臻合理，但实难挽回典权终将消逝的命运。关键在于农用权能否与永佃权完成世代交替的功能，以及地役权的修正能否适应现代工商业的需要。此又涉及人民利用法律制度以形成其社会生活的法律文化、法律教育、土地登记制度等问题,实在是一个值得深入研究的重要课题。

第三节 用益物权与债权利用权

一、土地利用的二元体系

关于土地的利用,除设定用益物权外,尚得成立债权的利用权(尤其是土地租赁),而发生所谓土地利用的二元体系。[1] 要确实了解土地的利用关系,必须综合物权与债权的利用权而作深入的研究。用益物权系属物权,受类型强制及内容固定的限制。土地租赁等债权利用权,有较广泛私法自治的空间,惟不具物权性(但参阅第425条)。当事人究采用何者,乃选择的问题。例如就他人土地的利用,得依民法相邻关系的规定,得订立债权契约,亦得设定用益物权,取决于当事人主观需要、客观情事、税捐、[2] 交易成本、法律文化等因素。

二、地上权与土地租赁[3]

(一) 法律结构的异同

土地在物权及债权的二元使用,体现于地上权与土地租赁。

---

[1] 关于此种土地利用的二元构成,日本学者多有论述,参阅田中整尔编,物权法,第216页以下;水本 浩、远藤 浩编,物权法,第133页。

[2] 关于设定用益物权与税捐,尤其是地价税、田赋、土地增值税的负担,参阅"契税条例"、"土地法"第167条、第176条、第186条,"土地税法"第3条、第29条等。

[3] 此一部分请与地上权一并研读之。

16 民法物权（二）

兹先以下图示显示二者法律结构的异同（**相关条文，务请阅读之！**）：[1]

项目 类别	性质	成立	效力	相邻关系规定	内容 存续期间	内容 地租	处分性	转换性
地上权	物权	物权行为 758 760	1.追及效力 2.优先效力 3.767 4.962	准用	依当事人约定，得为永久	有偿或无偿，依当事人约定	得让与(838)；为其他权利之标的物(882)	
土地租赁	债权	1.不要式、不必登记 2.422	1.425 2.426 3.962	类推适用[2]	449	地租(421)	不得让与或转租(443)	基地租赁得申请登记为地上权(422之1、土102)

（二）基地租赁的物权化

据上揭图示，可知地上权与土地租赁权在其性质、成立、物权效力、相邻关系、内容，处分性等方面颇有不同。为强化租用基地建筑房屋，"土地法"第102条规定租用基地建筑房屋，应由出租人与承租人于契约成立后2个月内，声请该管直辖市县（市）地政机关为地上权之登记。"民法"债编修正亦增设第422条之一规定："租用基地建筑房屋者，承租人于契约成立后，得请求出租人为地上权之登记。"关于此二条规定的解释适用，应说明者有三：

1."土地法"第102条系特别规定，应优先于第422条之一规定适用。

2."土地法"第102条规定，地上权的登记应于租赁契约成

---

[1] 谢在全，民法物权论（上册，第430页）分就成立要件，相邻关系准用、存续期间，地租之有无，地租之减免，终止之原因，让与性，土地所有人之义务，地上物灭失之效果，资本之收回等说明地上权与土地租赁的异同，甚为详细，可供参照兹不赘述。

[2] 拙著，民法物权（一），第217页。

立后2个月内为之，然此非登记权利的存续期限，仅为训示规定。租赁关系消灭前，均得声请为地上权之登记，不因逾2个月之期限而生丧失权利的效果。第422条之一规定"得请求出租人为地上权之登记"，其意旨相同。

3. 出租人负有与承租人同为声请登记的义务。承租人得请求为地上权登记之性质，具债权请求权的性质，应适用第125条消灭时效规定，因15年间不行使而消灭。其期间自租赁契约成立时起算。[1]

（三）地上权与土地租赁的并存

基地承租人如未依第422条之一或"土地法"第102条规定为地上权登记，仅不取得地上权，[2] 其租赁契约不因此而生影响，仍可适用关于租赁的规定，乃属当然。值得研究的是，出租人声请为地上权的登记后，其地上权与基地租赁究处于何种法律关系，尤其是地上权届满后，有无第451条："租赁期限届满后，承租人仍为租赁物之使用收益，而出租人不即表示反对之意思者，视为以不定期限继续契约。"规定的适用。

1975年7月8日、1975年度第5次民事庭庭推总会议民三庭提案：某甲向某乙承租土地建筑房屋，定有租赁契约，嗣复设定地上权登记（期限相同），期满后仍为土地之使用，某乙因地上权期限届满，诉请返还土地，某甲则主张地上权虽因期限届满而消灭，但租期届满后，既仍继续使用土地，自有第451条之适用，是否认为有理由？兹分两说：甲说：某甲就系争土地上固订有租赁契约在先，但既为地上权登记，则已改予物权化，两者合一，原有租赁关系不复存在，即不得主张继续租赁契约，应无上

---

[1] 1954年台上字第454号、1973年台上字第3012号判例。
[2] 1954年台上字第454号判例。

开法条之适用。乙说：同一物上债权与物权，各别独立存在，除依法有混同原因外（如第762条规定），不能使之消灭，某甲为地上权之登记，不过加强租赁关系，二者自可并存，本件地上权消灭后，某甲仍可本于原租赁契约主张权利，其援用第451条之规定，尚无不合。决议认为：同一物上债权与物权，各别独立存在，除依法有混同原因外（如第762条规定），不能使之消灭。兹某甲向某乙承租土地建筑房屋，定有租赁期限，嗣复设定地上权登记（期限相同）不过加强租赁关系，二者自可并存，本件地上权消灭后，某乙诉请返还土地，某甲仍可本原租赁契约主张权利，其援用第451条之规定，尚无不合（同乙说）。

在上开决议作成后，1980年台上字第3971号判决谓："系争土地中之51.44坪，既已为地上权登记，则租赁关系，已为此地上权登记之物权关系吸收。双方如就地上权之面积或是否随房屋而移转有所争执，乃系地上权登记应否为一部涂销或移转登记之问题，而非复为租赁关系是否一部不存在之问题。被上诉人诉求确认租赁关系一部不存在，并不能使地上权之面积争执获得解决，自属欠缺保护必要之诉权存在要件。"[1]

本书认为其所涉及的，不是债权与物权的混合，亦非租赁关系为被物权关系所吸收的问题，而是法律关系的转换，即租赁因登记而转换为地上权，在地上权存续期间，应适用地上权的规定（参阅1980年台上字第3971号判决）。在地上权消灭后，鉴于此项法律关系的转换系在加强租赁关系，承租人本于原租赁契约得主张援用第451条规定的权利，应不因此而受影响。

---

[1] 民刑事裁判选辑，第1卷，第4期，第490页。

第二章 地 上 权

第一节 地上权的意义、机能及发展

第一款 地上权的意义

第832条规定："称地上权者,谓以在他人土地上有建筑物或其他工作物,或竹木为目的而使用其土地之权。"欲认识民法此一规定的规范意义、特色,尤其是地上权的法律结构,必须了解地上权制度的历史发展。

一、法制史及比较法[1]

地上权为用益物权的一种,肇源于罗马法。按罗马法基于添附的原理,以地上权属于土地为原则(superficies solo cedit),购买地上物者,必须购买土地。因土地价值日昂,一般人民难以负荷,法务官乃例外地承认得支付地租而在他人土地有建筑物的所有权,且得为继承及让与,以地上物所有权与土地所有权分离的法律技术创设了地上权。此种地上权制度其后为欧陆诸国民法

---

[1] Kunkel/Honsell, Römisches Recht. 4. Aufl. 1987, S. 194; Watkin, An Historical Introduction to Modern Civil Law, 1991, pp. 256-264;参阅蔡胜雄,地上权之沿革及其社会作用,军法专刊,第36卷,第2期,第18页。

（尤其是德国及瑞士）所继受。德国民法原于第 1012 条至第 1017 条设有地上权（Erbbaurecht）的规定。第一次世界大战后，为适应重大社会经济需要，乃于 1919 年 1 月 2 日制定地上权条例（Erbbaurechtsordnung），并废除德国民法相关规定。[1] 此种地上权系于他人（及自己）之土地的上下，得有建筑物的权利，乃建筑物为土地重要成分原则的例外。此种地上权性质上为一种定限物权，得为让与继承，得作为抵押权的标的，得于地上权设定次地上权（Untererbbaurecht），适用关于土地所有权的规定，并有自己的登记簿册。第二次世界大战后，德国因资金短缺，为克制土地投机，地上权广被利用，具有经济及社会政策的意义。

值得注意的是，日本民法第 265 条规定："地上权人有于他人土地上以所有工作物或竹木为目的，而使用该地的权利。"在日本民法，土地及定着物为二个独立的不动产（日本民法第 86 条第 1 项）。地上权人对工作物（主要为建筑）有所有权。关于竹木的所有权，依日本民法第 242 条规定："不动产之所有人，将他物附合于该不动产者，取得该物之所有权。但他人因权原而使该物附属之者，其权利仍可存在。"准此以言，在日本法上，地上权人对附合于他人不动产的竹木有所有权。[2]

二、台湾地区"民法"上的地上权

（一）使用他人土地的权利

据上述法制史及比较法的说明，可知台湾地区第 832 条系采日本民法的立法例，认地上权系为使用他人土地之权，而非于他

---

[1] 关于德国法上地上权，参阅 Ingenstau, Erbbaurecht, 7. Aufl. 1994；简要说明 Baur/Stürner, Sachenrecht S. 328ff. Müller, Sachenrecht, S. 565ff.；Brehm/Berger, Sachenrecht, S. 357ff.。中文资料，孙宪忠，德国物权法，第 233 页以下。

[2] 关于日本民法上的地上权的简要说明，参阅林　良平，物权法，第 160 页。

人土地上有附着物所有权之权。建筑物或其他工作物的所有权属于地上权人。关于种植的竹木，台湾地区现行"民法"并无相当于日本民法第242条但书规定，应认地上权人所种植的竹木，因添附而由土地所有人取得其所有权（第811条），地上权人则有收取权。此为台湾地区地上权法律结构上的一项特色，应予注意。[1]

台湾地区"民法"上的地上权既为使用他人土地之权，故地上物（工作物或竹木）之有无，与地上权存续无关。先有地上物存在，固可设定地上权，无地上物存在，亦无碍于地上权的成立。地上物灭失后，地上权并不消灭，地上权人仍有依原定内容使用土地之权。

（二）土地的上下

第832条所谓"在他人土地上"，乃表示地上权系以土地为标的物，非谓地上权仅限于土地之上设定之。在土地上空（如建高架道路）或地下（如建地下街），均得为地上权的设定。于不妨碍的范围内，在同一土地并得设定数地上权于不同之人。

地上权设定的范围，无须为一宗土地的全部，就一宗土地特定部分亦得设定地上权，于申请设定登记时，应提出位置图

---

[1] 立法理由谓：谨按称地上权者，谓以在他人土地上有建筑物，或其他工作物或竹木为目的而使用其土地之权也。供给土地之人，谓之土地所有人，其权利人，谓之地上权人。盖社会进步，经济发达，土地价格，逐渐腾贵，建筑物或其他工作物及竹木之所有人，有时不得并有土地之所有权，宜设地权以应经济上之需要，故有本章之规定。其中所谓"竹木之所有人"系指地上权人，但在现行法上的解释上竹木的所有人应为土地所有人。参阅**"民法"物权编修正草案**第811条，拙著，民法物权（一），第322页。

("土地登记规则"第103条)。[1]地上权之范围，不以建筑物或其他工作物等本身占用的土地为限，其周围的附属地，如房屋的庭院，或屋后的空地等，如在设定的范围内，不得谓无地上权之存在。[2]

(三) 建筑物或其他工作物或竹木

地上权的使用目的，各国立法例不同，有为建筑物（如德国地上权条例明定为 Bauwerk），有为工作物或竹木（日本民法第265条）。台湾地区第832条明定为建筑物或其他工作物或竹木。

建筑物指定着于土地之上下，具有顶盖、墙垣，足以避风雨得供起居出入的构造，[3]地下室亦包括在内。其他工作物，指建筑物以外的设施，如桥梁、隧道、高架陆桥或道路等交通设备；电线杆、铁塔、铜像、纪念碑、地窖等设施；池埤、水圳、堤防等引水、防水或蓄水的建造物，不以定着物为限。

所谓"竹木"，指以植林为目的者而言，其以耕作为目的而培植茶、桑、果树等，属永佃权的范围，不包括在内。地上权人于其设定内容外，在其建筑物周围种植花草果蔬，乃居住的附属行为，并不违反地上权之目的，应认仍属地上权的范围。[4]

---

[1] 法律问题：某人地上权权利范围依土地登记簿记载，为某号土地"所有权一部分之1/3"，其地上权范围如何？研究意见：地上权为使用他人土地之物权，其设定之范围，不必及于土地之全部，一宗土地之一部分，亦得设定之。然所设定之范围如何？应就各契约，考虑其工作物之状态及地上权设定之目的等，以为决定。本件土地登记簿虽仅记载"所有权一部之1/3"，于地上权之效力无影响，至其范围，应就实际情形认定之。(1983.2.22 (1983) 厅民一字第1009号函复台高院)

[2] 1959年台上字第928号判例。

[3] 参照"建筑法"第4条，1974年第6次民事庭会议决议（二）。

[4] 1959年台上字第928号判例。

第二款　地上权的机能及发展

台湾地区"民法"上的四种用益物权中，以地上权登记的件数最多，具有调剂土地"有"与"用"的重要社会经济机能。关于其未来的发展，值得注意的有二：

1. 地上权的立体化或区分化。传统的地上权多设定于土地的上面，然为因应社会经济的需要及科技发展，地上权的设定亦可"立体化"或"区分化"，存在于土地的上空或地下，增进土地的利用价值。[1]

2. 于"国有"非公用土地设定地上权。"国有"非公用土地，依"国有财产法"规定，原则上系以标售方式，提供无预定用途之空地，由得标人依都市计划等管制规定利用。惟已经改良或开发之土地，适于设定地上权者，依"国有财产法"第47条第2项规定，"国有财产局"得拟定办法，在不移转所有权情形下，将"国有"土地提供需地建筑者使用，包括以设定地上权方式，提供"国有"土地与民间产业投资开发。此系"国有"非公用土地处理方式中极重要的突破，不但可以促进大面积土地有效利用，而且可增加"国库"收入，更可肆应社会、经济发展的需要。

在"行政院"于1995年订颁"'国有'非公用土地设定地上权实施要点"前，"国有"财产局实际上以设定地上权处理"国有"非公用土地的案例仅有2个。自该实施要点订颁后，"国有财产局"随即配合于1996年度筹编岁出入预算积极推动招标设定地上权作业，该年度计标脱2案3笔住宅区土地。1997年及

---

[1] 本书第57页。

1998年度因相关预算未获"立法院"同意动支，无法执行，故无成果。惟经不断宣导、媒体的探讨暨奖励民间兴办公共建设BOT方案相继推出，社会已渐能了解及接受此种土地处理方式，有助于推动于"国有"非公用土地设定地上权。

第二节 地上权的取得

1. 甲与乙于某年3月1日约定于乙所有某地设定建筑地下停车场的地上权，地租若干，为期20年。半年后，甲请求乙办理地上权登记。乙以3月1日设定地上权的约定，未订立书面而拒绝之，有无理由？

2. 甲将其于乙所有的土地设定的地上权出卖于丙，并为移转登记。其后甲发现该买卖契约无效时，甲得对丙主张何种权利？

地上权的取得原因有二：一为基于法律行为；一为基于法律行为以外的事实规定。分述如下：

第一款 基于法律行为而取得地上权

一、地上权的设定

（一）原因行为与物权行为

地上权的设定系地上权取得的最主要法律事实。其应区别的是原因行为及物权行为。例如甲于3月1日与乙约定，在乙的土地设定以停车塔为内容的地上权，每年地租若干（或乙于其遗嘱订定于某地设定地上权于甲）。此种设定地上权的约定（或遗嘱），系属债权行为。半年后，甲与乙（在遗嘱的情形，甲与乙的继承人），订立设定地上权的书面（第760条），并办理地上权登记（第758条），此为设定地上权的物权行为。[1] 此项的区别乃基于台湾地区"民法"所采债权行为（负担行为）与物权行为（处分行为）分离理论，并适用于地役权等用益物权的设定，应予注意。

关于此种规范方式，1981年台上字第453号判例认为："不动产抵押权之设定，固应以书面为之。但当事人约定设定不动产抵押权之债权契约，并非要式行为。若双方就其设定已互相同意，则同意设定抵押权之一方，自应负使他方取得该抵押权之义务。"就地上权言，其设定地上权的原因行为系属债权契约者，应适用新修正第166条之一规定："契约以负担不动产物权之移转、设定或变更之义务为标的者，应由公证人作成公证书。未依前项规定公证之契约，如当事人已合意为不动产物权之移转、设定或变更而完成登记者，仍为有效。"准此而言，设定地上权债权契约系属要式行为。惟须注意的是，鉴于此项增订规定对不动产交易造成重大影响，"民法债编施行法"第36条第2项条文（2000年5月5日公布）乃规定："'民法'债编修正条文及本施行法修正条文自2000年5月5日施行。但'民法'第166条之一施行日期，由'行政院'会同'司法院'另定之。"在目前，设定地上权的债权契约并非要式契约，若双方就其设定已互相同意，则同意设定地上权之一方，自应负使他方取得该地上权的义务。其以遗嘱为他人设定地上权者，应适用关于遗赠的相关规定

---

[1] 关于德国民法上地上权的物权设定与原因行为的关系（Das Verhältnis von Kausalgeschäft und dinglichen Bestellung des Erbbaurechts，参阅 Baur/Stürner, Sachenrecht, S. 340ff.；BGHZ 96, 371.

(第1186条以下)。

(二) 得否于数宗土地设定一个地上权

值得提出的是,在德国法,一个地役权得于数宗土地设定之,此于建筑物跨越数宗土地时具有实益。[1] 在台湾地区现行法,地上权应于各宗土地设定之。又依德国地上权条例第10条规定,地上权仅能以第一顺位设定之,期能保持地上权的优先性,台湾地区无此规定。

(三) 于房屋基地上空设定地上权

于土地之上空得否设定地上权? 1985年台上字第397号判决谓:"地上权固以在他人土地上有建筑物或其他工作物或竹木为目的,而使用其土地之权。惟所谓在他人土地上有建筑物,并非单指建筑物与土地直接接触者而言。凡以在他人土地上有建筑物为目的而使用其土地者,不论建筑物系直接或间接的与土地接触,均得设定地上权。尤以现今二层以上房屋,各层房屋所有权,类多分属数人所有,虽对于房屋之基地多为共有,然上层房屋,则在底层房屋之上,与土地并无直接占有关系,而对于其土地所有权之行使,则无任何影响。同理,房地为一人所有,就房屋基地(上空)为第三人设定地上权,由其在顶层上建筑房屋使用,自亦非法所不许。"

本件判决肯定于土地的上空得为第三人设定地上权,其所设定者,系于土地之上,而非在顶层建筑之上。学说上有认为由于今日社会土地利用已趋向于立体化,应承认得在他人建筑物上以建筑为目的,而使用其建物之"一种类似于地上权"的权利。[2]

---

[1] Müller, Sachenrecht, S. 569.
[2] 关于此一问题的讨论,参阅姚瑞光,民法物权论,第146页。参阅谢在全,民法物权论(上),第422页。

此属立法政策问题，有无必要，是否会造成复杂的物权关系，尚有研究余地。在公寓大厦区分所有权的情形，其基地使用权系属地上权时，该地上权得为区分所有权人共有，亦得由个别区分所有权人与基地所有人设定之。[1]

（四）于农地的地下空间或上空建设隧道或高架道路

高速铁路工程为建设以隧道或高架桥方式通过农地地下空间或上空，可否容许在该农地上设定空间范围地上权？

"法务部"认为"奖励民间参与交通建设条例"第19条前段规定："民间机构兴建本条例所奖励之交通建设，需穿越公、私有土地之上空或地下，应与该土地管理机关或所有权人就其需用之空间范围协议取得地上权。"又"民法"第832条规定："称地上权者，谓以在他人土地上有建筑物，或其他工作物，或竹木为目的而使用其土地之权。"依条文之文义言，地上权似仅限于土地之上设定，实则此项文义仅在表示地上权系以土地为标的物，故通说认为在土地上空（如建高架道路）或地下（如建隧道）均得设定之，亦即当事人非不得约定其地上权以地下、地表或空中之一定范围内设定地上权。[2]

"法务部"此一函释系采学说及实务见解，应值赞同。其应注意的是，在一则关于占有耕地得否申请地上权时效取得地上权登记的疑义，大法官释字第408号解释认为设定地上权之土地，以适于建筑房屋或设置其他工作物或种植竹木者为限。"土地法"第82条前段规定，凡编为某种使用地之土地，不得供其他用途之使用。占有土地属"农业发展条例"第3条第11款所称之耕地者，性质上不适于设定地上权。不得申请时效取得地上权登

---

[1] 拙著，民法物权（一），第245页以下。
[2] (1996)法律决字第11886号，法务通讯，第1833期，第3版。

记。查其解释意旨，系顾及地上权的内容及农地之使用目的。于农地之上下设定"空间地上权"，在不妨碍农地的使用目的之范围，应不受限制。

（五）附期限与条件

设定地上权的物权行为得附期限，而使地上权有一定的存续期间。地上权的设定亦得附停止条件。比较法上有地上权不得附解除条件的立法例。[1] "民法"无此限制。1933年上字第42号判例谓："地上权因存续期间届满而消灭者，除契约另有订定外，地上权人固得依第840条第1项之规定，请求土地所有人按建筑物之时价为补偿。但地上权因解除条件成就而消灭者，不在同条规定之列，地上权人自无请求土地所有人收买建筑物之权。"明确认为地上权的设定得附解除条件。

二、地上权的让与

地上权得为让与（第838条本文），于此情形，亦应区别债权行为与物权行为。例如甲将其设定于乙所有土地的地上权出卖或赠与于丙（债权行为、原因行为），并依法律行为（物权行为）而为移转（第758条）。兹为便于观察，将其所涉及的基本法律关系图示如下：

---

[1] 德国地上权条例第1条第4项第1款规定："Das Erbbaurecht kann nicht durch auflösende Bedingung beschränkt werden"（地上权不得因解除条件而限制之。）其订定解除条件者，该条件不生效力，地上权设定则为有效（BGHZ 52, 271）。立法目的在于维持地上权的安定，以保障地上权人及其债权人的利益。参阅Baur/Stürner, Sachenrecht, S. 340.

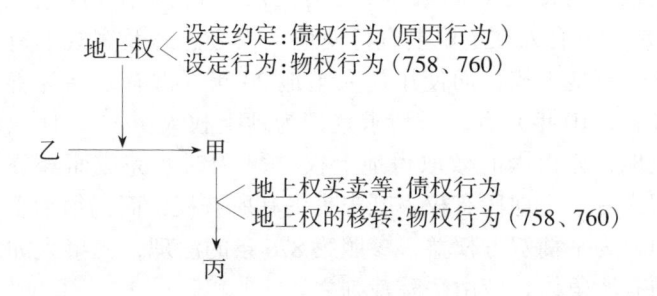

```
         ┌─设定约定：债权行为（原因行为）
   地上权 ┤
         └─设定行为：物权行为（758、760）
   乙 ─────→ 甲
              │ ┌─地上权买卖等：债权行为
              │ └─地上权的移转：物权行为（758、760）
              ↓
              丙
```

在甲与丙间让与地上权的情形，设其买卖契约不成立、无效或被撤销时，其移转地上权的物权行为虽不因此而受影响（物权行为无因性），但甲得依不当得利之规定（第179条），向丙请求返还其所取得的地上权（注销地上权登记）。

第二款　基于法律行为以外的事实而取得

基于法律行为以外的事实而取得地上权的主要事由有四：(1) 继承。(2) 时效取得。(3) 法定地上权。(4) 征收。分述如下：

一、继承

继承人自继承开始时，除本法另有规定外，承受被继承人财产上之一切权利、义务。但权利、义务专属于被继承人本身者，不在此限（第1148条）。地上权系属财产上权利，不具专属性，得为继承的标的。继承人为数人时，对该地上权成立准公同共有。因继承而取得地上权者，非经登记，不得处分（第759条）。

二、时效取得[1]

地上权亦得因时效而取得。依第 772 条准用第 769 条、第 770 条规定，占有人在主观上有行使地上权之意思及客观上有在他人土地上有地上权，而使用他人土地 20 年（占有之始为善意并无过失者，10 年）者，得请求登记为地上权人。[2] 于他人已登记的土地，亦得因时效取得地上权。[3] 因时效完成而经登记为地上权人者，土地所有权人既未丧失其所有权，而仍须承受税捐等负担，为平衡双方权益，参照第 876 条的法理，当事人如就地租事项有所争议，应由法院裁判之。

三、法定地上权[4]

地上权有依法律规定而发生者。依第 876 条规定，于下列二种情形，视为有地上权的设定：（1）土地及其土地上之建筑物，同属于一人所有，而仅以土地或仅以建筑物为抵押者，于抵押物拍卖时。（2）土地及其土地上之建筑物，同属于一人所有，而以土地及建筑物为抵押者，如经拍卖，其土地与建筑物之拍定人各异时。于此二种情形，其地租由当事人协议定之，协议不谐时，得声请法院定之。

---

[1] 时效取得地上权系台湾地区民法理论上及实务上重要问题，应请特别注意，详细说明，参阅拙著，民法物权（一），第 199 页以下。
[2] 1971 年台上字第 1317 号判例。
[3] 参照大法官释字第 291 号解释。
[4] 正在审议的"民法"物权编草案第 876 条规定："设定抵押权时，土地及其土地上之建筑物，同属于一人所有，而仅以土地或仅以建筑物为抵押者，于抵押物拍卖时，视为已有地上权之设定，其地租、期间及范围由当事人协议定之，不能协议者，得声请法院以判决定之。设定抵押权时，土地及其土地上之建筑物，同属于一人所有，而以土地及建筑物为抵押者，如经拍卖，其土地与建筑物之拍定人各异时，适用前项之规定。"

四、征收取得地上权

"大众捷运法"第19条第1项及第2项规定,大众捷运系统因工程上之必要得穿越公私有土地之上空或地下,但应择其对土地之所有人、占有人或使用人损害最少之处所及方法为之,并应支付相当之补偿。于此情形,必要时主管机关得就其需用之空间范围协议取得地上权,协议不成时,准用征收规定取得之(请参阅同条第2项至第4项规定)。[1]

第三款 地上权的登记

一、设权登记与宣示登记

地上权的登记可分为二类:(1)依法律行为而取得地上权者,须经登记,始生效力(设权登记,第758条)。(2)依法律规定而取得地上权者,须经登记,始得处分(宣示登记,第759条)。关于登记程序请参阅相关规定(务请查阅"土地法"及"土地登记规则")。

二、地上权登记誊本

为使读者对地上权登记实务有所认识,抄录二则地上权登记誊本如下,以供参阅(请参照相关法律规定):

---

[1] 参照"土地征收条例"第57条规定:"需用土地人因兴办第3条规定之事业,需穿越私有土地之上空或地下,得就需用之空间范围协议取得地上权,协议不成时,准用征收规定取得地上权。但应择其损害最少之处所及方法为之。前项土地因事业之兴办致不能为相当之使用时,土地所有权人得自施工之日直至完工后1年内,请求需用土地人征收土地所有权,需用土地人不得拒绝。前项土地所有权人原设定地上权取得之对价,应在征收补偿地价内扣除之。地上权征收补偿办法,由'中央'目的事业主管机关会同'中央'主管机关定之。"

1. 地上权设定。

台北市土地登记誊本（他项权利部）
大安区龙泉段二小段　0347－0000 地号

列印时间：2001 年 02 月 20 日 09 时 26 分　　　　　　页次：1

＊＊＊＊＊＊土地他项权利部＊＊＊＊＊＊＊

＊登记次序：0001－000　　　　　　　　权利种类：地上权
　收件年期：1956 年　　　　　　　　　　字号：古亭字第 002529 号
　登记日期：1956 年 12 月 14 日　　　　登记原因：设定
　　权利人：
　　统一编号：Z121040363
　住　　址：台北市城中区玖桥里 16 邻新生南路一段 56 巷 2 号
　　权利范围：全部
　　权利价值：新台币 2 420 元整
　　存续期间：自 1956 年 01 月 01 日至 1957 年 12 月 31 日
　地　　租：年租每坪依照"政府"规定地价百分之十计算
　　权利标的：所有权　　标的登记次序：0002　　0003　　0004
　　　　　　　　　　　　　　　　　　　0005　　0006
设定权利范围：＊＊＊＊＊132.23 平方公尺
设定义务人：
证明书字号：——古亭字号 010387 号
相关他项权利登记次序：0002－000
其他登记事项：以建设改良物为目的
付租时间每年分三期分纳缴清每期于第一月中付清

2. 因征收而取得地上权。

台北市土地登记誊本（他项权利部）
大安区辛亥段四小段　0523－0001 地号

列印时间：2001 年 02 月 20 日 10 时 50 分　　　　　　页次：1

＊＊＊＊＊＊土地他项权利部＊＊＊＊＊＊＊＊

＊登记次序：0001－000　　　　　　　权利种类：地上权
收件年期：2000 年　　　　　　　　　　字号：大安字第 039700 号
登记日期：2000 年 03 月 01 日　　　　　登记原因：征收
　　权 利 人：台北市
　　统一编号：0006300000
　　住　　址：（空白）
　　管 理 者：台北市"政府"捷运工程局
　　统一编号：01016607
　　住　　址：（空白）
权利范围：全部
权利价值：新台币＊＊＊＊3 588 000 元正
存续期间：永久存续
地　　租：（空白）
权利标的：所有权　　标的登记次序：0001
设定权利范围：本件地上权系设定于特定空间范围，其范围详位置图
设定义务人：黄则港
证明书字号：2000 北大字第 004826 号
相关他项权利登记次序：（空白）
其他登记事项：权利范围：本件地上权系设定于特定空间范围，其范围
　　　　　　　详位置图
本誊本仅系　他项权利部别节本，详细权利状态请参阅全部誊本
大安誊字第 014650 号　　（誊本列印完毕）　　列印人员：林淑玉
资料管辖机关：大安地政事务所

第三节 地上权的期间

甲在乙的土地设定地上权，兴建摩天大楼，得否约定其地上权"永久存续"。其以"无期限"登记者，其存续期间如何？在时效取得地上权的情形，如何定其存续期间？

关于地上权的存续期间，民法无明文规定，应视当事人有无约定而定。分述如下：

一、当事人定有存续期间

地上权的存续期间，依当事人的订定（如遗嘱）或约定。其期间长短，悉听当事人自由决定，无最长或最短的限制，盖尊重私法自治也。当事人得设定永久存续的地上权，此有助于促进土地的利用，符合地上权的社会功能，且无害于所有权的本质，应无禁止必要。于此情形，当事人间可订定适当标准以调整地租租额，必要时亦可依情事变更原则而为增减（第227条之二），以维护租额的公平。

当事人以"无期限"字样登记，当属少见。如若有之，学说上有主张："除有反证外，自应解为不定期，并非永久。"[1] 亦有认应解为系永久存续。[2] 比较言之，以后说为可采，盖无期限不同于未定期限也。

---

[1] 通说，郑玉波，民法物权，第162页。
[2] 李肇伟，民法物权，第253页；姚瑞光，民法物权，第151页；谢在全，民法物权论（上），第437页。

二、当事人未定有存续期间

地上权的存续期间,当事人未定者,应从习惯(第834条第1项),如以工作物的腐败或灭失、竹木的采伐期为期限。[1] 其无习惯可据时,应以当事人订立时预计利用的时期、工作物的种类、竹木的采伐期及一切情形为酌定的标准。[2]

三、时效取得地上权的存续期间

因地上权时效取得完成,而登记为地上权者,其地上权的存续期间,由取得地上权人决定之,得登记一定期限、永久存续或无期限的地上权。

第四节　地上权的效力

请分就"立法政策"及"现行法解释适用"二个层次加以思考以下问题:

1. 甲于乙所有的土地设定以有地下街的地上权。其后发现该地已被丙无权占有时。试问甲得对丙主张何种权利?

2. 甲于乙所有的土地设定以有建筑物的地上权。于乙将该地所有权出卖于丙时,甲得否主张优先购买权?于甲将建筑物出卖于戊时,乙得否主张优先承买权?

3. 甲将其于乙所有土地设定的地上权让与于他人,须否得乙同意?乙与甲订立排除让与的特约具何种效

---

[1] 参照"司法院"院字第15号解释。
[2] 史尚宽,物权法论,第176页;郑玉波,民法物权,第162页;林永汀,"论未定存续期间地上权之消灭",司法周刊,第529期(第2版)。

力？甲得否以地上权为标的设定抵押权，得否以特约排除之？又甲得否将设定地上权的土地出租于他人？

地上权的效力，指因地上权而发生的权利义务关系，此可从地上权人方面加以观察。地上权人的权利主要为土地使用、收益及处分权，前者包括因占有土地为使用收益而发生的相邻关系，及为保障地上权人利益的土地优先承买权。地上权人的主要义务系支付地租。分述如下：

第一款　地上权人的权利

一、土地的使用收益

（一）使用收益的内容及范围

地上权的设定在于使用他人土地。其使用内容及范围依设定行为的约定及登记范围而定。在时效取得地上权的情形，则依原来之使用目的。所谓使用，包括符合其目的范围的收益，如兴建旅馆者，得出租房屋，种植竹木者，得收取天然孳息。地上权人逾越其使用范围时，得成立不当得利或侵权行为。

（二）占有土地、物上请求权及相邻关系

1. 占有土地。地上权的设定，不以交付土地为要件，然地上权既为使用土地的物权，为实现其内容，自有占有土地的必要，应受占有规定的保护（尤其是第962条）。

2. 物权请求权：第767条的类推适用。[1]地上权人得否行使第767条规定的物权请求权？对此重要问题，1963年台上字第904号判例采否定说，认为："物上请求权，除法律另有规定外，

---

[1] 较详细说明，拙著，民法物权（一），第186页。

以所有人或占有人始得行使之，此观第767条及第962条之规定自明。地上权人既无准用第767条规定之明文，则其行使物上请求权，自以设定地上权之土地已移转地上权人占有为前提。"此项见解未顾及地上权的"物权性"，似难赞同。为保护地上权人利益，应认不论地上权人是否占有土地，均得类推适用第767条规定，而行使物权请求权。[1]

3. 相邻关系。第833条规定："第774条至第798条之规定，于地上权人间或地上权人与土地所有人间准用之。"可知地上权得准用不动产（土地）相邻关系之规定，此乃土地使用权应有法律效果。又实务上将相邻关系更扩张及于土地使用人（如承租人）间，[2]应予注意。

(三) 土地优先承买权

"土地法"第104条第1项规定，基地出卖时，地上权人有依同样条件优先购买之权。故土地所有人出卖其土地时，应先通知地上权人；地上权人接到出卖通知后10日内不表示优先购买与否，其优先权视为放弃。反之，土地所有人未通知地上权人而与第三人订立买卖契约者，其契约不得对抗地上权人（"土地法"104Ⅱ）。[3] 立法目的在使土地与土地上的建筑物合归一人，以尽物之经济上效用。所谓"其契约不得对抗地上权人"，指该项优先承买权具物权效力。

二、地上权人的处分权

地上权为财产权的一种，地上权人于不变更权利内容的范围内，得为处分，包括让与、设定抵押及转租土地。分述如下：

---

[1] 拙著，民法物权（一），第186页。
[2] 拙著，民法物权（一），第217页。
[3] 参照第426条之二。

(一) 地上权的让与

1. 让与自由原则。第838条规定："地上权人得将其权利让与他人，但契约另有订定或另有习惯者，不在此限。"肯定地上权让与自由原则，使其得归于最适于利用之人，而发挥物之效用。地上权的让与涉及地上物的处理，分三种情形言之：

1) 地上权人通常将工作物（尤其是建筑物）一并让与。于此情形，应视工作物为不动产或动产，而定其适用的法律。

2) 地上权仅让与地上权而不及于工作物（尤其是建筑物）。此当属罕见，遇此地上权与建筑物分离的特殊情形，应推定在建筑物使用期间有租赁关系存在。[1]

3) 地上权人仅出卖建筑物时，亦造成地上权与建筑物的分离，亦应推定在建筑物使用期间有租赁关系存在。其须注意的是，"土地法"第104条第1项规定。房屋出卖时，基地所有权人有依同样条件优先购买之权。优先购买权人，于接到出卖通知后10日内不表示者，其优先权视为放弃。出卖人未通知优先购买权人而与第三人订立买卖契约者，其契约不得对抗优先购买权人。

2. 地上权让与的限制：对第三人的效力。地上权人得将其权利让与他人，但另有习惯者，不在此限，应具对抗第三人效力。

当事人亦得以契约排除地上权的让与。此项特约须经登记始

---

[1] 此在方法论上可认系第425条之一："土地及其土地上之房屋同属一人所有，而仅将土地或仅将房屋所有权让与他人，或将土地及房屋同时或先后让与相异之人时，土地受让人或房屋受让人与让与人间或房屋受让人与土地受让人间，推定在房屋得使用期限内，有租赁关系。其期限不受第449条第1项规定之限制。前项情形，其租金数额当事人不能协议时，得请求法院定之"规定的类推适用。

得对抗第三人。[1]

(二) 设定抵押

第 882 条规定，地上权得为抵押权之标的，即地上权人得以其权利设定抵押（权利抵押权）。其设定多数抵押权时，以登记先后定其次序（准用第 865 条）。地上权人设定抵押权后，得将地上权让与他人，但其抵押权不因此而受影响（准用第 867 条）。须注意的是，地上权之让与应受习惯或特约之限制，已如上述，举重明轻，以地上权设定抵押，亦应同受限制，盖实行权利抵押权而拍卖地上权，亦发生同于让与的法律效果。

于此须再提出的是，地上权人亦得将其工作物（尤其是建筑）设定抵押权。土地所有人设定地上权后，得将土地让与（或设定抵押权）于他人，但地上权不因此而受影响。为便于观察，图示如下：[2]

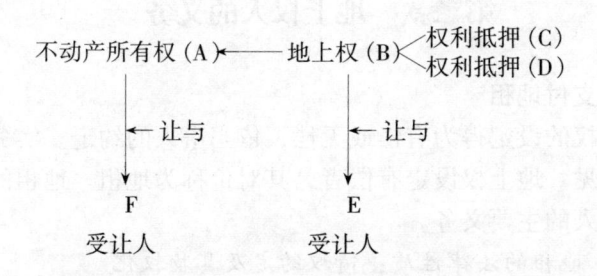

```
不动产所有权 (A) ←——— 地上权 (B) <  权利抵押 (C)
                                  权利抵押 (D)
      ↓                    ↓
    ← 让与              ← 让与
      ↓                    ↓
      F                    E
    受让人               受让人
```

---

[1] 通说，史尚宽，物权法论，第 178 页；姚瑞光，民法物权论，第 154 页；谢在全，民法物权论（上），第 442 页。

[2] 其相关问题，俟于本书第三册（担保物权）再行论述。

(三) 土地转租

地上权人得将地上物（如房屋）出租他人，亦得将其地上物连同土地，一并出租与他人，以收取法定孳息。在未有地上物之前，地上权人得否将土地转租他人？对此问题，虽有争论，但应采肯定说，其理由有三：(1) 地上权的本质重在土地的使用，例如甲于乙所有土地设定以有停车塔为内容的地上权，甲将该地出租于丙为同样的使用时，无害于乙的利益，而能使土地为最适使用，应无禁止的必要。(2) 第845条明定永佃权人不得将土地出租他人，旨在保护永佃权。依此规定作反面推论，应认地上权人得将土地转租他人。(3) 转租乃在促进物的利用，与所谓中间剥削无必然关联，不能以之为作为禁止转租的理由。

地上权人得将土地转租他人，已如上述，其禁止或限制的特约，仅具债权效力，须经登记，始得对抗第三人。

第二款　地上权人的义务

一、支付地租

地上权的设定得为有偿或无偿，依当事人的约定。实务上以有偿为常见。地上权设定有偿者，其对价称为地租。地租的支付系地上权人的主要义务。

(一) 地租的法律性质：债权约定及其物权化

地租因债权约定而发生，仅在当事人间发生效力。然地租乃实现地上权内容的负担，得经登记而物权化，具对抗第三人的效

力。[1] 分二种情形说明如下：[2]

1. 地租未为登记：地上权让与时，地租支付义务不随同移转于受让人，仍存在于土地所有人与原地上权人间。土地所有人仅能向原地上权人请求，而不能向新地上权人主张之。在土地所有权让与的情形，已发生的地租债权亦不随同移转，仍仅存在于原土地所有人与地上权人间，仅原土地所有人得向地上权人请求之。

2. 地租业已登记：将来的地租支付义务，随同地上权移转于地上权的受让人。原地上权人积欠的地租与新地上权人积欠的地租合计达2年以上的总额时，得构成地上权撤销事由（第836条第1项）。

（二）地租之标的物及支付方法

地租之标的物通常为金钱，当事人得约定以金钱之外之物为给付。租金的支付方法，亦依当事人约定，得为一次支付或分期支付。前者等于地上权的买卖，一次了结。后者，其支付时期由当事人约定。无约定者，依习惯。

（三）租额的决定及调整

地租金额的多额，由当事人约定。在分期支付地租的情形，其租额的增减，当事人有约定时，依其约定。无约定时，应如何处理，分别情形说明如下：

1. 租额的免除或减少。第837条规定："地上权人纵因不可抗力，妨碍其土地之使用，不得请求免除或减少租金。"立法理

---

[1] 关于地租的性质，有单纯债之关系说，物上负担说及折中说，参阅郑玉波，民法物权，第166页。通说采折中说，认未经登记之地租，其性质为单纯之债务关系，已经登记的地租，则与地上权结合为一体，得对抗第三人。
[2] 参阅谢在全，民法物权论（上），第447页。

由谓:"地上权存续期间,类皆长久,虽因一时之不可抗力,妨及土地之使用,然他日仍得回复之,应不许其请求免除地租或请求减少租额。若许请求,则不足保护土地所有人之利益,且有启人健讼之弊也。"惟如因社会经济情形发生重大变动,非当时所得预料,而依其原有效果显示公平者,地上权人仍得声请法院减少其给付(第227条之二)。

2. 租额的增加。在地上权存续期间,土地价值剧增时,为维持租额的公平,"司法院"院字第986号解释认地上权之地租与租赁契约之租金,固属不同,然就其因使用土地而支付金钱为对价之点言之,则二者实相类似,故关于第442条之规定于地上权地租之增加,亦应类推适用。此于未定期限或永久存续的地上权,均有适用余地。

二、税捐负担

"土地税法"第3条第1项第1款规定:地价税或田赋之纳税义务人为土地所有权人。在地上权时,其纳税义务人仍为土地所有权人,有无地租,在所不问。在特定情形,主管稽征机关得指定使用人(如地上权人)负责代缴("土地税法"第4条)。地上权人代缴税捐时,无论是否基于主管机关的指定,均得依无因管理或不当得利规定,向土地所有权人请求返还。[1]

---

[1] 拙著,不当得利,增订版序言,第18页。

第五节 地上权的消灭及其法律效果

第一款 地上权的消灭事由

地上权为不动产物权之一种，不动产物权的一般消灭原因，如当事人间的合意、标的物灭失、混同及公用征收等，在地上权自亦均应适用。其属地上权消灭的特殊事由，则有存续期间届满、抛弃、因欠租被撤销等，分述如下：

一、地上权存续期间届满

地上权定有存续期间者，其期间届满时，地上权当然归于消灭。[1]地上权期限届满后，地上权人仍继续为土地的用益时，是否发生更新的效果而成为不定期的地上权？对此实务上重要争议问题，应采否定说。[2]应说明者有三：

1. 法律关系定有存续期间者，于期间届满时消灭。消灭后，除法律有更新规定，得发生不定期限外，原则上应不生更新的效果。

2. 第451条："租赁期限届满后，承租人仍为租赁物之使用

---

[1] 参阅"法务部"1990.11.14法1990律字第16410号函："按定有存续期间之地上权，于期限届满时，地上权当然消灭（1980年度第7次民事庭会议决议参照）。故'土地法'第104条第1项有关地上权人享有基地优先承买权之规定，须于基地出卖时该地上权尚属存续期间，始有其适用。如该地上权已因期限届满而消灭，纵尚未依'土地登记规则'第131条规定之程序办理地上权涂销登记，原地上权人既已不再享有地上权，自不得依'土地法'前开规定主张优先承买权。"

[2] 参照1981年台上字第3678号判例。

收益，而出租人不即表示反对之意思者，视为以不定期限继续契约。"于地上权并无类此规定。此一规定旨在保护承租人，对地上权无类推适用余地。

3. 在租用基地建筑房屋，而得由承租人请求出租人为地上权登记的情形（第422条之一、"土地法"第102条），其为地上权之登记，不过加强租赁关系，二者自可并存，地上权消灭后，可本于原租赁契约主张援用第451条之规定。[1]

二、地上权的抛弃

地上权为财产权的一种，本诸财产权得自由抛弃的原则，地上权人得抛弃之。然地上权抛弃影响土地所有人甚巨（尤其是在有地租的情形），"民法"特设2个条文加以规范：第834条规定："地上权未定有期限者，地上权人得随时抛弃其权利。但另有习惯者，不在此限。前项抛弃，应向土地所有人以意思表示为之。"第835条规定："有支付地租之订定者，其地上权人抛弃权利时，应于1年前通知土地所有人，或支付未到支付期之1年份地租。"应说明者有四：

1. 地上权的抛弃应向土地所有人以意思表示为之，系有相对人的单独行为（物权行为），须经登记，始生效力（第758条）。

2. 地上权人得随时抛弃其权利者，除地上权未定有期限外，解释上尚应包括地上权定有期限或永久存续的情形。此项抛弃对土地所有人有利而无害，应无限制的必要。其另有习惯者不在此限，然此类习惯当属罕见。

3. "民法"第835条系适用于订定有支付地租的地上权，包括无期限或不定期的地上权。于定有期限的地上权，地上权人须

---

[1] 参照1975年度第5次民事庭庭推总会决议（五）。

支付全期所有地租，始得抛弃之。

4. 地上权已为抵押权之标的物，地上权抛弃将影响抵押权的存在，故无论有无地租的期限的约定，均须经抵押权人的同意始得为之，否则对其不生效力。

三、地上权的撤销

（一）法律性质、撤销的要件及行使

地租系使用他人土地的对价，攸关土地所有人利益甚巨，故第836条规定："地上权人积欠地租达2年之总额者，除另有习惯外，土地所有人得撤销其地上权。前项撤销，应向地上权人以意思表示为之。"关于本条解释适用，应注意者有三：

1. **法律性质：强行规定**。本条旨在保护土地所有人，但须兼顾地上权人利益，应解为系强行规定。当事人约定积欠地租未达2年之总额，土地所有人即可撤销其地上权者，其约定无效。其约定积欠地租须超过2年之总额，土地所有人始得撤销者，有利地上权人，且违背不保护地上权人的立法意旨，应属有效。

2. **地上权撤销的要件**。所谓积欠租金达2年的"总额"，指多年积累额而言，非以连续2年未付租金为限。此项积欠租金的给付迟延，须因可归责于地上权人的事由。所谓"另有习惯"，衡诸本条规范意旨，应系指有利于地上权人的习惯，而非指积欠地租不达2年总额，即可撤销的习惯。[1] 为顾及地上权人利益，通说认为应类推适用第440条第1项规定，即土地所有人须定期限催告，地上权人逾期仍不为支付时，土地所有人始得撤销地上权。[2] 此乃行使撤销权的正当程序，应值赞同。

---

[1] 谢在全，民法物权论（上），第451页。
[2] "司法院"院解字第3489号解释、1979年台上字第777号判例；姚瑞光，民法物权论，第158页；谢在全，民法物权论（上），第452页。

3．撤销权的行使。此项地上权的撤销，应由土地所有人向地上权人以意思表示为之，乃有相对人的单独行为，具形成权的性质，无须以诉讼为之。地上权的撤销系依法律行为使不动产物权消灭，非经登记，不生效力（第758条）。

（二）地上权的撤销与物权契约的解除

1932年上字第476号判例谓："地上权于有第836条所定情形时，土地所有人虽得撤销之，而其设定地上权之物权契约，要无请求解除之可言。"对此判例，应说明者有二：

1．关于地上权的取得，应分别约定设定地上权的债权契约及设定地上权的物权契约，前已论及。[1] 在"民法"，其得解除者，限于债权契约（第259条以下），并不包括物权契约。

2．第836条所定地上权撤销，乃地上权设定契约行为（物权契约）的撤销。法律行为的撤销视为自始无效，具溯及效力（第114条第1项）。为期明确表示此项地上权撤销不具溯及力，**"民法"物权编修正草案**第836条将"撤销"地上权，修正为"终止"地上权，应值赞同。

四、约定消灭事由的发生

地上权当事人间得约定地上权特定消灭事由，如建筑物灭失时地上权即消灭。实务上认地上权的设定行为得附解除条件，则于解除条件成就时，地上权失其效力。

五、第三人的时效取得

关于第三人时效取得所涉及地上权的消灭，分三点情形说明之：

1．地上权为财产权之一种，其本身得为时效取得的客体（第772条）。于此情形，原地上权归于消灭。

---

〔1〕 本书第24页。

2. 地上权人不占有使用其土地时，第三人得因时效取得地上权，但仅得请求登记为地上权人。在原地上权仍然继续存在的情形，因同一土地不许有内容不相容的地上权，故时效取得地上权之人无从为地上权的登记。时效取得地上权人不得排除原有地上权，使其消灭，乃属当然。

3. 第三人因时效取得土地所有权时，于该土地上原设定地上权是否因之消灭？学说上有认为因时效之取得为原始取得，故所有权上不容许再有旧负担继续存在，亦即地上权应归消灭。就原始取得理论言，此说自非无据。[1]

第二款 地上权消灭的法律效果

> 地上权消灭时，在"立法政策"上应如何处理建筑物，或工作物，或竹木？其处理方式应如何兼顾当事人利益及社会经济（资源利用）？应否因地上权消灭事由而设不同的规定？在现行法上地上权因欠租而被撤销时，其建筑物应如何处理？

一、规范模式

地上权消灭时，其发生的法律效果，除涂销地上权登记，地上权人应返还其占有的土地外，其主要问题在于如何处理工作物或建筑物或竹木。此涉及地上权人利益及社会经济（资源利用）甚巨，台湾地区系区别地上权消灭原因，于第 839 条及第 840 条

---

[1] 学说上不同见解的分析，参阅郑玉波，民法物权，第 171 页。

设如下的规范模式:[1]

法律效果 \ 项目	法律规定	工作物		竹木
		建筑物	其他工作物	
消灭事由（除存续期间届满者外） 地上权人	839 I	地上权人得取回其工作物及竹木,但应回复土地原状		
消灭事由（除存续期间届满者外） 土地所有人	839 II	土地所有人以时价购买其工作物或竹木、地上权人不得拒绝		
期间届满存续 土地所有人	840 I II	1.对建筑物之补偿义务 2.存续期间延长请求权		适用839
期间届满存续 地上权人	840 II	3.地上权人拒绝延长者,不得请求补偿,应适用839 I规定		适用839

二、工作物及竹木的取回与购买

（一）地上权人的取回权及有益费用偿还请求权

1. 地上权人的取回权。地上权消灭时,地上权人得取回其工作物及竹木。但应回复土地原状（第839条第1项）。立法意旨在于保护地上权人,故应认其规定取回工作物及竹木,乃地上权人的权利。回复土地原状系地上权人行使取回权所生的附属义务。地上权人不取回工作物及竹木时,土地所有人得依第767条请求地上权人除去之。学说上有认为第839条第1项系规定地上权人的权利及义务。然就法律适用言,应不能以该条规定作为土地所有人得请求地上权人取回（拆除）工作物或竹木的规范基础（请求权基础）。

地上权人得取回的客体为工作物及竹木。在解释上,所谓工

---

[1] 第839条规定准用于永佃权（第848条）,得类推适用于地役权（本书第95页）,典权（本书第138页）。

作物应包括建筑物，但第 840 条关于建筑物设有特别规定，应优先适用之。申言之，在地上权因期间届满而消灭外的其他情形（如地上权撤销），仍有第 839 条第 2 项的适用，土地所有人仍有以时价购买之权。

2. 地上权人的有益费用偿还请求权。地上权消灭时，地上权人虽得取回工作物及竹木，但其有不能取回（如种植竹木的排水沟），或因改良整治土地支出有益费用，而增加土地的价值时，得类推适用第 431 条或第 955 条规定，使土地所有人于地上权消灭时现存之增额为限，负偿还责任。[1]须注意的是，地上权人的费用请求权与其在地上权消灭后所负返还土地请求权，非有互为对价关系，不得藉口其支付之有益费用，未受清偿，而拒绝土地之返还。[2]

（二）土地所有人的购买权

地上权消灭时，土地所有人以时价购买其工作物或竹木者，地上权人不得拒绝（第 839 条第 2 项）。法律所以规定此项缔约强制，乃在顾及土地所有人的利益及社会经济。[3]由"地上权人不得拒绝"的文义，可知此项土地所有人的购买权非属形成权，而为请求权。土地所有人提出时价，表示购买的意思时，地上权人有承诺的义务，地上权人拒不订立买卖契约时，所有权人得以诉讼请求之。地上权人违反此项法定义务，而将工作物或竹木让与他人时，应负损害赔偿责任。

有争议是，地上权人有**正当理由**时，得否拒绝土地所有人的

---

[1] 史尚宽，物权法论，第 185 页。日本通说同此见解，广中俊雄，物权法，第 461 页。
[2] 参照 1944 年上字第 2326 号判例。
[3] 关于缔约强制的基本理论，拙著，债法原理（一），第 83 页。

购买权？民法对此未设明文，然衡诸诚实信用原则，应为肯定。例如甲在乙地设定以有雕刻物为内容的地上权，于地上权消灭时，地上权人得拒绝土地所有人购买此等对其具有创作纪念价值的工作物。

三、地上权因存续期间届满而消灭时，土地所有人关于建筑物的义务及权利

（一）土地所有人对建筑物的补偿义务

1. 立法目的。第840条第1项规定："地上权人之工作物为建筑物者，如地上权因存续期间届满而消灭，土地所有人，应按该建筑物之时价为补偿。但契约另有订定者，从其订定。""立法"理由谓："谨按依前条之规定，地上权因存续期间届满而归于消灭时，地上权人依法得取回其工作物及竹木，而回复土地之原状，于此情形，固不生何种问题。设使此工作物系建筑物，地上权人不能收回，而又不能再行使用，则其所受损害，实为重大，故除契约另有订定外，应使土地所有人按照该建筑物之时价而为补偿，以维护地上权人之利益，俾昭公允。"所谓"按照该建筑物之时价为补偿"，实乃以时价购买建筑物。

地上权人行使此项补偿（收买）请求权时，土地所有人负有订立买卖契约的义务（强制缔约）。建筑物所有权的移转，尚须以书以订立物权契约，并经登记，始生效力（第758条、第760条）。

2. 适用范围及要件。土地所有人的补偿义务应具二个要件：(1) 其补偿对象限于建筑物。(2) 须地上权因存续期间届满而归于消灭。地上权因其他原因，如因欠租而被撤销、抛弃，或因解除条件成就等原因而消灭时，均无本条的适用。[1] 于此情形，

---

[1] 参照1943年上字第2588号（抛弃），1933年上字第42号（解除条件成就）。

应适用第 839 条规定，由地上权人取回（拆除）建筑物，或由土地所有人行使购买权。学说上有认为此项适用条件显属限制过严，有害社会经济，[1] 可供参考。然在欠租而撤销地上权等情形，令土地所有人应按建筑物之时价为补偿，是否合理，亦有斟酌余地。为期周全，应保留私法自治空间，使当事人得自由约定其建筑物的处理方式。

3. 契约优先原则。第 840 条第 1 项但书规定："但契约另有约定者，从其订定。"即关于建筑物的处理方式，任由当事人依其约定为之，无论将建筑物归由土地所有人无偿取得，由地上权人取回，或由地上权人保有建筑物而成立土地租赁关系，均无不同。此项但书规定甚属合理而必要，**盖私法自治最能有效处理此项资源利用问题**。准此以言，此项契约约定优先原则应不限于本项所定情形，对第 839 条所定情形，亦应适用之。

4. 同时履行抗辩权。第 840 条第 1 项规定，地上权人之工作物为建筑物者，如地上权因存续期间届满而消灭，土地所有人应按该建筑物之时价为补偿。此与土地所有权人请求涂销地上权登记系属二事，互无对价关系，地上权人不得执此主张同时履行抗辩权。[2]

（二）所有人的延长地上权期间请求权

第 840 条第 2 项规定："土地所有人，于地上权存续期间届满前，得请求地上权人，于建筑物可得使用之期限内，延长地上权之期间。地上权人拒绝延长者，不得请求前项之补偿。"立法目的在于顾及土地所有人无力购买或不欲购买建筑物的情形。地上权人同意延长时，地上权存续期间因而更新（法定更新），其

---

[1] 谢在全，民法物权论（上），第 458 页。
[2] 1990 年台上字第 2623 号判例。

期间长短由当事人商定，不限于建筑物灭失或不堪使用为止。此系当事人依法律行为变更地上权内容，须经登记，始生效力（第758条）。又为贯彻本项立法意旨，应认于地上权存续届满后，涂销登记前，土地所有人仍有延长请求权，但应于相当期间内为之，[1]以兼顾地上权人利益。

地上权人拒绝延长者，不得请求土地所有人对建筑物为补偿。在此情形，应适用第839条规定。

四、地上权上的第三人权利

地上权的消灭尚涉及地上权上的第三人权利，分就以地上权为标的而设定的抵押权（权利抵押权），及设定地上权土地的转租、建筑物的出租二种情形说明如下：

1. 设定权利抵押权。于此情形，应认其设定的权利抵押权随同地上权的消灭而消灭。此于地上权因欠租而被撤销的情形，亦适用之，其理由有三：（1）地上权消灭后，标的物既已不存在，抵押权应随之俱逝。（2）抵押权人于设定抵押权时应能预知地上权得因法定事由而消灭，应自承担其危险。（3）在地上权因欠租而被撤销的情形，抵押权人得代缴地租（第871条），自有保全其抵押权之道。[2]

须注意的是，在地上权已为抵押权之标的物，其抛弃地上权未经抵押权人同意者，对抵押权人不生效力，抵押权仍继续存在。此项原则于当事人合意消灭地上权的情形，亦适用之。

2. 土地的转租或建筑物的出租。地上权人得将设定地上权的土地转租于第三人，前已论及。地上权人出租建筑物（房屋

---

[1] 谢在全，民法物权论（上），第460页。
[2] 关于地上权的抛弃与抵押权等相关问题，俟于本书第三册（担保物权），再行讨论。

者，甚属常见。在此等情形，第三人的权利原则上因地上权消灭（如地上权期间届满）而消灭。在抛弃地上权或当事人合意消灭地上权的情形，日本通说认应与前述保护抵押权人作同一解释，可资参考。[1]

第六节 "民法"物权编修正草案关于地上权的修正

一、修正目的

"民法"物权编修正草案对现行"民法"的地上权作了大幅度的调整。其经删除有1条（第833条），经修正者有8条，增订者多达11个条文。此项修正目的乃在使"古老传统"的地上权"现代化"，重构土地"所有"及"利用"的关系，期能适应现代社会经济的需要。

二、修正重点

本书系以"现行法"为论述内容，关于修正草案规定的解释适用，俟其完成立法程序后，再为详论。兹举若干修正重点说明如下，以了解现行规定解释适用的问题及其发展趋势：

1. 调整地上权的内容。修正草案第832条规定："称地上权者，谓以在他人土地之上下有建筑物或其他工作物为目的而使用其土地之权。"其所以删除"或竹木"，系因修正草案增订农用权，其内容已包括种植竹木。修正后，地上权之使用土地目的，仅限于有建筑物或其他工作物，此在立法政策上实值赞同。又修正草案采通说见解，将"土地上"修正为"土地之上下"，更为明确，亦属妥适。

---

[1] 相关问题，参阅广中俊雄，物权法，第462页。

2. 地上权的取得：法定地上权的增设。关于地上权的取得，修正草案第838条之一（增订）规定："土地及其土地上之建筑物，同属于一人所有，因强制执行之拍卖，其土地与建筑物之拍定人各异时，视为已有地上权之设定，其地租、期间及范围由当事人协议定之，不能协议者，得声请法院以判决定之。其仅以土地或建筑物为拍卖时，亦同。"此项规定旨在避免建筑物被拆除，危及社会经济利益，并解决建筑物基地使用权问题。值得注意的是，土地及其土地上之房屋同属一人所有，而仅将土地或仅将房屋所有权"让与"他人，或将土地及房屋同时或先后让与相异之人时，无本条的适用，应适用第425条之一。在"让与"的情形，推定其有租赁关系，于强制执行之拍卖，则视为已有地上权之设定，立法目的或在保护拍定人，并强化强制执行拍卖的功能。

3. 地上权存续期间。修正草案第831条之一规定（增订）："地上权未定有期限者，存续期间逾20年后，法院得因土地所有人或地上权人之声请，斟酌建筑物或工作物之种类、性质及利用状况等情形，定其继续存在之期间。前项规定，于以公共建设为目的而成立之地上权，不适用之。"本条修正意旨系鉴于地上权虽未定有期限，但因科技进步，建筑物或工作物之使用年限有日渐延长趋势，非有相当的存续期间，难达土地利用之目的，不足以发挥地上权的社会机能。

4. 地上权的效力。

1）地上权人的权利。关于地上权人的权利，其重要修正有二：（1）地上权约定之使用方法经登记者，对土地及地上权之受让人或其他第三人具有效力（第836条之二）。地上权人得将其权利让与他人或设定抵押权。但契约另有约定或另有习惯者，不在此限。前项约定，非经登记不得对抗第三人（第838条）。依目前通说，在现行法上亦得作此解释，明确加以规定，更有利于法律适用。(2) 第838条第3项（增订）规定："地上权与其建筑物或其他工作物不得分离而为让与或设定其他权利。"此项规定旨在避免地上物失其存在之权源，有违地上权设定之目的，应值赞同。

2) 地上权人的义务。地上权人的主要义务系支付约定的租金。"修正草案"增设二个规定：(1) 第835条之一："地上权设定后，因土地价值之升降，依原定地租给付显失公平者，当事人得声请法院增减之。未订有地租之地上权，如因土地所有人就土地之负担增加，非当时所得预料，仍无偿使用显失公平者，得声请法院酌定其地租。"现行法解释上亦同此结论（本书第41页），惟明确加以规定，有利法律适用。(2) 第836条第2项（增订）："地租之约定经登记者，地上权让与时，前地上权人积欠之地租应并同计算，由受让人负连带清偿责任。"此在现行法亦可作同样解释（本书第38页）。

5. 地上权的消灭事由及其法律效果。

1) 地上权的消灭事由。关于地上权的消灭事由，修正重点有三：(1) 修正第834条及第835条规定抛弃地上权的要件（其内容请参阅本书附录（一）第391页）。(2) 于第836条规定增设催告的程序，并将"撤销"地上权改为终止地上权（其内容请参阅本书附录（一）第394页）。(3) 增订第836条之三规定终止地上权的事由，即："地上权人违反约定之使用方法，经土地所有人阻止而仍继续为之者，土地所有人得终止地上权。"此系参照第438条的立法体例。所谓终止地上权，实乃终止设定地上权的物权行为，使其向后归于消灭。

2) 地上权消灭的法律效果。地上权消灭后如何处理建筑物或工作物或竹木，系现行法解释及立法政策上的重要问题。为补现行法规的不足，修正草案特修正第839条及第840条，并增设第840条之一，及第840条之二加以规范。分别说明如下：

(1) 修正草案第839条规定："Ⅰ地上权消灭时，地上权人得取回其工作物。但应回复土地原状。地上权人不于地上权消灭后1个月内取回者，工作物归属于土地所有人。其有碍于土地之利用者，土地所有人得请求回复原状。Ⅱ地上权人取回其工作物前，应通知土地所有人，土地所有人愿以时价购买者，地上权人非有正当理由不得拒绝。"地上权人不于地上权消灭后1个月取回者，其工作物（包括建筑物，参阅修正草案第840条之二），即归属于土地所有人，其期间是否合理，须否以可归责为要件，尤其是剥夺地上权人的所有权，是否合理而必要，应仍有检讨余地。

(2) 草案修正第840条就地上权因存续期间届满而消灭时，地上权人请求土地所有人对建筑物为补偿的"正当程序"，设较详细规定（本书附录（一），第398页），应值赞同。

(3) 草案增订第840条之一规定："地上权人之工作物为建筑物者，于地上权期间届满后，地上权人仍继续使用其土地，土地所有人不即为反对之表示并继续收取地租者，视为延长地上权之期间，适用前条第4项及第5项之规定。"在"现行法"上法院实务认为地上权并无如第451条之规定，[1] 其期限届满后，自不生当然变更为不定期之效果，因而应解为定有存续期间之地上权，于限期届满时，地上权当然消灭。本条的增订系参照第451条的"立法"体例，但增加"并继续收取地租"的要件。此在解释上及概念上难免发生疑问。土地所有人"即为反对之表示并继续收取地租"，应如何处理？实则，土地所有人不即为反对

---

[1] 本书第43页；1980年度第7次民事庭会议决议（二）。

之表示者，属"视为"延长地上权问题，继续收取地租，则为"默示合意"延长地上权期间，二者应否并列，似仍有研究余地。

(4) 草案增订第840条之二规定："地上权消灭，而不能依前二条之规定为补偿或延长期间者，准用第839条之规定。"立法说明谓："地上权人之工作物为建筑物者，于地上权消灭时，有不能适用前二条规定之情形（例如抛弃地上权或地上权系经终止而消灭是），该建筑物应如何处理？土地所有人有无以时价购买之权？仍有明确规定之必要，爰增订准用第839条之规定，以期周延。"此项准用系以有"法律漏洞"为前提，而所以发生漏洞系对第839条之"工作物"作限制解释，认为不包括"建筑物"在内。然就文义言，所谓工作物本应包括建筑物，就体系言，第840条为第839条的特别规定，在抛弃地上权等情形，应仍有第839条的适用，[1]似无法律漏洞存在，增设准用规定，虽较明确，实无必要。

三、区分地上权（空间地上权）[2]

(一) 基本法律关系

"民法"物权编关于地上权的一项重要修正重点，系明定所谓"区分地上权"，即地上权得在他人土地上下之一定空间范围内设定之（修正草案第841条之一第1项）。立法目的在于适应土地利用向空中与地下，由平面而趋向立体化的发展，期能增益土地分层利用的效用。草案共设5个条文（第841条之一至第

---

[1] 本书第48页。
[2] 参阅杨与龄，"论分层地上权"，法令月刊，第38卷，第6期，第3页；温丰文，"空间权之法理"，法令月刊，第39卷，第3期，第7页；邱满全，"区分地上权制度之研究"，经社法制论丛，第4期，第231页；"民法"物权编修正系列研讨会之六：区分地上权之探讨（吴佩君专题报告及讨论），月旦法学，第69期，第101页。

841条之五），为便于观察，兹将区分地上权的基本法律关系图示如下：

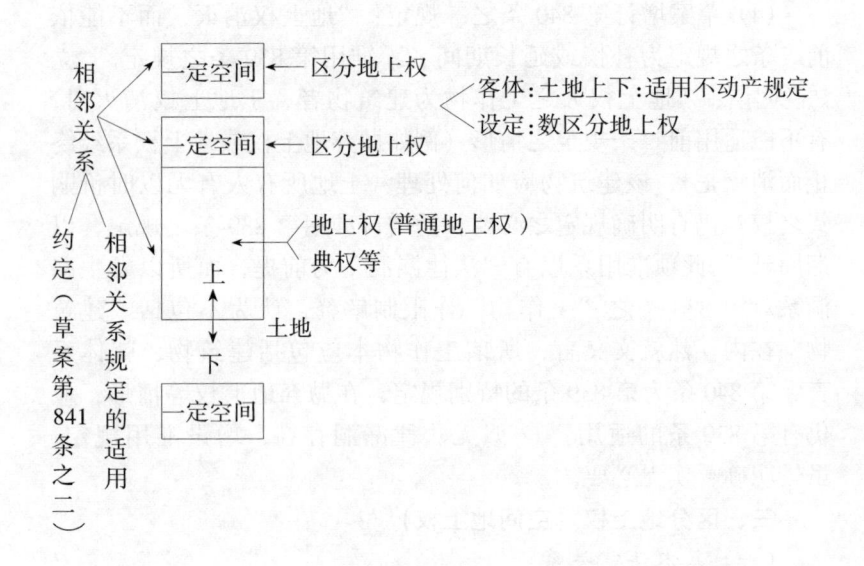

```
相邻关系
        ┌─→ [一定空间] ← 区分地上权
        │                          ⎫ 客体:土地上下:适用不动产规定
        ├─→ [一定空间] ← 区分地上权 ⎭ 设定:数区分地上权
  相邻       │
约 关系      │  ← 地上权（普通地上权）
定 规定      │    典权等
（ 的       ↑上
草 适        │ 土地
案 用       ↓下
第
841
条        [一定空间]
之
二
）
```

(二) 分析讨论

1. 名称、客体、性质及适用的法律。此种设定于他人土地上下之一定空间的地上权，顾名思义，得以空间地上权称之。然草案说明书称为"区分地上权"，而称依第832条规定设定的地上权为"普通地上权"，为行文方便，本书从之。

无论是"普通地上权"或"区分地上权"，均以"土地"为客体，以土地的"上下"为其范围，仅有量的差异，并无质的不同，故区分地上权并非系物权的新种类，除有特别规定外，应适用关于地上权的规定。

须特别指出的是，在现行法上，亦得于土地的上下设定数地上权，"民法"物权编修正草案相关规定可作为"法理"而适用之。

2. 区分地上权的设定。

1）数个区分地上权的设定。于他人的地上下的一定空间得仅设定"一个"区分地上权，亦得同时设定"数个"区分地上权，如一个以高架铁路为内容的地上权，一个以地下街为内容的地上权。在此情形，二个区分地上权的使用空间全无重叠，不生冲突，得个别设定之，不必得他区分地上权人的同意。

2）先设定普通地上权，再设定区分地上权。于同一土地设定普通地上权或典权后，得否再设定区分地上权？对此，修正草案第841条之一第2项规定："如第三人有使用收益权或有以该使用收益权为标的之物权者，应得其同意。"立法说明书谓："为达土地充分立体使用之目的，设定区分地上权之客体，如第三人有使用收益权（如地上权、农用权、地役权、典权、租赁权），或有以该使用收益权为标的之物权（如权利抵押权）者，仍容许设定区分地上权，而不拘泥于物权排他性之法理。惟为调和区分地上权人与该第三人之利益，爰仿日本民法第269条之二第2项之规定，应经该第三人同意，始得设定区分地上权，特增订第2项规定。"然在解释上应认区分地上权的设定无碍于第三人的使用者收益者，既不发生物权排他性问题，应不必得第三人同意。

须注意的是，在此情形，若后设定的区分地上权消灭时，前设定的普通地上权受限制的状态，即告除去。土地所有人欲再设区分地上权，原则上仍须得普通地上权人的同意。

3）先设定区分地上权，再设定普通地上权。为达土地充分利用之目的，修正草案第841条之五规定："土地所有人依第841条之一设定地上权（区分地上权）后，于同一土地再设定第832条之地上权（普通地上权），其再设定地上权之权利行使，不得妨害先设定之地上权。于同一土地再设定农用权、地役权或其他以使用收益为目的之物权者，亦同。"在此种先设定区分地上权后，再设定普通地上权的情形，实际上乃在土地上下的一定空间范围设定2个区分地上权。

3．相邻关系。

1）相邻关系规定。区分地上权人虽呈现垂直相邻接状态，与平面相邻关系固有不同，但关于区分地上权人间，区分地上权与普通地上权间，或区分地上权与土地所有人间仍应准用相邻关系的规定。

2）基于私法自治原则，"区分地上权人得与就其设定范围外之该不动产享有使用、收益权利之人，约定相互间使用收益之限制。"修正草案第841条之二第1项设有明文，并于第2项规定："前项约定经登记者，对该地上权或该不动产有使用、收益权利之受让人，具有效力。"

4．区分所有建筑物与区分地上权。"公寓大厦管理条例"所规定的"公寓大厦"系由"区分所有建筑物"及其"基地"所构成。基地为所有权时，由区分所有权人共有之。基地为地上权时，系由区分所有权人共有该地上权（地上权的准共有），而非以区分所有建筑为目的而设定区分地上权。

第三章 永佃权
——兼论农用权的"立法"

何谓永佃权？具有何种社会机能？您是否知道目前实务上已几无设定永佃权的登记，永佃权没落的理由何在？在"立法"上若要增设一种所谓"农用权"的用益物权取代永佃权，应采何种立法原则，形成其内容，您能参考现行地上权及永佃权规定，试拟若干基本条文？

第一节 永佃权的存废

第一款 永佃权的社会机能及式微

永佃权，谓支付佃租，永久在他人土地上为耕作或牧畜之权（第842条第1项）。根据土地登记实务上的统计资料，多年来在台湾地区已无设定永佃权的登记案件。永佃权业已名存实亡。佃之制对于调和土地的"所有"与"利用"，尤其是土地的开垦，曾发挥重要的机能。其式微消逝突显台湾地区社会经济变迁及法制发展，分二点言之：

1. 永佃权系以支付佃租，**"永久"**在他人土地上为耕作或牧畜之权，此将造成土地所有权与使用的永久分离。对土地所有权人言，土地为最重要的资产，所有人愿将已有的土地设定永佃权，永久供他人使用，应属少见。对使用人而言，由于农业生产在现今社会中的经济效益极低，亦少有人愿以永久耕作或牧畜使用为目的，于他人之土地设定永佃权。**从经济分析的观点言，永佃权在现代社会不具资源使用的效率。**

2. "宪法"规定"国家"对于土地之分配与整理，应以扶植自耕农及自行使用土地人为原则（"宪法"第143条第4项）。"国民政府"迁台后，积极推行土地改革，于50年代陆续实施"耕地三七五减租条例"、"耕者有其田条例"，征收地主保留地以外的土地，转放现耕农民承领。农民有田自耕，无于他人土地设定永佃权的必要，永佃权毕失其存在价值。

第二款 永佃权概述

随着永佃权的消逝，实务上近年来已无相关案例，**"民法"物权编修正草案**并已决定删除永佃权，[1] 详为论述现行规定，应无必要。[2] 兹就"民法"规定如下，简要说明如下：

1. 第842条："称永佃权者，谓支付佃租永久在他人土地上为耕作或牧畜之权。永佃权之设定，定有期限者，视为租赁，适

---

[1] "修正草案"删除理由：永佃权之设定，将造成土地所有人与使用人之永久分离，影响农地之合理利用。且目前实务上各地政事务所几无以永佃权登记者，足见目前永佃权之规定已无存在之价值。且按"民法"物权编施行法修正草案第22条明定："'民法'物权编修正施行前发生之永佃权，仍适用修正前之规定。"故删除本章规定，对于修正施行前已发生之永佃权，亦无任何影响，爰将"永佃权"一章删除。

[2] 关于现行法规定的阐释，参阅史尚宽，物权法论，第186页；郑玉波，民法物权，第172页；谢在全，民法物权论（上），第480页；陈荣传，"永佃权得否因时效取得及特约禁止处分"，收于苏永钦主编，民法物权争议问题研究，第233页。

用关于租赁之规定。"本条规定永佃权意义。永佃权法律结构上的特色在其"永久"性，此系为隐定巩固土地利用关系，但因不具经济上的效率及不符土地政策，而导致永佃权的式微，前已论及。

2. 第843条："永佃权人得将其权利让与他人。"立法理由谓："谨按永佃权为财产权之一种，故永佃权人于永佃权存续期间内，在其耕作或牧畜之土地上，有任意处分之权能，且此种权利无专属性，亦得让与他人。"此项规定不仅在于促进土地使用的"效率"，并使永佃权人得不必永久受拘束于土地。本条乃强行规定，不得以特约排除之。[1] 永佃权亦得为抵押权的标的物（第882条）。须注意的是，永佃权在"民法"上无得为典权标的物的规定，永佃权人就其永佃权设定典权者，自属无效。[2]

3. 第844条："永佃权人因不可抗力，致其收益减少或全无者，得请求减少或免除佃租。"永佃权人为经济上弱者，赖土地收益而生活，应有保护的必要。

4. 第845条："永佃权人不得将土地出租于他人。永佃权人违反前项之规定者，土地所有人得撤佃。""立法"目的在于避免从中渔利，妨害土地利用。本条第1项所谓将土地出租于他人，系指将土地基于租赁契约交与他人为使用收益而言，其仅订有租赁契约，而未将土地交与他人使用收益者，尚不得谓已违反第1项之规定。[3]

5. 第846条："永佃权人，积欠地租达2年之总额者，除另

---

[1] 通说，郑玉波，民法物权，第176页谓："如当事人对此有禁止特约，在解释上亦应认为无效，盖为免碍永佃权人之改业自由，及谋经济之流通，不得不然也。"

[2] 1939年上字第996号判例。

[3] 1943年上字第2305号判例。

有习惯外，土地所有人得撤佃。"此相当于第836条（地上权），请参阅本书相关部分说明。[1]

6. 第847条规定："前二条之撤佃，应向永佃权人，以意思表示为之。"撤佃具形成权性质，虽为不要式行为，但应向永佃权人以意思表示为之，系有相对人的单独行为。

7. 第848条规定："第839条之规定，于永佃权准用之。"依此准用规定，永佃权消灭时，永佃权人对于该土地耕作牧畜之所置之工作物，得为取回，但应回复土地之原状。若土地所有人愿以时价购买者，永佃权人亦不得无故拒绝。

8. 第849条："永佃权人让与其权利于第三人者，所有前永佃权人，对于土地所有人所欠之租额，由该第三人负偿还之责。"此一规定旨在保护土地所有人，使地租成为永佃权的内容，不必登记，即具有对抗第三人的效力。永佃权人将其权利让与第三人，前永佃权人对于土地所有人所欠之租额，应随同移转，由该第三人负清偿之责。土地所有人撤佃权，仍继续存在，无论前永佃权人或现永佃权人，合计欠租达2年之总额者，即得依据"民法"第846条之规定，而为撤佃。

9. 第850条："第774条至第798条之规定，于永佃权人间或永佃权人与土地所有人间准用之。"此为关于相邻关系的规定。

第二节　农用权的增设
——"'民法'物权编修正草案"——

"民法"物权编修正草案一面删除永佃权，他方面增设农用

---

[1] 本书第44页。

权，完成永佃权的"异弦更张",[1] 或世代交替。兹简要说明如下：

一、农用权的意义及立法目的

称农用权者，谓支付地租，以农作、种植竹木、养殖或畜牧为目的，在他人土地为使用、收益之权（修正草案第841条之六第1项）。如上所述，农用权的增设旨在取代永佃权，而创设一种符合现代农地使用需要的用益物权。其所谓农作，包括花、草之栽培，菇菌之种植及园艺等，范围甚为广泛。农用权的设定，系属有偿，以支付地租为必要。

二、农用权的取得

农用权的取得（发生原因），大致与地上权相同，可分为基于法律行为而取得（如设定行为），及基于法律行为以外的事实而取得（如继承），兹不赘述。关于农用权的时效取得，应适用第772条。

三、农用的期限

农用权之期限，不得逾20年，逾20年者，缩短为20年。但法令另有规定或以造林为目的约定较长期限者，从其规定或约定（修正草案第841条之六第2项）。农用权不同于永佃权的基本特点，在于其有一定期限。立法理由系认农用权的期限，如过于长久，将有害于公益，经斟酌农业发展、经济利益等因素，并参酌"民法"第449条规定而为规定。此项规定旨在避免永佃权关系"永久性"的缺点。

四、农用权的效力

（一）农用权人的权利

1. 土地的使用收益。农用权人应依约定方法，为土地之使

---

[1] 张元旭，"永佃权的异弦更张"，月旦法学，第49期，第31页。

用收益，无约定方法者，应以依土地之性质而定之方法为之，并应保持其生产力（修正草案第841条之十第1项）。

2. 农用权人的处分权。

1）农用权的让与及抵押。农用权人得将其权利让与他人或设定抵押权。但契约另有约定或另有习惯者，不在此限。前项约定，非经登记不得对抗第三人。农用权与设置于土地上之农用工作物不得分离而为让与或设定其他权利（修正草案第841条之七）。此一规定旨在使农用权人得处分农用权，使其具有交易法，而发挥经济效用。

2）土地或农用工作物的出租。农用权人不得将土地或农用工作物出租于他人。但关于农用工作物之出租另有习惯者，从其习惯。农用权人违反前项规定者土地所有人得终止农用权（修正草案第841条之九）。关于此项工作物或农用物出租禁止原则，立法说明系认为，土地所有人设定农用权于农用权人，多置重于农用权人能有效使用其土地。如农用权人不自行使用土地或设置于土地上之农用工作物，而以之出租于他人，藉以从中得利，将与土地所有人同意设定农用权之原意不符。

（二）农用权人的义务

支付地租是农用人的主要义务。此系以有土地收益为对价。为顾及农用权人的利益，修正草案第841条之八第1项规定："农用权人因不可抗力致其原约定目的之收益减少或全无者，得向土地所有人请求减免其地租或请求变更原约定土地使用之目的。"

五、农用权的消灭原因及其法律效果

（一）农用权的消灭原因

关于农用权的消灭原因，修正草案设有二条规定：

1. 农用权人违反约定使用方法，或其使用方法未依土地的性质，并保持其生产力，经土地所有人阻止或通知改善而仍继续者，土地所有人得终止农用权（修正草案第841条之十第2项）。

2. 依原约定之使用目的连续3年全无收益者，农用权人得抛弃其权利，土地所有人亦得终止之。但农用权人请求变更原约定土地使用之目的，土地所有人不同意者，不适用前项终止之规定（修正草案第841条之八）。

（二）农用权消灭的法律效果

修正草案第841条之十一规定："农用权消灭时，农用权人得取回其土地上之出产物及农用工作物。第839条之规定，于前项情形准用之。第1项之出产物未及收获而土地所有人又不愿以时价购买者，农用权人得请求延长农用权期间至出产物可收获时为止，但最长不得逾6个月，土地所有人不得拒绝。"本条规定农用权人的取回权、延长请求权。又依修正草案第841条之十二规定，"农用权人为增加土地之生产力或使用上之便利，支出之特别改良费用或其他有益费用，土地所有人如知其情事而不即为反对之表示者，于农用权消灭时应偿还之。但以其现存之增价额为限。"

六、地上权规定之准用

修正草案第841条之十三规定："第835条第1项、第2项、第835条之一第1项、第836条及第836条之一之规定，于农用权准用之。"农用权与地上权均为使用他人土地的物权，故有关农用权抛弃时应尽的义务、农用权地租的增减、农用权的终止及预付地租对受让人的效力，均准用地上权的相关规定。

第三节 建筑用及农用双轨用益物权体系的建构

一、体系构成

用益物权攸关所有权制度及土地利用,如何调整重构用益物权的种类和内容,加以"现代化",系民法修正的重要任务。物权编修正草案的重点有三:(1)调整地上权的内容。(2)废除永佃权。(3)增设农用权,此项修正建立了"建筑用"及"农用"二种用益物权双轨体系,兹将其基本法律结构图示如下(**请读者自行查阅相关条文**)。

类别 项目	建筑用用益物权		农用用益物权	
	现行地上权	修正草案	现行永佃权	增订农用权
内容	1. 建筑物或其他工作物 2. 竹木	1. 建筑物或其他工作物 2. 竹木(删除)	1. 耕作 2. 牧畜	1. 农作 2. 竹木 3. 养殖 4. 畜牧
对价	有偿或无偿	有偿或无偿	有偿	有偿
减免租金请求权	不得请求免除或减少地租		可以	可以
权利让与或设定抵押权	可以。但另有约定或习惯者不在此限		可以	可以
土地转租	学说:可以		可以	不可。但农用工作物之出租可从习惯,如仓库之短期出租

二、分析说明

就地上权与农用权的内容加以比较，可知农用权的法律基本结构多相当于地上权，其不同之处系斟酌农业发展经济利益及保护农用权人的必要。此涉及立法形成空间，应说明者有三：

1. 地上权的设定，得为有偿或无偿，是否支付租金，任由当事人约定。关于农用权，修正草案明定农用权为有偿，以支付地租为必要（修正草案第841条之六第1项）。此或系参酌永佃权规定，但农用权的法律结构异于永佃权，而接近于地上权，何以必须强制其为有偿，立法理由书未见说明。

2. 地上权的期间法无限制，任由当事人约定。关于农用权，修正草案第841条之六第2项规定其期限不得逾20年，逾20年者，缩短为20年。立法理由谓："农用权之期限，如过于长久，将有害于公益。"就农作、养殖或畜牧言，20年期间应能符合当事人的需要。至于种植竹木，修正草案明定当事人得约定较长期限。此项期限究有多长，法无限制。

3. 在地上权，地上权人得否将土地或工作物（包括建筑物）出租于他人，民法未设规定，通说肯定之。就建筑物言，应属当然，盖其所有权属于地上权人，出租建筑物对地上权人具有利益，无害于土地所有人。在农用权，修正草案第841条之九规定农用权人不得将土地或农用工作物出租于他人，农用权人违反前项规定者，土地所有人得终止农用权。"立法"理由系认土地所有人设定农用权于农用权人，多置重于农用权人能有效使用其土地，如农用权人不自行使用土地或设置于土地上之农用工作物，而以之出租于他人，藉以从中得利，将与土地所有人同意设定农用权之原意不符。

就禁止土地转租言，其应考虑的问题，不在于是否有人从中图利，亦不在于是否符合土地所有人的原意，而在于是否破坏农地利用关系。关于禁止出租工作物，似有商榷余地。农用工作物（如仓库）为农用权人所有，其应考虑者，不是藉以从中得利或是否符合土地所有人的原意，而是农用权人的利益及资源的利用。农用权人将其闲置或无使用效率的农用工作物出租于他人（尤其是其他农用权人），通常无害于土地所有人利益，有何禁止的必要？何待于习惯的形成？

第四章 地 役 权

第一节 地役权的意义及机能

若您有一笔土地预定兴建高级别墅,为避免前方他人土地上兴建大厦妨碍眺望,阻止左方他人土地上经营土鸡城,有意自右方他人土地引入温泉,并得随时在后方他人林地散步,并希望邻近土地皆能兴建同一风格的别墅。试问在"现行法"上有何种物权可供达成此项"便宜利用他人土地"的目的?

第一款 地役权的意义

一、地役权的意义

第851条规定:"地役权者,谓以他人土地供自己土地便宜之用之权。"关于此种用益物权的内容,应说明者有二:

(一)地役权系存在于"他人土地"之上

地役权的设定须有二笔土地。其受便宜的土地,称为需役地,供便宜之用的地,称为供役地。需役地与供役地虽多为相毗连的土地,但不此为必要。例如眺望或通行地役权均得于不直接相邻的土地设定之。

为发挥地役权的功能,应认所谓"他人"或"自己"土地,均不以土地所有人为限。[1]例如甲有相邻的 A、B 二地，A 笔土地设定地上权于乙。在此情形，甲得与乙得就 A 地为通行地役权的设定。乙得与甲设定甲不于 B 地为一定高度建筑的眺望地役权。

（二）须为供自己土地便宜之用

地役权系以他人土地供自己土地"便宜之用"。所谓"便宜"，顾名思义，指便利相宜而言，包括经济、财产上的方便利益（如通行、汲水、采石），或精神、美观、感情上利益（如采光、眺望、禁止气响干扰）。是否供便宜之用，应就特定需役地所有人判断之，不以客观上有此必要为要件。

（三）有偿或无偿、存续期间依当事人约定

地役权的设定得为有偿或无偿，其约定有偿者，因其非地役权的成立要件，不当然随地役权的移转而移转，非经登记，不得对抗受让需役地的第三人。

地役权的存续期间，法无规定，亦任由当事人约定，并得设定永久地役权。盖地役权的设定对土地所有权限制程度较诸地上权为低，于地上权既不排除当事人设定永久的地上权，于地役权当无禁止的必要。

据上所述，地役权的当事人不限于土地人所有人。"便宜之用"的范围甚为广泛。有偿与否，存续期间长短，法未强制。**在物权法定原则下，关于地役权的内容形成，当事人享有相当程度私法自治的空间，以调节土地的利用。**

二、地役权与人役权

第 851 条所规定的是，系属"地役权"（Grunddienstbarkeit），

---

[1] 通说，倪江表，民法物权论，第 248 页；李肇伟，民法物权，第 302 页；谢在全，民法物权论（上），第 508 页。

现行"民法"不设所谓的"人"役权（beschränkte Persönliche Dienstbarkeit）。人役权者，指为特定人的利益而使用他人土地的权利。例如某甲得为其"个人"利益，与土地所有人某乙设定在该地散步、捕鱼、写生、露营的权利。罗马法上的役权，兼指为"土地便利"或"人的利益"而使用他人所有物的权利。欧陆各国民法大体上均承袭此种役权制度。[1] 台湾地区则仅认地役权。关于此点，"立法"理由谓：

> 凡许某土地或某人利用他人之物者，其土地或其人对于他人之物有物权，此物权统谓之役权。而许某土地利用他人土地之物权，谓之地之役权，省称之为地役权。许某人利用他人之物之物权，谓之人之役权。例如为自己土地通行便利起见，于他人土地上修造道路之物权，则为地役权。又如所有人以其所有物，供他人使用或收益之物权，则为人之役权。欧洲诸国民法于地役权及人之役权，（例如用益役权使用役权及居住权是）皆设有规定。惟东西习惯不同，人之役权为东亚各国所无，日本民法仅规定地役权，而于人之役权无明文，台湾地区习惯亦与日本相同，故本法亦只设地役权也。采用法国法系诸国之民法，分地役权为法定地役及人为地役，然法定地役，皆系关于土地所有权界限之事，本法于土地所有权章规定之，不复认法定地役，日德诸国之民法亦然。人为地役者，因法律行为设定之地役权也。为实际上最关重要之物权，故特设本章之规定。

---

[1] 关于罗马法上的役权，郑玉波，民法物权，第 180 页；Kunkel/Honsell, Römisches Recht, 4. Aufl. 1987, S. 177, 180.

三、"民法"上的地役权（私有地役权）与公用地役关系

"民法"规定的地役权又称为"私有地役权"。所以创设此概念，旨在与所谓的"公用地役关系"加以区别。公用地役关系攸关人民财产权甚巨，乃实务上重要问题，大法官释字第400号作有解释（阅读之!），[1]分三点说明如下：

1. 公用地役关系的性质及成立要件。公用地役关系，乃私有土地具有公共用物性质的法律关系，久为实务所承认。[2]依前揭大法官释字第400号解释，于既成道路成立公用地役关系，其要件有三：（1）须为不特定之公众通行所必要，而非仅为通行之便利或省时。（2）于公众通行之初，土地所有权人并无阻止之情事。（3）须经历之年代久远而未曾中断；所谓年代久远虽不必限定其期间，但仍应以时日长久，一般人无复记忆其确实之起始，仅能知其梗概（例如始于日据时期、1998年水灾等）为必要。公用地役关系非私法上的权利，不以登记为成立要件。

2. 土地所有权人的特别牺牲及征收补偿。大法官释字第400号解释强调"宪法"第15条关于人民财产权应予保障之规定，旨在确保个人依财产之存续状态行使其自由使用、收益及处分之权能，并免于遭受公权力或第三人之侵害，俾能实现个人自由、发展人格及维护尊严。如因公用或其他公益目的之必要，"国家"机关虽得依法征收人民之财产，但应给予相当之补偿，方符"宪法"保障财产权之意旨。既成道路符合一定要件而成立

---

[1] 关于引发本件解释的"行政院"1978年7月14日台1978内第6301号函及同院1980年2月23日台1980内字第2072号函，请参阅本号解释理由书。

[2] 参照"司法院"大法官释字第255号解释、行政法院1956年判字第8号及1972年判字第435号二则判例（阅读之!）。实务上资料，参阅尤重道编著，透视公用地役权，1994。

公用地役关系者，其所有权人对土地既已无从自由使用收益，形成因公益而特别牺牲其财产上之利益，"国家"自应依法律之规定办理征收给予补偿，各级"政府"如因经费困难，不能对上述道路全面征收补偿，有关机关亦应订定期限筹措财源逐年办理或以他法补偿。若在某一道路范围内之私有土地均办理征收，仅因既成道路有公用地役关系而以命令规定继续使用，毋庸同时征收补偿，显与平等原则相违。

3. 公用地役关系被侵害的救济及土地所有人的容忍义务。公用地役关系成立后，土地所有人不得违反供公众通行之目的而为使用。公用地役关系之对象，系不特定之公众，且亦不以有供役地与需役地之存在为必要，其本质乃属公法关系，与私法上地役权之性质不同。民事诉讼系当事人得向法院诉求以判决保护其私权，故既成巷道为人侵害，自不得本诸公用地役关系，依民事诉讼程序提起恢复巷道之诉，地方"政府"仅得以公权力加以排除，如有争议，应循行政争讼程序处理。[1]

公用地役关系既为公法上关系，且不以登记为成立要件，故甲等数十户住民在乙之土地上通行，已历数十年之久，纵未为地役权之登记，丙"政府"机关将该有公用地役关系之土地编为巷道并铺设柏油路面，乙即有容忍之义务，不得依民法上无权占有之法律关系，诉求丙"政府"机关除去柏油，交还土地。[2]

又既成道路之使用既系公法上之公用地役关系，其补偿关系系尽公法上之权利义务，此公用地役关系存续时，于此公用目的范围内，要无私法上不当得利之问题。[3]

---

[1] "司法院"1984.8.28.(1984)厅民一字第0672号函复台高院。
[2] "司法院"1982.6.11.(1982)厅民一字第0441号函复台高院。
[3] 1999年台上字第3479号判决。

4. 公用地役关系的废除。为保障人民财产权，大法官释字第 400 号解释特别指出，因地理环境或人文状况改变，既成道路丧失其原有功能者，则应随时检讨并予废止。[1]

第二款　地役权的功能及发展[2]

一、地役权的功能

（一）地役权的功能的类型分析

地役权与地上权、永佃权或典权最主要的不同，在于系以他人土地供自己土地"便宜之用"。为使甲地藉乙地为之役，俾地尽其利，虽有"土地租赁"或"相邻关系"的规定，可资运用，然土地租赁具"债之性质"，地役权之设有助于以"物权性"隐固土地利用关系，并得藉登记制度创设内容不相冲突的多数地役权。相邻关系的规定旨在界限所有权的范围，乃属最小限度土地利用的调整。[3] 地役权之设具有弥补其不足的作用。准上所述，地役权的功能有三：

1. 以供役地供使用收益。需役地所有人得以供役地，供其使用收益，如通行、引水、输送瓦斯、汽油或天然气。于此情形，供役地所有人负有容忍义务。须注意的是，地役权不得以供役地所有人积极从事一定行为为内容，例如建筑房屋或拆除某建物。

2. 禁止供役地为某种使用。禁止供役地为某种使用，例如

---

[1] 参阅"台湾省建筑管理规则"第 6 条"台北市现有巷道或改道申请办法"（1990. 8. 21. 北市法三字第 79045012 号函修订发布）
[2] 比较法的研究，参阅 Stürner, Dienstbarkeit, AcP 194（1994），263.
[3] 郑玉波，民法物权，第 185 页。

禁建大楼以免妨碍眺望。于此情形，供役地所有人负有不作为义务。此在德国实务上案例甚多，[1]例如不在供地役兴建工厂；相邻土地所有人约定双方土地的特定部分不为建筑；不得开启某特定窗户；供役地所有人仅能建筑特定种类或风格的房屋。**此类地役权具有以私法补充公法上建筑法规的功能。**

3. 排除供役地所有人行使物权请求权。地役权的设定亦具有排除供役地所有人行使物权请求权的功能。此与环境保护具有关系。例如土地所有人得与相邻地订立不排放一定限度的废气或废水的地役权，**而使地役权成为一个经由契约形成的物权相邻权。**[2]又新设的工厂亦得与邻地所有人设定排放废气或废水的地役权，以支付一定的回馈金，而换取邻地所有人的容忍义务。[3]

（二）营业竞争限制的地役权：地役权的第二春

地役权源自罗马法，是一个古老的制度，其内容多为通行、汲水、眺望，前已论及。值得特别提出的是，在欧陆若干国家，地役权重获生机，有称之为地役权的第二春（Zweite Früling）。[4]此涉及所谓营业竞争限制的地役权（wettbewerbs-beschränkende Dienstbarkeit），例如土地所有人某甲与土地所有人某乙约定，乙不在其土地上从事某种营业，不贩卖某种商品，不将该地出租他人经营某种营业，或不贩卖某种商品。

---

[1] 参阅 Baur/Stürner, Sachenrecht, S. 368ff.
[2] Baur/Stürner, Sachenrecht, S. 369: "Vertraglich festgelegtes Nachbarrecht".
[3] 德国法上的案例，参阅 Baur/Stürner, Sachenrecht, S. 369. 相关问题参阅叶俊荣，购买环境权，收于氏著环境政策与法律，第35页。
[4] 参阅 Baetge, Wettbewerbsbeschränke Dienstbarkeiten in Europa, ein rechtsvergleichender Uberblick, RabelsZ 59 (1995), 649. 此论文系以法国、瑞士、德国及英国为比较研究的对象。简要说明，Baur/Stürner, Sachenrecht, S. 370ff.

在台湾地区目前实务上，尚未见此类营业竞争限制的地役权，如若有之，原则上应肯定其效力。例如甲在其所有土地经营露天餐厅，得与邻地所有人某乙设定乙不在其该地开设餐厅的地役权。又甲亦得与乙约定乙不将该地出租他人经营餐厅的地役权。此种土地使用的限制仍属以自己土地供他人土地"便宜之用"。若其约定所有人不得让与其土地所有权于他人者，则系限制土地所有人法律上的处分自由，不为"便宜之用"所包括，应不许为地役权的设定。[1]

二、地役权制度的发展空间

基上所述，在台湾地区的用益物权中，地役权享有最大程度私法自治范围。除以通行、汲水、眺望为内容外，尚可用于补充建筑法规的不足，调整相邻关系，规范环境保护及营业竞争等，不能认为其属古老制度，而应放置物权博物馆。地役权具有适应现代社会经济需要的发展空间。如何推动运用地役权，俾能更有效率的规范土地利用关系，应值重视。

第二节 地役权的种类及特性

地役权具有不同于地上权等其他用益物权的法律结构，此体现于地役权种类的多样性及地役权的从属性和不可分性。分述如下：

第一款 地役权的种类

甲所有的 A 地与乙所有的 B 地相邻，甲为 A 地的

---

[1] 此为德国通说 Baur/Stürner, Sachenrecht S. 370; BGHZ 29, 244.

便宜之用，于乙所有的 B 地设定通行权、汲水权及眺望权。试从地役权的内容，行使状态及外部表见，对上述三种地役权加以分类，并说明分类的实益。

一、地役权的分类

1．作为地役权与不作为地役权。此种分类系以地役权的内容为标准。作为地役权，指以地役权人得在供役地上为一定积极行为为内容的地役权（又称积极地役权），如通行、汲水等地役权。不作为地役权，乃以供役地人不得在供役地上为一定行为为内容的地役权（消极地役权），如供役地所有人于一定土地范围内不为一定高度建筑的地役权。

2．继续地役权与不继续地役权。此种分类系以地役权行使的状态为标准。继续地役权，指于供役地一旦具备适当状态，适于地役权行使后，即不需地役权人的行为，而能自然继续无间行使的地役权，如引水地役权及眺望地役权。反之，每次行使地役权，皆以地役权人之行为为必要者，则为不继续地役权，如汲水、放牧地役权。在通行地役权，其开设道路者为继续地役权；其未开设道路者，为不继续地役权。

3．表见地役权与不表见地役权。此种分类系外观上有无足资认识事实为标准。表见地役权，指地役权的行使依一定事实而表现于外部，如通行、汲水等地役权。反之，地役权的行使不能依一定事实表现于外部者，为不表见地役权，如采光、眺望，于地下埋设水管的汲水、排水地役权。

二、分类的实益

地役权的分类，有助于更深刻了解地役权的内容，及行使地役权的状态。其主要法律上的区别实益则在于地役权的时效取得，即地役权以继续并表见者为限，始能因时效而取得（第 852

条)。

第二款　地役权的特性

A 地所有人某甲,于乙所有的 B 地设定通行地役权。试说明下列情形所涉及的法律问题:
1. 甲让与 A 地所有权于丙,或为丙设定抵押权。
2. 甲将 A 地所有权让与于丙,但自己保留通行权。
3. A 地分割为 a、b 二地或 B 地分割为 c、d 二地时,如何定其通行地役权的存续?

上揭例题涉及地役权的从属性及不可分性,为便于观察,将其基本法律结构图示如下:

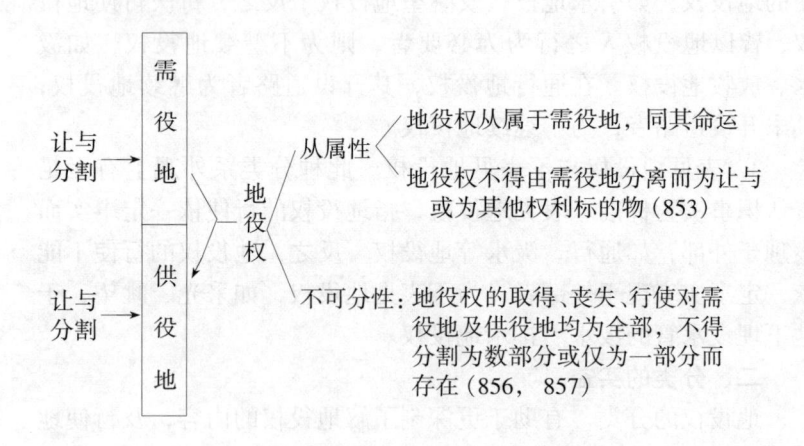

```
                             ┌ 地役权从属于需役地,同其命运
          需       ┌ 从属性 ┤
 让与 →   役       │         └ 地役权不得由需役地分离而为让与
 分割     地       │              或为其他权利标的物(853)
          ──  地役权
          供       │         ┌ 地役权的取得、丧失、行使对需
 让与 →   役       └ 不可分性┤  役地及供役地均为全部,不得
 分割     地                   │  分割为数部分或仅为一部分而
                               └  存在(856,857)
```

一、地役权的从属性

（一）从属性原则

地役权的从属性，指地役权系从属于需役地的所有权而存在，与需役地同其命运，地役权从属于需役地的处分。需役地所有人将该地让与他人时，纵未明言地役权是否移转，应认其地役权亦当然随同需役地移转于受让人。需役地所有人就该地设定抵押权时，抵押权之效力当然及于地役权（从权利，第862条第1项）。于需役地设定地上权等时，除有特别约定外，其地上权人等得行使地役权。

（二）第853条规定

第853条规定："地役权不得由需役地分离而为让与，或为其他权利的标的物。"此系从消极方面规范地役权的从属性，分述如下：

1. 地役权不得由需役地分离而为让与。此包括三种情形：

1) 需役地所有人不得自己保留需役地所有权，而仅以地役权让与他人。违反之者，地役权的让与无效，受让人不能取得地役权，地役权仍为需役地而存在。

2) 不得仅将需役地所有权让与他人，而自己保留地役权。违反之者，地役权违反其从属性应归于消灭。当事人让与需役地所有权，而未特别约定自己保留地役权者，其地役权应随同移转。

3) 不得以需役地所有权与地役权让与不同之人。违反之者，地役权让与无效，受让人不能取得地役权。地役权因无须役地存在而消灭。

2. 地役权不得由需役地分离而为其他权利之标的物。现行"民法"未设地役权得为其他权利标的物的规定。当事人约定以地役权为抵押权之标的者，应属无效。

二、地役权的不可分性

地役权的不可分性者,指地役权的取得、消灭或享有应为全部,不得分割为数部分或仅为一部分而存在。不可分性旨在确保地役权之设定目的,使其得为需役地的全部而利用供役地的全部。此主要涉及时效取得地役权,共有人得否按其应有部分抛弃地役权,及需役地或供役地分割的问题。台湾地区仅设第856条规定,兹参照相关立法例及学说说明如下:[1]

(一) 发生的不可分性

共有人中之一人,因时效取得地役权,其他共有人亦取得之(参照日本民法第284条第1项)。需役地的共有人系以需役地的便宜之用而取得地役权,而非仅为其应有部分,故应使其他共有人一同取得之,以达时效取得地役权之目的。[2]

(二) 消灭上不可分性

土地共有人中之一人,不得按其应有部分使已存在的地役权消灭(参照日本民法第282条第1项)。[3]例如甲与乙共有某地(应有部分各为1/2),于丙地设定眺望地役权。甲不得按其应有部分抛弃地役权,而使地役权消灭1/2。[4]盖地役权系为需役地全部而设定,而非存在于共有人之应有部分之上。

---

[1] 较详细深入的说明,谢在全,民法物权论(上),第516页。
[2] 舟桥淳一,物权法,第428页。
[3] 舟桥淳一,物权法,第428页。
[4] 台湾地区实务上有一则案例,可供参考:本件坐落台中县丰原市上南坑段278-34地号等7笔土地,所有权人吕藏宝、廖汉乾之应有部分各为1/2,其中278-34、-35、-32、276-6地号等4笔土地设有地役权,该4笔土地为供役地,吕藏宝将其应有部分抛弃,使其土地之地役权消灭。"法务部"认为与地役权消灭不可分性及物权抛弃不得损害他人利益之法理有违。故吕藏宝不得就该4笔供役地抛弃其应有部分,而使该部分之地役权消灭。("法务部"1991、7、20法1991律字第10915号函)

（三）享有上的不可分性（分割后的不可分性）

1. 需役地经分割者，其地役权为各部分之利益仍为存续。"但地役权之行使，依其性质，只关于需役地之一部分者，仅就该部分仍为存续。"（第856条但书）。对此规定，立法理由作有简要说明："例如有地一区，其隅有园庭，为其园庭设观望地役，当其地未分割时，其地全部皆为需役地，既分割后，只有园庭之土地为需役地，亦仅取得该土地之所有人有地役权也。"

2. 供役地经分割者，地役权就其各部分仍为存续（第857条本文）。例如甲所有人在乙地有通行地役权。嗣乙地分割为A、B二地时，甲地所有人仍得对该A、B二地行使通行权。"但地役权之行使，依其性质，只关于供役地之一部分者，仅对于该部分仍为存续。"（第857条但书）。就上举之例，若甲地所有人通行地役权所开设道路，仅通过A地时，则仅对于该A地，仍为存续。又在前举园庭之例，例如有地一区，其隅有园庭，为其园庭设观望地役，当其地未分割时，其地全部皆为需役地，既分割后，只有园庭之土地为需役地，亦仅取得该土地之所有人有地役权也。（参照立法理由）

须注意的是，上述第856条及第857条关于需役地及供役地"分割"不可分性的规定，对需役地或供役地的一部"让与"，亦有类推适用余地。需役地或供役地经分割或一部让与，其地役权为各部分的利益"不为存续"时，应构成该部分地役权的消灭原因，得请求涂销该地役权部分的登记（"土地登记规则"第143条）。[1]

---

[1] 参阅谢在全，民法物权论（上），第518页。

第三节 地役权的取得

第一款 基于法律行为而取得

一、地役权的设定

地役权的设定，应分债权行为与物权行为。[1]前者为设定地役权的约定，得为债权契约或遗嘱（单独行为）；后者为物权契约，须订立书面，并经登记，[2]始生效力（第758条、第760条），[3]请参照关于地上权设定的说明，兹不赘述。应特别指出者有三：

1. 地役权的内容须为登记。其未登记者，仅具债权的效力。

2. 地役权的设定得为有偿或无偿，得订定一定存续期间或无存续期间，亦得设定永久地役权。

3. 地役权的设定系以自己土地（供役地）供他人土地（需役地）便宜之用。得就供役地设定地役权，限于供役地所有人，应属当然，此为土地所有权的处分，须有处分权限。惟得就需役地设定地役权者，除需役地所有人外，尚应包括地上权人、永佃

---

[1] Baur/Stürner, Sachenrecht, S. 374.
[2] 关于地役权的登记，参阅"土地登记规则"第108条及第109条规定，即于一宗土地内就其特定部分申请设定地上权、永佃权、地役权或典权申请登记时，应提出位置图。因主张时效完成，申请地上权或地役权登记时，应提出占有范围位置图。前二项位置图应先向该管登记机关申请土地复丈（第108条）。为地役权设定登记时，如需役地属于他登记机关管辖，供役地所在地之登记机关应于登记完毕后，检附供役地登记用纸他项权利部影本通知他登记机关办理登记（第109条）。
[3] 参阅本书第24页。

权人、典权人等,[1]其理由有三：(1)此不涉及需役地所有权的处分，不以有所有权为必要。(2)符合地役权调节土地利用之目的。(3)地役权的设定系在便宜使用"他人"土地，无害于需役地所有人的利益。准此以言，亦应肯定需地承租人得为承租的土地设定地役权。[2]

二、地役权的让与

地上权、永佃权及典权皆得为让与（第838条、第843条、第917条）。关于地役权的让与，"民法"未设明文，然第853条规定："地役权不得由需役地分离而为让与。"由此可知地役权应与需役地共同让与之，并须订立书面，并经登记，始生效力（第758条、第760条）。

第二款　基于法律行为以外的事实而取得

一、继承

地役权为财产权，得因继承而取得，同于地上权等用益物权，兹不赘述。

二、地役权的时效取得

1. 要件的特色：继续并表见。第852条规定："地役权以继续并表见者为限，因时效而取得。"按地役权系所有权以外的财产权，得准用第768条至第771条规定依时效取得之（第772条），即以行使地役权之意思，20年间，和平、继续，表见（公然）以他人土地供自己土地便宜之用者，得请求登记为地役权人（如其占有之始，为善意并无过失者，其期间则为10年）。第852

---

[1] 参阅本书第71页。
[2] 学说上不同见解的分析讨论，谢在全，民法物权论（上），第522页。

条规定旨在排除不继续或不表见地役权的时效取得。其所以设此规定，立法理由谓："盖不继续之地役权，其供役地之所有人所受妨害甚微，有时地役之成立，初非有成立之原因，第由供役人宽容允许而已，若因此遽推定为设定或让与，殊觉未协。又表见之地役，其供役地之所有人，多年并不拒绝，推定其为既已设定或让与，固属无妨，至不表见之地役，则无此推定之基础，故亦不得因时效取得之。"

如上所述，地役权时效取得要件的特色，在于须兼俱继续及表见的要件。不得建筑横墙遮蔽窗户光线与空气之地役权，虽系继续而不表见；汲水地役权之行使，以地役权人每次之行为为必要，虽系表见而不继续，均与第852条所定地役权因时效而取得之要件不合。[1]

又地役权的时效取得亦不以他人未登记之土地为限。地役权系以他人土地之利用为其目的，而得直接支配该土地之一种不动产物权，性质上仅为限制他人土地所有权之作用，而存在于他人所有土地之上，故有继续并表见利用他人土地之情形，即可因时效而取得地役权，并不以他人所有未经登记之土地为限。[2]此与地上权的时效取得同。

2. 法律效果。

1）登记请求权：依占有事实完成时效而取得通行地役权者，得请求地政机关登记为通行地役权人，但不动产所有人尚无协同请求登记之义务。[3]

---

[1] 1943年上字第1527号判例。
[2] 1965年台上字第698号判例。
[3] 1979年台上字第2994号判例。关于登记，参阅"土地登记规则"第103条第2项。

2) 登记前的法律关系：地役权固有因时效而取得之规定，但依第 772 条准用第 769 条及第 770 条之结果，仅使需役地人有得请求登记为地役权人之权利，在未登记为地役权人以前，无地役权存在之可言，自不能本于地役权的法律关系有所请求或主张（如对抗土地所有人的物上请求权）；[1] 亦无依第 858 条准用第 767 条规定请求排除侵害之余地。

第四节 地役权的效力

第一款 地役权人的权利义务

一、地役权人的权利

（一）供役地的使用

1. 依设定之目的及范围使用供役地。地役权人得依其设定（或时效取得）及登记之目的范围使用供役地。其设定道路通行权者，得开设道路通行；其设定眺望权者，得请求供役地所有人不得违反约定而为建筑或建筑一定高度的房屋。供役地所有人的使用权因设定地役权而受限制，地役权人有优先使用供役地之权。先设定的地役权亦优先于其他用益物权，例如甲于乙地先取得采光或眺望地役权时，对其后于乙地设定以建筑物为内容的地上权人，亦得行使其权利。

在同一供役地上，设定多数内容非不相容的地役权时，依其情形，得同时行使其权利（如一为通行地役权，一为采光地役

---

[1] 1971 年台上字第 1677 号判例，1979 年台上字第 2994 号判例。参阅拙著，民法物权（一），第 205 页。

权);或依序行使之(如同为温泉引水地役权),先设定者优先。

2. 地役权的使用范围依需役地的需要而调整。甲于所有的A地经营旅馆,于乙所有的B地设定通行地役权,先则使用小旅行车,其后因甲因业务扩大,须使用大游览车时,得否拓宽通行道路?又丙于丁地设定温泉引水地役权,其后丙因自然人口增加,或将住家改为经营温泉别庄时,得否增加其引水量?

此涉及地役权的使用范围,得否依需役地的需要而为调整的问题。对此,应认设定行为已明确订定其使用目的范围者,[1]依其所定。其未明确订定者,需役地的需要自然增加时,地役权的范围亦随之扩大。就上举之例言,甲的旅馆业务增加时,得拓宽道路,惟甲将旅馆改为工厂而须使用卡车时,则不得要求拓宽道路。丙因子女结婚,生养众多,人口增加时,得对丁主张增加其温泉引水量,惟因将住家改为经营温泉别庄时,则不得要求增加引水量。

(二) 得为附随的必要行为

地役权人,因行使或维持其权利得为必要之行为(第854条本文)。例如温泉引水地役权人,得以自己的费用,于供役地上设置工作物(管线);通行地役权人,得开辟必要的道路。地役权人行使此等地役权的"附随行为"时,应择于供役地损害最小之处所及方法为之(第854条但书),以符"比例原则"。就温泉引水地役权言,得埋设暗管时,应不得开设明沟,其须开设明沟时,亦须注意尽量减少对供役地的损害。第854条在地役权人与土地所有人间创设一种法定债之关系,地役权人因过失逾超其范

---

[1] 史尚宽,物权法论,第218页,通说。不同见解的分析,参阅谢在全,民法物权论(上),第527页。德国通说同此见解,参阅 Baur/Stürner, Sachenrecht, S. 372; BGHZ 92, 351.

围时，对土地所有人应负损害赔偿责任。

值得注意的是，德国民法第1020条除设有相当于台湾地区第854条规定外，尚明定："地役权人于行使地役权时应尽可能保全供役地所有人的利益。"[1] 在台湾地区亦应采之，盖此乃行使权利、履行义务应依诚实信用原则（第148条第2项）的表现。

（三）地役权的保护及相邻关系

1. 第767条规定之准用。第858条规定："第767条之规定，于地役权准用之。"立法理由谓："地役权人，既有以他人土地供自己土地便宜之用之权，则对于无权占有或侵夺其地役权者，得请求返还之，对于妨害其地役权者，得请求除去之，对于有妨害其地役权之虞者，得请求防止之，此与所有人相同，故准用本法第767条之规定。"关于此项准用，应说明有四：

1) 侵害地役权之人，包括供役地所有人及其他第三人。[2]

2) 对妨害其地役权者，地役权人得请求除去之。例如供役地所有人或第三人在供役地建筑房屋妨害眺望地役权，设置路障妨害通行地役权者，地役权人得请求拆除房屋或路障。温泉引水供役地因遭遇台风，有流失之虞时，地役权人得请求供役地所有人为必要的预防措施。

3) 有疑问的是，第三人无权占有或侵夺地役权者，地役权人得否准用第767条规定，请求返还之。对此问题，应采肯定说。例如甲在乙地有通行权或温泉引水地役权，丙无权占有供役

---

[1] 德国民法第1020条："地役权人于行使其权利时，应尽可能以保全供役地所有人之利益。权利人因行使地役权在供役地设置工作物者，在保全所有人利益之必要范围内，应维持该工作物之正常状态。"关于本条解释适用，Palandt/Bassenge, §1020.

[2] Baur/Stürner, Sachenrecht, S. 375.

地或侵夺其引水管线时，甲得请求丙返还供役地或管线设施，俾其能行使地役权。此在地役权的内容须占有供役地者，具有实益。

4）第767条的准用，以其侵害具不法性为已足，有无故意或过失，在所不问。其出于故意或过失侵害地役权者，尚应依第184条第1项前段规定负损害赔偿责任。侵害者系供役地所有人时，尚应依存在于当事人的债之关系，负不完全给付损害赔偿（第227条）。例如供地役所有人因任意排放废弃物，污染饮水水源时，对引水地役权人因此所受损害（如额外购水或运输费用），应依不完全给付，负赔偿的责任。[1]

2. 占有保护请求权。地役权的内容须占有供役地，占有因行使地役权而为设置时（如引水管线、通行架设天桥），应"直接适用"第960条以下规定，而受保护。

值得注意的是，德国民法第1029条规定："土地所有人已将地役权登记于土地簿册者，土地占有人行使此项地役权而受妨害者，准用关于占有保护之规定，但以妨害发生前1年内曾为1次以上之行使者为限。"明定对地役权的权利占有（Rechtsbesitz auf der Grunddienstbarkeit），亦受占有规定的保护。[2]例如甲于乙地有通行地役权，丙阻塞道路，甲得行使自力救济权排除之（德国民法第859条，相当台湾地区第960条）。台湾地区"民法"无类此明文，然第966条规定："财产权，不因物之占有而成立者，行使其财产权之人，为准占有人。本章关于占有之规定，于前项

---

[1] 此例采自 Müller, Sachenrecht, S. 362（Rn. 1392.）
[2] 参阅 Heck, Sachenrecht, § 16; Baur/Stürner, Sachenrecht, S. 375。批评的见解，Müller, Sachenrecht, Rn. 1395ff.

准占有准用之。"于此地役权应有适用余地。[1]

3. 相邻关系。关于相邻关系,"民法"对地上权、永佃权、典权设有准用的明文(第833条、第850条、第914条),对地役权未设准用规定,但应肯定之,此在地役权人占有供役地而为使用的情形,具有实益。1990年第2次民事庭会议决议(二)认为第787条邻地通行权的规定除法律已明定适用或准用之情形外,于其他土地利用权人相互间(包括承租人、使用借贷人在内),亦应援用"相类似案件,应为相同之处理"之法理,为之补充解释,类推适用,以求贯彻。准此原则以言,相邻关系于土地利用人相互间亦应有准用余地,并及于地役权人。**"民法"物权编修正草案**第801条明定:"第774条至前条之规定,于地上权人、农用权人、**地役权人**、典权人、承租人、其他土地、建筑物或其他工作物利用人,准用之。"可资参照。

二、地役权人的义务:设置物的维持及允用

第855条规定:"地役权人,因行使权利而为设置者,有维持其设置之义务。供役地所有人,得使用前项之设置,但有碍地役权之行使者,不在此限。前项情形,供役地所有人,应按其受益之程度,分担维持其设置之费用。"本条肯定地役权人因行使权利"得为设置",如引水的管线、排水的设施、通行的高架天桥等。地役权人所以应负维持其设置的义务,在于避免供役地所有人因其设置的毁损,而受损害。供役地所有人得在无碍地役权行使的范围内,使用设置,乃在使物尽其用,供役地所有人不必再设置工作物,以节省无益之费用,但应按其受益程度分担设置的费用,以期平允。此为任意规定,当事人得另为约定。

---

[1] 关于准占有,参阅本书第382页。

第二款　供役地所有人的权利义务

供役地所有人的权利义务，相对应于地役权人的权利义务，分述如下：

一、供役地所有人的权利

1. 供役地所有人于不妨害地役权行使的范围内，得行使与其所有权的权能。

2. 供役地所有人，于不妨害地役权行使的范围内，有使用地役权人在供役地上所为设置物的权利，第855条第2项设有明文，前已论及。

3. 地役权的设定，如为有偿者，则供役地所有人有地租请求权，乃属当然。

4. 值得特别提出的是，地役权的行使限于供役地的部分，所有人认该部分之使用对其有特殊不便时，得否主张由其负担费用，将地役权的行使迁移于其他适于地役权人的处所？例如为修建房屋的需要，得否请求迁移温泉管线？土地所有人经营旅馆，为减少对旅客的噪音干扰，得否请求迁移通行道路于其他适当场所？德国民法设有规定，[1]台湾地区虽无明文，但应予肯定，

---

[1] 德国民法第1023条规定："地役权这现时行使，限于供役地之一部分者，所有人认为该部分之使用，对其有特殊之不便时，得请求将地役权之行使迁移于其他适于地役权人利益之处分；迁移之费用，应由所有人负担，并须预付。二地役权之行使，基于法律行为，限定于供役地之一部分者，亦适用前段之规定。Ⅱ迁移之权利，不得以法律行为排除或限制。"关于本条解释适用，Palandt/Bassente § 1023.

盖此兼顾当事人利益，符合诚信原则。[1]

二、供役地所有人的义务

供役地所有人的所有权，因地役权的设定的目的范围而受限制，负有容忍及不作为的义务。在作为地役权，供役地所有人负有容忍地役权人为一定积极行为（如通行、汲水、排放废气）的义务。在不作为地役权，供役地所有人负有不为一定作为义务，例如不建筑一定高度的大楼，或特殊设计造型的房屋，不排放废气，夜间不弹奏乐器。

第五节 地役权的消灭

一、地役权的消灭事由

地役权为不动产物权之一种，不动产物权的一般消灭原因自亦有适用。须特别提出的消灭事由有六：

1. 因供役地被征收。但需役地被征收时，地役权仍继续存在。

2. 地役权存续期间届满。

3. 约定消灭事由发生，如解除条件成就。

4. 抛弃：需役地人得随时抛弃地役权，使之消灭；但地役权有期限时，供役地人仍得请求剩余期间的对价（地租）。地役权无期限或永久期限者，为兼顾双方当事人利用，应类推适用"民法"第835条规定，即其地役权人应于1年前通知土地所有人，或支付未到支付期之1年分地租。

5. 土地重划：因土地重划致地役权消灭者，其情形有二：

---

[1] 谢在全，民法物权论（上），第534页，亦采肯定说，可供参照。"民法"物权编修正草案第855条之一设有明文（本书附录（一）第415页）。

(1) 在农地重划土地上所存之地役权，于重划后仍存在于原有土地上。但因重划致设定地役权之目的已不存在者，其地役权视为消灭，地役权人得向土地所有权人请求相当之补偿（"农地重划条例"第31条第1项）。此项请求权之行使，应自重划分配确定之日起，2个月内为之（同条例第2项）。因重划致地役权人不能享受与从前相同之利益者，得于保存其利益之限度内设定地役权（同条例第32条第2项）。(2) 在都市土地，地役权因市地重划致不能达其设定目的者，该权利视为消灭。地役权人得向土地所有权人请求相当之补偿。此项请求权之行使，应于重划分配结果确定之次日起2个月内为之（"平均地权条例"第64条第1项，第65条）。[1]

6. 地役权无存续之必要及法院宣告：第859条规定："地役权无存续之必要时，法院因供役地所有人之声请，得宣告地役权消灭。"立法目的旨在免除供役地的负担，俾益土地利用，如化学工厂排放废气地役权，因工厂已改为花园绿地；温泉汲水地役权，供役地因地层变动，水源断绝，不能继续供应温泉。由此二例可知地役权有无存续必要，得分就需役地及供役地而为观察，由法院依供役地所有人的声请加以审查，而为地役权消灭的宣告，于判决确定时，发生消灭效力（形成判决）。供役地所有人对地役权的消灭，无补偿义务，盖地役权既无存续的必要，已无利益存在。其无继续存续之必要，是否因供役地所有人过失所致，在所不问。地役权人因一时不能为便宜使用者，如需役地上的工厂因九二一地震停工，不能因此而认其设定的排放废气或通行地役权无存续的必要。温泉引水供役地因遭土石流冲走，而不能供应温泉时，供役地所有人不负重建，使地役权得为继续行使

---

[1] 较详细的说明，谢在全，民法物权论（上），第536页。

的义务。

二、地役权消灭的法律效果

地役权消灭时，应申请涂销登记（"土地登记规则"第143条以下，阅读之！）。其占有供役地者，应回复原状，返还土地。关于供役地上设置的工作物（如引水管线），应类推适用第839条规定，即其权利消灭时，地役权人得收回之，但应回复土地原状。供役地所有人以时价购买其设置的工作物时，地役权人不得拒绝。[1] 就方法论言，此乃法律明定适用（地上权，第839条），准用（永佃权，第848条）之情形外，本诸"相类似案件，应为相同处理"原则而为的法律补充（类推适用），以求兼顾双方利益，并维护物的经济利益。

第六节 "民法"物权编修正草案关于地役权的修正

地役权的登记案件不多，前已论及。"民法"物权编修正草案的修正重点，应在于调整地役权的法律结构，使人民更能认识地役权制度的功能，更愿意利用地役权，以促进土地（或不动产）的利用关系。修正草案计修正7个条文，增订4个条文（第851条之一、第855条之一、第859条之一、第859条之二），删除一个条文（第858条），就其内容言，可分为三类：(1)地役权制度的重建。(2)同一土地上地役权与其他用益物权的并存性。(3)明确规定现行法上解释适用上易滋疑义的问题。分述如下：

---

[1] 通说参阅史尚宽，物权法论，第224页；郑玉波，民法物权，第194页；谢在全，民法物权论（上），第540页。

一、地役权制度的重建[1]

(一) 需役地客体及地役权主体的扩大

第851条规定："称地役权者，谓以他人土地供自己土地便宜之用之权。"修正草案将本条修正为："称地役权者，谓以他人土地供自己使用之不动产便宜之用之权。前项所称自己使用之不动产，以基于物权或租赁关系而使用者为限。"立法说明谓：(1) 地役权现行条文规定以供役地供需役地便宜之用为内容。惟随社会之进步，地役权之内容变化多端，具有多样性，现行规定仅限于土地之利用关系已难满足实际需要。为发挥地役权之功能，促进土地及其定着物之利用价值，爰将原需役地之客体扩张及于"不动产"，土地及其定着物均包括在内，并将得设定地役权之人，不限于需役不动产之所有人，改列为第1项。(2) 为避免需役不动产之利用人范围过广，爰增订第2项，明定以基于物权（用益物权）或租赁关系而使用者为限。

此项修正调整需役地的客体及设定地役权的主体，扩大了地役权的适用范围，使房屋的承租人亦得于他人土地设定通行、采光或排水等地役权，有益于强化地役权的功能。在现行法上，需役地利用权人亦得于他人土地设定地役权，乃通说的见解，明确加以规定，自值赞同。须注意的是，修正草案将自己使用之不动产，限于基于物权（用益物权）或租赁关系而使用者。不动产（土地或房屋）的使用借贷人或买受人均不得于他人土地设定地役权。应否设此限制，容有不同见解，然此项限制系为避免需役地之利用人范围过广，以维护地役权制度性质，避免使其成为人役权，难谓无相当的理由。

---

[1] 此一标题参照苏永钦，"'重建役权制度——以地役权的重建为中心'，'民法'物权编修正系例研讨会之二"，月旦法学，第65期，第81页。

（二）供役地客体的扩大

修正草案第851条将需役地的客体土地扩张为不动产（包括定着物），但供役地仍限于土地，其理由何在，不得确知。从法律逻辑及发挥地役权的功能言，将供役地扩张及于不动产，土地及其定着物均包括在内，实有必要。苏永钦氏强调应创设不动产役权制度，而提出如下建议条文："称不动产地役权者，谓依特定目的以一不动产为另一不动产便宜之用之权。"（第158条第1项），应值赞同。此种不动产地役权使房地得为互役，即A地对B地，A地建物对B地房屋，A地对B地房屋，或A地建筑与B地建筑得各设定地上权，应有助于使地役权获得更广泛的适用机会。又苏永钦氏上揭建议条文第2项规定："前项所称便宜之用，谓需役不动产各时所有人得使用供役之不动产，或供役不动产各时所有人不为一定行为，或不对需役地行使依其所有权本得行使之权利。"此系参照德国第1018条而对台湾地区第851条所称以他人土地供自己土地"便宜之用"加以具体化，有助于了解地役权（不动产役权）的内容和功能，亦值赞同。然所谓需役地不动产"各时"所有人，在德文称为"jeweiler Eigentümer"，指设定地役权该当不动产所有人，如何迻释为中文，或可径省略之，尚值研究。

二、地役权与其他用益物权的并存

修正草案第851条之一规定（增订）："土地所有人设定地上权或其他以用益为目的之物权后，经该物权人之同意，于同一土地得设定地役权。土地所有人设定地役权后，于同一土地得设定其他物权。其于地役权之行使有碍者，应得地役权人之同意。"本条规定旨在规定地役权与其他用益物权（如地上权）的并存，有助于充分土地利用，俾地尽其利，自值赞同。就第1项言，其应得该物权人（如地上权人）之同意者，应限于有碍于该权利之行使的情形。例如甲于其所有土地为乙设定空间地上权，其后再设定汲水或地下通行地役权于第三人者，若无碍于乙的地上权时，不必得乙的同意，即可为之。

三、解释适用性的修正条文

修正草案关于地役权的修正条文，多属解释适用的性质，在于处理现行法无明文规定，解释上易滋疑义或须类推适用的问题。此类修正条文有助于促进地役权关系的明确及透明性，减少磋商、争议的交易成本，分述如下：

1. 修正草案第852条规定："地役权因时效而取得者，以继续并表见者为限。前项情形，需役之不动产为共有者，共有人中一人之行为，或对于共有人中一人之行为，为他共有人之利益，亦生效力。"第1项仅在整理文字。第2项乃仿日本民法第284条规定，其前段旨在明定需役的不动产为共有者，其中之一人得因时效而为共有的需役地取得地役权。后段则在表示供役地所有人有终止其中部分需役不动产所有人之通行等行为时，其余需役不动产所有人亦因此而受影响。盖共有人间利害攸关，权义与共，其效力应及于他共有人。

2. 修正草案第854条规定："地役权人因行使或维持其权利得为附随之必要行为。但应择于供役地所有人或其他以供役地为标的之物权人损害最少之处所及方法为之。"本条增加"附随"二字，纯系文字调整。立法说明谓此项修正乃在表示此种必要行为系"附随地役权"，与"主地役权"同其命运，此属概念游戏，不具意义。

3. 修正草案第855条规定："地役权人因行使权利而为设置者，有维持其设置之义务。其设置由供役地所有人提供者，亦同。供役地所有人于无碍地役权行使之范围内，得使用前项之设置，并应按其受益之程度，分担维持其设置之费用。"本条修正重点在于第 1 项增设其设置由供役地所有人提供者，亦应由地役权人负维持该设置的义务。立法理由系认因其系为地役权人之利益，自应由地役权人负维持其设置的义务。此系考量通常情形而设，旨在避免争议，属任意规定，当事人有约定者，依其约定。

4. 修正草案第 855 条之一规定（增订）："供役地所有人或地役权人认行使地役权之处所或方法有变更之必要，而不甚碍地役权人或供役地所有人权利之行使者，得以自己之费用，请求变更之。"现行"民法"虽无类似明文规定，但基于诚信原则应为肯定的解释。

5. 修正草案第 859 条规定："地役权之全部或一部无存续之必要时，法院因供役地所有人之声请，得就其无存续必要之部分，宣告地役权消灭。地役权因需役之不动产灭失而消灭。"第 1 项规定增列地役权之一部无存续必要时，供役地所有人亦得声请法院就其无存续必要之部分，宣告地役权消灭，在"现行法"上亦应作此解释。第 2 项规定地役权因需役之不动产灭失当然消灭，无待法院形成判决之宣告。现行法解释上亦可应同此结论。地役权有无存续"必要"，属利益衡量及价值判断，始应由法院认定。

6. 修正草案第 859 条之一规定（增订）："第 835 条至第 836 条之二之规定，于地役权准用之。"又第 859 条之二规定（增订）："地役权消灭时，地役权人所为之设置，准用第 839 条之规定。"均在准用地上权规定，请参照相关条文（本书附录（一），第 417 页），兹不赘述。

第五章 典　　权

第一节　典权的意义、性质及社会功能

请阅读第911条以下规定，说明典权的意义及其不同于其他用益物权的法律结构。典权为何规定于"民法"物权编第8章，置于质权与留置权之间？典权制度具有何种功能，当事人为何不为不动产买卖，而要设定典权？典权制度是否广被利用，符合社会经济的需要？

第一款　典权的意义及法律结构

第911条规定："称典权者，谓支付典价，占有他人之不动产，而为使用及收益之权。"例如甲银行（典权人）支付2 000万元（典价）于乙（出典人），乙将A屋（典物）交付于甲，由甲占有使用收益。典权约定期限不得逾30年，逾30年者，缩短为30年（第912条）。典权定有期限者，于期限届满后，出典人得以原典价回赎典物。出典人于典期届满后，经过2年，不以原典价回赎典物者，典权人即取得典物所有权（第923条）。典权未定期限者，出典人得随时以原典价回赎典权。但自出典物经过30年不回赎者，典权人即取得典物所有权（第924条）。

由上述规定可知，典之制度主要系由"支付典价，占有他人之不动产，而为使用收益"，"出典人回赎典物"及"典权人取得典物所有权"三者构成之，其法律结构不同于地上权、永佃权及地役权，分三点言之：

1. 典权系存在于不动产，包括土地及其定着物，并得为全面的使用收益，其内容丰富，仅次于所有权。其他用益物权则仅以土地为其客体，其使用收益限于一定的范围。

2. 典权的成立，以支付典价为必要，故典权的设定必为有偿行为。典价乃典权人取得典物的对价，通常接近于买卖价金，不同于地上权等的地租。

3. 典权制度的核心在于出典人的回赎，及典权人于出典人未为回赎时取得典物所有权。为规律典之制度，"民法"共设17个条文（第911条至第927条），形成一个较地上权、永佃权、地役权为复杂的规范体系，其中涉及回赎者，多达5条，足见其重要性，"立法"目的乃在保护"经济上弱者"的出典人。[1]

第二款　典权的法律性质

典权的法律性质如何，是一个夙有争论的问题，[2] 所以发

---

[1]"民法"物权编第八章典权"立法"理由谓："仅按典权，由来已久，此种习惯，各地均有，盖因典仅用找贴之方法，即可取得所有权，非若不动产质于出质人不为清偿时，须将其物拍卖，而就其卖得价金内扣还，手续至为繁复。且出典人于典物价格低减时，尚可抛弃回赎权，于典物高涨时，可主张找贴之权利，有自由伸缩之余地，实足以保护经济上之弱者。故本法特设本章之规定。"

[2] 关于典权的性质，有用益物权说，担保物权说，买卖契约说及特种物权说四种见解，参阅史尚宽，物权法论，第394页；郑玉波，民法物权，第137页；谢在全，民法物权论（上），第545页。

生争论，其主要的原因系典权为传统固有制度，[1]难以纳入罗马法上的物权体系。一般认为华人重孝而好名，出卖祖产乃败家之兆，足使祖宗蒙羞，乃创设典之制度，期能兼顾以不动产融资及使用收益的需要：对出典人言，得以相当于卖价的金额将物出典于人，不必放弃所有权，而可筹足需款，并保留回赎的机会；对典权人言，虽无所有权之名，但取得接近所有权人使用收益之权，而他日更有取得所有权的机会。此种典之制度如何定性，迭经变迁。大清民律草案认典之制度相当于不动产质权，[2]乃仅规定不动产质权，而无典权。第二次草案于不动产质权外，另设典权一章明定其为使用收益之权。现行"民法"删除不动产质，而仅留典权，"民法"物权编"立法"原则第10条谓："台湾地区习惯无不动产质，而有典，二者性质不同。盖不动产质为担保债权，出质人对于原债务仍负责任，苟质物价格低减，不足清偿，出质人仍负清偿之责，而典则否。质权既为担保债权，则于

---

[1] 较详细的说明，王文，典权制度的研究。在固有法上得设典之标的，不限于不动产，包括动产（如杜甫诗：朝回日日典春衣），甚至人身（如典妻雇子）。

[2] 关于不动产质权，现行"民法"未设规定，民律草案曾参考日本民法设不动产质权。在日据台湾时期，日本民法上的不动产质权亦有适用，实务上仍有相关案例，如1951年台上字第1109号判例谓："台湾光复前所发生之不动产质权，系属一种担保物权，与"民法"物权编所定之典权迥不相同。故质权人于质权存续期间届满后，未经出质人回赎赎，除有特别情事外，仍无取得质权所有权之可能。"（另参阅1954年台上字第283号，1960年台上字第2432号判例）。兹录日本民法相关规定如下，以便参阅：日本民法第356条："不动产质权人，得依为质权标的之不动产之用法，为其使用及收益。不动产质权人，负支付不动产管理费用，及其他不动产之负担。"第358条："不动产质权人，不得请求其债权之利息"，第359条："前三条之规定，于设定行为另有约定时，不适用之"，第360条："不动产质权之存续期间，不得逾10年。若以更长期间而设定不动产质权者，其期间缩短为10年。不动产质权之设定，得更新之。但其期间，自更新时起不得逾10年。"第361条："不动产质权，除本节之规定外，准用次章之规定。"参阅陈荣宗，"典权与外国不动产质权之比较研究"，台大法学论丛，第23卷，第2期。

出质人不清偿时，只能将质物拍卖，就其卖得金额而为清偿之计算，无取得其物所有权之权利；典则用找贴方法，便可取得所有权。二者相较，典之习惯，实远胜于不动产质。因：（1）出典人多经济上之弱者，使其与典物价格低减时，抛弃其回赎权，即免负担；于典物价格高涨时，有找贴之权利，诚台湾地区道德上济弱观念之优点。（2）拍卖手续既繁，而典权人既均多年占有典物，予以找贴，即取得所有权，亦系最便利之方法，故于'民法'中应规定典权。至典系以移转占有为要件，故又与抵押不同。"

就上述"立法"过程及第911条明定典权内容为使用收益观之，典权为用益物权，已属定论。其所以将典权置诸抵押权与质权之后，乃因曾误认典权为不动产质权之故。立法体例固欠妥当，不能因此而认典权为担保物权，自不待言。

第三款 典权的社会功能及其未来

典权系中国固有制度，旨在避免出卖家产，兼顾出典人融通资金及典权人使用收益的必要，历代兴而不衰，具有重要的社会功能。现行"民法"在中国大陆施行期间（1930年至1948年），实务上争论不少，其相关判解甚多，超过关于地上权、永佃权及地役权判解的总合。然在台湾地区，近几年设定典权登记的笔数甚少，1998年仅16笔，1999年有431笔，2000年（1月至7月）有20笔，足见典权制度业已式微，[1]应否废除并已成为讨论的

---

[1] 参阅本书第10页。

议题。[1]

诚如郑玉波教授所云:"凡一种制度的存在,必社会上有其需要,亦即该制度在社会上有其独特之作用,典权自亦不例外。"[2]典权制度的创设,"乃因毕人重孝而好名,出卖祖产虽非不孝之尤,但亦败家之兆",加以"物之于人,原亦可发生感情关系,因而永远舍弃,情所不甘。"[3]此二种创设典权的社会及心理因素,基本上已不复存在。在台湾地区,民众仍重孝而好名,但出卖祖产(或自己财产),系为投资创业,不但无亏孝道,且常为兴家所必要。又在工商业社会,纵使农村世居祖产,感情关系亦渐为经济利益所取代,何况已有发达金融的体系,可供以物抵押,筹措现款。支持典权制度的社会因素,既渐消失,除非另有替代功能,典之制度殆难常存。"民法"物权编修正草案仍保留典权,并增修11个条文,[4]虽有助于使典权制度益臻完善,但此种法律技术性的调整,实难挽回在中国大陆历经千年发展,在台湾地区施行达数世纪的典权,终将归于消逝的命运。典权的兴起与式微,使我们更深刻地认识到物权制度与社会变迁,经济发展具有密切的关系。

第二节 典权的取得

1. 甲将其所有某屋设定典权于乙,并经办理典权

---

[1] 杨与龄,"有关典权的几项争议",收于苏永钦主编民法物权争议问题研究,第251页。
[2] 郑玉波,民法物权,第137页。
[3] 郑玉波,民法物权,第137页。
[4] "民法"物权编修正草案关于典权的修正条文,便于论述将列入相关部分说明,并请参阅本书附录(一),第430页,不另作综合评论。

设定登记。甲受领典价后,有人愿以高价购买该屋,甲乃以迄未交付房屋于乙,对乙主张典权设定不成立,有无理由?试就现行规定及"立法"政策说明之。

2. 甲有A屋及其B基地,若甲仅将A屋出典于乙时,乙得否主张该基地亦在"出典之列"。若为肯定,其法律效果如何?若不能作此认定时,甲与乙间的法律效果如何?又甲将A屋或B地出典于不同之人时,当事人间法律关系如何?

第一款　基于法律行为而取得

一、设定取得

基于法律行为而取得典权,应分为债权行为及物权行为,其规范模式同于地上权,敬请参阅。[1]典权的设定,须订立书面,并经登记,始生效力(第760条、第758条),亦同于地上权等其他用益物权。[2]应特别提出者有二:

1. 典物的交付是否为设定典权的成立要件?第911条规定,称典权者,谓支付典价,"占有"他人之不动产,而为使用及收益之权。"最高法院"肯定占有典物为典权的成立要件,并认所谓占有不限于直接占有,当包括间接占有在内,1949年台上字第163号判例谓:"典权之成立,依第910条规定,固以移转占有为要件。惟该条所称之占有,不以典权人直接占有为必要,此观第915条之规定自明。是出典人于典权设定后,苟因典物在第

---

[1] 本书第24页。
[2] 关于典权的登记,参阅"土地登记规则"第108条以下(阅读之)。

三人占有中，而将其对于第三人之返还请求权让与典权人，使典权人因此取得间接占有时，依第946条第2项、第761条第3项之规定，即不得谓典物之占有尚未移转于典权人。"可资参照。

以占有标的物，为典权的成立要件，确为"立法者"的意思，[1] 然则为何于用益物权中独就典权设此规定？"立法者"系以"典权限制所有权之效力，至为强大"为理由，惟此不具说服力。学者虽提出若干其他支持的论点，[2] 但仍有争议余地。[3] 就典权的性质、当事人的利益衡量（尤其是典权人的保护）及第758条规定言，均无以占有典物为典权成立要件的必要。**"民法"物权编修正草案**将"民法"第911条修正为："称典权者，谓支付典价在他人之不动产为使用、收益之权。"修正理由谓："典权之成立，究否以占有他人之不动产为要件，学说及实务上（1949年台上字第163号判例参照）尚有争议。惟查典权为不动产物权，应以登记为生效要件（第758条参照）及其公示方法，占有仅系用益物权以标的物为使用收益之当然结果，乃为典权之效力，而非其成立要件，现行条文在定义规定内列入'占有'二字，易滋疑义，为期明确，爰将'占有他人之不动产'修正为'在他人之不动产'。"又典权人对于典物，或为使用，或为收益、或为使用及收益，现行条文仅谓"使用及收益"，似欠周延，爰修正为"使用、收益。"此项修正，可资赞同。

---

[1] 第911条"立法"理谓："仅按典权系以占有标的物为要件之物权，其与不动产租赁异者，一为债权之权利，一为物权之权利。其与抵押权、质权异者，一为定限物权，一为担保物权。盖典权限制所有权之效力，至为强大也。故设本条以明定其意义。"

[2] 李肇伟，民法物权，第329页。

[3] 谢在全，民法物权论（上），第548页；杨与龄，"有关典权之几项争议"，收于苏永钦主编，民法物权争议问题研究，第266页。

2. 同属一人所有的房屋与其基地之出典。1992年台上字第299号判例谓:"房屋与基地同属一人所有者,其所有人设定典权之书面,虽无基地字样,但使用房屋必须使用该房屋之基地,除有特别情事可解释当事人之真意仅以房屋为典权标的外,应解为基地亦在出典之列,业经'司法院'以院解字第4094号解释在案。"又院解字第3701号谓:"房屋与地基同属一人所有者,其所有人设定典权之书面,虽仅载明出典房屋若干间并无地基字样,但使用房屋必须使用该房屋之地基,除有特别情事可解释当事人之真意仅以房屋为典权标的外,自应解为地基亦在出典之列,典权依第923条第2项规定取得典物所有权时,当然包括地基在内。"关于此项法律见解,应说明者有二:

1. 此涉及设定典权"债权契约"的补充解释,应依诚实信用原则及当事人间可推知的意思,包括典价的"对价性"等,审慎加以认定。如经认定基地亦在"出典之列"时,典权人得请求出典人就该基地为典权的设定(物权行为)。本诸"债权行为"与"物权行为"分离原则,及第758条规定,于办理登记前得否径认就该基地已有典权的设定,或典权人依第923条第2项规定取得典物所有权时,"当然"包括地基在内,似有研究余地。[1]

2. 为合理解释属一人所有房屋与其基地设定典权问题,以促进物的使用价值,避免争议及简化法律关系,在不能认定"基地亦在出典之列"的情形,应类推适用新修正第425条之一规定,认土地及其土地之房屋同属一人所有,而仅将土地或仅将房屋设定典权与他人,或将土地及房屋同时或先后设定典权于相异之人时,土地典权人或房屋典权人与出典人间或房屋典权人与土地典权人间,推定在典权存续期间的内,有租赁关系,其期限不

---

[1] 关于契约补充解释,参阅拙著,债法原理(一),第243页。

受第 449 条第 1 项规定之限制。其租金数额当事人不能协议时，得请求法院定之。

3. 典权契约与租赁契约的联立：大佃契约。在早期实务上，常有当事人订定一方以不动产交与他方使用收益，他方支付小额租金及巨额押金的契约。关于此种契约的定性，究应认定其仅为单纯的租赁契约，抑为租赁契约与典权设定契约的混合契约，或为契约的联立，曾有争议。实务上称此种契约为大佃契约，并将其定性为契约的联立，而非混合契约，分别适用租赁及典权的规定。[1]

二、典权的让与、转典

典权得为"让与"，而由受让人继受取得之，其法律结构同于地上权让与。[2] "转典"为典权制度所特有，俟于论及典权效力时，再为详述。[3]

第二款　基于法律行为以外的事实而取得

一、继承

典权为财产权，且无专属性，得为继承（第 1147 条、第 1148 条）。但非经办理继承登记，不得处分典权（第 759 条）。

二、时效取得

典权既为财产权之一种，应有民法关于取得时效规定的适用，即以行使典权之意思向他人支付典价，20 年间和平继续公

---

[1] 参阅"司法院"院字第 2133 号、第 2287 号、第 2270 号，1962 年台上字第 227 号判例。拙著，债法原理（一），第 122 页。
[2] 本书第 117 页。
[3] 本书第 115 页。

然占有他人之不动产而为使用收益者，得请求登记为典权人（第772条、第769条），如占有之始系善意及无过失者，则为10年（第772条、第770条）。问题在于典价的支付。占有人不支付典价时，其要件不具备，其后支付典价而经不动产所有人收受时，应认系合意设定典权。典权的时效取得仅于典权的设定，具有无效的原因，而为当事人所不知时，始有发生的可能。实务上迄未见此类案例。

第三节　典权的期限

1. 典权的期限具有何规范功能？典权定有期限或未定期限，法律效果有不同？出典人与典权人约定仅得于出典后3年内回赎者，是否为设有期限的典权？

2. 甲以某屋设定典权于乙，典期10年（或15年），约定典期届满，甲不回赎时，典物所有权即归属于乙，或听凭乙出卖典物收回典价时，其法律效果如何？

第一款　典权期限的规范功能

一般权利（包括地上权、地役权）因期限届满而消灭。在典权，因其特殊的法律结构，典权期限具有重要的规范功能。对典权人言，典权的约定期限为典权人有权占有典物而为使用及收益的期限。[1] 对出典人言，则为典权设定时所定回赎权停止行使

---

[1] 院解字第3134号；史尚宽，物权法论，第402页。

期限。[1]出典人未回赎时，由典权人取得典物所有权（第923条、第924条）。典权期限既具有重要规范功能，其期间长短，关系至巨。第912条规定："典权约定期限不得逾30年。逾30年者，缩短为30年。""立法"目的在于适当权衡当事人的利益，并避免典权存续期间过长，致妨碍社会经济的发展。

第二款 定有期限的典权

一、期限的订定及起算

当事人在不逾30年最高限度内，得自定典权的存续期间，无最低期限的限制。依第758条规定，当事人所定期限，应自典权登记完毕的翌日起算。[2]当事人于典期未届满前得缩短或延长典期。在未定有期限之典权，其延长期限，与原已经过的期限合计，仍不得超过30年。典权期限届满后，当事人得为更新（俗称续典），其更新次数不受限制。盖此乃典权的重新设定，无违于第912条规范意旨。

二、典权约定期限、回赎及绝卖条款

典权定有期限者，于期限届满后，出典人得以原典价回赎典物（第923条第1项）。典权当事人常订有所谓"绝卖条款"，即约定典权期限届满后，出典人不回赎典物者，典物所有权即归属于典权人所有。典权人难免利用出典人的轻率急迫，而逼其订定此类所谓"老虎契"的条款，于短期内，巧夺其所有权，流弊至

---

[1] 院字第1370号，1942年上字第2370号判例。
[2] 值得注意的是，院解字第3134号释认应自移转之占有于典权人之翌日起算。此系以典物之移转占有为成立要件为依据。此项见解甚受批评（史尚宽，物权法论，第401页；姚瑞光，民法物权论，第334页）。

巨。[1]为保护出典人，第913条乃规定："典权之约定期限不满15年者，不得附有到期不赎即作绝卖之条款。"关于本条解释适用，应说明者有四：

1. 本条为强行规定，违反者，典权的设定仍属有效，但其绝卖条款无效（第71条，第111条但书）。出典人的回赎权不因此而受影响。

2. 本条规定于未定有期限的典权，亦有适用余地。例如约定出典人应于出典后15年内回赎，其未回赎时，典物所有权移转于典权人者，亦属无效。

3. 在绝卖条款有效的情形，典权人取得典物所有权，系基于当事人的约定，仅发生债之效力，不同于第923条第2项、第924条但书情形，故须经订立书面，办理登记，始生不动产所有权变动的效力（第760条、第758条）。[2]

4. 当事人订有到期不赎，听凭典权人出卖典物收回典价者（出卖典物条款），不啻将典物所有权移转于典权人，其利害关系同于绝卖条款，应认有第913条规定的"类推适用"。[3]

----

[1] 郑玉波，民法物权，第144页。
[2] 值得注意的是，"民法"物权编修正草案第913条规定："典权之约定期限不满15年者，不得附有到期不赎即作绝卖之条款。典权附有绝卖之条款并经登记者，出典人于典期届满不以原典价回赎时，典权人即取得典物所有权。修正理由：(1) 现条文未修正，改列为第1项。(2) 典权之典期在15年以上而附有绝卖条款者，出典人于典期届满后不以原典价回赎时，典权人是否当然取得典物之所有权，典权人是否当然取得典物之所有权，学说并不一致，为免有害交易安全，自以明定为宜。爰增订第2项，规定典权附有绝卖之条款并经登记者，出典人于典期届满不以原典价回赎时，典权人即取得典物所有权，俾杜争议。此所谓取得典物所有权者，与第923条第2项、第924条所定之"取得典物所有权"，性质上同属继受取得。至典权附有绝卖条款而未经登记者，典权人自得向出典人请求为所有权移转登记。
[3] 谢在全，民法物权论（上），第571页。

第三款　未定期限的典权

当事人未定期限者，为不定期的典权。此在实务上甚为罕见。所称未定期限，包括就期限未为约定，约定得随时回赎等。约定出典人仅得于出典后一定期限内（如3年）回赎者，乃就未定期限的典权，减短其回赎期间（如3年），并非所谓定有期限的典权。其约定若干年后始得回赎者，则为定有期限的典权。

典权未定期限，出典人得随时以原典价回赎典物。故"最高法院"认约定有典权期限的典权，系指典权定有回赎权停止行使之期限而言。[1] 自出典后经过30年不回赎者，典权人即取得典物所有权。盖自出典后已经过30年仍不回赎，是出典人无意回赎，已甚明显，法律即无再予保护之必要，典权人得即取得典物所有权，使权利状态得以从速确定。典权的设定旨在对典物为使用收益，于未定期限的典权，典权人得随时回赎，不利于典权人。典权人得经出典人同意于可回赎时期内（即30年届满前），改为定有期限的典权，此属典权内容的变更，须经登记，始生效力（第758条）。

第四节　典权的效力

1. 试分析典权制度在法律结构上的特色，并衡量当事人的利益，思考如何规范其权利义务关系。

2. A有某屋设定典权于B，B转典于C，C再转典于D。其后B先将其典权设定抵押于E，再将该典权让

---

[1] 1942年上字第3523号判例。

与于 F。A 则将该屋所有权让与 H。试说明当事人间的法律关系？其得回赎者，究为 A 或 H，应向谁（B、C、D 或 F）为回赎？于法定期间未为回赎时，由谁取得典物所有权。E 拍卖典物时，其法律关系如何？

第一款 概　说

典权的效力系典权制度的核心问题，体现典权特有的法律结构，即典权人以接近于买卖价金的对价，取得次于所有权的使用收益的权利；而其客体，除土地外，尚及于易于毁损灭失的房屋。为合理规范当事人间的法律关系，民法设有详细规定。关于典权的效力，一般多分"典权人的权利义务"及"出典人的权利义务"加以说明，本书系以典权的动态发展为论述次序，以突显其问题的关联性。为使读者能藉实例较深刻地了解典权制度上各种权利的变动关系，特设计前揭例题（2），以作为研讨相关问题的思考模式：

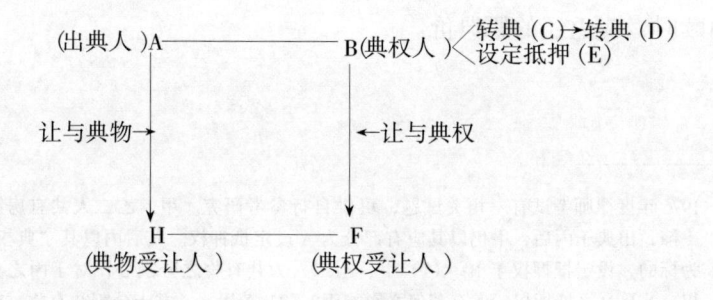

```
(出典人)A ─────────── B(典权人) ─┬─ 转典(C) → 转典(D)
                                 └─ 设定抵押(E)
    │                        │
 让与典物↓                ←让与典权
    │                        │
    ↓                        ↓
    H ───────────── F
(典物受让人)        (典权受让人)
```

第二款　典权人用益典物的权利及支付典价义务[1]

一、典权人用益典物的权利

典权人对典物有占有、使用、收益之权，其效力及于典物的从物（如房屋的车库）及从权利（如通行地役权），并有不动产所有权相邻关系规定的准用（第914条）。于出典人或第三人侵害其权利时，典权人得类推适用主张第767条的物权请求权，或行使第962条的占有人物上请求权。

二、典权人支付典价的义务

典权的成立，须支付典价，典权人因典权的设定，负有支付典价的义务。典价何时支付，依当事人约定，与典物的交付，不生"同时履行"问题。典价通常为金钱，但不以此为限，当事人得约定金钱以外的代替物或权利为典价。典物价值升降时，当事人一方不得主张典价的增减。惟本诸契约自由原则，当事人自得合意为典价的增减，此乃依法律行为而为典权内容的变更，须经登记，始生效力（第758条）。此项增加或减少的典价，为出典人回赎时，应返还的原典价。

---

[1] 1976年度律师考试有一相关试题，可供自行参考研究。甲、乙二人共有房屋一幢，出典于丙后，甲仍以其应有部分为A设定抵押权。其后丙以其"典权"为标的，设定抵押权于B：（1）甲、乙二人为共有物之分割后，对于丙之典权，A及B之抵押权，各有若何之影响否？（2）若甲、乙并未分割共有物，亦未回赎，而丙依法取得典权之所有权时，则对A、B之抵押权，各有若何影响？

第三款　典物及典权的处分[1]

第一项　典权人的处分

一、转典典物

（一）转典制度的功能，转典自由及限制

典权存续中，典权人得将典物转典于他人（第915条第1项本文）。典权内容近于所有权，典权人不能或不愿自为用益者，亦属有之，民法乃创设转典制度，且不限制转典的次数（转典自由原则），俾使典物得归于最能发挥经济效用之人。转典攸关出典人利益，转典自由自应受有限制。当事人契约另有约定，或另有习惯者，依其约定或习惯（第915条第1项但书）。典权定有期限者，其转典之期限，不得逾原典权之期限，未定期限者，其转典不得定有期限。转典之典价，不得超过原典价（第915条第2项、第3项）。此等限制，旨在保护出典人，具强行的性质，违反之者，对出典人不生效力，出典人于原典期届满时，只须备齐原典价，即得依法回赎，转典权人不得拒绝。[2] 又典权人既得以自己责任将典物即转典于他人，则典物因转典而受的损害，自应由典权人负赔偿责任。此项损害之发生，典权人有无故意或过失，在所不问。

（二）转典权的物权性及其效果

典权人得将典物转典于他人，实务上称之为转典权，并将其

---

〔1〕 此之所谓处分系从广义，包括出租在内。
〔2〕 1929年上字第187号判例。

定性为物权的一种，从而发生如下的法律效果：

1. 转典系物权的设定行为，应以书面为之，并经办理登记，始生效力（第758条、第760条）。[1]

2. 转典权人因转典而取得新典权，得占有典物而为使用收益。

3. 转典权所具物权性，不仅对于转典权人存在，对于出典人亦有效力。实务上认为典权人既已将典物得价转典，则出典人回赎典物时，典权人就原典价内相当于转典价数额之部分，自无受领权。故出典人回赎典物，应向典权人及转典权人各为回赎之意思表示，如出典人回赎典物时，典权人及转典权人对于其回赎权有争执者，得以典权人及转典权人为共同被告，提起确认典权及转典权不存在，并请求转典权人返还典物之诉。[2]

4. 转典权既为物权之一种，原典权人于取得典物所有权后，转典权人之权利，仍有效存在。此际原典权人对于转典权人言，其地位与出典人无异，而转典权人对于原典权人取得之权利，亦与典权人相同。从而出典人及原典权人均逾期不回赎时，转典权人即取得典物之所有权。[3]

二、出租典物

典权存续中，典权人得将典物出租于他人。但契约另有订定，或另有习惯者，依其订定或习惯。典权定有期限，其租赁之期限，不得逾原典权之期限，未定期限者，其租赁不得定有期限（第915条第1项、第2项）。典权存续中，典权人将典物出租他人，其租赁之期限既不得逾原典权之期限，则典物经出典人回赎

---

[1] 1939年上字第1078号判例。
[2] 1944年上字第1916号，1957年台上字第555号判例。
[3] 1992年台上字第299号判例。

后,该他人与典权人所订之租约,对于出典人,自无援用同法第425条规定,主张继续存在之余地。[1]

三、典权让与

(一) 典权让与自由

典权人得将典权让与他人(第917条第1项),但须经登记,始生效力(第758条)。关于典权让与,"民法"未设:"但契约另有订定或另有习惯者,不在此限"的但书规定(参阅第838条),应认当事人不得以特约排除,或因习惯而受限制。盖典权的内容近于所有权,应使典权人不自为用益时,得为变卖,裨益物的利用及资金融通。

(二) 典权让与的效力

典权让与系典权主体变更,原典权人脱离典权关系,其典权关系存在于典受让人与出典人之间,而由受让人对于出典人取得与典权人同一之权利(第917条第2项),并负原典权人同一之义务。出典人为回赎时,应向受让人为之。[2]典权让与的原因行为多为买卖,纵其价格高于原典价,出典人仍得以原典价回赎典物。

四、设定抵押

"民法"第882条规定,地上权、永佃权及典权,均得为抵押权之标的物,准用关于抵押权的规定(第882条),学说上称准抵押权,其所涉及的问题,俟于本书第三册(担保物权)相关

---

[1] 1956年台上字第841号判例。关于耕地出典及出租典物所涉及的问题,参阅谢在全,民法物权论(上),第577页。

[2] 参照院字第2220号:典权人以其典权捐助学校为典之让与,依第917条第2项之规定,受让人对于出典人仅取得与典权人同一之权利,出典人在法律所定得回赎之期间内,向让受典权之学校回赎典物,自非该学校所得拒绝。

部分，再行说明。[1]

第二项　出典人的处分

1. 甲将 A 屋出典于乙。其后甲将 A 地出售于丙时，乙得否主张优先购买该地？说明其要件及法律效果。

2. 甲将 A 地出典于乙后，得否于该地再设定抵押权于丙，应否经乙同意？此项后设定的抵押权是否会妨害先设定的典权？

一、典物所有权的让与及典权人的留置权

（一）典物所有权的让与

出典人与典权设定后，得将典物之所有权，让与他人，此与典权让与同，亦属典权主体变更，由受让人承受原出典人的地位，原出典人则脱离典权的法律关系。典权人对于典物受让人，

---

[1] "民法"物权编修正草案第917条规定："典权人得将典权让与他人或设定抵押权。典物为土地，典权人在其上有建筑物者，典权与地上建筑物不得分离而为让与或设定其他权利。典权之受让人有与原典权人同一之权利。"修正理由：(1) 典权为财产权之一种，依其性质，典权人得自由处分其权利，亦得以其权利设定抵押权，以供担保债务之履行。为周延计，爰于第1项增列典权人得将典权设定抵押权。(2) 典权人在典物之土地上营造建筑物者，典权与该建筑物应不得分离而为让与或设定其他权利，俾免因建筑物与土地之使用权人不同，造成法律关系复杂之困扰，爰增订第2项。(3) 典权为支配典物之对世权（绝对权），非对出典人请求之对人权（相对权）。现行条文第2项谓"对于出典人取得与典权人同一之权利"，易使人误解为典权系对出典人之对人权，典权之受让人对于第三人，不能取得与典权人同一之权利，爰将现行条文第2项移列为第3项，并修正为"典权之受让人有与原典权人同一之权利"。

仍有同一的权利，得本于追及效力向原典权标的物行使权利（第918条第2项），并负同一的义务。出典人将典物所有权让与他人时，其回赎权一并移转于受让人，故原出典人不得再向典权人行使回赎权。[1] 兹举一例加以说明。甲于乙所有的A地设定典权，其后甲将该典权让与丙，乙将其典物所有权让与于丁时，在丙与丁发生典权的法律关系，其回赎权应由丁向丙行使之。

（二）典权人的留置权

1. 规范目的及法律性质。出典人将典物之所有权让与他人时，如典权人声明提出同一之价额留买者，出典人非有正当理由，不得拒绝（第919条）。立法目的系鉴于典权内容近于所有权，典权人实际上对典物为使用收益，宜使其得优先取得典物所有权，俾发挥典物的经济效用及简化法律关系。

典权人留置权具优先承买权的性质，但仅有债权的效力，[2] 乃典权人请求出典人订立买卖契约的权利，仅为典权人与出典人间的权利义务关系。出典人违反此项义务，而将典物之所有权让与他人时，典权人仅得向出典人请求损害赔偿，不得主张他人受让典物所有权的物权契约为无效。

2. 典权人行使留买权的要件。典权人留买权的行使须具备如下要件：（1）须在典权存续中。（2）须出典人系有偿让与典物所有权，通常为买卖，包括法院强制执行拍卖典物，因其亦具私法上买卖的性质。赠与则不包括在内。（3）典权人须向出典人声明并提出同一价格，仅声明价格既为已足，无须现实提出价金。

---

[1] 1942年上字第1655号判例。
[2] 此为学说及实务上的通说，参阅郑玉波，民法物权，第148页；李肇伟，民法物权，第349页。1940年上字第20号判例。不同意见及"立法"政策上的检讨，杨与龄，"有关典权之几项争议"，收于苏永钦主编，民法物权争议问题研究，第269页以下。

典权人的留置权既为法律所规定，出典人出卖典物所有权时，负有通知典权人的义务，并得订定典权人行使留买权的合理期间。(4) 典权人留买权须于出典人与订立典物买卖契约后，始得行使之，在出典人与第三人未订立买卖以前，尚无"同一价额"存在，应无行使留买权的余地。在出典人将典物所有权移转登记于他人之后，典权人仍得主张优先承买权，而成立买卖契约。盖典权人仍得自受让人取得典物所有权，再行移转于出典人，或使受让人将该典物所有权移转于出典人。

典权人行使留买权时，出典人如有正当理由，得拒绝之。所谓正当理由，指出典人将典物所有权让与典权人时，将违反法令义务（如让与耕地时，其承租人有优先承受权），[1] 或于出典前已成立的约定义务，如典物原出卖人保留买回的权利，或于出典前已与第三人订立买卖契约。[2]

3. 法律效果。典权人行使留买权，系主张其缔约请求权，出典人负有承诺，以成立买卖契约的义务。出典人无正当理由拒绝时，典权人得起诉请求出典人与其订立典物的买卖契约，并移转典物所有权。出典人为避免就典物成立二重买卖，对前买受人

---

[1] 参阅"耕地三七五减租条例"第15条之规定耕地出卖或出典时，承租人有优先承受之权，出租人应将卖典条件以书面通知承租人，承租人在15日内未以书面表示承受者，视为放弃。出租人因无人承买或受典人再行贬价出卖或出典时，仍应照前项规定办理。出租人违反前2项规定而与第三人订立契约者，其契约不得对抗承租人。参阅姚瑞光，民法物权论，第341页；谢在全，民法物权论（上），第583页。

[2] 此等情形，实务上应属少见。有争论的是，所谓正当理由是否包括出典人于出典前已与第三人订立买卖预约，学者多采肯定说（倪江表，民法物权论，第222页），谢在全，民法物权论（上），第623页采否定说，其理由为出典权人可与他人作为，事先订立买卖预约，使典权人之留置权陷于无可行使之境地。然此类通谋作伪情事，究属罕见，宜以此作为反对理由，尚值研究。

负债务不履行责任,得以附条件方式或特别约定排除其责任。

值得特别提出的是,1940年上字第20号判例谓:"出典人将典物之所有权让与他人时,如典权人声明提出同一之价额留买者,出典人非有正当理由,不得拒绝,固为第919条所规定。惟此仅为典权人与出典人间之权利义务关系,出典人违反此项义务,而将典物之所有权让与他人时,典权人仅得向出典人请求赔偿损害,不得主张他人受让典物所有权之契约为无效。故出典人于其让与典物所有权于他人之契约已生效力后,复以之让与典权人时,即系无权利人所为之处分,非经该他人之承认不生效力。"

本件判例所谓不得主张他人受让典物所有权之"契约"为无效,系指移转典物所有权的物权契约,乃在表示典权人的留买权仅具债权的效力,而非指买卖契约而言。准此以言,在出典人于其让与典物于他人的物权契约已生效力,由第三人取得所有权后,出典人复将该典物所有权让与典权人,若其仅为买卖契约时,乃出卖他人之物,非属无权处分,应属有效。[1] 所谓:"即系无权利人所为之处分,非经他人之承认,不生效力。"系指移转典物所有权的物权行为而言(第758条)。此须办理登记,在实务上应属罕见。关于出典人让与典物所有权及典权人的留买

---

[1] 拙著,"出卖他人之物与无权处分",民法学说与判例研究(四),第141页。

权，仍有明辨其债权契约及物权契约的必要。[1]

二、设定抵押[2]

不动产所有人于同一不动产设定典权后，不得再设定与典权之占有使用收益相抵触的权利，如地上权、永佃权。然则于该同一不动产得否再为他人设定抵押权？此为实务上重要争议问题。"司法院"释字第139号解释谓："不动产所有人于同一不动产设定典权后，在不妨害典权之范围内，仍得为他人设定抵押权。""土地登记规则"于第106条规定："同一土地所有权人设定典权后再设定抵押权者，应经典权人同意。"上揭解释及规定均有研究余地，应说明者有三：

---

[1] **"民法"物权编修正草案**对现行第919条修正为"出典人将典物之所有权出卖于他人时，典权人有以相同条件留买之权。前项情形，出典人应以书面通知典权人。典权人于收受出卖通知后15日内不以书面表示依相同条件留买者，其留买权视为抛弃。出典人违反前项通知之规定而为所有权之移转者，其移转不得以之对抗典权人。"修正理由：(1)现行条文规定之留买权仅具债权之效其效力，其效力过于薄弱。为期产生物权之效力，该留买权心具有优先于任何人而购买之效果，出典人不得以任何理由拒绝出卖。又为兼顾出典人之利益，典权人声明留买不宜仅限于同一之价额，必条件完全相同，始生留买问题，本条爰仿"土地法"第104条第1项修正如上并改列为第1项。(2)为期留买权之行使与否早日确定，爰仿"耕地三七五减租条例"第15条第1项之"立法"例，增订于第2项，明定出典人应践行通知典权人之义务及典权人于收受通知后不为表示之失权效果。由于不动产之价值高昂，优先权人于决定是否优先承买时，恒需较长之期限方能审慎斟酌或聚集资金，"土地法"第104条第2项规定之10日期限似未敷所需，故建请"内政部"于修正"土地法"时酌予延长为15日，俾优先权人之权益得获充分保障。(3)增订第3项，规定出典人违反通知义务而为之所有权移转，不得对抗典权人，使留买权具有物权之效力。

[2] 郑玉波，"论并存于同一不动产上之抵押权与典权在消灭时之关系"，收于民商法问题研究（二），第119页；拙著，"同一不动产上后设定的抵押权会妨害先设定之典权？"，民法学说与判例研究（一），第495页。

1. 依物权优先效力原则，后设定的抵押权不得妨碍先设定的典权。例如甲于 A 地设定典权于乙，再设定抵押权于丙，丙实行抵押权，拍卖 A 地，由丁拍定买得时，甲的典权不因此而受影响，乃存在于丁所拍定 A 地之上。

2. 所谓"不妨害典权的范围内"，究系指何而言？学说上有认为此与典权人依第 923 条、第 924 条取得所有权的性质，究为"原始取得"或"继受取得"有关。如为原始取得，典物上的抵押权应归消灭，抵押权的设定，固不生妨害典权情事。惟若继受取得说，则抵押权不消灭，如其所担保债权的清偿期，在第 923 条、第 924 条所定典权人取得典物所有权之后，则典权人所取得的所有权存有抵押权之负担，对典权人自有妨害。上述释字第 139 号解释应系以典权人之取得典物所有权性质上为继受取得为基础而作成。[1] 依本书见解，此项原始取得或继受取得的争论，不应影响物权优先效力原则，否则将成为概念法学的推论。先设定的典权既优先于后设定的抵押权，则典权人因出典人未为回赎而取得典物所有权，自亦不应受后设定抵押权的妨害，后设定抵押权应归消灭。

3. "土地登记规则"第 106 条规定同一土地所有人设定典权后再设定抵押权，应经"典权人同意"，限制出典人的处分权，与前述"司法院"释字第 139 号解释意旨有违，应予检讨修正。实则，释字第 139 号解释乃针对法律效果而言，即不动产所有人于同一不动产设定典权后，仍得为他人设定抵押权，但不得妨害已设定的典权。登记实务上应无限制的必要。

---

[1] 谢在全，民法物权论（上），第 597 页。

第四款　典物灭失

甲以A屋及其基地（B地）设定典权于乙，典价各为100万元。设A屋因地震全部或一部灭失，如何决定其危险（损失）的分担，典权人得否重建或修缮房屋？其支出的费用如何处理？设该屋因甲的过失（或重大过失）全部或一部灭失时，如何定其赔偿责任？得否重建或修缮？

典权的标的物除土地外，尚包括房屋等定着物。典物系由典权人占有使用收益，其支付典价接近于买卖价格，出典人得以原典价回赎典物。在此法律结构下，如何处理典物全部或一部灭失的问题，乃成为典权制度上重要课题。民法视典物灭失究因不可抗力或典权人的过失，而设危险分担、典权人重建修缮权及典权人赔偿责任等规定。

一、典物因不可抗力而灭失

典物因不可抗力（如地震、台风、火灾或土石流等）而灭失时，其危险分担及典权人重建修缮问题，分述如下：

（一）危险分担

第920条规定："典权存续中，典物因不可抗力致全部或一部灭失者，就其灭失之部分，典权与回赎权，均归消灭。前项情形，出典人就典物之余存部分，为回赎时，得由原典价中扣减典物灭失部分灭失时之价值之半数。但以扣尽原典价为限。"兹分全部灭失及一部灭失说明之：

1. 典物全部灭失。甲将其房屋（A屋），以100万元典价，出典于乙。若该屋遭九二一地震倒塌，全部灭失时，典权与回赎权均归消灭,典权人应承担典价的损失,出典人应承担典物所有权的损失,各自分担危险。[1]

2. 部分灭失。部分灭失者,指余存的典物仍得为典权的标的物,如出典的房屋的屋顶因地震毁损不能遮蔽风雨,而其结构墙壁仍在。在上举甲以 A 屋出典于乙的情形,若 A 屋仅部分灭失,而当时该屋价值为 80 万元。出典人甲回赎时,仅须支付典权人乙 60 万元（100 − （80×2/1） = 60）,即可回赎典物。设该屋灭失时的价值为 240 万元时,典权人乙于出典人甲回赎时,本须负担 120 万元（240×1/2 = 120）,然依"以扣尽原典价为限"的规定,以扣尽原典价（100 万元）为已足,乙不必返还 20 万元。

须注意的是,实务上多以房屋（A 屋）及其基地（B 地）为标的设定典权,因房屋及其基地系独立的不动产,在法律上乃设定二个典权,各有其典价。在典权存续中,房屋因不可抗力而灭失者,依第 920 条第 1 项之规定,就其房屋部分,典权与回赎权

---

[1] "立法"者所以采分担方式,系"以期无损于双方利益",是否公平颇有争议。**"民法"物权编修正草案**第 920 条规定为:"典权存续中,典物因不可抗力致全部或一部灭失者,就其灭失之部分,典权与回赎权,均归消灭。前项情形,出典人就典物之余存部分,为回赎时,得由原典价扣除灭失部分之典价。其灭失部分之典价,依灭失时灭失部分之价值与灭失时典物之价值比例计算之。"修正理由:第 2 项所定回赎典物时扣减原典价之方法,在扣尽原典价之情形下,有类于典权人负担全部损害,尚欠公平,且典权人之责任竟与第 922 条典权人有过失之责任无异,亦有不妥。爰修正为依灭失时灭失部分之价值与灭失时典物价值之比例扣减之,以期公允。例如出典房屋 3 间,典价为 9 万元,因不可抗力致房屋灭失 2 间,经估算灭失时 3 间房屋价值为 30 万元,该灭失之房屋 2 间为 18 万元,如依现行法规定,回赎金额为 9 − （18×1/2） = 0 即出典人不须支付任何金额即可回赎典物房屋 1 间,甚不公平。如依修正条文计算之,回赎金额为 9 − （9×18/30） = 3.6 即出典人须按比例支付 3 万 6 千元,始得回赎典物房屋 1 间。

均归消灭，典权人不得请求返还典价，出典人亦不得请求返还房屋。关于基地部分，典权与回赎权虽未消灭，但出典人不回赎时，典权人并无回赎之请求权，自亦不得请求返还典价。典权人重建房屋时，对于该房屋仍有典权，出典人亦仍有回赎权。

（二）典权人的重建修缮权

第921条规定："典权存续中，典物因不可抗力致全部或一部灭失者，典权人除经出典人同意外，仅得于灭失时灭失部分之价值限度内，为重建或修缮。"此包括二种情形：(1)典权人经出典人同意者，得以超过灭失时灭失部分之价值，为重建或修缮。(2)未得出典人同意者（尤其是出典人反对时），典权人亦得于灭失时灭失部分之价值限度内，为重建或修缮。无论何种情形，典权人就重建或修缮典物而支出的费用，于典物回赎时，均得于现存利益之限度内，请求偿还（第927条）。又由第927条回赎规定可知，典权人依第921条规定为重建时，原典权仍继续存在于重建之标的物之上。[1]

二、典物因典权人的过失而灭失

（一）典权人保管典物的义务及责任

出典人依法行使回赎权时，典权人应返还典物，故在典权存续中，典权人负有保管典物的义务。至其赔偿责任，视其"可归责事由"（过失程度）而定。分述如下：

---

[1] **"民法"**物权编修正草案第921条规定："典权存续中，典物因不可抗力致全部或一部灭失者，除经出典人同意外，典权人仅得于灭失时灭失部分之价值限度内为重建或修缮。原典权对于重建之物视为继续存在。"修正理由：物权因标的物灭失而消灭，固系物权法之原则。惟为保护典权人之权益，典物因不可抗力致全部或一部灭失者，特赋予重建或修缮之权，是以典权人依本条规定为重建时，原典权仍应视为继续存在于重建之标的物上，以厘清典权人与出典人间之权利义务关系，爰调整文字并修订如上。

1. 过失责任。典权存续中，因典权人之过失，致典物全部或一部灭失者，典权人于典价额限度内，负其责任（第922条本文）。所谓过失，指抽象轻过失而言，即未尽善良管理人之注意，以保护出典人利益。所谓于典价额限度内负其责任，指仅以典价为限，负赔偿之责，就不足之数，无须另为赔偿。例如以典价100万元，典受150万元的房屋，该屋全部灭失时，典权人仅须以100万元负其赔偿责任，无须另赔偿50万元。该屋部分灭失，减少价值50万元时，则于典价中扣除50万元以为赔偿。于部分灭失情形，典权仍继续存在于余存的典物。

2. 故意或重大过失责任。典权存续中，因典权人之故意或重大过失，致典物全部或一部灭失者，除将典价抵偿损害外，如有不足，仍应赔偿（第922条但书）。如典价已全部充作赔偿时，典权既失其对价，应归于消灭。[1]

3. 侵权行为责任的竞合。典物为出典人所有，典权人因过失致其全部或一部灭失时，应负赔偿责任（第184条第1项前段），得与第922条发生竞合关系，惟为贯彻其立法意旨，其损害赔偿，仍应仅以典价为限。典物全部或一部之灭失，系典权人的故意或重大过失所致者，典权人应依侵权行为法规定负全部损害赔偿责任，不限于典价，以保护出典人的利益。

(二) 典权人的重建及修缮权

典物因典权人的过失而全部或一部灭失时，典权人得否重建或修缮？民法虽无明文，但应为肯定，盖此乃为损害的回复原状，于双方当事人及社会经济均属有利。重建或修缮后的典物，其价值低于原典物时，就其差额，典权人仍应依第922条规定，负损害赔偿责任。

---

[1] 通说，史尚宽，物权法论，第417页；郑玉波，民法物权，第149页。

三、典物因出典人的过失而灭失

出典人因过失致典物全部或一部灭失者，系侵害典权人的典权，应成立侵权行为（第 184 条第 1 项前段）。出典人负有重建或修缮，以回复原状的义务（第 213 条以下）。典权人亦得自为重建或修缮，而向出典人请求金钱赔偿。

四、典物因第三人的行为而灭失

第三人因故意或过失致典物的全部或一部灭失时，系侵害出典人的所有权及典权人的典权，应负侵权行为责任。第三人应为修建，以回复原状。第三人为金钱赔偿时，类推适用第 920 条第 2 项规定，典权人与出典人各得损害赔偿的半数。典权人重建或修缮时，得类推适用第 927 条规定，请求支出费用的偿还。典权人因第三人赔偿所重建灭失的典物，应认原典权对于重建之物，视为存在。[1]

第五节　典权的消灭

第一款　回赎与找贴

典权为物权的一种，关于物权消灭的一般原因（如标的物灭失、征收、抛弃、混同），自应予以适用。绝卖条款的实现（第 913 条）及典权人行使留买权（第 919 条），为典权的特别消灭原因，前已论及。典权消灭原因中最具特色者，系出典人回赎典物及找贴，二者合而观之，较能了解典权制度的法律结构。分述如

---

[1] "民法"物权编修正草案增设第 922 条之一规定："因典物灭失得受赔偿而为重建者，原典权对于重建之物视为继续存在。"

下：

一、回赎典物

A 以其屋设定典权于 B，典价 1 000 万元，典期 20 年。A 将该屋所有权让与 C，B 亦将其典权让与 D，D 复将该屋以 800 万元转典于 E，典期 19 年。(1) 试说明当事人间的典权关系。(2) 何谓典物的回赎？试说明其规范功能及法律性质。(3) D 应如何回赎"典权"，应向何人回赎？逾期未回赎时，其法律效果如何？(4) C 应向何人回赎典物？

(一) 回赎的功能及性质

出典人系以一定的典价，在不逾 30 年的期间，将不动产交付典权人使用收益。为保护出典人，乃设有回赎制度，使出典人得于法定期间提出原典价，向典权人表示回赎的意思，以消灭典权。应说明有四：

1. 回赎为出典人的权利。出典人不负以原典价回赎典物的义务。典权人对出典人并无备价回赎的请求权。[1]

2. 回赎权具形成权的性质，因出典人一方向典权人提出原典价，并为回赎的意思表示，而发生效力，不必经典权人同意。典权人拒绝回赎或拒不受领典价，并不影响回赎的效力，虽出典人未依法提存典价，仍生典权消灭的效果。[2]

3. 回赎为要物行为。除回赎的意思表示外，尚须提出原典价，始生回赎消灭典权的效力。[3] 不动产出典后，无论典物的

---

[1] 1940 年上字第 1006 号判例、1944 年上字第 6387 号判例。
[2] 1943 年上字第 4090 号判例。
[3] 1941 年上字第 371 号判例。

价值增涨至如何幅度，出典人仍得以原价回赎，典权人不得责令加价。[1]但应有情事变更原则的适用（第227条之二、"民事诉讼法"第397条）。

4．于转典的情形，典权人对于转典权人亦有回赎权，[2]应适用关于回赎的规定。

（二）回赎的当事人

出典人应向典权人为回赎。出典人将典物所有权让与第三人，或典权人将典权让与第三人时，因发生典权关系主体变更，应由典物所有权受让人向典权受让人为回赎。

值得提出讨论的是转典关系上的回赎问题。A将其不动产以1 000万元典价出典于B，其后将所有权让与C，B复将典权让与D，D再以800万元转典于E（参阅例题）。为便于观察，将其基本关系图示如下：

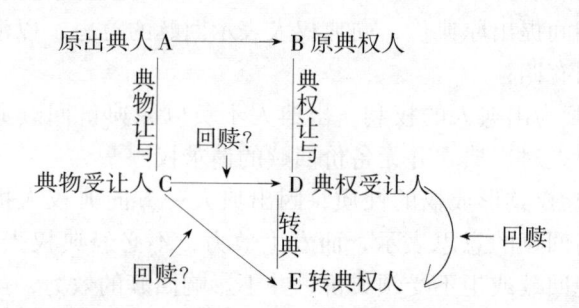

```
原出典人 A ──────────→ B 原典权人
    │典           │典
    │物  回赎?    │权
    │让 ┌────→    │让
    │与 │         │与
    ↓   │         ↓
典物受让人 C ────→ D 典权受让人
          ↘       │转      ↑
   回赎?   ↘      │典      │回赎
            ↘     ↓        │
              E 转典权人 ───┘
```

在上举例题，典权受让人D应向转典权人E为回赎。如典权受让人D对于转典权人E的回赎权已归于消灭，而由转典权人E取得典权时，典物受让人C应向取得典权的转典权人E为

---

[1] 院字第2517号解释。
[2] 1944年上字第680号判例。

回赎。在转典权人 E 未取得典权前，典物受让人 C 应如何行使其回赎权？其相对人究为何人？

对此颇有争论的问题，[1] 本书认为典物所有权受让人 C 有二种回赎方法，可资选择：

1. 典物所有权受让人 C，得对原典权受让人 D 提出原典价为回赎的意思表示，以消灭典权，并使典权受让人 D 负有向转典权人 E 回赎，取回典物，返还于 C 的义务。[2]

2. 典物所有权受让人 C，亦得向典权受让人 D 及转典权人 E 各为回赎的意思表示。在典物上存有原典权及转典权，仅向典权人为回赎，不得对抗转典权人，其仅向转典权人回赎时，亦不足消灭原典权。为顾全当事人利益，应许出典人（或典物所有权受让人）得分别向转典权人提出转典价，向典权人（或典权受让人）提出原典价与转典价的差额，以发生回赎消灭原典权及转典权的效力。[3]

(三) 行使回赎的时期及限制

回赎典物攸关当事人利益甚巨，对回赎权的行使应有一定期间及必要的限制。分述如下：

1. 回赎期限。

---

[1] 实务及学说上各种见解的整理、分析，参见谢在全，民法物权论（上），第 600 页以下。

[2] 钱国成，民法判解研究，第 82 页。

[3] 参阅 1944 年上字第 3656 号判例。"**民法**"物权编修正草案增设第 924 条之一规定："经转典之典物，出典人向典权人回赎时，典权人不于相当期间向转典权人回赎并涂销转典权人登记者，出典人得于原典价范围内，以最后转典价径向最后转典权人回赎典物。前项情形，转典价低于原典价者，典权人或转典权人得向出典人请求原典价与转典价间之差额。出典人并得为各该请求权人提存其差额。"（增订理由，参阅附录（一），本书第 435 页）。此项修正规定颇为复杂，是否妥适，仍有研究余地。

1) 典权定有期限。典权定有期限者，其回赎期间，为该期限届满后2年之内（第923条）。定有期限的典权，当事人于期限届满前以契约加长期限者，其2年期间自该加长期间届满时起算。所定期限（或与加长期间合并计算）逾30年者，应缩短为30年（第912条），应于30年届满后2年内回赎。所定期间在15年以上而未逾30年，附有到期不赎即作绝卖的条款时，应于期限届满即行使回赎权。

2) 典权未定期限。典权未定期限者，出典人得于出典后30年内随时回赎（第924条）。届满30年时，若不为行使，其回赎权即归于消灭，此与定有期限的典权，于期限届满后尚有2年回赎期间不同，应请注意。

3) 回赎期间的法律性质及其延长或减短。回赎权为形成权，前已提及，故上述回赎期间，并非消灭时效期间，乃无时效性质的法定除斥期间，不适用民法关于消灭时效的规定。[1]回赎期间涉及典权人利益，具强行性质，故第923条第2项所定2年期间，当事人不得以法律行为加长之。于定有期限之典权，当事人约定期限届满后超过2年之期间内，仍得为回赎，或不拘年限随时得为回赎者，无效。[2]

当事人得否以法律行为减短回赎权的除斥期间？1944年上字第2566号判例谓："第923条第2项所定2年之期间，以得约定减短为原则，此观第913条对此原则设有例外规定自明，第924条但书所定之期间长至30年，其得以法律行为减短之，尤不待言。故未定期限之典权约定仅得于出典后10年内回赎者，

---

[1] 参照1949年台上字第317号判例。
[2] 1940年上字第1795号判例，1943年上字第3358号判例。

自应认为有效。"[1] 此项判例具有法学方法上的意义，分二点说明之：

(1) 第913条规定："典权之约定期限不满15年者，不得附有到期不赎即作绝卖之条款。"反面推论之，典权之约定期限满15年以上者，得附绝卖条款，此实质上等于期限届满后2年回赎期间的缩短或抛弃。[2] 由是观之，对第923条第2项所定2年期间而言，第913条乃不得以约定减短原则的例外，而非"得以约定减短原则"的例外。又回赎制度系为出典人利益而设，若得任由当事人以约定缩短第923条所定2年回赎期间，如约定出典人应于所定期限届满后1周内回赎，则出典人未于1周内为回赎时，即由典权人取得典物所有权，此实不足保护出典人，有违回赎制度的规范意旨。第923条所定2年期间既为除斥期间，不得以法律行为延长，已如上述。除法律另有规定，当不得以特约减短之。

(2) 典权未定期限者，出典人得随时以原典价回赎典物，但自出典后经过30年不回赎者，典权人即取得典物所有权（第924条）。当事人约定出典人仅得于出典后10年内回赎者，"最高法院"所以认其约定有效，系以第923条第2项所定2年期间，得以约定缩减为原则，而径为举轻明重的推论。此项见解难以赞同，已如上述。当事人约定出典人于出典后若干年内始得回赎，系属未定典权期间，而其所以得认系有效的理由有二：①30年内得随时回赎的规定，使典权处于不安定状态，当事人依合意加以缩短限制其行使其期间，具有稳定典权关系的功能，并不发生丧失典物所有权的法律效果，不同于第923条所定2年的回赎期

---

[1] 另参照院字第2145号、第2205号、第2420号解释。
[2] 谢在全，民法物权论（上），第603页。

间。②30年除斥期间的缩短，实质上无异于当事人依合意将其变为定有期限的典权，衡诸当事人利益及回赎制度功能，原则上应无禁止的必要。

2. 回赎时期的限制。[1] 第925条规定：出典人之回赎，如典物为耕作地者，应于收益季节后，次期作业开始前为之。如为其他不动产者，应于6个月前，先行通知典权人。此项规定于定有期限及未定有期限的典权均有适用余地。出典人行使回赎权违背此项规定时，虽仍发生回赎的效果，但典权人于时间未到前得拒返还典物。[2]

(四) 回赎权行使或不行使的法律效果

1. 回赎权行使的法律效果。

1) 典权消灭：出典人于回赎期间依法行使回赎权者，系以法律行为使典权归于消灭，须办理涂销登记，始生效力（第758条）。

2) 典权人的费用偿还请求权：第927条规定：典权人因支付有益费用，使典物价值增加，或依第921条之规定，重建或修缮者，于典物回赎时，得于现存利益之限度内，请求偿还。分四点说明之：

(1) 其应返还的费用，限于所谓有益费用，即增加典物价值

---

[1] 参阅"军人及其家属优待条例"第7条规定："动员时期应征召服役之军人，在入营前所欠之公私债务或出典之不动产，于在营服役期间，如约定或法定期限届满无力清偿或回赎时，其服役期间在1年以内者，得延至服役期满后1年内清偿或回赎之，其服役期间在1年以上者，得延至服役期满后2年内清偿或回赎。前项所称无力清偿或回赎，由所在地之兵役协会调查评议，报请县市'政府'核定，如债权人认为评议不当时，得提出证明请求复议1次。"并参阅同条例第8条及第9条规定。

[2] 院字第2190号之（三）解释。

的费用，如于典入房屋装设冷气系统。此项费用的偿还，系基于法律规定，不以支出有益费用先经出典人同意为偿还请求权发生之要件，自不因未得出典人之同意影响偿还请求权之行使。[1]至于必要费用（如修补漏水的屋顶），则不在偿还之列，因典权人负有保管典物义务，应自承担此类费用。

（2）第921条规定重建或修缮费用亦包括未经典权人同意，而为重建或修缮时所支出的费用，以求双方当事人利益的平衡。[2]

（3）其应偿还者，限于现存利益的范围。其规范意义系以典权人支出本条所称有益费用、重建或修缮费用，其数额多于典物回赎时现存在之利益额时，不应责令出典人偿还费用之，故规定典权人仅于现存利益之限度内得请求偿还，非谓典权人支出之费用少于现存之利益额时，典权人得按现存之利益额求偿其费用。[3]

（4）典权人虽有第927条所定之费用偿还请求权，亦不得以此项费用未偿还，为拒绝出典人回赎典物之理由。[4]

2. 逾期不赎的效果。在定有期限的典权，出典人于届期届满后，经过2年，不以原典价回赎者，典权人即取得典物所有权（第923条第2项）。在未定期限的典权，自出典后经过30年，不回赎者典权人亦即取得典物所有权（第924条但书），典权归于消灭。此项直接基于法律规定取得不动产所有权，究为原始取

---

[1] 1950年台上字第1052号判例。
[2] 详细的理由构成及实例说明，参照院字第2190号之（二）解释。参阅李肇伟，"检讨院字第2190号解释"，法商学报，第11期。
[3] 1943年上字第2672号判例。
[4] 1943年上字第3164号判例。

得抑为继受取得,甚有争论。[1] 采原始取得说的主要理由系以所有权与典权各异其种类,典权人如非原始取得,典权何能由典权变为所有权?[2] 采继受取得说者,则强调典权人取得典物所有权,非由典权变为所有权,乃系基于回赎权消灭而生所有权移转的法定事由,此与原典权有牵连关系,原典权既因设定行为而发生,其因此而取得典物所有权,自为继受取得。[3] 实务上系采继受取得说,[4] 关于其法律效果,应注意者有三:(1) 典权人取得典物所有权乃基于法律规定,不待登记,即生效力,但非经登记不得处分(第759条)。其登记应依移转登记之方法为之。[5] (2) 所有人在同一不动产上设定抵押权后再设定典权时,典权人取得典物所有者,其先设定抵押权不因此而受影响。(3) 同一不动产上设定典权后再设定抵押权时,本诸"物权效力优先原则",于典权人取得所有权时,其抵押权归于消灭。[6]

二、找贴

甲将时价1 000万元的房屋,以700万元典价,设定典权于乙,典期20年。1年后甲对乙表示愿移转该屋所有权于乙。乙表示同意而找贴10万元。试问:(1) 何谓找贴?具有何种功能?(2) "找贴"的法律性质如何,该屋所有权如何移转?(3) 甲于乙找贴后,得否主张乙应再找贴10万元,以符时价?(4) 乙得否对甲主

---

[1] 关于此项争论,不同见解的整理分析,参阅谢在全,民法物权论(上),第589页。
[2] 史尚宽,物权法论,第432页。
[3] 李肇伟,民法物权,第372页。
[4] 参照1942年院字第2300号解释,1948年院字第3908号。
[5] 1942年院字第2300号解释。
[6] 参阅本书第122页。

张以时价找贴，而取得典物所有权？

(一) 找贴的功能及意义

典权的设定，其典价通常均低于买卖价格，在典价与典物时价之间存有差额，为便利双方当事人了解其典权关系，乃有找贴制度，即出典人于典权存续中，表示让与其典物之所有权于典权人者，典权人得按时价"找贴"，取得典物权（第926条）。此乃台湾地区固有"找贴作绝"或"告找"习惯的明文化，其规范重点在于明定"找贴"，以1次为限（第926条第2项），以杜绝"一找再找"的旧习，避免发生纠纷。

(二) 找贴的性质

关于找贴的法律性质，典权制度沿革上有认系典权人的权利，亦有认系出典权人的权利。依现行第926条规定，应认找贴乃出典人与典权人间的一种买卖契约。因出典人的要约，典权人的承诺，双方意思合致而成立。其所谓时价，乃当事人合意的价格，非指客观的市场价格而言。典权人并无按时价找贴的权利，即不得主张得按时价找贴，以取得典物所有权。

(三) 找贴的行使及其法律效果

找贴必须于典权存续中为之。出典人逾期不为回赎，由典权人取得典物所有权时，自无再行找贴的余地。又找贴与留买，其效果虽无不同，但二者相互排斥，即留买后不得再为找贴，找贴后不得再为留买。典权人不愿找贴，而出典人将典物出卖于第三人时，典权人仍得行使留买权，自不待言。

出典人与典权人因找贴而成立买卖契约，发生债之关系。出典人负交付补找价金（即典物时价的差额）于出典人的义务。出典人负移转典物所有权于典权人的义务。此项不动产所有权的移转，因订立书面（第760条）并办理登记而发生效力（第758

条)。典权人因找贴而取得典物所有权,其典权因混同而消灭。

第二款 典权消灭的效果

一、典物的返还

典权消灭的主要法律效果,除典物已灭失或典权人依法取得典物所有权外,典权人负返还典物于出典人的义务。典权人拒不返还时,应负无权占有、不当得利或侵权责任。典权人返还典物的义务与出典人返还费用的义务,非属对待给付关系,典权人不得以此项费用未返还,作为拒绝返还典物的理由。

二、典物上工作物等的处理

典权人于典物(尤其是土地)有建筑物或其工作物,或种有竹木时,于典权因回赎等事由消灭时,应如何处理,"民法"未设明文,通说认为应可类推适用第839条规定,[1]即典权人有取回竹木或工作物之权,但出典人愿以时价购买者,典权人不得拒绝。[2]

---

[1] 史尚宽,物权法论,第418页。
[2] "民法"物权编修正草案第927条第2项明定:"第839条之规定,于典物回赎时准用之。"关于第927条第3项及第4项之增订,参阅本书附录(一),第428页。

第二编 占 有

第一章 概 说

第一节 占有在"民法"物权编的体系地位

关于占有在民法物权编的体系地位,各国立法例不同。德国民法认为占有是一种对于物的事实上管领力(Tatsächliche Gewalt über die Sache),而于物权编第一章设其规定(第854条至第872条)。瑞士民法亦认为占有是一种事实,但却规定于物权编最后一章(第24章、第919条至第941条)。日本民法规定占有为一种权利,于物权编第2章(第1章为总则)加以规定(第180条至第205条)。台湾地区系将占有规定于物权编最后一章(第10章),明定其为对于物的事实上管领力。[1]

各国的立法体例均有依据,将占有置诸各种物权之前,亦有相当理由。就历史渊源言,占有为所有权的根据。[2]占有为物

---

[1] 1942年意大利民法系采民商合一制度,其编制体例共2969条,具有特色,分为序编、(一般原则)、人与家庭、继承、所有权债、劳动、权利的保护。关于占有,系规定于所有权第8章,其第1140条明定:"占有是一种以行使所有权或其他物权的形式表现出的对物的权力",参照费安玲、丁玫译,意大利民法,中国政法大学出版社1997年版。

[2] 关于所谓的占有说(Okkupationstheorie)参阅 Brocker, Arbeit und Eigentum, 1992; Epstein, Possession as the Root of Title, 13 Geogia Law Journal 1221 (1979); 经济分析,参阅 Cooter/Ulen, Law and Economics, 2nd Edition, 1996, p. 122, 129.

权（尤其是动产物权）变动的要件。占有制度旨在维持社会平和，是一种平和秩序，为法律秩序的基础。

第二节 占有制度的历史基础

欧陆民法上的占有制度历经2000年的发展，始自罗马法的possessio，融合日耳曼法的Gewere，而成文化于各国民法典。占有究为一种事实或权利，究具何种功能，应否区别直接占有或间接占有，占有具有何种效力，应如何加以保护等基本问题，反映不同的社会经济制度，必须了解其历史基础，始能把握现行占有制度的内容社会机能。以下简要的说明希能有助于明了占有制度的演进过程及思考方法，认识法律是人类历史发展的产物，乃法律文化的体现。

第一款 罗马法上的 possessio[1]

在罗马法，所有权概念发达甚早，土地所有权关系易于确定，有助于将占有（possessio）从物权分离，予以独立化，认为占有是一种事实，而不是权利，其机能不在于保护权利，而在于保护社会平和。罗马法学家 Ulpian 谓：所有权与占有非属相同，[2] Paulus 氏亦强调对占有而言，有无占有的权利，在所不问。[3] 窃贼亦为占有人。此种占有的概念为欧陆各国法律所继

---

[1] 参阅 Kunkel/Honsell, Römisches Recht, 4. Aufbl, 1987, S. 131f; Wieling, Sachenrecht, I. S. 115f.

[2] Ulpian, D41, 2, 12, 1: nihil commune habet proprietas cum possessione.

[3] Paulus, D41, 2. 3. 5: summa possessionis non multum interest, iuste quis an iniuste possideat.

受。

　　Possessio 的取得须具备二个要件，一为物的管领（corpus，体素），一为占有意思（animus，心素），即以占有的意思而为占有。二者丧失其一，占有即归消灭。此种占有意思，不是法律行为上的意思，而是一种事实上的意思，故具有此种事实上意思的无行为能力人亦得为占有。

　　占有或取得占有得由服从家父权的奴隶或家子为之。占有因交付而移转。受让人已占有某物时（如承租人向出租人购买租赁物），其占有因意思合致而移转（简易交付）。占有人欲一方面移转占有，他方面同时保有占有时（如出卖人向买受人租赁标的物），不必先交付该物，再受让其占有，只要当事人有合致的意思表示即为已足（占有改定）。由此可知，罗马法上的占有业已观念化。须注意的是，在租赁的情形，出租人将租赁物交付与承租人，罗马法认为承租人系为出租人行使事实上的管领力，以出租人为占有人（possessor）。罗马法不承认所谓的间接占有。

　　罗马法将占有从本权（如所有权）予以分离，加以独立化，旨在维护社会秩序，前已论及，因而发展出以法务官令状（praetorische Interdekte）为基础的占有诉讼制度，以保护占有不受暴力的侵夺或妨害。占有诉权的除斥期间为 2 年。在此种占有诉讼（法务官令状诉讼，Interdektenverfahren），当事人均不得为本权的主张。

第二款　日耳曼法上的 Gewere[1]

Gewere 是日耳曼法上的占有，是日耳曼物权法的核心概念，乃物权的一种表现方式（Erscheinungsform der dinglichen Rechte）。在日耳曼法，占有（Gewere）与所有权并未严格区别，Gewere 不是一种单纯的事实，而是一种权利，因为日耳曼土地上的权利不易确定，须藉占有状态表彰权利，以占有推定某种权利的存在。Gewere 具有公示性，权利被包裹于 Gewere 之内，藉 Gewere 而体现，故 Gewere 又称为权利之衣。

Gewere 的客体，包括物及权利。权利占有（Rechtsgewere）存在于关税、债权等，使之权利化，在中世纪极具重要性。在不动产的占有，发展出直接占有与间接占有，如承租人为直接占有，他主占有；出租人为间接占有，自主占有。其居于从属地位而为他人行使事实上管领力的，如奴隶仆婢等，则属占有辅助人，以他人为占有人。

日耳曼法上的 Gewere 重在事实的管领，惟在若干情形亦转为观念化（所谓 ideelle Gewere），尤其是占有的继承，即继承人得继承被继承人的占有，纵未为事实上的管领，其占有仍受保护。

---

[1] 关于日耳曼法上 Gewere 的性质及功能，参阅三位著名日耳曼学者的巨著：Albrecht, Die Gewere als Grundlage des älteren deutschen Sachenrechts, 1829; A. Heusler, Die Gewere, 1872; E. Huber（瑞士民法的起草人）, Die Bedeutung der Gewere in deutschen Sachenrecht, 1894. 综合论述，Gierke, Deutsches Privatrecht, II (Sachenrecht), 1905. 简要说明，Mitteis/Lieberich, Deutsches Privatrecht, Kap. 26, Gewere. 中文资料，参阅史尚宽，物权法论，第 478 页；刘得宽："日耳曼法上之占有"，民法诸问题与新展望，第 307 页。

日耳曼法上的 Gewere 具有三种重要的效力：（1）权利推定效力（Vermutungswirkung）。（2）权利移转效力（Translativwirkung），即物权的移转，须以移转占有为要件。Gewere 系一种权利，其移转须依契约为之（占有契约，Besitzvertrag）。（3）防御效力（Defensivwirkung），即占有人得自力防御他人对占有的侵夺或妨害，占有物被侵夺时，并得诉请返还之。此种诉讼不是纯粹的占有诉讼，兼具保护占有与保护权利的功能。

第三款　Possessio 与 Gewere 在德国民法占有制度上的融合

在中世纪和近代的德国普通法，占有是一个热门而困难的法律领域，一方面对于 Possessio 的本质或功能，发生争议，他方面是罗马法上 Possessio 与日耳曼法 Gewere 的融合。[1] 这项艰巨工作吸引了 Savigny、Winscheid、Jhering、Dernburg 及 Gierke 等伟大法学家投注心力、从事研究，发表了许多重要经典著作，占有的理论灿然大备。[2] 就占有（尤其是 Possessio）的社会作用言，有认为在于保护占有者的人格；有认为在于保护所有权；有认为在于保护占有者的意思；有认为在于维持社会的平和。最后的见解

---

[1] 参阅 Cosack, Das Sachenrecht im Entwurfs eines Büigerlichen Gesetzbuches für das Deutsche Reich, in: Beiträge zur Erläuterung und Bedeutung des Entwurfs eines Bürgerlichen Gesetzbuchs für das Deutsche Reich I, hrsg. v. Bekker und Fisches 1974; Schubert, Die Entstehung der Vorschriften des BGB über Besitz und Eigentumsübertragung. Ein Beitrag zur Entstehungsgeschichte des BGB, 1966, 简要说明，参阅 Wieling, Sachenrecht, I. S. 122f.

[2] 关于占有理论最重要的著作，是 Savigny（萨维尼）于 1803 年发表的 Das Recht des Besitzes（7. Aufl. 1967）。台大法学院图书馆藏有此书，善尽保管，甚少使用。作者于 1968 年访问京都大学法学部，借阅该书，须经特许，保存完善，使用者众，视若珍宝，日本法学昌明，良有以也。

成为通说。就占有的构成要件，争论的重点在于所谓占有意思（animus，心素）究指何而言，是否必要。有认为此项意思不可或缺，而采主观说，并产生所有者意思说、支配者意思说、为自己之意思说等不同见解。有采客观说，认为事实上管领其物即为已足，无须要有特别的占有意思。[1]

此种学说上的争论，反映在立法之上。在德国民法制定过程中，罗马法学派学者与日耳曼法学者发生激烈争论。德国民法第一草案被认为偏重罗马法而备受日耳曼法学者的严厉批评。例如第一草案否定承租人为占有人，系受 Savigny 氏理论的影响，因遭 Gierke 氏的反对，而经修正，改采日耳曼法上直接占有及间接占有的制度。

现行德国民法兼采罗马法上的 Possessio 与日耳曼法上的 Gewere，创造了混合的占有制度，大体言之，以日耳曼法上的 Gewere 较占优势。其影响及于瑞士、日本等国民法，并为台湾地区所继受。[2]

---

[1] 参阅史尚宽，物权法论，第478页。
[2] 日本民法学者舟桥谆一在其所著物权法第274页谓："罗马法体系采以奴隶制社会商品交换关系为规律对象，日耳曼法体系则系以封建社会自给自足的农业经济关系为本来之规律对象，二者决非站在同一次元之对立并列关系。实则将近代民法之本质解为在于规律商品交换关系时，可谓罗马法才是较进步的法体系，日耳曼法则为未发达的法体系。因此，纵令占有制度之沿革或起源有类似日耳曼法之制度，近代民法采用之者，亦是近代法的立场，基于近代法之理论而采用者，未必是原封承继日耳曼法之法理，基于与日耳曼同一根据而采用者。是故，于理解占有制度一般或整个制度之际，即使不能忽略日耳曼法对于罗马法之影响，但原则上仍须站在近代法的、罗马法的立场予以把握，始算妥当"（引自黄宗乐，"论占有制度之机能"，台大法学论丛，第11卷，第1期，第161页）。

第三节 "民法"上的占有制度及其发展

请先阅读第 940 条至第 966 条,整理民法关于占有制度所采的基本"立法"原则,分析判例学说上的主要争议问题,并检讨物权编修正草案关于占有的修正,了解占有制度的发展趋势。

第一款 立法原则

1911 年公布的大清民律草案于第 3 编物权第 7 章规定占有,共计 56 条(第 1261 条至第 1316 条)。民律第二次草案于第 3 编物权第 9 章规定占有,共计 40 条(第 271 条至第 310 条)。现行"民法"则将之精简为 27 个条文(第 940 条至第 966 条)。须注意的是,条文虽有删减合并,立法原则仍兼采罗马法上 Possessio 及日耳曼法上 Gewere 二种制度,计有八项重点:

1. 占有系属事实,而非权利。
2. 区别直接占有与间接占有。
3. 受他人指示而管领其物者,为占有辅助人,以他人为占有人。
4. 占有得为移转、继承或合并。
5. 占有具有权利推定的效力。
6. 设动产善意取得制度。
7. 占有的保护包括占有人的自力救济权和占有保护请求权。
8. 承认权利占有(准占有)。

第二款 判例学说

现行物权编自 1930 年施行迄今，关于占有的发展，多赖学说与判例的协力。在学说方面，主要为物权法教科书，对于阐明基本概念，澄清解释适用疑义，提供比较法资料，整理问题争点，甚具贡献。专题研究则待加强，但若干论文探讨特殊问题，深具启示性。[1]在实务方面，"最高法院"著有多则判例，公布的判决亦属不少。归纳言之，学说与判例上所探讨的重要问题为：

1. 占有系属事实，而非物权，但是否为第 184 条第 1 项前段所称的权利？恶意占有人对侵夺其占有之人，得否依侵权行为规定请求损害赔偿，或主张不当得利请求权？

2. 关于动产善意取得，就盗贼或遗失物设例外规定，是否合理，应作如何解释，期能兼顾所有人的利益和交易安全？2 年期间内盗贼或遗失物的所有权归属于谁？在此 2 年期间内，买受人得否主张出卖人应负权利瑕疵责任？

3. 占有回复请求人的权利义务，尤其是与不当得利或侵权行为的竞合关系。

4. 占有保护制度，尤其是占有人的自力救济和占有保护请

---

[1] 刘得宽，"占有改定与即时取得"，法学丛刊，第 58 期；"论占有诉权制度"，民法诸问题与新展望，1970 年，第 31 页；郭瑞兰，动产善意取得之研究，1980 年政大硕士论文；张立中，占有制度之近代化，1984 年政大硕士论文；黄宗乐，"论占有制度之机能"，台大法学论丛，第 11 卷，第 1 期，第 159 页；"占有保护请求权"，辅仁法学，第 2 期，第 51 页；苏永钦，"侵害占有之侵权责任"；"动产善意取得若干问题"，分别收于民法经济法论文集（一），第 143 页、第 167 页。

求权，实际上究具有何种社会机能？

5. 间接占有在实务上颇为常见，间接占有人得否对占有人或第三人主张占有的保护？

第三款 "民法"物权编修正草案

"法务部"于1988年成立"民法"研究修正委员会物权编研究修正小组，于1999年3月由"行政院"函请"立法院"审议物权编修正草案初稿，就占有一章，提出16点修正意见。此项修正何时可完成"立法"程序，未可确知，但有助于了解现行规定解释适用的争议问题及未来的发展趋势。综合观之，此项修正仍维持前述现行"民法"关于占有制度所采的8点基本原则，各项修正多属妥适，使占有制度更臻完善，俟于相关部分再行论述，兹列举修正重点如下，以便参照：

1. 增列地上权人亦得为直接占有人（第941条）。修正理由：对于不动产亦得成立占有，原条文仅以动产占有为例，有欠周延，爰增列地上权人为例示，以资补充。

2. 增订基于家务、业务关系成立间接占有之规定（第942条）。立法理由：本条所规定受他人指示而对于物有管领力者，乃指示人之占有辅助机关，亦即学说所称之"占有辅助人"。于日常生活中因家务或业务关系，受他人指示而为占有之辅助者，其样态甚多，现行规定以"受雇人、学徒"等为例示，似不足涵括，爰参酌外国立法例，将之修正为基于家务、业务关系，俾利适用。

3. 增设占有权利推定之例外规定（第943条）。立法理由：占有权利之推定如适用于占有人与使其占有之人间，将违背诉讼上举证责任分配之法则，且有欠公平合理，爰增列但书规定，但占有权利之推定，不适用于直接当事人间。

4. 增设占有态样之推定包括"无过失"（第944条）。立法理由：占有人之占有，有无过失，第1项未设推定之规定，实则应包括在内，为期明确，爰增设之。

5. 修正占有变更之通知义务（第945条第2项、第3项）。立法理由：(1)使其占有之人非所有人，而占有人于变更为所有之意思表示时已知占有物之所有人者，其表示并应向所有人为之，以保障所有人权益。(2)占有人变更不同种类之意思而占有者，仍应履行通知之义务，以期周延。

6. 增设善意受让之例外规定（第948条）。立法理由：(1)受让人因重大过失不知让与人无让与之权利者，因其本身具有疏失，爰明定排除于善意受让之保护范围。(2)第761条第2项之占有改定，因让与人仍占有动产，不宜使之有善意受让效力之适用，故于受现实交付前，不受善意受让规定之保护。

7. 扩大盗赃遗失物回复请求之适用范围（第949条至第951条）。立法理由：善意取得之例外及特殊物品之不得回复，现行条文仅限于盗贼及遗失物，为更周延保障原权利人静的安全，爰参照外国立法例扩张适用范围及于"其他非基于原占有人之意思而丧失物之占有"。

8. 增设原占有人回复其物之始点及效果规定（第949条第2项）。立法理由：原占有人依第949条规定回复其物者，自请求时起，回复其原来之权利。

9. 阐明盗贼或遗失物有偿回复之场所不以公营之市场为限（第950条）。立法理由：现行规定"公共市场"易误解为仅指公营之市场而已，惟其真意举凡公开交易之场所均属之，为避免误解，爰将"拍卖或公共市场"修正为"公开交易场所"。

10. 增订原所有人为恶意占有者，无第949条及第950条规定的回复请求权（第951条之一）。

11. 修正善意占有人之权利（第952条）。立法理由：明定善意占有人于推定其为适法所有人之权利范围内得为物之使用、收益，避免使人误解在现行规定不问权利的范围如何，一律均得为占有物之使用及收益。

12. 增设善意占有人因不可归责于自己事由致占有物灭失或毁损之责任规定（第953条）。立法理由：善意占有人因不可归责于自己之事由致占有物灭失或毁损者，对于回复请求人，仅以现存利益为限，负返还之责。

13. 明示善意占有人已就占有物取得孳息不得请求偿还者为通常必要费用（第954条但书）。立法理由：现行规定未明示善意占有人已就占有物取得孳息者，仅就通常必要费用不得请求偿还。惟日本民法、德国民法均定有明文，台湾地区学者通说亦作相同之解释，爰明定之。

14. 增设恶意占有人因不可归责于自己事由致占有物灭失或毁损之责任规定（第956条）。立法理由：恶意占有人因不可归责于自己之事由致占有物灭失或毁损者，对于回复请求人，仅以所受利益为限，负返还之责。

15. 修正善意占有人变为恶意占有人之时起（第959条）。立法理由：现行规定之"诉讼拘束"发生之日起，视为恶意之占有人，滋生疑义，为符合原立法旨趣，爰修正为"自诉状送达于占有人之日起"，始视为恶意占有人。

16. 增设共同占有人之自力救济或物上请求权（第963条之一）。立法理由：数人共占有一物时，各占有人得就占有物之全部，行使第960条之自力救济或第962条之物上请求权。但回复占有物之请求，仅得为占有人全体之利益为之。

第四节　占有的体系构成与请求权基础

甲有某车，由乙驾驶保管。丙盗该车，出租于丁。试就此例说明：（1）甲、乙对丙、丁得主张何种权利；（2）设某戊自丁盗取该车，偕友人环岛旅行时，甲、乙、丙、丁得对戊主张何种权利？（3）试就上述二例论述占有的体系构成及当事人间的请求权基础？

第一款　占有制度的体系构成

民法以占有为要件，赋予不同的法律效果，兹为便于观察，将现行规定组成如下体系：

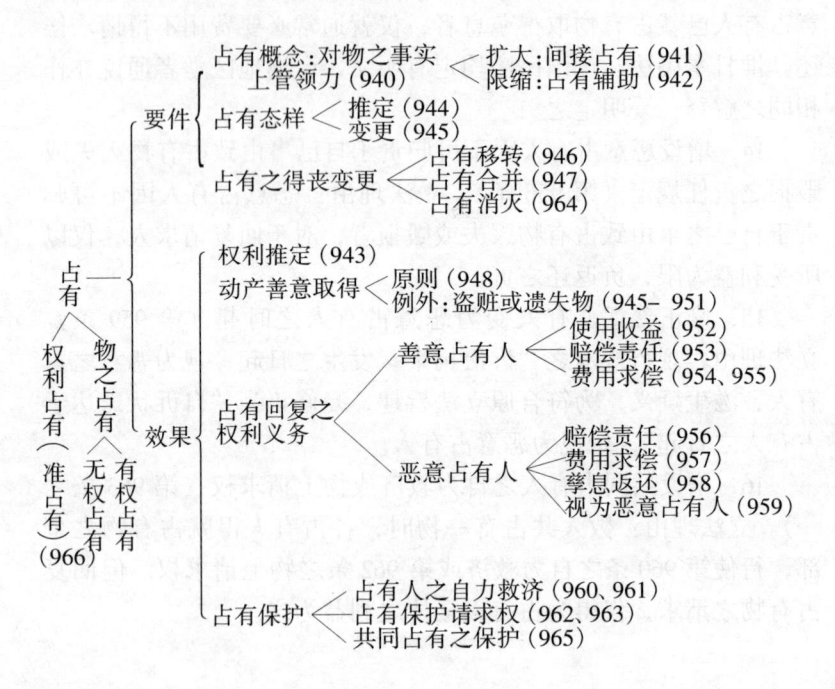

```
                  ┌ 占有概念:对物之事实    ┌ 扩大:间接占有(941)
                  │   上管领力(940)      └ 限缩:占有辅助(942)
            要件 ┤ 占有态样 ┌ 推定(944)
                  │          └ 变更(945)
                  │                      ┌ 占有移转(946)
                  └ 占有之得丧变更       ┤ 占有合并(947)
占                                        └ 占有消灭(964)
有                ┌ 权利推定(943)
   物             │ 动产善意取得 ┌ 原则(948)
   之             │               └ 例外:盗赃或遗失物(945-951)
权  占                                       ┌ 使用收益(952)
利  有            │              ┌ 善意占有人┤ 赔偿责任(953)
占  ┤       效果 ┤ 占有回复之    │           └ 费用求偿(954、955)
有  │有           │ 权利义务     │
(   │权           │              │           ┌ 赔偿责任(956)
准  │占           │              │           │ 费用求偿(957)
占  │有           │              └ 恶意占有人┤ 孳息返还(958)
有  │〈无                                      └ 视为恶意占有人(959)
)   │权           │
(966)│占          │              ┌ 占有人之自力救济(960、961)
     │有          └ 占有保护    ┤ 占有保护请求权(962、963)
                                   └ 共同占有之保护(965)
```

第二款　请求权基础

请求权基础是"民法"五编制体系构成的机制及法律适用的枢纽,[1] 在占有制度上有三类重要的请求权基础,在此先行提出,请参阅前揭例题,分析研究之:

1. 第949条规定:"占有物如系盗赃或遗失物,其被害人或遗失人,自被盗或遗失之时起,2年以内,得向占有人请求回复其物。"此项请求权须以占有人系善意受让为要件,占有人为恶意时,无适用余地。盗赃或遗失物,如占有人由拍卖或公共市场,或由贩卖与其物同种之物之商人,以善意买得者,非偿还其支出之价金,不得回复其物(第950条)。

2. 第953条以下规定占有回复请求关系的权利义务(包括使用收益、损害赔偿及费用求偿)。此等请求权可称为附随请求权或从请求权(Nebenansprüche),其基本请求权为所有物返还请求权(第767条)、占有物返还请求权(第962条)或租赁物返还请求权等。

3. 第962条规定:"占有人,其占有被侵夺者,得请求返还其占有物。占有被妨害者,得请求除去其妨害。占有有被妨害之虞者,得请求防止其妨害。"占有保护请求权(或占有人的物上请求权),与第960条规定的占有人自力救济权,具有维持社会平和及物之秩序的作用,乃占有制度的核心机制。

---

[1] 关于请求权基础(Anspruchsgrundlage)在法律思考及处理实例题的功能,参阅拙著,法律思维与民法实例,2001。

第二章　占有的基本理论

第一节　占有的意义

第一款　占有的概念

就下列情形说明谁为物的占有人：

1. 甲有某屋，出租于乙，乙转租该屋之一室于丙丁二人共同经营书店。
2. 甲有某画，被乙所盗，寄托丙处。
3. 甲有股票，存放于乙银行保险箱。甲遭遇车祸死亡，由未成年人丙继承，丙不知甲有股票存放银行之事。
4. 甲公司为董事乙购买一部BMW，作为乙的座车，由公司职员丙驾驶之。

第940条规定："对于物有事实上管领之力者，为占有人。"由此可知，占有指对于物有事实上之管领力。被管领之物，称占有物，为占有的客体。管领其物之人，称占有人，为占有的主体。分述如下：

一、对于物有事实上管领之力

(一) 认定标准

1. 概说。对于物有事实上管领之力，指对于物得为支配，排除他人的干涉。占有为法律事实，须依社会观念斟酌外部可以认识的空间、时间关系，就个案加以认定。[1]

空间关系，指人与物在场合上须有一定的结合关系，足认该物为某人事实上所管领。居住于房屋，耕作于土地，存放珠宝于保险箱，手带劳力士表，固为占有；农夫放置农具于田中，建商堆放材料于工地，亦属占有。又对建筑物的占有，亦成立对基地的占有。遗忘钱包于车站，离去后数小时发现其事，因车站人潮来往，依社会观念，可认定丧失占有，钱包成为遗失物。反之，停放汽车于路旁、离台数日，仍不失其占有。

时间关系，指人与物在时间上须有相当的继续性，足认该物为某人事实上所管领，其仅具短暂性的，不成立占有。例如在饭店使用酒杯餐具；在火车向邻座旅客借阅报纸；在公园坐卧长椅；在图书馆取阅杂志，均不取得占有。旅客就其住宿房间可成立直接占有，而以饭店为间接占有人。反之，亲友被招待在家中客房过夜，对该客房则不成立占有。

除空间和时间关系外，法与秩序亦属重要，路不拾遗的盛世与盗贼横行的年代，对占有的认定，应有不同。停车于路旁，出

---

[1] 此为占有的基本问题，参阅史尚宽，物权法论，第482页；郑玉波，民法物权论，第370页；谢在全，民法物权论（下），第478页。德国法上的见解，参阅 Müller, Sachenrecht, S. 27f.; Schapp, Sachenrecht, S. 25; Schwab/Prütting, Sachenrecht, S. 22; Westermann/Gursky, Sachenrecht, I. S. 84; Wieling, Sachenrecht, S. 145. 日本法上的资料，参阅我妻荣/有泉亨，物权法，第464页；舟桥谆一，物权法，第278页；田中整尔编（小彬茂雄执笔），物权法，第268页；川井健，物权法，第150页。

游数日，时空远隔，所以仍可肯定对于该车的事实管领力，乃基于一般社会秩序和对他人财产的尊重。

2. 实务上案例的分析。关于占有的认定，实务上有三则案例，甚具启示性，值得提出分析讨论：

1）质物之占有：1964 年台上字第 861 号判例。在本件判例，甲公司以存放纸厂工场的模造纸若干件，作为质物，向乙（被上诉人）贷款。甲的债权人丙（上诉人）声请执行查封，乙提出执行异议之诉，丙认为甲所有该批模造纸系在工场查封，乙并未放置于其租用之仓库内，亦未挂有标志，未经实施占有，不生设定质权效力。"最高法院"谓："占有仅占有人对于物有事实上管领力为已足，不以其物放置于一定处所，或标示为何人占有为生效要件。苟对于物无事实上管领力者，纵令放置于一定处所，并标示为何人占有，亦不能认其有占有之事实。讼争之模造纸既据被上诉人派驻林内纸厂管理质物之职员一致证明，已经该纸厂点交被上诉人占有，因仓库量小放置不下，仍存于工场等语，自足认定讼争模造纸已经被上诉人驻厂职员占有，不以未挂有物资局标志，而受影响。"

关于此项判例，应说明的有三点：（1）就本件事实言，"最高法院"认定物资局占有存放在工场的模造纸（驻厂职员为占有辅助人），实值赞同。（2）占有的成立固不以其物放置于一定处所，或标示为何人所有为要件，但将某物放置于一定处所，或标示为何人占有，仍可作为判断有无事实上管领力的斟酌因素。惟单纯象征性的标志，如将名牌挂于房屋，立碑于土地，则不成立占有。（3）法律行为有所谓"成立要件"与"生效要件"，[1]在占有似无所谓的"生效要件"，本件判例所谓"生效要件"，是否

---

[1] 参阅拙著，民法总则，第 271 页。

妥适似值商榷。

2) 房屋烧毁与土地的占有：1983 年台上字第 1654 号判决。[1] 1983 年台上字第 1654 号判决谓："对于物有事实上管领之力者，为占有人，第 940 条定有明文，上诉人既主张伊系以濑南街 13712 号房屋占有讼争土地，该房屋虽已被烧毁，然伊并未抛弃对于讼争土地之占有，故立即以原房屋所有人之地位向高雄市政府申请准予照旧复建，业据提出高雄市政府工务局函以为立证方法，原审未予斟酌，遽认上诉人已不占有讼争土地，即不无判决不备理由之违法。"

占有土地的情形甚多，如堆积材料，耕作畜牧，种植花木，但以在土地上建筑房屋最为常见。房屋烧毁，是否因此丧失对于土地的事实上管领力，应就个案认定之。在本件，原房屋所有人既已立即申请照旧复建，应不发生抛弃事实上管领力，致占有消灭的问题。"最高法院"判决可资赞同，自不待言。

3) 白天摆摊、夜间收摊与土地的占有：1983 年台上字第 3674 号判决。[2] 1983 年台上字第 3674 号判决谓："系争摊位占用之土地，虽非被上诉人所有，但该摊位占用之地区，为经'政府'公告指定为摊位营业地区，并对各摊位办理登记，发给执照，自应受占有之保护。被上诉人对于系争摊位之使用，因受法令之限制，不能设置固定摊架，只能白天摆摊，夜间收摊。但不能因其收摊，即谓被上诉人已放弃占有之意思。矧被上诉人为有照之固定摊贩，则其占有系争摊位，自应认为继续占有并不间断。"

关于此项判决，应说明的有三点：(1) 占有系对物的事实上

---

[1] 民事裁判发回更审要旨选辑，第 3 册，第 218 页，"司法院"印行。
[2] "最高法院"民刑事裁判选辑，第 4 卷，第 3 期，第 280 页。

管领力，有无占有的权利，是否合法，均所不问。占用他人土地摆摊应否受占有的保护，端视其对摊位有无事实上管领力，与"政府"公告指定为摊位营业地区，并对各摊位办理登记，发给执照无关，仅发生其占有是否合法的问题。(2) 无照摊贩在他人土地设摊营业，足认有事实上管领力时，亦可成立占有。在设置固定摊架的情形，夜间不营业，其占有不因此而受影响。在未设置固定摊架的情形，白天摆，夜间收，虽不能因其收摊即谓已放弃（抛弃）占有之意思，但得否因其收摊，而认定已丧失事实上管领力，应就具体个案认定之。(3) 固定摊贩占有系争摊位，其占有是否继续，不因有照或无照而异，应就占有本身加以认定。

由上开三则案例，可知对于物是否成立占有，其占有是否继续，关系当事人利益至巨。在设定质权之例，涉及质权的效力。在他人土地建屋之例，涉及时效取得土地所有权或地上权。在摆摊之例，例如甲擅自占用乙的土地设置摊位，出卖牛肉面，若认定因夜间收摊而丧失占有时，则甲于次日摆摊时，即构成侵夺乙的占有，乙得行使第960条规定的自力救济权，否则仅能主张第962条所规定的占有保护请求权。[1]

(二) 占有意思

1. 学说与"立法例"。占有，除对于物有事实上管领力（体素）外，是否尚须以"占有意思"（心素）为要件，系占有理论

---

[1] 参阅1981年台上字第3927号判决："对于物有事实上管领之力者，始为占有人，此观第940条规定自明，本件系争土地为诉外人卓某向'政府'承租，既为原审所认定之事实，卓某在原审复称与被上诉人间所订之契约，系受骗签订，并否认其曾委托交付土地与被上诉人管理收益，上诉人对于被上诉人占有之事实亦有争执，倘卓某曾将系争土地交付被上诉人，而先由上诉人占有，即难谓被上诉人得径向上诉人为本件返还占有物之请求。"（民刑事裁判选辑，第2卷，第4期，第226页）。

上最有名的争议问题。学说上有主观说、客观说与纯粹客观说三种见解。[1] 主观说认为占有的成立须兼具事实上之管领力与占有意思；至于此项占有意思究属何种意思，有主张须为所有人意思，有主张须为支配意思，亦有主张须为为自己意思而占有。客观说认为占有系对于物的事实管领力，不须特别的意思，仅须有管领意思即可，此为管领事实的一部，而非独立的要素。纯粹客观说认为占有纯为客观地对于物为事实上的管领，不以占有意思为必要。立法例上，1804年的法国民法采所有人意思说。[2] 1896年的日本民法第180条规定："占有权因以为自己之意思，持有该物而取得。"明定采自己意思说。[3] 德国民法第854条第1项规定："对于物有事实上管领力者，取得该物之占有。"[4]

2. 台湾地区的解释。第940条规定，占有系对于物有事实上管领力。台湾地区学者多认为德国民法系采纯粹客观说，现行"民法"从之，应作同样的解释。[5] 此项见解尚有进一步探究的必要。

德国民法施行后不久，学者曾依据第854条第1项规定的文

---

[1] 参阅倪江表，民法物权论，第396页；谢在全，民法物权论（下），第563页；田中整尔，占有论之研究，第39页以下。

[2] 法国民法第2228条、第2229条。关于法国法上占有及善意取得的问题，参阅 Minuth, Besitzfunktionen beim gutgläubigen Mobiliärerwerb im deutschen und französischen Recht, 1990; Amos and Walton, Introduction to French Law, Third Edition, 1967, p. 100.

[3] 日本民法第180条规定："占有权ハ自己，为ソニスル意思ダ以テ物ヲ所持スル因リラ之ア取得不"。关于本条的解释适用，参阅舟桥淳一，物权法，第278页；我妻荣/有泉亨，物权法，第462页。

[4] BGB Abs. I: "Der Besitz einer Sache wird durch die Frlangung der tatsächlichen Gewalt über die Sache erworben."

[5] 倪江表，民法物权论，第39页；史尚宽，物权法论，第479页；郑玉波，民法物权，第372页；谢在全，民法物权论（下），第480页。

义，认为占有系对于物的事实上管领力，不以占有意思为必要，但未被普遍接受。[1] 通说认为占有的成立，除以事实上管领力（tatsächliche Gewalt）为其体素（corpus）外，尚须以占有意思（Besitzwille）为其心素（animus），[2] 其主要理由有二：(1)德国民法第一草案原来规定占有的成立须以占有意思为要件，其后因恐发生占有须于占有人知悉其对物具有管领力始得成立的误会，而删除之。(2)取得占有而无占有意思，殆难想像。[3] 此项观点可资赞同，在台湾地区"民法"亦应作此解释，分三点加以说明：

1) 取得某物的占有，如架网捕捉来台过冬的黑面鸠，拾得遗失物，窃取他人珠宝，均具有占有意思。由第三人（如占有辅助人）取得占有，亦须基于为他人的意思。须注意的是，此种占有意思不必针对个别特定之物，仅须具有一般占有意思（genereller Besitzwille）即为已足。[4] 甲悬挂信箱于门口，乃在取得投入的自己函件，是否知之，在所不问。邮差误投邻居乙的信件包裹于甲的信箱，甲不因此而取得其占有，乙在甲的信箱发见其包裹而取走，不构成侵夺甲的占有。[5] 又逃犯被警追捕，将赃物藏在甲的信箱，甲亦不因此取得该赃物的占有。

---

[1] 参照 Wieling, Sachenrecht, I. S. 134.
[2] 此为德国判例学说的一致见解，Schwab/Prütting, Sachenrecht, S. 22; Wieling, Sachenrecht, I. S. 134f.; MünchKomm – Hasse §854 RdNr. 4; Soergel – Mühl §854 RdNr. 26.
[3] "Besitzerwerb ohne Wille ist nicht denkbar", Wieling, Sachenrecht, I. S. 134. 德国通说仍采罗马法学家 Paulus 的见解：apiscimur possessionem corpore et animo, neque per se animo aut pet se corpore（Besitz erwerben wir mit dem Körper und mit dem Willen, nicht aber allein mit dem Willen oder allein mit dem Körper）(D41. 2. 3. 4).
[4] Schwab/Prütting, Sachenrecht, S. 22.
[5] 此例引自 Wieling, Sachenrecht, I. S. 135.

2) 取得占有后，维持占有亦须有占有意思。占有意思体现于物的支配状态，体素为心素的表现。甲睡卧于公园草地，青春小鸟停留其身，甲因欠缺占有意思，未取得该鸟的占有。甲闻鸟声梦醒而捕获之，放在口袋，虽继续睡觉，其占有不因此而受影响。

3) 占有的意思不是法律行为上的意思，而是一种自然的意思（ein natürlicher Wille），[1] 故取得某物的占有或维持其占有皆不以具有行为能力为必要，只要对物有为支配的自然能力，即为已足，故无行为能力人或限制行为能力人具有此种能力时，亦得为占有人。占有的取得既非基于法律行为的意思，因而亦不发生因意思表示错误而撤销的问题。例如甲误以乙所有的钢笔为己有而占有之，其后发现事实真相，甲不得对乙表示撤销占有，而不负侵夺他人占有的责任。

二、占有的客体

（一）物

占有的客体须为物，包括不动产与动产。对于不因物的占有而成立的财产权（如商标权、专利权或地役权），成立准占有（参阅第966条）。占有之物，究为私有物或公物，均所不问，在"国有"土地兴建违章建筑，亦可成立占有。

（二）不动产、动产

台湾地区现行物权法系建立在不动产与动产的区别之上，物权的种类和物权的得丧变更因不动产或动产而有不同（第758条、第760条、第761条）。[2] 占有则为统一的概念，适用于不动产和动产。但应注意的有三点：

---

[1] Wieling, Sachenrecht, I. S. 136.
[2] 拙著，民法物权（一）：通则、所有权，第5页。

1. 关于占有的成立，对动产的认定通常较不动产为严格，因为不动产不易移动或隐藏。深山的别墅，寒冬数月无人居住，其占有不因此而受影响。照相机遗忘于风景区，离开一段期间，即可认定已丧失占有，成为遗失物。

2. 关于占有的效力，如权利推定、权利移转或善意取得等，在不动产已由登记制度取代之。[1]

3. 关于占有的保护，占有物被侵夺者，如系不动产，占有人得于侵夺后，即时排除加害人而取回之。如系动产，占有人得就地或追踪向加害人取回之（第960条第2项）。

(三) 物的成分

物的成分指物的构成部分而言，可分为重要成分与非重要成分。物的重要成分指物的各部分，因互相连合，非经毁损，或变更其物的性质，不能分离时，则各该部分，均为物之重要成分，如书页之于书，墙壁之于房屋。除重要成分外，物的其他部分，均为非重要成分，如轮胎之于汽车，窗户之于房屋。

物之重要成分不得单独为所有权或其他物权的客体，[2]但物的成分，无论其为重要成分或非重要成分，事实上得为管领者，皆可作为占有的客体。[3]例如占有他人一笔土地的部分作为停车场，将房屋的一室出租他人，以房屋的墙壁供他人悬挂广告。至于集合物则不得为占有的客体，例如图书馆系由建筑物、图书、电脑及其他设备所组成，其占有应就各个之物为之。

---

[1] 参照**"民法"物权编修正草案**第943条第1项："占有人，于占有物上行使之权利，<u>除已登记之不动产物权外</u>，推定其适法有此权利。"

[2] 拙著，民法物权（一）：通则、所有权，第57页。

[3] 此种对物之部分为占有，德国民法称为 Teilbesitz（部分占有），于第865条规定："第858条至第864条规定对于物之一部，尤其是区分之住房或其他空间为占有者，亦适用之。"

三、占有的主体[1]

（一）自然人

任何权利主体皆得为占有人，包括自然人和法人。占有因自己行为而取得者，如捕捉野兽，摘取野兰，拾得遗失物，其性质非属法律行为，不必具有行为能力，无行为能力人或限制行为能力人有事实上支配能力的，亦得为占有，前已论及。至于占有的继承，则不以继承人具有自然的意思能力为必要，植物人、初生的婴孩或胎儿皆得因继承而取得占有。

（二）法人

法人得为占有人，经由机关管领其物。机关为法人行使对于物的事实上管领之力，使法人为占有人。例如甲公司的董事某乙，以公司名义购买轿车，作为自己座车，由丙驾驶时，该车的占有人为公司，司机为占有辅助人，乙董事系公司的机关，在占有关系上，既非占有人，亦非占有辅助人，[2] 仍所谓的机关占有（Organbesitz）。[3]

第二款　占有概念的扩大和限缩

> 甲有某名贵瑞士劳力士手表，出借于乙，乙交丙钟表公司修缮，由技师丁负责处理。不久，甲遭遇车祸死亡，遗有妻戊及胎儿己。试说明该手表上的占有，并讨论民法上占有概念的形成，具有何种法律上意义。

---

[1] 参阅谢在全，民法物权论（下），第482页；Wieling, Sachenrecht, I. S. 131.
[2] 此为通说见解，详细的讨论参阅，Westermann/Gursky, Sachenrecht, I. S. 134; Wieling, Sachenrecht, I. S. 141f.；李太正，"法人占有与物上请求权"，收于苏永钦主编，民法物权争议问题研究，第59页。
[3] Brehm/Berger, Sachenrecht, S. 47.

占有，指对于物的事实上管领力。此为占有的固有概念。然法律概念的形成，乃基于利益衡量和价值判断，赋予不同的法律效果，以满足社会生活的需要。[1] 为此，民法乃扩大或限缩占有的概念。分述如下：

一、占有概念的扩大

占有概念的扩大，指虽无事实上的管领力，仍可成立占有，其情形有二：

1. 间接占有：例如甲出借某表与乙，乙事实上支配该表，为直接占有；甲对该表虽无事实上的管领力，仍可成立占有，是为间接占有（第941条），立法目的在使间接占有人亦受占有的保护。

2. 占有继承：占有得为继承的标的，继承人虽未事实上管领其物，仍取得占有。例如甲有珠宝存放于乙银行的保险箱，遭空难死亡，其继承人丙纵为胎儿、植物人，或居住外国，不知珠宝存放于银行之事，仍因继承而为该珠宝的占有人（第947条），立法目的在于保护继承人。若有某丁僭称继承人，取得上开珠宝，让售于戊，并为交付，戊纵为善意，丙亦得于2年内请求回复其物（第949条）。

二、占有概念的限缩

占有概念的限缩，指对于物虽有事实上管领力，但不成立占有，属之者，为第942条规定的占有辅助人。例如甲有某德国狼犬，雇乙看管，乙对该狼犬虽有事实上的管领力，但不取得占

---

[1] 关于法律上概念的形成和利益衡量的深入讨论，参阅 Oertmann, Interesse und Begriff in der Rechtswissenschaft, 1931; Schmezeisen, Die Relativität des Besitzbegriffs, AcP 136, 129.

有，仅甲为占有人，立法目的在于保护甲（占有人），使乙（占有辅助人）不得对甲主张占有人的权利。

三、占有的观念化[1]

由占有概念的扩大和限缩，可知占有人与物的关系业已观念化，并纳入了法律上的因素，松弛了事实上的关联。此种占有观念化的程度，由直接占有经由占有辅助关系，间接占有，而达于继承人的占有。兹举一例加以说明，甲有某画，出借于乙，乙交由其受雇人丙保管；不久，乙死亡，由其在大陆之子丁继承之，丁不知借画之事。在此情形，乙为直接占有人，与该画的事实关联最强；丙系乙的占有辅助人，虽事实上管领该画，但非占有人；甲为间接占有人，基于占有媒介关系（使用借贷）而管领该画，丁身在大陆，虽不知乙借画之事，根本欠缺对该画的事实上支配力，仍因继承而取得对于该画的直接占有。

第三款　占有与持有[2]

屏东黑道大哥某甲拥有黑心牌手枪一只，交其保镖乙保管，横行南北。(1) 试说明对于该手枪的"占有"与"持有"。(2) 甲被管训期间，乙擅将该枪作为己有，让售于云林海线道上刚出道的角头某丙，并为交付时，其法律关系如何？(3) 某丁盗取乙保管的手枪时，甲或乙得否向丁请求返还该枪，或请求损害赔偿？

---

[1] 关于占有的观念化（Vergeistigung des Besitzes），参阅 Soergel – Mühl RdNr. 4 vor §854.

[2] 参阅史尚宽，物权法论，第483页；郑玉波，民法物权，第372页；谢在全，民法物权论（下），第483页；Wieling, Sachenrecht, I. S. 131.

占有（Besitz）为民法上的制度。持有（Gewahrsam）为刑法上的概念，用以区别窃盗与侵占。[1]二者均指对物有事实上之管领力，但持有更着重对物的实力支配。[2]对于某物得同时成立占有与持有，例如受寄人对于寄托物为民法上的占有，亦为刑法上的持有，但因民法与刑法的规范目的不同，而有差异，分四点加以说明：

1. 关于民法上占有与刑法窃盗或侵占的适用关系，实务上有一则深具启示性的案例。1986年台上字第1041号判决谓："上诉人甲系计程车司机，于1985年4月6日下午7时10分，载乙至台北市西藏路127号前，等候乙之友丙上车，乙因久等未见丙，乃下车察看，讵上诉人见乙留有皮包一个（内有新台币950元、日币5万元等物）在车内，意图为自己不法之所有，迅速发动马达，将车驶离。……似此情形，乙系因等候其友，未见前来，下车察看，将其皮包暂留置于车内，并非离其持有，或托请上诉人代为保管，如果无讹，则上诉人乘乙下车等候其友之际，将车驶离取得皮包，即属'刑法'第320条第1项之窃盗行为，不得谓为侵占。"[3]

---

[1]　"刑法"第335条规定："意图为自己或第三人不法之所有，而侵占自己持有他人之物者，处5年以下有期徒刑、拘役或科或并科1 000元以下罚金。前项之未遂犯罚之。"第336条规定："对于公务上或因公益所持有之物，犯前条第1项之罪者，处1年以上7年以下有期徒刑，得并科5 000元以下罚金。对于业务上所持有之物，犯前条第1项之罪者，处6个月以上5年以下有期徒刑，得并科3 000元以下罚金。前2项之未遂犯罚之。"
[2]　参阅1994年台上字第1165号判决："刑事法上所称之'持有'，乃指行为人以支配之意思，将物品置于自己事实上得为实力支配下之状态而言；故'持有'云者，必须行为人对该财产有支配之意思，并实际上已将之移入于自己事实上得为支配之状态（即行为中），始足当之"。
[3]　"司法院"公报，第25卷，第5期，第42页。

在本件，乙等候其友，下车察看，将其皮包暂置于计程车，就其空间、时间关系，衡诸社会观念，应认定乙仍未丧失对皮包的占有。乙既仍占有皮包，行使管领力，该皮包当不能为计程车司机甲所持有。甲意图取得该皮包，将车驶离，在刑法上不得谓为侵占，应构成窃盗。在民法上，甲系侵夺乙对皮包的占有，乙得行使占有人的自力救济权或占有保护请求权。

2. 占有得分为直接占有及间接占有，但持有则无此分类。甲有某春秋时代的古剑，寄托于乙处，在民法，甲为占有人，乙为间接占有人；在刑法，乙为该剑的持有人。该甲将该剑交由其受雇人乙保管，就民法言，甲为占有人，乙为占有辅助人。就刑法言，乙为该剑持有人。乙擅将该剑作为己有让售于善意的丙时，在刑法上成立侵占，在民法上则构成第949条所称盗赃。

3. 在继承的情形，继承人虽未事实上管领其物，仍可取得占有，但不构成持有。例如甲有某件古董，由乙继承之，乙虽不知其事，仍为该件古董的占有人，但非持有人。

4. 在法律适用上，值得特别提出的是，枪炮弹药刀械管制条例规定，非经主管机关许可不得制造、贩卖、运输、持有、寄藏、或陈列枪炮、刀械（参阅第6条、第7条）。由此可知枪炮等系属绝对违禁物。所谓持有，系指将枪炮等置于自己实力支配之下。例如某黑道头角拥有黑心手枪，交其手下保管时，因有犯意联络，构成非法共同持有。绝对违禁物，如鸦片、枪炮等虽得为持有，但不得为占有的标的物，而受占有的保护。[1]贩卖枪炮的债权行为（买卖契约）和移转其所有权的物权行为均属无效。鸦片、枪炮被侵夺或毁损时，不得主张占有保护请求权或侵

---

[1] 谢在全，民法物权论（下），第482页："绝对之违禁物，例如鸦片，不得为占有之标的物，但却得为持有之标的物。"

权行为损害赔偿请求权。[1]

第二节　占有的法律性质

1. 占有究为权利抑为事实？规定占有为权利或事实，其法律效果有何不同，试比较台湾地区"民法"与日本民法规定说明之。[2]

2. 甲盗乙所有的货车作为营业，该车复被丙所盗。在此情形，甲得否向丙请求不能使用该车的损害赔偿，是否因规定占有为权利或事实而有不同？

一、占有是一种事实

占有的本质为何，究为权利抑为事实，自罗马法上以来论，[3] 各国立法例亦不一致。日本民法明定占有为权利，称为占有权，于第180条规定："占有权因以为自己之意思，持有该物而取得。"[4] 在德国民法，关于占有的本质，甚为争论，学者

---

[1] 参阅 Wieling, Sachenrecht, I. S. 138，认为枪炮等违禁物的占有人不得主张自力救济权（Gewaltrechte），但他人为强夺枪炮，而攻击其人身时，则得主张正当防卫（德国民法第227条）。

[2] 关于日本民法，参阅山中康雄著，方锡洵译，"占有为'事实'抑为'权利'？占有与占有权之区别"，法学丛刊，第16期，第53页。

[3] 其详参阅 Wieling, Grund und Umfang des Besitzschutzes, Festschrift Lübtow (1980), 565ff.

[4] 参阅舟桥谆一，物权法，第277页；川井健，物权法，第146页。

有将占有解为权利,[1]但通说强调占有系属事实。[2]瑞士民法第919条明定占有为对于物事实上之力。[3]台湾地区判例学说基于第940条规定,一向肯定占有系属事实,而非权利。[4]占有虽为事实,但受法律保护,发生一定的法律效果,而为一种法律关系,得为让与或继承。

占有既为单纯的事实,故不得为确认之诉之标的。[5]又须注意的是,"强制执行法"第15条所谓就执行标的物有足以排除强制执行之权利者,系指对于执行标的物有所有权、典权、留置权、质权存在情形之一者而言。占有,依"民法"第940条规定,不过对于物有事实上管领之力,自不包含在内。[6]

二、占有的支配性与排他性

现行"民法"规定占有为一种事实,实称妥当。物权的本质

---

[1] 德国学者将占有解为系权利者,关于此项权利的定性意见甚为分歧,提出不同的概念,如开始的所有权(anfangendes Eigentum)、推定的权利(vermutetes Recht)、暂时的权利(provisorisches Recht)、相对的权利(relatives Recht)、权利地位(Rechtsposition),或弱于物权的权利(schwächeres Recht)等。参照苏永钦,"侵害占有的侵权责任",台大法学论丛,1987年特刊,第113页;Wieling, Sachenrecht, I. S. 125f.

[2] Schwab/Prütting, Sachenrecht, S. 19: (Besitz als Sachhrrschaft); Westermann/Gursky, Sachenrecht S. 76: (Besitz ist die rechtliche Anerkennung der tatsächlichen Beziehung zur Sache ohne Rücksicht auf die Rechtsbeziehung zu ihr).

[3] Hinderling, Der Besitz: in Sachenrecht, Schweizerisches Privatrecht, 1997, S. 405.

[4] 参阅郑玉波,民法物权,第367页;1963年台上字第3115号判例。"立法"理由书谓:"查民律草案物权编第7章原案谓占有应为事实,抑为权利,自来学者聚讼纷纭。各国立法例亦不一致,或有以占有为法律保护行使权利之事实之关系也。此说较为妥协,本章故定其名曰占有,不曰占有权也。"可资参照。

[5] 1963年台上字第3115号判例。

[6] 1955年台上字第721号判例。

在于排他性及支配性。占有亦享有排他性,[1]"民法"设有明文(第960条以下),但欠缺权益归属的支配性。[2]占有人无权处分占有物,致受让人善意取得其所有权时,占有人应依不当得利的规定返还其取得的利益于原权利人。占有人对占有物的使用收益,除善意占有人外(第952条),应予偿还。无权占有人对于物的所有人或其他享有本权之人,负返还其物的义务。占有本身不是第184条第1项前段所称的权利,须与本权(如租赁权)结合,始能强化其支配权能,而于被侵害时,得依上开规定请求损害赔偿。单纯的占有虽得为"给付不当得利"的客体,但须与本权结合始具有权利归属内容,得主张权益被侵害的不当得利。[3]由是观之,占有不是一种权利,而为事实,纵将之规定为一种权利,基本法律关系殆无不同。甲占有乙的汽车,其因无权处分该车而生的权利义务,基本上不因将占有规定为权利或事实而有不同。无论将占有规定为权利或事实,占有被侵夺或妨害时,占有人均得行使自力救济权或占有保护请求权,参照日本民法与台湾地区相关规定,即可知之。

---

[1] 1969年台上字第3078号判决谓:"占有之具有排他性,系因占有人于占有物上行使之权利,推定其适法有此权利,倘占有物已证明系他人所有,则占有人即无从再对物之所有人行使排他权之余地,此就第943条与第767条对照观之自明。"此项见解,有待澄清。占有物纵证明系他人所有,占有人对物之所有人虽负有返还之义务,但仍享有占有排他性的保护,得对侵夺其占有的所有人行使自力救济权或占有保护请求权。参阅本书第338页以下。

[2] Westermann/Gursky, Sachenrecht, I. S. 80. 日本民法明定占有权为标的,但是否具有物权性,而为物权,甚有争论。舟桥谆一谓:"占有权因事实上支配而发生,因失其支配而消灭,不能称之为支配的权利,故非物权。"(物权法,第277页)。并请参阅川井健,物权法,第147页。

[3] 参阅本书第374页。

第三节　占有与本权

试就下列二例说明占有与本权的意义及关系：（1）甲有某屋，出租于乙，交付其屋后，甲将该屋所有权让与丙。（2）甲有某车，被乙所盗，出租于丙。

与占有（Besitz）在概念上应该严格区别的是"得为占有的权利（Recht zum Besitz）"。此种得为占有的权利称为本权。本权得为物权（如所有权、地上权、或质权），亦得为债权（如租赁权等）。第959条规定："善意占有人于本权诉讼败诉时，自其诉讼拘束发生之日起，视为恶意占有人。"所谓本权，指得对标的物为占有的物权或债权等而言。有本权的占有，固为占有，无本权的占有，如盗贼之管领赃物，亦属占有，亦受占有的保护。占有与本权虽为不同的概念，但法律规范上有若干关联，分三点言之：

1. 占有具有保护本权的机能：占有的背后通常有本权，占有具有表彰本权的机能，保护占有具有保护本权的作用。

2. 占有可以强化本权：第425条规定："出租于租赁物交付后，承租人占有中，纵将其所有权让与第三人，其租赁契约，对于受让人，仍继续存在。"学说上称之为买卖不破租赁，此须以承租人受让租赁物的占有为要件，租赁权因占有而强化，具有对抗第三人的效力。

3. 本权可以强化占有：甲无权占有乙的房屋，其后该屋复被丙侵夺时，甲得否向丙主张不当得利或侵权行为损害赔偿请求权，甚有争论。[1] 反之，在甲承租乙的房屋的情形，其占有因

---

〔1〕 本书第375页、第379页。

本权而强化，甲得向丙主张不当得利，或依第 184 条第 1 项前段规定请求侵权行为的损害赔偿。[1]

第四节　占有制度的功能[2]

甲系某高级中学学生，放在校门外的自行车被盗。次日甲在学校附近发现乙骑用该车时，得否强行取回？设乙盗用该车后，该车复被丙侵夺，乙向丙请求返还时，丙得否以该车系盗赃而拒绝之？若丙将该车让售于善意的丁时，丁得否主张取得其所有权？设丁系恶意时，得否主张占有该车已达 5 年而取得其所有权。试就此例说明占有制度的社会作用。[3]

占有为一种事实，盗贼管领赃物，亦成立占有。法律为何要设保护占有的规定（参阅例题思考之！）？对此问题，学说甚多，前已论及。德国法儒萨维尼（Savigny）曾提出人格保护说，认为侵害占有，系侵害占有人的人格，保护占有的目的即在于保护占有人的人格。另一位大法学家文德赛（Windscheid）则主张占有为占有人的意思的表现，侵害占有系侵害占有人的意思，故保护

---
[1] 参阅本书第 375 页、第 378 页；拙著，侵权行为法（一），第 189 页。
[2] 参阅刘得宽，"论占有诉权制度"，民法诸问题与新展望，第 311 页；黄宗乐，"论占有制度之机能"，台大法学论丛，第 11 卷，第 1 期，第 159 页。德国法上的资料，Wieling, Sachenrecht, I. S. 128f.
[3] 小儿就读某高级中学时，某日回家说自行车又被偷了。那是被盗的第 10 部自行车，特设此例，以志其事。

占有的目的乃在保护占有人的意思。[1] 目前通说强调占有制度具有三种功能，即保护功能（Schutzfunktion），继续功能（Kontinuitätsfunktion）和公示功能（Publizitätsfunktion）。[2] 须强调的是，这三种不同的功能乃基于一种基本认识，即占有的背后通常存在着某种特定权利，尤其是所有权。保护占有，实际上就在保护此种权利。分述如下：

一、占有的保护功能

占有系对于物为事实的支配，占有一旦存在，即应受保护，以维护社会平和与物之秩序，此为占有制度的基本功能。为此，"民法"特于第960条和第961条规定占有人的自力救济权，于第962条规定占有人的保护请求权。甲有某自行车，被乙侵夺，甲得以己力防御，并就地或追踪向乙取回之。设甲不能就地或追踪取回其车，仍得向乙请求返还占有物。乙占有该车后，复被丙侵夺时，乙亦得以己力防御或请求返还。在此意义上，占有享有绝对性的保护。**在占有的保护功能，我们看到了一项重要法律的基本原则，即任何人不能以私力改变占有的现状。**

---

[1] 萨维尼氏系德国历史法学派的创始人，其主要著作除占有论（Das Recht des Besitzes, 1803）外，系 System des heutigen römischen Rechts, 1940. 文德赛氏集德国普通法学的大成，其巨著 Lehrbuch des Pandektenrechts, 9 Aufl. 1906, 影响深远（以上诸书台大法律学院图书馆均有藏存，至为珍贵）。

[2] Baur/Stürner, Sachenrecht, S. 50; Heck, Sachenrecht, S. 14f; Schwab/Prütting, Sachenerecht, S. 20; Westermann/Gursky, Sachenrecht, I. S. 77f.

二、占有的继续功能[1]

占有人对其占有物有继续使用的利益。第425条规定租赁物已为交付后,承租人占有中,纵出租人将其所有权让与第三人,其租赁契约对于受让人,仍继续存在,即其著例。1954年台上字第176号判例谓:"租赁物交付后,承租人于租赁关系存续中,有继续占有其物而为使用收益之权利。故其占有被侵夺时,承租人自得对于无权占有之他人,行使其占有物返还请求权,此就第423条、第941条及第962条等规定观之甚明。"

占有物达一定期间者,得取得其于占有物上行使的权利,例如以所有之意思,5年间和平公然占有他人之动产者,取得其所有权(第768条)。此项时效取得制度亦在于促进占有继续的功能。

三、占有的公示功能

占有表彰本权,具有公示功能,发生三种效力:

1. 权利移转效力:即动产物权的移转以交付其物为生效要件(第761条)。

2. 权利推定效力:即占有人于占有物上行使之权利,推定其适法有此权利(第943条)。

3. 善意取得效力:即以动产所有权,或其他物权之移转为

---

[1] 关于占有的继续功能,德国法学家 Heck 氏在其所著 Grundriss des Sachenrechts (1930, Neudruck der Ausgabe 1960) S. 15论述甚为深刻,曾举一常被引用之例:某甲衣服被乙所盗,甲于路上发现乙于寒冬穿其衣服,若甲得迫乙返还衣服,将使乙陷于痛苦的困境。其原文为:"Der Staatsbürger, der in warmen Kleidern auf der Strasse steht, würde in die peinlichste Verlegenheit geraten, wenn er auf einmal stante pede sich seiner ganzen Kleidung entledigen müsste."(§3. 7)。Heck 教授系德国利益法学派(Interessenjurisprudenz)的代表人物,本书及另一姐妹作 Grundriss des Schuldrechts 19290,系以利益法学的方法阐释民法的基本问题,颇具启示性及可读性,特为推荐。

设定为目的，而善意受让该动产之占有者，纵其让与人无让与之权利，受让人仍取得其权利（第 801 条、第 886 条、第 948 条）。在不动产，占有的公示功能已由土地登记取代之。不动产物权，依法律行为而取得、设定、丧失及变更者，须经登记始生效力（第 758 条），土地的登记具有绝对效力（"土地法"第 43 条）。

第三章 占有的分类

第一节 有权占有、无权占有

甲在中国大陆河南省购买恐龙蛋,回台后被乙窃取,让售于丙,丙明知其事,仍购买之,置诸客厅,供亲友观赏。2年后,丙死亡,由丁继承之,再经过3年,甲查知其事。试就此例说明:(1)何谓无权占有、恶意占有、有瑕疵占有。(2)甲得否向丁请求返还恐龙蛋。

占有依其状态的不同,可为各种的分类。法律为对占有规定不同的构成要件及法律效果,认识各种占有状态的区别标准及区别实益,甚属重要。兹举一例加以说明。甲雇乙驾驶其车,甲为该车的占有人,乙为占有辅助人(第942条),立法目的在使乙不得对甲主张占有保护的权利,并不得将占有让与第三人。在他方面第961条又明定占有辅助人得行使占有人的自力救济权,但不得行使占有保护请求权。

一、有权占有与无权占有的区别标准及实益

(一) 区别标准

占有,以得为占有的权利的有无为标准,可分为有权占有与无权占有。所谓得为占有的权利,指基于一定法律上的原因而享有占有的权利，亦称本权。本权除物权或债权外，尚有因其他法律关系而生的权利，如夫对于妻原有财产有使用收益之权（第1019条），父母对未成年子女的特有财产有共同管理之权（第1088条）。有本权的占有，称为有权占有，亦称正权原占有。无本权的占有，称为无权占有，如盗贼对于盗赃的占有，拾得人对于遗失物的占有，承租人于租赁关系消灭后继续占有租赁物。

（二）区别实益

有权占有与无权占有区别的主要实益有二点：（1）在有权占有，占有人得拒绝他人为本权的行使。反之，在无权占有，倘遇本权之人请求返还占有物时，占有人有返还的义务（参阅第767条）。例如承租人得拒绝出租人请求返还其物，但租赁关系消灭后则有返还义务。（2）留置权的发生，其动产须非因侵权行为而占有（第928条第3款），例如窃盗他人之车者，纵支付必要费用，亦不发生留置权。

二、无权占有的再分类

（一）善意占有与恶意占有

1. 区别标准与区别实益。善意占有与恶意占有系无权占有的再分类，在有权占有，无区别善意与恶意的必要。善意或恶意如何认定，尚有争论。有纯以占有人是否知其有无占有的权利为判断标准。[1] 有采较严格的标准，认为所谓善意须误信其有占有的权利，且无怀疑而言。[2] 后者为通说，较可保护原权利人，可资赞同。准此善意占有，指误信为有占有的权利且无怀疑而占有而言。反之，恶意占有，指明知无占有的权利，或对有无占有

---

[1] 参阅倪江表，民法物权论，第403页；史尚宽，物权法论，第488页。
[2] 史尚宽，物权法论，第488页；郑玉波，民法物权，第374页；谢在全，民法物权论（下），第489页；本书第316页。

的权利有怀疑而仍为占有。

区别善意占有与恶意占有的主要实益有三点：(1) 在不动产取得时效，通常为 20 年，占有之始为善意并无过失时，其期间则为 10 年（第 770 条）。(2) 动产善意取得，以善意受让占有为要件（第 801 条、第 886 条、第 948 条）。(3) 占有人对于回复请求人的权利义务，因善意占有与恶意占有而有不同（第 952 条以下）。

2．善意占有的再分类：无过失占有与有过失占有。善意占有可再分为无过失占有与有过失占有。无过失占有，指占有人就其善意并无过失；反之，有过失占有，指占有人就其善意具有过失而言。二者区别的实益在于不动产取得时效，占有之始为善意并无过失者，其期间为 10 年；否则，为 20 年（第 770 条、第 769 条）。善意占有与恶意占有在占有效力上亦有重大不同（第 952 条、第 958 条）。

（二）和平占有与强暴占有

占有依其手段可分为和平占有与强暴占有。和平占有，指非以强暴手段而为占有，如买受赃物；反之，则为强暴占有，如强夺他人钱包。二者区别的主要实益在于取得时效（第 768 条至第 770 条）。

（三）公然占有与隐秘占有

占有依其方法可分为公然占有与隐秘占有。公然占有，指不以隐藏方法，避免他人发现而为占有，如佩带珠宝出入社交场合；反之，则为隐秘占有，如将股票藏诸银行保管箱。二者区别的实益亦在于取得时效（第 768 条至第 770 条）。

（四）继续占有与不继续占有

占有依其时间是否间断，可分为继续占有与不继续占有。继续占有，指继续无间而为占有；反之，则为不继续占有。二者区别的实益亦在于取得时效（第 768 条至第 770 条）。

（五）无瑕疵占有与有瑕疵占有

无瑕疵占有，指善意并无过失、和平、公然、继续的占有。反之，占有出于恶意、有过失、强暴、隐秘或不继续时，则为有瑕疵占有。第 947 条规定："占有之继承人或受让人得就自己之占有，或将自己之占有与其前占有人之占有合并，而为主张。合并前占有人之占有而为主张者，并应承继其瑕疵。"此之所谓瑕疵，指有瑕疵占有而言。

三、例题解说

区别有权占有及无权占有的主要实益在于本权行使、善意取得和时效取得，兹就上开例题加以说明：

甲得否向丁请求返还恐龙蛋，应检讨的请求权基础为第 767 条规定："所有人对于无权占有或侵夺其所有物者，得请求返还之。"其要件为：甲系所有人，丁为无权占有。

甲本为恐龙蛋的所有人，乙盗卖于丙，依让与合意交付之（第 761 条），乙非该蛋所有人，系属无权处分，问题在于丙得否善意取得该恐龙蛋的所有权。以动产所有权之移转为目的而善意受让该动产之占有者，纵其让与人无让与之权利，受让人仍取得其所有权（第 801 条、第 948 条）。丙明知乙盗取恐龙蛋之事，非属善意，不能取得该恐龙蛋的所有权。丙死亡，丁继承之，亦不因此取得其所有权。

应再检讨的是，丁是否时效取得该恐龙蛋的所有权。第 768 条规定："以所有之意思，5 年间和平公然占有他人之动产者取得其所有权。"丙向乙购买恐龙蛋，具有所有的意思，受让占有系出于和平的手段，置诸客厅，供亲友观赏，为公然占有。其占有期间虽仅 2 年，惟丁系丙的继承人，亦以所有之意思，3 年间和平公然占有，得将自己的占有与丙之占有合并而为主张（第

947条），依第768条规定取得恐龙蛋的所有权。

综据上述，该恐龙蛋由丁取得其所有权，甲非所有人，丁非无权占有，甲不得向丁请求返还。[1]

第二节 自主占有、他主占有

甲移民纽西兰基督城，将坐落仁爱路某栋房屋出租于乙，为期1年。其间甲回台湾地区处理事务，向乙租用该屋的一个房间，为期1个月。甲1个月后离台湾地区时将保险箱一件寄放乙处，该保险箱内有一把春秋时代的古剑。试就此例说明：（1）甲、乙对房屋与房间、保险箱与古剑的占有状态。（2）设乙擅自开箱取剑，作

---

[1] 为便于观察，兹将本例题的请求权思考方式，简列如下（阿拉伯数字为"民法"条文）：
 Ⅰ甲可得向丁主张的请求权基础：767
  1. 甲为恐龙蛋的所有人？
   1. 甲原为所有人
   2. 乙窃盗恐龙蛋让售于丙
    （1）乙系无权处分（118）
    （2）丙非善意、不能取得其所有权（801、948）
   3. 丁时效取得该恐龙蛋所有权
    （1）不能继承其所有权
    （2）时效取得
     ①丙之占有：以所有之意思、和平、公然、继续占有2年
     ②乙之占有：以所有之意思、和平、公然、继续占有3年
     ③占有的合并（947Ⅰ）
     ④丁时效取得恐龙蛋所有权（768）
   4. 甲丧失恐龙蛋所有权
  2. 丁非无权占有
 Ⅱ甲不得依第767条规定向丁请求恐龙蛋

为己有,设定质权于丙时的占有状态。

一、区别标准

占有,以占有人是否具有所有的意思为标准,可分为自主占有与他主占有。自主占有,指以所有的意思而为占有;所谓以所有的意思而占有,仅以具有所有的意思为已足,是否为真正所有人,误信为所有人,甚至明知非所有人,均所不问,从而窃盗对于盗赃的占有,侵占人对侵占物的占有亦属自主占有。他主占有,指非以所有的意思而占有,凡基于占有媒介关系而占有他人之物的,如承租人、受寄人、借用人、地上权人、质权人、留置权人等,均为他主占有人。[1]

值得特别提出的是,附条件买卖(保留所有权买卖)买受人对标的物的占有。附条件买卖,指买受人先占有动产之标的物,约定至支付一部或全部价金,或完成特定条件时,始取得标的物所有权之交易("动产担保交易法"第26条)。例如甲向乙购买某车,价金若干,约定甲先占有该车,价金分期付款,于全部支付时,甲始取得该车所有权。在此交易,买卖契约系有效成立,物权行为则附停止条件。关于买受人占有标的物的状态,德国实务上认为在出卖人与买受人间成立占有媒介关系,以买受人为直接占有,他主占有;出卖人为间接占有,自主占有。[2] 学说上多认为在保留所有权买卖并不成立占有媒介关系,应以买受人为直接占有人,且为自主占有。[3] 台湾地区判例学说迄未论及此

---

〔1〕 参阅史尚宽,物权法论,第483页;郑玉波,民法物权,第376页。自主占有在德国法上称为 Eigenbesitz,他主占有称为 Fremdbesitz,参阅 Schwab/Prütting, Sachenrecht, S. 27.
〔2〕 BGH 28, 27.
〔3〕 Raiser, Dingliche Anwartschaften, 1961, S. 71.

项问题，比较言之，似以后说较为可采。[1]

对于某物的占有，究为自主占有或他主占有，取决于占有人的意思，所有人自住其屋，盗贼占有盗赃，皆为自主占有。遗失物的拾得人为他主占有。无权占有他人土地与建房屋，得为自主占有，亦得为他主占有（例如以行使地上权的意思而为占有），应依表现于外部的意思认定之。自主占有的意思，系属支配其物的自然的意思，无行为能力人亦得有之，故孩童或禁治产人亦得因物之先占或交付而取得自主占有。[2] 为避免举证责任的困难，"民法"设有自主占有的推定（第944条）。

二、区别实益

自主占有与他主占有的主要区别实益在于时效取得所有权（第768条至第770条），或先占（第802条），均须以自主占有为要件。占有人的赔偿责任，亦因自主占有或他主占有而有不同（第956条）。须注意的是，关于占有的保护，不因自主占有或他主占有而异，第960条及第962条规定对自主占有与他主占有均有适用余地。

关于自主占有与他主占有的认定标准及区别实益，试就上开例题加以说明：

1. 关于房屋与房间的占有：甲有某屋，出租于乙，甲再向乙承租该屋的一个房间。就房屋言，乙为直接占有、他主占有；甲为间接占有、自主占有。就房屋言，甲为直接占有、他主占有；乙为间接占有、他主占有。在此情形，甲为房屋自主占有

---

[1] 参阅拙著，"附条件买卖买受人之期待权"，民法学说与判例研究（一），第203页。
[2] 史尚宽，物权法论，第484页；Schwab/Prütting, Sachenrecht, S. 27.

人，同时为房间他主占有人。[1] 甲返还其承租的房间后，该房屋全部由乙直接占有，他主占有。

2. 关于保险箱与古剑的占有：甲离台湾地区之际将保险箱交乙保管，成立寄托关系，乙为直接占有，他主占有；甲为间接占有、自主占有。关于保险箱内古剑的占有，如何认定，不无疑问，依社会交易观念，似应认为甲仍为占有人，乙未占有该剑。乙见甲久未归来，擅自破坏保险箱取出古剑作为己有，出质于丙，由丙取得直接占有，他主占有，乙则取得间接占有，自主占有，均为无权占有。

第三节　直接占有、间接占有

甲有A屋，出租于乙，乙转租于丙，甲向丙承租该屋之B室，作为办公处所。试说明甲、乙、丙对A屋及B室的占有关系。设甲与丙间的租赁契约的不成立，无效或被撤销时，占有关系是否因此而受影响？

甲有某车出借于乙，乙转借于丙。设丁侵夺丙的占有时，甲得对丁主张何种权利？

一、直接占有与间接占有的意义和渊源

第941条规定："质权人、承租人、受寄人、或基于其他类

---

[1] Westermann/Gursky, Sachenrecht, I. S. 99.

似之法律关系，对于他人之物为占有者，该他人为间接占有人。"[1] 此为民法关于直接占有与间接占有的规定。此项分类在理由上甚值研究，在实务上颇为重要。

所谓直接占有，指直接对于物有事实上的管领力。间接占有，指自己不直接占有其物，惟本于一定的法律关系对于直接占有其物之人，有返还请求权，因而对于物有间接管领力。例如甲出租某屋给乙，乙为直接占有人，甲为间接占有人。

在罗马法，交易观念认为对于租赁物行使管领力的，不是承租人，而为出租人，故将 Possessio 归于出租人，由其享有占有利益。反之，在日耳曼法，其对物为占有的（Gewere），仅系承租人。德国继受罗马法时，此二种法律见解发生冲突，为期调和，德国民法乃将日耳曼法上出租人的地位规定为间接占有（德国民法第 868 条），[2] 台湾地区现行"民法"继受之。间接占有人对于物并无事实上管领力，法律所以扩大占有概念，将之包括在内，主要功能有二：

1. 为使民法关于占有的规定原则上亦得适用于间接占有，尤其是在取得时效和占有保护请求权。

2. 为使动产的交付（尤其是所有权的移转），得依占有改定为之（第 761 条第 2 项），便利物的交易。例如甲委任乙以自己

---

[1] **物权编修正草案**第 941 条规定："地上权人、质权人、承租人、受寄人、或基于其他类似之法律关系，对于他人之物为占有者，该他人为间接占有人。"修正理由："现行条文关于直接占有人之例示多属动产占有人，实则对不动产亦得成立占有，为避免误解，爰增列地上权人为例示，以资补充。"此项修正，应值赞同。实则对不动产亦得成立占有，应有不生误解，物之承租，亦包括不动产在内，乃属当然。增列地上权人乃在突显用益物权而占有他人之不动产者，亦成立直接占有与间接占有关系。

[2] 参阅 Wieling, Voraussetzung, Übertragung und Schutz des mittelbaren Besitzes, AcP 184, 439.

名义向丙购买某书,并约定乙自丙受让该书交付之际,其所有权移转于甲,乙则借用该书1个月。在此情形,甲因占有改定而取得该书所有权,就该书的占有言,乙为直接占有人,甲为间接占有人。

二、间接占有的要件

第941条规定的间接占有,其构成要件有三:(1)占有媒介关系。(2)他主占有的意思。(3)返还请求权。分述如下:

(一)占有媒介关系

1. 占有媒介关系的意义。间接占有的成立,须基于一定的法律关系对于他人之物为占有,此种一定的法律关系,学说上称为占有媒介关系(Besitzmittlungsverhältnis),第941条以质权、租赁、寄托加以例示。直接占有人又称为占有媒介人(Besitzmittler)。所谓其他类似关系,可分三类:

1)契约:如承揽契约、运送契约、信托契约、典权或地上权之设定,须为具体的法律关系,不限于民法规定的类型。

2)基于法律:如夫管理妻的原有财产,法定代理人管理未成年人的特有财产。基于无因管理而为占有,亦属之。[1]

3)基于法律之公权力行为:检察官或司法警察等依"刑事诉讼法"第133条以下规定为物之扣押。[2]

2. 间接占有不因占有媒介关系不生效力而受影响。间接占有的成立,不以占有媒介关系有效为要件,占有媒介关系纵不生效力,其间接占有并不因此而受影响。例如甲出租某屋给乙,租赁契约不成立或无效时,纵当事人明知其事,只要直接占有人

---

[1] 史尚宽,物权法论,第486页;德国通说,Baur/Prütting, Sachenrecht, S. 62; RG98, 131.
[2] 史尚宽,物权法论,第486页。

(承租人)有为他人(出租人)占有的意思,仍可成立间接占有。[1]

(二)他主占有的意思

在占有媒介关系上,直接占有其物者须有为他人占有的意思(Fremdbesitzwille)。直接占有人对于物为占有,须来自他人(间接占有人),并于该占有媒介关系消灭后,负返还占有物的义务,此为间接占有被肯定为占有的理由。直接占有人一旦改变他主占有的意思,而变为自主占有时(参阅第945条),间接占有即归消灭。[2]

(三)间接占有人的返还请求权

间接占有系以间接占有人得对直接占有人,请求返还占有物为要件。此项占有物返还请求权,不限于基地占有媒介关系所生的请求权(如租赁物返还请求权),所有物返还请求权或不当得利请求权亦包括在内。[3]例如甲向乙借用某车,不知使用借贷契约无效而为占有,乙对甲享有所有物返还请求权,仍可成立间接占有。

三、多阶层的间接占有

间接占有不以对于物有事实管领力为必要,系因一定法律关系而成立,故可发生多层次的间接占有,学说上称为占有阶层或

---

[1] 此项见解,已成定论,参阅史尚宽,物权法论,第486页:"租赁关系是否有效,亦非所问。在租赁关系无效时,得因侵权行为或无因管理,或不当得利而有返还请求权,即足构成媒介关系。"(并请参阅史尚宽,"论占有之成立、移转及变更",法学丛刊,第5期,第56页。)此亦为于德国法及日本法上的通说,参阅 Baur/Stürner, Sachenrecht, S. 60; Schapp, Sachenrecht, S. 32; 我妻荣/有泉亨,物权法,第477页。

[2] 参阅本书第206页。

[3] 参阅史尚宽,物权法论,第486页;Baur/Stürner, Sachenrecht, S. 61.

占有建筑（Besitzgebäude）。[1]兹举二例加以说明：

1. 甲出租某车于乙，乙将该车转租于丙时，丙为该车的直接占有人（他主占有），乙为第一阶层的间接占有人（他主占有），甲为第二阶层的间接占有人（自主占有），至于直接占有人丙是否知悉较高阶层间接占有的存在，在所不问。[2]

2. 甲有某屋，出租于乙，甲向乙借用该屋之一室时，就该屋之一室言，甲为直接占有人（他主占有），乙为第一阶层的间接占有人，他主占有人。就整个房屋言，甲则为第二阶层的间接占有人，自主占有人。[3]

须注意的是，是此种多阶层的间接占有，推定最高阶层的间接占有人，系基于所有的意思的自主占有（第944条）。例如甲出租某地给乙，乙转租给丙，丙借丁使用时，甲为最高阶层的间接占有人，推定其为自主占有。[4]

---

〔1〕 Keck, Sachenrecht, S. 31; Baur/Stürner, Sachenrecht, S. 60.
〔2〕 参照 1985 年台上字第 2716 号判决："原审并未否定上诉人曾向益知公司购买机器设备出租与被上诉人之事。倘该机器设备，可认为属于上诉人所有，而杨统企业公司现之占有，又系由于被上诉人转租之故，是被上诉人对于该机器设备，既难谓非为间接占有人，则上诉人本于所有人地位而为之返还请求，当不生不能给付之问题（民刑事裁判选辑，第 6 卷，第 2 期，第 201 页）。
〔3〕 Baur/Stürner, Sachenrecht, S. 60.
〔4〕 **此种多阶层的占有关系，可再举一例，以供参考：甲出租某屋给乙，乙转租于丙，丙转租于丁，甲向丁借用该屋车库。简单图示如下，请读者自行研究甲乙丙丁各阶层的占有状态（直接占有、间接占有；自主占有、他主占有）。**

```
出租房屋 ┌─甲
         └─乙
   转租 ┌─┘
        └─丙    ──→ 甲向丁借用车库
   转租 ┌─┘
        └─丁
```

四、间接占有人的法律地位

民法规定间接占有的主要目的，在使其原则上得适用占有的规定，兹分二项加以说明：

（一）间接占有与时效取得

第768条至第772条规定时效取得，系以占有他人之物为基本要件。所谓占有，除直接占有外，亦包括间接占有在内。关于此点，1982年台上字第559号判决，略谓："按对于物有事实上管领之力者，为占有人。又质权人、承租人、受寄人或基于其他类似之法律关系，对于他人之物为占有者，该他人为间接占有人，为第940条、第941条所明定。依此规定，直接占有固系占有，而间接占有亦属占有，其占有人以在他人土地上有建筑物或其他工作物或竹木为目的而使用其土地，合于第769条或第770条规定之要件，依同法第772条规定，均得依时效取得地上权，并得依'土地登记规则'第113条规定，请求为地上权取得登记。至地上权取得时效之中断，依第772条、第771条前段规定，系指占有人自行中止占有，或变为不以取得地上权之意思而占有或其占有为他人侵夺者而言，若将占有之土地出租他人，依第941条规定为间接占有而非时效之中断。本件原告主张自1959年3月2日购买台北市和平东路二段107巷23弄10号房屋及其基地，该房屋有附建围墙，墙内使用案外人陈福胜所有坐落台北市大安区瑞安段三小段493地号土地0.0006公顷，虽嗣后将房屋出租他人而将户籍迁出他处，惟房屋所有权迄仍为其所有等情，提出1961年至1981年房捐及房屋税缴纳通知书、邻居证明书、户籍誊本等为证，因系争占有地在围墙之内，与原告所有房地并同租与他人，该系争占有地自不能谓非仍为其所管理收益之中，依第941条规定，原告即属间接占有人。至户籍誊本固可为本件证明占有事实方法之一，然非惟一之方法，其他如纳税收据，所有权状，房屋租赁契约等，未始不可证明其有间接占有及占有未中断之事实。台北市古亭地政事务所以原告于1970年8月6日将户籍迁出，遽指为'占有间断'，尚嫌率断，而诉愿决定谓地上权之登记，并无间接占有之规定，未免对于'民法'有关占有之规定有所误会。"[1]此项判决阐释占有的若干基本问题具有启示性，可供参照。

（二）间接占有人的占有保护

间接占有人的保护，系实务上的重要问题，俟于讨论占有保护时，再行详论。[2]

第四节 自己占有、占有辅助

甲有A、B二画，被乙所盗，乙将A画出租于丙，将B画交其受雇人丁保管。(1)试说明乙、丙间，乙、丁间的占有关系，有何不同，为何不同。(2)甲得否向丙诉请返还A画，向丁诉请返还B画？(3)丁拒不交还该画于乙时，乙得主张何种权利？(4)戊侵夺A画或B画时，乙、丙、丁得主张何种权利？

一、自己占有与占有辅助的区别标准与实益

（一）区别标准

第942条规定："受雇人、学徒或基于其他类似之关系，受

---

[1]录自林纪纲等主编，综合六法审判实务，民法(4)，第3291页（第940条第1项）。

[2]参阅本书第363页。

他人之指示，而对于物有管领之力者，仅该他人为占有人。"[1]此项规定旨在区别自己占有与占有辅助。

自己占有，指占有人自己对物为事实上的管领。占有辅助，指基于特定的从属关系，受他人之指示，而对于物为事实上的管领。例如甲雇乙驾车时，甲为占有人，乙为占有辅助人。占有辅助人此项概念系德文 Besitzdiener 的翻译，为德国法学家 Bekker 所创设。[2] 自己占有人在德国法上称为 Besitzherr，在台湾地区学说上称为占有主人（或占有主）。[3] 值得注意的是，学说上认为占有辅助人系占有人的占有机关。[4] 应与之严予分辨的是，法人经由其机关（董事）而为占有。例如甲公司的董事乙以公司名义购买一部 BMW，作为自己座车，由丙驾驶时，公司为自己占有人，其占有由董事（机关）行使之，丙系受乙之指示而管领该车，为占有辅助人。

占有辅助制度，自古有之，但在现代分工的工商业社会，更具重要性，劳工对于使用的工具，店员对于专柜商品，证券公司

---

[1] 1995年1月16日公布修正第942条："受雇人、学徒或基于其他类似之关系，受他人之指示，而对于物有管领之力者，仅该他人为占有人。"此项修正，系将"雇用人"改为"受雇人"，可资赞同。值得注意的是物权编修正草案再将第942条修正为："基于家务、业务或其他类似之关系，受他人之指示，而对于物有管领之力者，仅该他人为占有人。"修正理由："依台湾地区'法制'，占有为事实，非意思表示，本无所谓代理占有之观念，故本条所规定受他人指示而对于物有管领力者，乃指示人之占有辅助机关，亦即学说所称之'占有辅助人'（黄右昌著，民法物权诠释解第441页参照）。惟日常生活中因家务或业务关系，受他人指示而为占有之辅助者，其样态甚夥，现行规定以'受雇人、学徒'等为例示，似不足涵括。爰仿德国民法第855条及韩国民法第195条等规定而修正如上，俾利适用。"此项修正较为概括，但不若现行条文之具例示性。

[2] Bekker, Der Besitz beweglicher Sachen, JherJB34 (1895), 1 (42).

[3] 倪江表，民法物权论，第408页；史尚宽，物权法论，第492页。

[4] 谢在全，民法物权论（下），第494页。

交易员对其保管的股票，银行经理对其经手的金钱，电脑操作员对其办公书桌等，皆处于占有辅助关系。在现代工商社会，大多数之人系基于雇佣关系而管领他人之物，皆为占有辅助人！

（二）区别实益

区别自己占有与占有辅助的实益，在于占有辅助人虽事实上管领某物，但不因此而取得占有，系以他人为占有人。占有辅助人既非占有人，自不享有或负担基于占有而生的权利义务。例如某公司的收款员掉落支票，该支票的遗失人系公司（占有主人），而非收款员（占有辅助人），其得声请公示催告的，是该公司，而非收款员。[1]

（三）占有辅助与代理

在台湾地区"民法"，代理仅适用于法律行为（参阅第103条），不适用于占有。占有辅助具有代理的功能，例如甲雇乙捕鱼，捕鱼系事实行为，不能代理，但得成立占有辅助关系，对乙捕获之鱼由甲取得对鱼的占有。

须注意的是，同一人得兼具占有辅助人与代理人的地位。例如甲嘱其受雇人乙，以甲名义，向丙购买大哥大，并受领其物。

---

[1] 实务上有一则法律问题，可供参考。台湾高等法院1984年度法律座谈会提出如下则法律问题："甲为支付积欠乙公司之货款，签发以乙公司为受款人之支票一纸，交予乙公司收款员丙携回乙公司，丙于返回乙公司途中，不慎遗失上开支票。问丙是否得以其自己名义声请公示催告？"讨论意见有甲乙二说：甲说：本件丙虽非受款人，惟支票既系在其持有中遗失，丙自得以最后实际执票人之身份，声请公示催告。乙说：题示支票虽在丙持有中遗失，惟因该支票系以乙公司为受款人之记名支票，且丙系乙公司之受雇人，依第942条规定，仅乙公司为该支票之最后持有人，丙并非票据权利人。依"票据法"第19条第1项："票据丧失时，票据权利人得为公示催告之声请"，及"民事诉讼法"第558条第2项规定，记名证券得由能据证券主张权利之人为公示催告之声请各规定，本件乙公司得为公示催告之声请，丙不得以其自己名义声请公示催告。结论：采乙说。"司法院"第一厅研究意见：同意讨论结论采乙说，惟乙说理由中"仅乙公司为该支票之最后持有人"，宜改为"仅乙公司为该支票之占有人"（发文字号1984年8月28日（1984）厅民一字第0672号函复台高院）。

在此情形，乙系甲的代理人，与丙订立买卖契约，并作成移转该大哥大所有权的让与合意，至于该大哥大的交付，则依占有辅助关系完成之，于乙受领该大哥大，而有事实上管领力时，即由甲取得其占有，发生动产所有权移转的法律效果（第761条）。

二、占有辅助的要件

占有辅助关系的成立，以受他人指示而对于物有管领力为要件。所谓受他人指示，系指命令与服从的社会从属关系，[1]雇佣关系最称典型，第942条特以受雇人、学徒作为占有辅助人的例示。[2]所谓其他类似关系，凡受委任关系则不包括在内。他人指示，居于社会的从属支配关系，皆属之，究基于私法或公法，契约或法律，时间长短，外部可否认识，[3]皆所不问。兹举例说明如下：

1. 受雇人基于雇佣契约，而管领雇主之物，为占有辅助人。雇佣契约纵使不生效力（如受雇人为未成年人，未得法定代理人同意），其占有辅助关系不因此而受影响。

2. 警察管领警车，军人管领武器，虽基于公法，仍可成立占有辅助关系。

3. 父母管理未成年子女的特有财产（如继承的珠宝），成立直接占有与间接占有关系。父母将该特有财产交由未成年子女保管时，则成立占有辅助关系。[4]

4. 已结婚成家独立生活的子女与父母同住于一屋，倘无从

---

[1] 史尚宽，物权法论，第492页；Baur/Stürner, Sachenrecht, S. 65.
[2] 此为德国多数学者的见解，参见 Baur/Stürner, Sachenrecht, S. 65。史尚宽，物权法论第493页谓："女婢为主人购买物，无须使人知认识其为女婢"，亦采同说。
[3] 史尚宽，物权法论，第492页；Baur/Btürner, Sachenrecht, S. 65.
[4] Baur/Stürner, Sachenrecht, S. 65.

证明使用该屋系受其父之指示时，不成立占有辅助关系。1976年台抗字第163号判例谓："所谓辅助占有人，重在其对物之管领，系受他人之指示，至是否受他人之指示，仍应自其内部关系观之，所谓内部关系，即第942条所指受雇人、学徒或其他类似关系。再抗告人虽为债务人之女，并与之住于同一屋内，但其本人如确已结婚成家独立生活，而无从自内部关系证明其使用被执行之房屋系受债务人之指示时，尚难谓该再抗告人为债务人之占有辅助人。"可资参照。

甲无权占有A之土地兴建违章建筑一栋，与其妻乙及未成年之子丙、丁共居于该违章建筑，嗣A以所有权人诉请拆除房屋并交还土地，关于拆屋部分应以具有拆除权能之房屋所有权人甲为被告，至还地部分则仍应以甲为被告，将乙、丙、丁列为被告，并无必要。因渠等居于甲所建房屋，并非独立生活，应该认为系甲的辅助占有人，而非占有人。[1]

三、占有辅助的法律效果

（一）占有的取得与丧失[2]

1. 因占有辅助人而取得占有。占有辅助人在其从属关系的范畴内，取得对于某物之事实管领力时，即由其占有主人取得占有。例如钟表店师父接受顾客交修的手表时，即由店主取得其占

---

[1]（1996）法律座谈会汇编，1997年6月，第19页。关于配偶共同占有居住的房屋，参阅本书第200页。

[2] 关于此点，大清民律草案第1314条设有规定："由占有辅助人为占有者，其占有因下列事由而消灭：（1）占有辅助人，丧失对于物之事实上管领力时。（2）占有辅助人，对于本占有人表示，此后为自己或为第三人占有之意思时。理由仅按：使占有辅助人为占有者，其主人或能指示占有辅助人之本人为占有人，其占有辅助人仅为占有人之机关而已。占有辅助人对于物失事实上之管领力时，与占有人（即本人）失之者同，其占有自应消灭。若占有辅助人向占有人（本人）表示此后为自己或为第三人占有之意思时，占有辅助人非为占有人（本人）之机关，对于物而行事实上管领力，其占有亦应消灭，此本条所由设也。"可供参照。

有；餐厅的清洁工打扫时拾得掉落座位下的碎钻耳环，应认为由餐厅主人取得其占有，而为遗失物拾得人。[1] 占有主人享有占有所生的权利，负担因占有而生的义务。

值得提出的是，1975年台抗字第220号判决谓："直接占有，依代理人或占有辅助人之行为而取得者，该代理人或占有辅助人固不成立另一占有关系，但代理人等之占有，非为本人或主人之意思而为占有时，要不因其与本人或主人间有代理关系或雇佣等关系之存在，而使该本人或主人当然取得直接占有人之地位。"对此判决，应说明的有二点：

1）直接占有固得由占有辅助人之行为而取得，但直接占有得否依代理人之行为而取得，尚有疑问。代理仅适用于法律行为，不适用于占有，前已论及。

2）占有辅助人须有为主人的意思，但占有辅助人系在其受指示的范畴内而为物的管领时（如家中帮佣之人，公司的收发受领包裹），此项意思不必特别表示。[2]

2. 因占有辅助人而丧失占有。占有辅助关系终了时，占有主人自己未取得对于该物事实上之管领力时，即丧失其占有，如雇主解雇司机而未使其交还汽车。受雇人侵占其管领之物（如店员擅取专柜内衣服回家使用），纵其雇佣契约尚继续存在，雇主的占有仍归消灭。餐厅清扫工发现座椅下的钻石耳环，未交给餐厅主人，擅行让售交付于他人时，餐厅主人的占有亦告丧失。占有辅助人掉落其管领的汉代古币时，对占有主人而言，因丧失占

---

[1] 参照 BGHZ 8, 130。在本件判决，某戏院的带位员发现甚具价值的钻石戒指，交其雇主。失主未认领时，由谁取得该遗失物所有权发生争论。德国联邦法院认为带位员依契约负有在戏院清查遗失物的义务，其发现戒指并非为其自己，而是为其雇主取得占有。

[2] 深入的论述，参阅 Enders, Besitzdiener – Ein Typusbegriff, 1991, S. 76ff.

有而使该古币成为遗失物。

(二) 占有主人与占有辅助人间的关系

1. 占有辅助人对占有主人不得主张占有的保护。占有辅助人对于物虽为事实上的管领，但未取得占有，法律上仍以其主人为占有人，占有主人纵使强行取回其物，占有辅助人亦无主张自力救济或占有保护请求权的余地（第960条、第962条），此为法律创设占有辅助制度的主要规范功能。

2. 占有主人对占有辅助人的请求权基础。占有辅助人拒绝交还其所管领之物时，占有主人仅得主张雇佣契约上的请求权或所有物返还请求权，而不得主张占有的保护请求权、或因占有被侵害的侵权行为损害赔偿请求权。[1]

(三) 与第三人的关系

1. 占有辅助人的自力救济权。占有辅助人得行使"民法"第960条所定占有人的权利（第961条）。占有辅助人行使自力救济时，应服从占有主人的指示，自不待言。

2. 对占有辅助人不得主张占有保护请求权。占有辅助人管领某物，但非为物之占有人，故不生无权占有的问题。占有主人侵夺他人之物，例如甲盗取乙的工程设计图交其职员丙保管，乙对占有辅助人丙不得主张所有物返还请求权或占有保护请求权，仅能向占有人甲主张之。须注意的是，在无权占有的情形，请求权人于取得迁让房屋的执行名义，声请执行迁屋时，得对占有辅

---

[1] 参阅 Baur/Stürner, Sachenrecht, S. 67; BAG FamRZ 1975, 90 mit Anmerkung Fenn.

助人一并强制其迁让。[1]

第五节　单独占有、共同占有

1. 试就下列情形说明当事人间的占有关系：(1)甲乙共有某二层楼的房屋，约定分住一层，得共同使用庭院。(2)甲有银行存折及信托资金凭证，寄存在乙银行保险箱，由甲及乙银行保管不同钥匙，无法单独开箱。

2. 甲乙共同购买某别墅。甲占有该别墅，不让乙使用时，乙得向甲主张何种权利？甲在夏天使用别墅，主张乙应于冬天居住时，其法律关系有何不同，理由何在？

3. 试就下列情形说明当事人间的占有关系及其得主张的权利：(1)甲男与乙女同居，共租一屋。二人失和，甲带女友丙住进该屋。(2)甲居住其妻乙所有的房屋。二人失和，甲带女友丙住进该屋，或乙带男友住进该屋。[2]

一、单独占有

单独占有，指一人对于物所为的占有，易言之，即占有人排除他人对物的支配而为占有，如单独所有人或承租人对于房屋的占有，独行盗对于盗赃的占有。须注意的是，部分占有（对物的一部为占有）亦属单独占有，如承租某笔土地的部分作为停车

---

〔1〕参照1980年台上字第727号判决："店铺租赁权、药房营业权，及药房之货物生财设备，均属财产，得为继承之标的。继承人继承被继承人之租赁权、药房营业权、及药房之货物生财设备，并不以与被继承人同住一处为限。亦不因继承后未办营业变更登记而有影响。余荣耀继承其父上开遗产后，雇用上诉人为店员，管理经营该药房，亦不阻却其与被上诉人间租赁关系之存在。如上诉人确为余荣耀之受雇人，其占有讼争店铺无非居于占有辅助人之地位。原审未注意及此，徒凭前词，遽认其为占有人并以无权占有为原因，而为不利于上诉人之判决，自难认为适法。"

〔2〕此例采自 Baur/Stürner, Sachenrecht, S.69., 请读者自行研究。

场，承租某屋的墙壁悬挂广告招牌。部分占有人亦得将其占有移转于他人，例如甲承租乙所有房屋的一层，而将该层的一室转租于丙，成立另一个部分占有。部分占有人彼此间得互相主张占有的保护，不受限制。

二、共同占有

第965条规定："数人共占有一物时，各占有人，就其占有物使用之范围，不得互相请求占有之保护。"关于本条的解释适用，分三点加以说明：

（一）共同占有的意义

共同占有，指数人共占有一物，如数人共借某车环岛旅行；数人共租某屋居住。甲有某公寓，自住A室，将B室出租于乙，C室借丙使用时，甲、乙、丙各为部分占有（单独占有），但对共同的浴室、厕所或厨房则成立共同占有。[1]

须注意的是，共有人对于共有物非当然为共同占有人。甲乙

---

[1] 一物之上不可同时成立两个以上之占有。台湾高等法院1973年法律座谈会提出一则法律问题："民间有于种植高茎农作物（如造林或种植甘蔗等）时，允许他人在其农作物尚未长高期间内，于其隙间种植其他农作物（如杂粮等），而收取租金，至高茎作物成长后遮蔽阳光时为止，此种情形，有无'耕地三七五减租条例'之适用？"，研究意见认为："一、依第421条规定：'称租赁者，谓当事人约定，一方以物租与他方使用收益，他方支付租金之契约。'第423条规定：'出租人应以合于所约定使用、收益之租赁物，交付承租人，并应于租赁关系存续中保持其合于约定使用收益之状态。'承租人有占有租赁物而为使用收益之权能，至为明显，承租人开始使用收益，即取得占有权，而受占有之保护。占有以对物有事实上之管领力为必要，即对物不惟得以实力管领，并得排除他人之干涉，第940条规定：'对于物有事实上管领之力者，为占有人。'即指此而言。因之，一物固不能同时有二个以上之占有（参见大理院五年上字第95号规定），偶然利用亦不能认为占有（参见大理院四年上字第1698号判例）。二、民间有于种植高茎农作物时，允许他人在其农作物尚未长高期间内，于其隙间种植其他农作物而收取对价，以至高茎作物成长后遮蔽阳光时为止之情形，不过在不影响其管领力范围内，偶然给他人予以利用而已，与占有之成立要件有间，因此，不得认当事人间有此约定，即谓系'租赁'，自无'耕地三七五减租条例'之适用。"可供参考。

共有某二层楼的房屋，订立契约，每人分管一层时，各成立单独占有。[1] 倘约定各得使用为楼房全部时，则属共同占有。共有人中之一人受全体委托而保管共有物时，成立单独占有。[2]

在合伙的情形，如何认定其占有关系，尚有争论，原则上应以事实管领其物的合伙人为直接占有人。其他的合伙人为间接占有人，其为数人时，得成立共同占有。[3]

(二) 共同占有的种类

共同占有可分为通常共同占有与公同共同占有，分述如下：

1. 通常共同占有。通常共同占有 (Schlichter Mitbesitz, 单纯共同占有、分别共同占有)，指各共同占有人于不妨害他共同占有人，各得单独管领其物。例如配偶的一方居住于他方配偶的房屋时，应认为成立通常共同占有。数人共租某屋，各得使用庭院、浴室、厕房或客厅，亦属之。

2. 公同共同占有。公同共同占有 (Gesamthänderischer Mitbesitz, 简称公同占有)，指全体共同占有人，对于占有物仅有一个管领力而为占有，例如甲乙二人将有价证券寄存银行保险箱，约

---

[1] 关于分管契约，参阅拙著，民法物权（一），第355页。
[2] 院字第2699号谓："共有系数人按其应有部分，对于一物有所有权之状态，各共有人既各按其应有部分而有独立之所有权，则其中一人对于他共有人之应有部分，自不得谓非他人之物。公同共有系数人基于公同关系而共有一物之状态，各公同共有人既无独立之所有权，其中一人对于该物，亦不得谓非他人之物。故共有人或公同共有人中之一人，对于共有物或公同共有物，皆得依民法关于取得时效之规定，取得单独所有权。惟共有人或公同共有人中之一人，单独占有共有物或公同共有物，依其所由发生之事实之性质，无所有之意思者（例如受全体之委托而保管时），非依'民法'第945条之规定，变为以所有之意思而占有，取得时效不能完成。以前'最高法院'判例与此见解有异者，应予变更。"可供参考，并请参阅本书第209页。
[3] 此为德国通说，Baur/Stürner, Sachenrecht, S. 68; BGHZ86, 300, 307.

定其返还应对二人共同为之（公同共同的自主占有、间接占有）。客户及银行对于保险箱，各有不同的钥匙，须一起使用始能开箱时，就保险箱言，成立公同共同占有，但就保险箱内的物品，应认为由客户单独占有。[1]

（三）共同占有的法律关系

1. 共同占有人间的内部关系。

1）占有保护请求权。"民法"第965条之规范目的在于各占有人就其占有物使用范围，不得互相请求占有保护，例如甲乙共有某地，设有小型高尔夫练习场，甲认为乙的使用期间超过约定范围时，甲不得对乙主张已力防御或请求占有物的返还，因为占有的使用范围与本权有关，应依本权决定，提起本权之诉。至于在完全剥夺他公同共有人占有的情形，例如在上举之例，乙占用整个球场，根本不让甲使用时，甲得主张占有的保护。

兹再举一例加以说明。甲乙丙同租一屋，共同浴室。若甲加装新钥，根本不让乙或丙使用时，此为剥夺共同占有人的占有，乙或丙得主张占有的保护（第960条、第962条）。若甲主张其使用浴室之日为某日，不让乙或丙进入，乙或丙对此有所争执时，则属使用范围问题，不得请求占有的保护。最后须再强调的是，第965条规定对通常共同占有与公同共同占有，皆有适用余地。

2）侵权行为损害赔偿请求权。第965条规定所排除的是占有保护请求权，其他请求权，尤其侵权行为损害赔偿请求权或不当得利请求权不受影响。[2]

---

[1] 此为德国通说，Schwab/Prütting, Sachenrecht, S. 40.
[2] Baur/Stürner, Sachenrecht, S. 70; BGHZ 62, 248. 不同意见 Müller, Sachenrecht, RdNr. 263.

2. 共同占有的对外关系。在对外关系，各共同占有人得单独请求占有的保护。占有被侵夺时，仅得请求返还占有物于全部共同占有人。共同占有人得将其占有的地位（共同占有）让与他人。须移转单独占有时，各共同占有人应协力为之。例如甲乙共有某车，出售于丙时，甲乙应协力使丙取得单独占有（第348条、第761条）。在甲将其应有部分出售于丙时，除让与合意外，甲应使丙取得共同占有，如交付汽车的钥匙。

第六节　占有状态的特殊问题

1. 甲在信箱看到丙女寄其夫乙的信件，拆开阅读，知其有超友谊关系，乃将该信交付律师丁保存，作为提起离婚诉讼的证物。试说明该信件上的占有关系。

2. 甲有狼犬，出租于乙，乙交其佣人丙看管，丙管束疏误，致该狼犬咬伤丁。试问丁得向何人请求损害赔偿。

3. 某甲诉请乙交屋还地，于诉讼系属中，乙将该房地出租予丙，但甲未追加丙为当事人。其后，甲获得胜诉判决确定，并以该判决为执行名义，声请强制执行。试问该执行名义，对于丙是否得执行？[1]

一、配偶间的占有关系

1. 夫管理妻的原有财产。在法定财产制，原则上由夫管理联合财产，包括妻的原有财产（第1018条）。夫为管理妻的原有

---

[1] 此例采自台湾高等法院暨所属法院1979年法律座谈会民事执行类第2号提案的问题。

财产而占有其物时，成立占有媒介关系，夫为直接占有人，妻为间接占有人。[1]

2. 关于婚姻同居房屋的占有关系。关于夫妻同居的房屋，不论该屋的所有权属于何人，或采取何种财产制，其占有关系应依实际情况定之。[2]准此以言，对于婚姻同居的房屋及屋内共同使用的家具应成立共同占有。该屋系由配偶的一方承租时，亦同。同居的房屋或其家具为配偶的一方所有时，他方配偶的共同占有亦同时成立占有媒介关系。[3]

3. 配偶一方管领他方配偶的信件。甲女与乙男结婚后感情破裂，甲查知乙与丙女有婚姻外关系。某日甲在信箱内发现丙寄给乙的信件，私拆该信后，即交付律师丁，拟作为诉请离婚的证据。在此情形，甲受领其夫乙的信件，通常系属于占有辅助人的地位而为管领。[4]甲私拆该信，交付律师丁保存时，甲之占有辅助地位消灭，自主占有该信，而与丁成立占有媒介关系，丁为直接占有人，甲为间接占有人。乙得依第 767 条（或第 962 条）规定向甲或丁请求返还该信。

二、第 190 条规定的动物占有人

第 190 条规定："动物加损害于他人者，由其占有人负损害赔偿责任。但依动物之种类及性质，已为相当注意之管束，或纵为相当注意之管束而仍不免发生损害者，不在此限。动物系由第三人或他动物之挑动，致加损害于他人者，其占有人对于该第三

---

[1] 史尚宽，物权法论，第 486 页。
[2] Westermann/Gursky, Sachenrecht, I. S. 132.
[3] 此为德国之通说，BGHZ 12, 398；BGHZ 73, 2561。日本通说基本上亦采此见解，详细的讨论，参阅田中整尔，占有论的研究，第 315 页以下。
[4] 参照 LG Bonn FamRZ 1967, 678 mit Anmerkung Bosch；Baur/Stürner, Sachenrecht, S. 65.

人或该他动物之占有人，有求偿权。"本条所谓动物占有人，究系指何而言，学说上有三种见解：（1）专指直接占有人。[1]（2）指直接占有人和占有辅助人，不包括间接占有人。[2]（3）指直接占有人、间接占有人和占有辅助人。[3]

为澄清此项争论，在法学方法论上，首先必须说明的是，"侵权行为法"的规定，应依其本身规范目的加以解释。第188条第1项规定："受雇人因执行职务，不法侵害他人之权利者，由雇用人与行为人连带负损害赔偿责任。"通说认为此之所谓受雇人非指雇佣契约的受雇人，应依本条规范目的，认为凡客观上被他人使用，而受其监督者，均属受雇人，报酬的有无、劳务的种类、期间的长短、从事劳务基础的契约是否有效，均所不问。[4]关于第190条所称的占有人，亦不应依物权编的规定而认定，因其所涉及的，不是物之占有关系，而是对第三人的损害赔偿，应以对于动物有事实上管领能力为判断标准。准此以言，所谓占有人，除直接占有人外，应包括占有辅助人，因其对于动物有事实上的管领力，不能不负其责。

三、"民事诉讼法"第401条第1项规定的"为当事人或其

---

[1] 戴修瓒，民法债编总论，第199页。
[2] 此为多数学者的见解，胡长清，中国民法债篇总论，第176页；王伯琦，民法债篇总论，第97页；郑玉波，民法债编总论，第191页；孙森焱，民法债编总论，第305页。
[3] 陈克生，民法通义，债编总论，第124页。
[4] 郑玉波，民法债编总论，第183页。1956年台上字第1599号判例谓："第188条所称之受雇人，系以事实上之雇用关系为标准，雇用人与受雇人间已否成立书面契约，在所不问。"关于此项判例应说明的有二点：（1）所谓事实上之雇佣关系，意义不明。（2）民法上的雇佣契约系不要式契约。值得赞同的是1968年台上字第1663号判例："第188条第1项所谓受雇人，并非仅限于雇佣契约所称之受雇人，凡客观上被他人使用为之服劳务而受其监督者，均系受雇人。"

继受人占有请求之标的物者"

"民事诉讼法"第401条第1项规定:"确定判决,除当事人外,对于诉讼系属后为当事人之继受人者,及为当事人或其继受人占有请求之标的物者,亦有效力。"所谓为当事人或其继受人占有请求标的物者,究指何而言,有三种见解:(1)指请求标的物为当事人或其继受人以外的直接占有人,而该当事人或其继受人仍居于间接占有人的地位者而言,诸如质权人、承租人、受寄人或基于其他类似的法律关系,对于当事人或其继受人之物占有者均是。(2)专指为当事人或其继受人之利益而占有请求标的物者而言,如受任人、保管人、受寄人等是,若系为自己利益而占有者,如承租人、质权人、典权人、借用人等,均不属之。(3)指为他人之利益而占有其物之占有辅助人。多数说采第二种见解。[1] 准此以言,某甲诉请某乙交屋还地,于诉讼系属中,某乙将该房地出租予某丙,但甲未追加丙为当事人时,某甲其后获得胜诉判决确定,其既判力不及于丙,不得对丙执行。

第七节 占有状态的推定

第770条规定:"以所有之意思,十年间和平继续

---

[1] 此为多数说见解,姚瑞光,民事诉讼法论,第453页;吴明轩,中国民事诉讼法(中册),第1086页;王甲乙、杨建华、郑健才合著,民事诉讼法,第486页,陈计男,民事诉讼法(下),第76页:"所谓为当事人或其继受人占有,系指专为当事人或其继受人之利益而占有者而言,例如受任人、保管人、受寄人等人员。若第三人系本于自己之利益而占有,则不受既判力之拘束,例如承租人、质权人。第三人于诉讼系属后,侵夺请求标的物而占有者,既判力亦不及于该第三人。若仅为占有机关,则非此所谓之占有者,例如受雇人、学徒或基于其他类似之关系受当事人或其继受人之指示管领讼争物之情形是。"可资参照。

占有他人未登记之不动产，而其占有之始为善意并无过失者，得请求登记为所有人。"若当事人对"所有之意思"、"十年间"、"和平"、"继续"占有，而其占有之时为"善意"，并无"过失"，发生争论，难以认定时，法院应如何判决？

占有状态各有不同，效力互异，依"证据法"的一般原则，凡主张某种事实存在者，负举证责任。惟占有事实的举证，诚属不易，若使占有人就占有各种事实的存在，皆须举证，则法律认许占有得脱离本权，而受独立保护，以维护社会秩序平和之目的，殆难实现。因此各国立法例多设推定占有事实的规定。[1] 台湾地区第944条规定："占有人，推定其为以所有之意思，善意、和平、及公然占有者。经证明前后两时为占有者，推定前后两时之间，继续占有。"立法理由书谓："查民律草案第1276条理由谓占有人以所有之意思、善意、和平，且公然占有者为常例，法律之推定取常例而不取变例，故设本条第1项规定，以保护占有人之利益。又同律第1277条理由谓前后两次占有者，若有确实证据，其两次占有相继续者为常例，不相继续者为变例，故设本条第2项规定，使占有人于其占有继续与否，不负立证之

---

[1] 德国民法第938条规定："在一定期间之始末两时，对于动产为自主占有者，推定其在全部期间内，皆为自主占有。"第1006条规定："I 为动产占有人之利益，推定其为动产之占有人。物因被盗、遗失或其他事由，而脱离占有者，对于原占有人不适用前段规定，但占有物为金钱或无记名证券者，不在此限。II 为前占有人之利益，推定其在占有之期间内，为物之所有人。在间接占有之情形，对于间接占有人，亦适用此种推定。"瑞士民法第930条规定："动产之占有人推定为其所有人。原所有人推定基于占有时期为物之所有人。"日本民法第186条规定："占有人推定其以所有之意思、善意、平稳、且公然为占有。"

责任，以保护其利益。"可资参照。此项占有状态的推定，学说上称为"占有事实的推定"，以别于第943条的"权利推定"。

占有状态（事实）的推定，使占有人就其主张的占有事实，毋庸举证，而其相对人，苟欲攻击其主张时，须负举证之责任，有助于促进占有制度的规范功能，并与动产物权的取得（如时效取得、善意取得、先占）、占有人的权利（第952条）、占有人的责任（第953条、第956条）、占有人费用偿还请求权（第954条、第955条、第957条）等具有密切关系。前"司法行政部"1978年8月31日台函民字第07641号函谓："依第944条第2项规定：'经证明前后两时为占有者，推定前后两时之间，继续占有。'故如请求人于前后两时占有当时，分别就其占有之事实及其关于构成时效取得要件之事实，请求公证人予以公证者，公证人自当予以公证，占有人即得凭前后两时关于时效事实之公证书，主张因时效而取得物权，请求地政机关依法办理登记。"可资参考。

须注意的是，占有人的占有，有无过失，第944条未设推定的规定，史尚宽先生谓："过失之有无，应于各种情形具体的决定之，善意占有之有无过失，并无可推定。"[1]倪江表氏亦赞同此项见解，认为无过失之举证，其事较易，民法既未明言，则自以采否定之见解为是，占有人应负举证责任。[2]姚瑞光先生谓："无过失为常态，有过失为变态，且无过失为消极的事实，依一般举证责任分配原则，占有人不须就常态事实及消极事实，负举证责任。但就台湾地区'土地法'第54条规定之意旨推定之，

---

[1] 史尚宽，物权法论，第498页。
[2] 倪江表，民法物权论，第420页。

应解为由占有人负举证责任。"[1] 各家理由虽不同，结论上均认为占有之无过失，未受推定，应由占有人负举证责任，[2] 就现行法规定言，尚值赞同。[3]

第八节　占有状态的变更

1. 甲向乙借阅某书，在该书签名并盖藏书印章，经过5年，得否主张时效取得该书所有权？

2. 甲有某地出租于乙，乙将该地将租于丙。丙意图变更以所有之意思或行使地上权的意思而占有时，应否表示，对谁表示？

---

[1] 姚瑞光，民法物权论，第405页。按"土地法"第54条规定："和平、继续占有之土地，依'民法'第769条或第770条之规定，得请求登记为所有人者，应于登记期限内，经土地四邻证明，声请为土地所有权之登记。"请与第770条对照比较之。

[2] 谢在全，民法物权论（下），第497页，参考日本学者最近见解，认为在善意已受推定之范围内，无过失亦应受推定。

[3] 第944条第1项规定："占有人，推定其为以所有之意思，善意、和平及公然占有者。"**物权编修正草案**将本条修正为："占有人，推定其为以所有之意思、善意、和平、公然及无过失占有者。"修正理由略谓："占有人之占有，有无过失，第1项未设推定之规定。惟所谓无过失乃已善尽注意义务，在善意已受推定之范围内，学者通说为认为本项推定应包括'无过失'，为明确计，爰于第1项增列之。"对于此项修正及理由，应说明者有二点：(1)所谓在善意已受推定之范围内，举重以明轻，"无过失"应解为亦受推定，尚非台湾地区目前学者通说。(2)日本民法对无过失的占有，亦未设推定。通说认为关于日本民法第162条第2项10年时效取得之规定（相当于台湾地区第770条），应由主张时效取得者，就无过失负举证责任。在动产善意即时取得之情形，取即时取得主张者，对无过失不负举证责任。参阅我妻荣/有泉亨，物权法，第221页；田中整尔编，物权法，第281页。

占有依其状态的不同，得为各种分类，其区别标准及区别实益已详前述。各类占有状态得互相变更，例如承租人于租期届满拒不返还租赁物时，由有权占有变更为无权占有，此项变更可就租赁关系认定之。直接占有与间接占有的区别在于一定媒介关系的有无，亦易判断。在无权占有，其占有状态究为和平或强暴，公然或隐秘，继续或不继续，其变更虽较易认定，但善意与否，涉及主观意思，则不易查知。其难以认定的，尚有由他主占有变更为自主占有。为避免争论，特设第945条及第959条规定，以资适用。

一、他主占有变为自主占有

（一）第945条的立法目的及适用范围

第945条规定："占有依其所由发生之事实之性质，无所有之意思者，其占有人对于使其占有之人，表示所有之意思时起，为以所有之意思而占有。其因新事实变为以所有之意思占有者，亦同。"[1] 本条规定系采罗马法上"无论何人，不得仅以意思的变更而变更占有原因"的原则，以保护使其占有之人的利益，使其得适时行使权利，阻止占有人的时效取得。

本条所规定的是由"他主占有"变更为"自主占有"，依其规范目的，于"某种他主占有"变更为"他种他主占有"的情形，亦有类推适用余地。[2] 例如甲出借某地给乙，乙系以借用人的意思而占有，其后乙欲变更为以行使地上权的意思为占有

---

[1] "立法"理由谓："仅按占有应依其所由发生之事实之性质定之，无所有之意思者，其占有人对于使其占有之人表示所有之意思时，即认为变而为所有之意思而占有。例如甲拾得一物，虽经占有，初无为自己所有之意思，后将此物转卖或赠与，则变为已有所有之意思而占有是。其因新事实变为以所有之意思占有者亦同。例如运送人因赠与契约，取得运送物之所有权是。"

[2] **物权编修正草案**于第945条第3项增设"准用"规定。

时，亦须对使其占有的贷与人表示之。

（二）他主占有人对使其占有之人表示以所有之意思而占有

1. 占有意思的变更。占有依其所由发生之事实之性质，无所有之意思者，其占有人对于使其占有之人表示所有之意思时起，为以所有之意思而占有。例如甲向乙承租某地，停放汽车，甲占有该地，系基于租赁契约，依其所由发生的事实之性质，无所有之意思，系属他主占有。设甲对该地的占有欲变更为以所有意思而占有，应对于使其占有之出租人乙表示之。

甲向乙借阅某书，甲欲变为以所有之意思而占有，仅在该书签名盖章尚有不足，必须对乙表示之，否则经过5年，亦不能主张时效取得该书所有权。此种以所有之意思而占有的表示，得为明示或默示，性质上非属意思表示，乃事实上的表示，不以具有行为能力为必要，无须得使其占有之人的承诺。[1]

2. 向使其占有之人为变更占有意思的表示。由他主占有变更为自主占有，其意思应向使其占有之人为之。使其占有之人如有数人，应向其全体为之。使其占有之人如已将其占有物所有权让与他人者，应向其受让人表示。甲有电脑，被乙所盗，出借于丙，丙欲变更为自主占有的意思，究应向甲或乙为之，不无疑问，在转租的情形，例如甲将某屋出租于乙，乙转租于丙，于丙向甲表示以所有的意思而占有时，是否即可发生将他主占有变为自主占有的法律效果亦值研究。依第945条规定的文义，丙向使其占有之乙表示其以所有之意思而占有，即为已足，但为保护所有人的利益，应认为若丙明知其自乙借用的电脑或承租的某屋系

---

〔1〕 谢在全，民法物权论（下），第498页谓："上述表示，不限于意思表示，事实上之表示，亦足当之。"此项见解，在结论上应值赞同，但认为此表示包括意思表示和事实上之表示，似值斟酌。

属甲所有时，其变更所有的意思，并应向所有人表示之。[1]

3. 变更效力的发生时期。他主占有变更为自主占有，其效力何时发生，应类推适用意思表示的规定。对话表示，自使其占有之人了解时起，在非对话表示，自其表示达到使其占有之人时起，发生效力。

（三）他主占有人因新事实变为以所有的意思而占有

占有依其所由发生事实的性质，无所有之意思者，其占有人因新事实变为以所有之意思占有者，为以所有之意思而占有。所谓新事实，指以使他主占有人取得所有权为目的之事实而言，例如买卖、赠与或互易。此项新事实不包括继承在内。[2]因为继承人所继承的为原有的状态，须有新事实的发生，始能由他主占有变更为自主占有。例如甲出租某车给乙，乙死亡后，由丙继承之，其后甲将该车出卖于丙时，自该时起，丙由他主占有变为自主占有。

（四）时效取得上的适用

第945条关于他主占有变为自主占有之规定的主要实益在于时效取得，1937年上字第876号判例谓："所有权取得时效之第一要件，须为以所有之意思而占有，故占有依其所由发生之事实之性质无所有之意思者，非有第945条所定，变为以所有之意思而占有之情事，其所有权之取得时效，不能开始进行。"又院字第2699号谓："共有系数人按其应有部分，对于一物有所有权之状态，各共有人既各按其应有部分而有独立之所有权，则其中一

---

[1] **物权编修正草案**于第945条增设第2项规定："使其占有之人非所有人，而占有人于为前项表示时已知占有物之所有人者，其表示并应向该所有人为之。"现行民法在解释上亦可采同一见解。

[2] 史尚宽，物权法论，第503页；谢在全，民法物权论（下），第499页。日本多数说亦采此见解，我妻荣/有泉亨，物权法，第472页。

人对于他共有人之应有部分，自不得谓非他人之物。公同共有系数人基于公同关系而共有一物之状态，各公同共有人既无独立之所有权，其中一人对于该物，亦不得谓非他人之物。故共有人或公同共有人中之一人，对于共有物或公同共有物，皆得依'民法'关于取得时效之规定，取得单独所有权。惟共有人或公同共有人中之一人，单独占有共有物或公同共有物，依其所由发生之事实之性质，无所有之意思者（例如受全体之委托而保管时），非依第945条之规定，变为以所有之意思而占有，取得时效不能完成，以前'最高法院'判例与此见解有异者，应予变更。"可资参照。[1]

二、善意占有变为恶意占有

第959条规定："善意占有人，于本权诉讼败诉时，自其诉讼拘束发生之日起，视为恶意占有人。"关于本条规定之立法目的和法律效果，立法理由作有简要说明："善意占有人，于本权诉讼败诉以其判决为不当，自信自己尚有权利，不得仅以其于本权诉讼败诉一事，当然以其为恶意占有人。然善意占有人于本权诉讼受败诉之判决者，大抵皆于本权诉讼时得知其无占有之权利，应于本权诉讼自诉讼拘束发生时起，视为恶意占有人，所以保护回复占有物人之利益也。既视为恶意占有人，故于本权诉讼

---

[1]"司法院"司法业务研究会第3期有一则法律问题："甲将一部汽车借与乙使用，6年后，乙依据第768条'以所有之意思，5年间和平公然占有他人之动产者，取得其所有权'之规定，拒绝将该辆汽车返还，甲因此依借用物返还请求权或不当得利返还请求权起诉请求乙返还，应否准许？"，"司法院"第一厅研究意见，同意研讨结论，认为："如乙系依使用借贷关系而使用汽车，即不能主张以所有意思占有而取得所有权。但如乙依第945条规定变为以所有之意思占有而取得所有权时，甲即不能依借用物返还请求权或不当得利返还请求权诉请乙返还汽车。"

败诉之善意占有人，应自其诉讼拘束发生之时起，返还占有物上所生之孳息，此外一切权利义务，均依恶意占有人之例办理。"

本条为恶意占有拟制的规定，不得以反证推翻。本权诉讼，指争执有无占有权原之诉讼，如所有权人向无权占有人诉请返还占有物，出租人向承租人请求返还租赁物的诉讼。所谓诉讼拘束，指诉讼系属，自本权诉状送达于被告（即善意占有人）之日起视为恶意占有人。

第九节　占有状态体系构成与例题解说

A公司有某屋，由B董事管理，B将该屋出租于C，C雇D看管，C将该屋墙（外墙）转租于E、F二人共同使用悬挂广告。(1) 试说明该屋与墙壁的占有关系。(2) E认为F使用墙壁超过约定部分或时间时，其法律关系如何？(3) 在"立法委员"选举期，G候选人的助理H擅自拆除E、F悬挂的广告招牌，张贴竞选标语时，其法律关系如何？

一、关于房屋和墙壁的占有关系

1. 占有状态的体系构成。为综合复习占有的状态，特设上开例题说明房屋和墙壁的占有关系。为便于观察，图示如下：

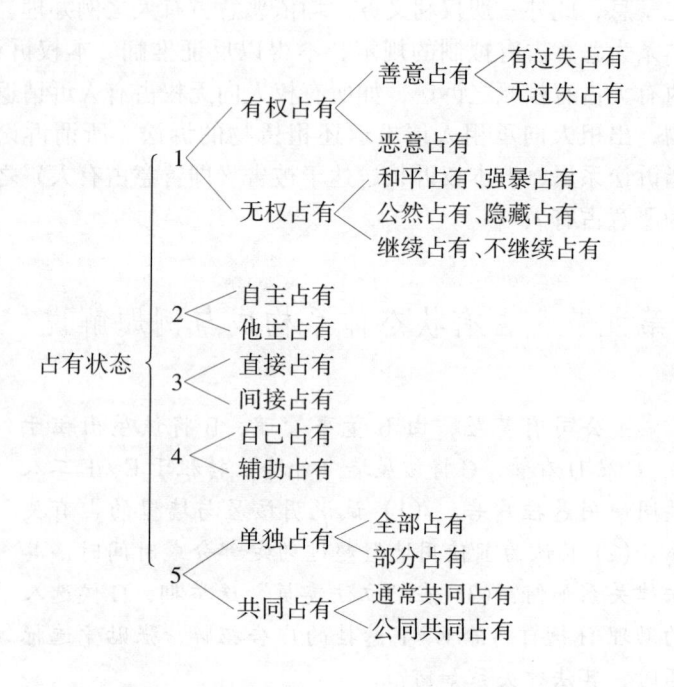

```
                    ┌─ 有权占有 ──┬─ 善意占有 ─┬─ 有过失占有
                    │            │           └─ 无过失占有
              1 ────┤            └─ 恶意占有
              │     │           ┌─ 和平占有、强暴占有
              │     └─ 无权占有 ─┼─ 公然占有、隐藏占有
              │                 └─ 继续占有、不继续占有
              │     ┌─ 自主占有
              2 ────┤
              │     └─ 他主占有
  占有状态 ───┤     ┌─ 直接占有
              3 ────┤
              │     └─ 间接占有
              │     ┌─ 自己占有
              4 ────┤
              │     └─ 辅助占有
              │     ┌─ 单独占有 ─┬─ 全部占有
              │     │           └─ 部分占有
              5 ────┤
                    └─ 共同占有 ─┬─ 通常共同占有
                                └─ 公同共同占有
```

在上揭图示,可以看到民法上占有状态的体系构成。[1] 法律是由基本概念组成体系,期能合理规范社会生活,如何掌握法律概念及体系,至为重要,应请注意。[2]

2. 关于房屋的占有关系。A 公司有某屋,由 B 董事管理,B 董事系 A 公司的机关,为公司管领其物,其效果归属于 A 公司,

---

[1] 参阅郑玉波,民法物权,第 373 页;姚瑞光,民法物权,第 387 页。
[2] 参阅 Ganaris, Systemdenken und Systembegriff in der Jurisprudenz, 2. Aufl. 1983; Larenz, Methodenlehre der Rechtswissenschaft, 5. Aufl. 1983, S. 420f.

使公司对该屋为占有（所谓的机关占有 Organbesitz）。[1] B 董事既非占有人，亦非占有辅助人，然得行使第 960 条的自力救济权，盖其行为乃法人的行为。

B 董事将该屋出租于 C。C 系基于租赁权而占有，为有权占有，其占有非出于以所有之意思，为他主占有。C 占有该屋系本于租赁关系，为直接占有人，而以 A 公司为间接占有人。C 雇 D 看管该屋，D 系受 C 的指示而对于该屋有管领力，为占有辅助人，以 C 为占有人。

3. 关于房屋墙壁的占有关系。墙壁为房屋的重要成分，A 公司为房屋的占有人，其占有及于墙壁。C 承租该屋，其对该屋的占有亦及于墙壁。C 将该屋的墙壁出租于 E、F 二人共同使用悬挂广告时，E、F 取得部分占有，墙壁虽为物的重要成分，但可独立支配，亦得为占有的客体。E、F 对墙壁的部分占有为共同占有、有权占有、他主占有，并为直接占有；C 为间接占有，A 亦为间接占有，成立多阶层的占有关系。

二、共同占有人间的占有保护请求权

E、F 共同承租房屋的墙壁，成立部分占有、共同占有，已如上述。此种共同占有属于普通共同占有，各共同占有人于不妨害他共同占有人的情况下，各得管领其占有物。E 认为 F 使用墙壁超过约定使用范围，系属内部关系之争议，依第 965 条规定，不得互相请求占有的保护，因其涉及本权，应依本权，以为决定。第 965 条所排除的，乃占有保护请求权，共同占有人的侵权行为损害赔偿请求权或不当得利请求权，不因此而受影响。[2]

---

[1] Brehm/Berger, Sachenrecht, S. 47.
[2] 参阅本书第 373 页。

三、直接占有及间接占有的占有保护

关于房屋墙壁，成立多阶层的占有关系，E、F为直接占有，C为间接占有，A公司亦为间接占有。G的助理H擅行拆除E、F的广告招牌，而在该屋墙壁张贴竞选标语，系属侵夺E、F的占有，E或F得以己力防御之（第960条），或请求G除去其侵害（第962条）。此外，E、F得依不当得利规定请求G返还使用该墙壁所受的利益，及依侵权行为规定请求赔偿侵害其占有所生的损害。[1]C与A公司对于房屋的墙壁系属间接占有人，通说认为间接占有人无第960条规定的自力防御权，但有第962条规定的占有保护请求权。

---

[1] 参阅本书第375页。

第四章 占有的取得和消灭

第一节 直接占有的取得和消灭

1. 6岁之甲窃取5岁之乙的电动玩具，甲不久悔之，即交还于乙。试说明该电动玩具上占有的变动。

2. 甲以行使地上权的意思占有乙所有的土地，长达19年，兴建房屋，屋内挂有秦陵古剑。甲遭空难死亡，独生子丙居住美国，重病住院，不能返台，试问：(1) 丙是否承受甲之占有，法律依据何在？(2) 丙于1年后得否主张时效取得，请求登记为地上权人？(3) 设丁盗取古剑，出售于善意之戊时，丙得否向戊请求返还？

第一款 直接占有的取得

一、直接占有的原始取得[1]

直接占有的原始取得，指不基于他人的占有而为新占有的取得。所谓新占有的取得，指取得对于物的事实上的管领力。其取

---

[1] 关于直接占有与间接占有的意义及区别，参阅本书第183页。

得占有的事由，得为事实行为，如猎兽、捕鱼（无主物先占）、拾得遗失物；亦得为侵权行为，如强夺他人钱包，霸占他人房屋。直接占有的原始取得，得依占有辅助人为之，如雇人掘宝。

须注意的是，直接占有的取得须有占有的一般意思，例如信箱、奉献箱或自动贩卖机的设置者，对投入的信件、财物或金钱有取得占有的意思。占有的意思以具有行使管领力的意思能力为要件。此项意思能力为自然的意思能力，而非法律行为能力，故限制行为能力人或无行为能力人事实上有行使管领力的能力时，亦得原始取得占有，例如未满7岁的儿童亦得因拾得他人遗失的钱包，或抢夺他人的电动玩具而取得占有。设有某清丽佳人，睡卧于公园草坪，爱慕者放置于玫瑰花于其身上，须俟其睡醒后决定保有，始取得玫瑰花的占有。[1]

二、直接占有的继受取得

直接占有的继受取得，指基于既存的占有而取得直接占有，可分为占有的移转取得及占有的概括承受。前者系依当事人的行为而取得占有，又称为占有的让与。后者乃依法定事实而取得占有。分述如下：

（一）占有的移转

"民法"第761条规定的准用。第946条规定："占有之移转，因占有物之交付而生效力。前项移转，准用第761条之规定。"第761条规定："Ⅰ. 动产物权之让与，非将动产交付，不生效力。但受让人已占有动产者，于让于合意时，即生效力。Ⅱ. 让与动产物权，而让与人仍继续占有动产者，让与人与受让人间，得订立契约，使受让人，因此取得间接占有，以代交付。Ⅲ. 让与动产物权，如其动产由第三人占有时，让与人得以对于

---

[1] 此例取自 Baur/Stürner, Sachenrecht, S. 56.

第三人之返还请求权,让与于受让人,以代交付。"关于此项准用,应说明的有二点:

1. 第761条系以动产为规范对象,其准用于"占有移转"时,则包括动产(如交付出借的汽车)和不动产(如交付出售的某屋)。此项占有的移转,可分为二类。第一类为单纯移转占有,如返还窃盗之物。第二类为件随其他法律关系,其主要情形有二:(1)质权的设定,因取得占有而生效力(第885条第1项)。(2)物之出卖人或出租人交付其物于买受人或承租人,以履行契约上的给付义务。

2. 所谓准用第761条规定,指第1项但书的简易交付,第2项规定的占有改定和第3项规定的指示交付。实务上较为常见的是不动产买卖标的物的交付。例如甲有A、B、C三屋,A屋自住,B屋出借于乙,C屋出租于丙。甲将A、B、C三屋出售于乙,而向乙承租A屋时,关于A屋之交付得依占有改定,关于B屋之交付,得依简易交付,关于C屋之交付,得依指示交付为之。

(二)占有移转的态样

关于第761条规定的准用于"占有之移转",分现实交付、简易交付、占有改定和指示交付四种情形说明如下:

1. 现实交付。第946条第1项规定:"占有之移转,因占有物之交付而生效力。"此之所谓交付,指现实交付而言。所谓现实交付,指让与人将其对于物的事实管领力移转于受让人,如配送电视机于买受人的住所，房屋的出租人将钥匙交与承租人。[1]

关于占有让与的法律性质，各国立法例、学说见解不一，[2]台湾地区通说认为系法律行为，通常虽多为契约，但亦有为一方行为者，例如窃贼于失主丧失被盗动产之占有后，自动将动产返还于失主。无论其为契约或一方行为，均适用法律行为的一般规定，以具备行为能力为必要。[3]对此见解，应注意的有二点：

1) 依法律行为的理论，让与人为无行为能力人或限制行为能力人时，虽有事实上意思能力，仍不能发生移转占有的效力。例如甲出租某屋于乙，半年后甲交付该屋于乙时，已受禁治产宣告。在此情形，乙因不能依有效的让与行为，而受让该屋的事实上管领力，应认为系原始取得其占有。

2) 窃贼自动返还被盗的动产于失主，通说认为系法律行为，而且为一方行为，已如上述。学者虽有认为此非第946条所谓占

---

[1] 汽车、房屋或保险库锁钥的交付，原则上得认为系现实交付（史尚宽，物权法论，第477页）。锁钥仅有一把时，固不待言，交付者尚保留一把锁钥，纵受让人不知其事，亦应认为占有因锁钥的交付而移转。房屋出租人交付锁钥与承租人，但知道尚有进入该屋的通道时，其房屋的移转不因此而受影响。其详参阅 Soegel – Mühl § 854 RdNr. 17.

[2] 日本民法第182条第1项规定，占有权因占有物之交付而移转，通说认为此项占有权移转系属契约（我妻荣/有泉亨，物权法，第481页）。在德国民法，直接占有的移转，分为有形的交付（Körperliche Ubergabe）及依单纯的合意（Einigung）两种方法（德国民法第854条）。前者为事实行为，不要有法律行为能力，只要有自然的意思能力为已足，不得因意思瑕疵而撤销。在后者，取得人处于行使对于物之支配的地位者，于原占有人与取得人间的单纯合意为已足，例如移转出林中堆放的木材。此项合意系属法律行为，且为契约。参阅史尚宽，物权法论，第479页；Schwab/Prütting, Sachenrecht, S. 24.

[3] 倪江表，民法物权论第411页谓：''占有让与，通常虽多为契约，但亦有为一方行为者。例如甲之所有物，被乙窃取，经过2年，甲并未行使其回复权，以致丧失其占有，后乙竟自动以其窃取之物，返还于甲，使甲恢复其对物之支配力。''可供参考。谢在全，民法物权论（下），第503页。

有之移转，[1] 然此种情形应解为仍属此之所谓占有之移转，否则难以说明此项占有的变动。甲窃取乙占有的电动玩具，为原始取得，其后悔而返还之，其占有的移转，系属法律行为。设甲或乙为6岁儿童时，其移转行为无效，乙为原始取得该玩具的占有。

2. 简易交付。简易交付，指第761条第1项规定："但受让人已占有动产者，于让与合意时，即生效力。"例如甲有某件陶艺作品被乙所盗，甲查知乙酷爱其作品，深具欣赏力，感知音之难得，表示赠与于乙，乙允受之，于为让与合意时，即取得其所有权，立法目的在于便利交易。1957年台上字第64号判例谓："系争房屋于两造立买卖契约之前，既由被上诉人本于租赁关系而占有，则依第946条准用同法第761条第1项但书之规定，被上诉人就系争房屋自买卖契约成立之日起，即已接受上诉人之交付，依同法第373条该屋之利益，由此当然归属被上诉人。乃上诉人犹谓原有租赁关系并未消灭，基于出租人地位请求被上诉人支付租金，显非正当。"可供参照。[2]

3. 占有改定。第761条第2项规定："让与动产物权，而让与人仍继续占有动产者，让与人与受让人间得订立契约，使受让人，因此取得间接占有，以代交付。"例如甲售某车给乙，欲继

---

[1] 姚瑞光，民法物权论，第399页。
[2] 并请参阅1980年台上字第1088号判决："上诉人主张被上诉人于1973年4月17日将上开土地出卖与上诉人，两造已由租赁转变为买卖，系基于买受人之地位而使用该土地，并无给付租金之义务，而原审亦认定两造间就上开土地之买卖关系成立。在两造订立买卖契约前，既由上诉人本于租赁关系而占有，则依第946条准用同法第761条第1项但书之规定，上诉人就上开土地自买卖契约成立之日起，即已接受被上诉人之交付，依同法第373条如无特别约定，该土地之利益由此当然归属上诉人，被上诉人自难基于出租人地位请求上诉人支付嗣后之租金。"

续使用1个月时，得与乙订立使用借贷契约，由乙取得间接占有，以代交付。关于此项规定之准用，1959年台上字第611号判例谓："系争房屋上诉人于买受后，出租与原出卖人居住，则依第946条第2项准用第761条第2项之规定，既已取得间接占以代交付，即应以租赁契约成立之日期，为系争房屋移转占有之日期。"

4. 指示交付（返还请求权之让与）。第761条第3项规定："让与动产物权，如其动产由第三人占有，让与人得以让于第三人之返还请求权，让与于受让人，以代交付。"例如甲有某花瓶寄托乙处，其后甲将该瓶赠与丙，得将对乙之返还请求权，让与于丙，以代交付。关于本项规定之准用，多发生于买卖。1943年上字第5455号判例谓："第348条所谓交付其物于买受人，即移转其物之占有于买受人之谓。占有之移转，依第946条第2项准用第761条之规定，如买卖标的物（作者注：在本件，买卖标的物为不动产）由第三人占有时，出卖人得以对于第三人之返还请求权，让与于买受人以代交付。故除有出卖人之交付义务在第三人返还前，仍不消灭之特约外，出卖人让与其返还请求权于买受人时，其交付义务即为已经履行，买受人不得以未受第三人返还，为拒绝支付价金之理由。"又1955年台上字第828号判例："买卖标的物之利益及危险，自交付时起，由买受人负担，固为第373条所明定。但该条所谓交付，并非以现实交付为限，亦可准照第946条第2项、第761条第3项规定，让与返还请求权，以代交付。"

（三）占有的概括承受

1. 占有的继承。第1148条规定："继承人自继承开始时，除本法另有规定外，承受被继承人财产上之一切权利义务。"[1]占有为事实，虽非权利，仍能依此规定承受占有。若认为占有人一旦死亡，其占有的意思，既不存在，同时亦断绝其与物的管领关系，当然归于消灭，而不得继承，显然不足保护继承人。为此，德国民法第 857 条特别规定："占有移转于继承人"（Der Besitz geht anf den Erben über）大清民律草案第 1274 条亦明定："占有得继承之。"立法理由谓："占有法律之利益，应使其可以继承，而继承人第依开始继承一事，即取得占有，无须事实上立于管领其物之地位，亦不必问其知有占有或有欲占有之意思与否，此继承法则当然之理也。各国立法侧，间有不许继承占有者，然保护占有失之于薄，故本律不采之。"台湾地区现行"民法"未采此条文，但于第 947 条第 1 项规定："占有之继承人或受让人，得就自己之占有，或将自己之占有与其前占有人之占有合并，而为主张。"亦肯定占有的继承性。[2]

占有的继承，以被继承人死亡开始时占有某物为要件。其占有悉依被继承人死亡时的占有状态（有权占有或无权占有、有瑕疵占有或无瑕疵占有、自主占有或他主占有、直接占有或间接占有等），移转于继承人，继承人是否知悉，在所不问。继承的占有为一种"对物无事实上管领力的占有"（Besitz ohne Sach-

---

[1] 参阅 1980 年台上字第 727 号判决谓："店铺租赁权、药房营业权，及药房之货物生财设备，均属财产，得为继承之标的。继承人继承被继承人之租赁权、药房营业权、及药房之货物生财设备，并不以与被继承人同住一处为限。亦不因继承后未办营业变更登记而有影响。余荣耀继承其父上开遗产后，雇用上诉人为店员，管理经营该药房，亦不阻却其与被上诉人间租赁关系之存在。如上诉人确为余荣耀之受雇人，其占有讼争店铺无非居于占有辅助人之地位。原审未注意及此，徒凭前词，遽认其为占有人并以无权占有为原因，而为不利于上诉人之判决，自难认为适法。"

[2] 史尚宽，物权法论，第 499 页；郑玉波，民法物权，第 381 页。

herrschaft)。此种观念化的占有,因继承人取得对于物之事实管领力而现实化,并得变更其占有状态。[1]

关于肯定占有继承性的实益,试举一例加以说明。甲以行使地上权的意思,占有乙的土地,兴建房屋,长达19年,屋内悬挂秦陵古剑。甲遭空难死亡,其独生子丙就业美国,因病住院,不能返台。在此情形,丙虽在外国,远隔重洋,仍因继承而继受取得甲的占有。1年后乙得将自己占有与甲的占有合并而为主张,依取得时效的规定,请求登记为地上权人(第772条、第769条)。屋内古剑被丁所盗,让售于善意之戊时,丙得依第949条规定向戊请求返还。

2. 其他概括承受。占有的继承系典型的概括承受。在其他概括承受的情形,如法人解散后,其剩余财产应归属于法人住所所在地之地方自治团体(第44条第2项),亦应肯定占有的当然移转。[2]至于遗嘱所指定之遗嘱执行人开始执行职务,占有并不当然移转,仅发生占有移转请求权。[3]

第二款　直接占有的消灭

一、丧失对于物之事实上之管领力

(一) 管领力的丧失

第964条本文规定:"占有、因占有人丧失其对于物之事实

---

〔1〕 Westermann/Gursky, Sachenrecht, I. S. 112ff.; Erbenroth/Frank, Die Übertragung des Besitzes vom Erblasser auf den Erben, JuS 1996, 794.
〔2〕 史尚宽,物权法论,第500页。
〔3〕 此为德国通说,参阅 Baur/Stürner, Sachenrecht, S. 72; Westermann/Gursky, Sachenrecht, I. S. 113.

上管领力而消灭。"[1] 管领力丧失的情形有二：

1. 由于占有人的意思：如将不动产交付于买受人。配偶的一方因分居而离去婚姻同居的房屋。[2] 抛弃占有物，[3] 抛弃占有的行为，得为作为（如丢弃情书），亦得为不作为（如戒指掉入水池而不打捞）。此项使其占有丧失的意思。不是法律行为上的意思表示，而是自然的意思，不以具有行为能力为必要。

2. 非由于占有人的意思：如物被窃或遗失。

(二) 管领力仅一时不能行使

须注意的是，第964条但书规定："但其管领力仅一时不能实行者，不在此限。"例如家畜走失，可预期其归来；占有的土地被洪水浸没数日；因山崩桥断，一时不能取回放置彼岸的物品；旅客checkout之际，发现尚有手表遗留于浴室。1955年台上字第93号判例谓："被上诉人主张系争物，系向贩卖与其物同种

---

[1] 立法理由书谓："查民律草案第1311条理由谓占有因于物有事实上之管领力而取得之。其丧失之时，占有自应消灭，即占有人丧失其占有动产无发见之希望，此事实即占有消灭之原因。然占有人仅暂时不得行使其事实上之管领力，不得以丧失事实之管领力论，其占有不消灭，如占有人因遗忘，或洪水有不能管领其占有地之事实，仍不能为占有消灭之原因。此本条所由设也。"查民律草案除1311条，尚有第1310条规定："占有因占有人抛弃对于物之事实上管领力而消灭。"现行"民法"未采此条文，故第964条规定应从宽解释，包括抛弃占有的情形在内。又民律草案第1312条规定："占有因其标的物灭失而消灭。"现行"民法"亦未采之，解释上应当属当然。
[2] 参照BGH Fam RZ71, 634.
[3] 关于抛弃占有的认定，1983年台上字第3674号判决谓："系争摊位占用之土地，虽非被上诉人所有，但该摊位占用之地区，为经政府公告指定为摊位营业地区，并对各摊位办理登记，发给执照，自应受占有之保护。被上诉人对于系争摊位之使用，因受法令之限制，不能设置固定摊架，只能白天摆摊，夜间收摊。但不能因其收摊，即谓被上诉人已放弃占有之意思。矧被上诉人为有照之固定摊贩，则其占有系争摊位，自应认为继续占有并不间断。"可资参考。关于本件判决的分析，参阅本书第157页。

之物之商人以善意购得，依第950条之规定，上诉人非偿还其支出之价金，不得回复其物，自非无据。至警察扣押该物，系暂时停止被上诉人事实管领力，尚难认为其占有业已丧失。"可资参照。

二、其他情形

占有物之物质的灭失，亦为占有消灭原因之一。所谓物质的灭失，包括毁灭（如茶杯破碎）、消耗（如燃烧煤球）或添附（如以油漆涂墙）。在诸此情形，占有人的管领力事实上已无所附属，占有应归消灭，自不待言。

第二节　间接占有的取得和消灭

甲有某琴，出租于乙，乙转租于丙。其后甲将该琴所有权让与丁，指示交付之。试说明：(1) 该琴上的占有关系。(2) 设丙擅将该琴作为己有，设质于戊（善意或恶意）时，其占有关系。(3) 设丙擅将该琴作为己有让售于庚（善意或恶意），并为交付时，其占有关系。

第一款　间接占有的取得[1]

间接占有，指基于他人既存的占有而取得占有，性质上系属继受取得，分为创设取得和移转取得，说明如下：

---

[1] 参照史尚宽，物权法论，第495页；郑玉波，民法物权，第382页；Baur/Stürner, Sachenrecht, S. 62.

一、间接占有的创设取得

间接占有的创设取得,指基于他人的占有而创设间接占有。此种间接占有的发生事由有三:

1. 直接占有为自己创设间接占有:例如所有人出租(出借、寄托、设定地上权或质权)其物于他人时,系将其直接占有让与他人,而为自己创设间接占有。

2. 直接占有人为他人创设间接占有:例如出卖人出售某物,并向买受人借用其物,依占有改定使自己成为直接占有人,买受人成为间接占有人。

3. 非占有人为自己取得直接占有,同时为他人创设间接占有:例如以监护人的资格受领某物之交付时,监护人自己成为直接占有人,受监护人成为间接占有人。

二、间接占有的移转取得

(一)间接占有的让与

间接占有人得依指示交付(返还请求权的让与),将其间接占有让与于他人。例如出租人甲(间接占有人)将其租赁物所有权转让于乙时,得以其对于承租人丙(直接占有人)的返还请求权让与乙,使乙继受取得间接占有。此项返还请求权的让与,无须通知原直接占有人。

(二)间接占有的继承

占有具有继承性,前已论及,间接占有系一种占有,自得为继承的客体。继承之占有具有瑕疵时,并应承继其瑕疵。

三、实务上二则判例

关于间接占有的取得,实务上二则判例具有启示性,可供对照:

1. 1944年上字第3754号判例谓:"第911条所称之占有,不以典权人直接占有为必要,此观于第915条之规定自明。出典人于典权设定后，仍继续占有典物者，如已与典权人订立契约，使典权人因此取得间接占有时，依同法第946条第2项、第761条第2项之规定，即不得谓典物之占有尚未移转于典权人。"此为间接占有的创设取得。

2. 1949年台上字第163号判例谓："典权之成立，依第911条规定，固以移转占有为要件。惟该条所称之占有，不以典权人直接占有为必要，此观第915条之规定自明。是出典人于典权设定后，苟因典物在第三人占有中，而将其对于第三人之返还请求权让与典权人，使典权人因此取得间接占有时，依同法第946条第2项、第761条第3项之规定，即不得谓典物之占有尚未移转于典权人。"此为间接占有的移转取得。

第二款　间接占有的消灭

间接占有的成立要件，失去其一时，间接占有即告消灭，分述如下：

1. 直接占有人丧失占有。直接占有人丧失占有时，间接占有无所附属，应归于消灭。此项占有的丧失是否基于直接占有人的意思，在所不问。在基于直接占有人的意思而丧失占有的情形，间接占有人同意与否，亦非所问。例如甲借某小提琴于乙，乙擅将该琴让售于丙，并为交付时，甲的间接占有消灭。在前举之例，设乙将该琴转借于丙，则成立多阶层的间接占有，甲的间接占有并不消灭。

2. 直接占有人表示不承认间接占有。直接占有人对间接占有人表示不承认其间接占有的地位，亦为间接占有消灭的原因。例如甲借小提琴与乙，乙系以他主占有的意思而为占有，设乙对甲表示该琴原为其所有，则自乙为此表示时起，甲的间接占有归于消灭。

3. 返还请求权消灭。间接占有系本于一定的法律关系，而对事实上占有其物之人有返还请求权。此项返还请求权一旦因时间经过、解除条件成就，而不存在时，间接占有亦归消灭。

第三节　依代理人、占有辅助人而取得占有

> 甲授权其职员某乙，以甲的名义出卖某屋，丙公司的经理丁与乙订立买卖，并约定由甲承租该屋2年。丁开具支票交付乙，清偿价金。试说明该屋及支票的占有关系。

在现代分工的社会，法律交易多须借助他人，占有的取得亦不例外。兹分别就代理与占有辅助二种情形加以说明。

一、依代理人而取得占有[1]

代理，指代理人以本人名义所为之意思表示或所受意思表示，直接对于本人发生效力（第103条）。得被代理的，限于法律行为，占有不得为代理的客体，无从依代理人而取得占有或移转占有，其构成例外的，有下列二种情形，因其仅为意思表示，不涉及事实上管领力的变更：

1. 占有改定：例如甲委任乙出售某屋，并授予代理权，向买受人丙承租该屋。

---

[1] 经由代理而取得占有（Besitzerwerb durch Stellvertreten）系德国法上讨论甚多的问题，参阅 Baur/Stürner, Sachenrecht S. 73; Westermann/Gursky, Sachenrecht, I. S. 107，附有详细的参考资料。史尚宽，物权法论（第494页以下）对依代理人取得直接占有（Stellvertretung im Besitz）论述甚详，可供参照。

2. 指示交付：例如甲有某车，出租于乙，其后甲委丙出卖该车，并授予代理权。丙将该车出售于丁，并同时让与甲对乙的返还请求权，以代交付。

二、依占有辅助人而取得占有

依占有辅助关系取得占有，在交易上颇为常见。占有的原始取得或继受取得均得依占有辅助人为之。占有辅助具有替代代理的功能。在占有的原始取得，如雇人捕鱼，发掘埋藏物。在占有的继受取得，例如甲公司职员乙向丙公司店员丁购买电脑，付款取货。在此情形，买卖契约（债权行为）系由乙、丁分别代理甲公司和丙公司互为意思表示而订立，标的物和价金让与合意（物权行为）亦分别由乙、丁代理为之。至于物的交付，则依占有辅助关系而完成，即丁交付电脑于乙时，乙系甲公司的占有辅助人，由甲公司取得其占有，乙支付价金（货币或支票）于丁时，由丙公司取得其占有，而分别让与买卖标的物和价金（货币或支票）的所有权（第761条第1项）。

第四节 占有继受取得的效力

占有取得的效力，于占有者其人发生，直接占有或间接占有均得移转或继承（继受取得），因而产生占有合并或分离的问题。第947条规定："占有之继承人或受让人，得就自己之占有，或将自己之占有与其前占有人之占有合并，而为主张。合并前占有人之占有而为主张者，并应承继其瑕疵。"兹分占有合并与占有分离，加以说明。

一、占有的合并

占有的合并，指继承或受让人（合称继受人）得将自己的占有与前占有人的占有合并而为主张，其主要实益在于时效取得。

例如甲明知某地为乙所有，以行使地上权的意思和平继续占有该地，10年后将其占有让与于丙，丙亦以行使地上权的意思占有该地。1年后丙将该地及地上建筑物出租于他人。5年后，丙死亡，由丁继承之。再经过4年，丁得主张合并甲与丙的占有，请求登记为地上权人（第772条、第769条）。关于此例，应说明的有五点：

1. 法律允许占有的合并，旨在保护占有人，实践占有继续功能，以享有取得时效的利益。

2. 得主张占有合并的，仅限于占有的继受取得人。占有的原始取得人非基于他人占有而取得占有，无合并主张的余地。

3. 所谓前占有人，不限于直接前占有人，前占有人之占有系继受取得的，皆得合并而为主张，但以相互间有继续为必要，1964年台上字第2149号判例谓："占有乃对于物有事实上管领力之一种状态，占有人主张时效上之利益，必其占有并未间断，始得就占有开始之日起连续计算，故后占有人以前占有人之占有时间合并计算者，亦必后占有人为前占有人之合法继承人时（包括一般继承与特定继承），始得为之。"可资参照。至于占有的原因为继承或受让，其占有的状态为直接占有或间接占有，均所不问。

4. 在上开之例，甲占有之始非为善意，丁合并甲之占有而为主张时，应承继其瑕疵，故应准用第969条，而非第770条。

5. 承受人主张占有的合并后，发现前占有人的占有具有瑕疵，为避免遭受不利益，得予撤回。[1]

二、占有的分离

占有的分离，指占有的继受人得将自己的占有与前占有人的占有分离，而仅就自己的占有而为主张。"民法"对此未直接设有明文，但可由第947条第1项规定反面推论之。此亦在保护现占有人，因其既已取得占有，当可自为主张，不能强其须合并他人的占有而承继其瑕疵。至其实益，例如甲恶意占有乙未登记的房屋，5年后死亡，其继承人丙善意并无过失相信该屋为其父所有，而继承之，继续占有达10年，即可仅主张自己的占有，依第770条规定，请求登记为所有人。

第五节　占有取得和消灭的体系构成与例题解说[2]

A在纽西兰海湾深谷发现稀有螃蟹化石。携带回台，交由B教授鉴定，被C所盗，出售于收藏家D，由

---

[1] 参阅史尚宽，物权法论，第501页；谢在全，民法物权论（下册），第506页。立法理由书谓："查民律草案第1293条理由谓占有之继承人或受让人，应听其选择，或仅主张自己之占有，或并主张自己之占有及前主之占有，以享有取得时效之利益，何则，取得时效之完成，其期间内，本无须一人为占有人也。至占有之种类，依现占有人与其占有物之关系而定，故前主虽为恶意占有人，而其继承人或受让人为善意时，仍以善意占有论。若继承人或受让人，并主张前主之占有及自己之占有时，不得将其瑕疵及恶意等置诸度外，否则超越前主之占有范围，殊觉不当。此本条所由设也。"可资参考。

[2] 作者于1994年3月间赴纽西兰基督城（Christchurch）作短期停留，并在Canterbury大学法学院图书馆，撰写本书，并研读关于Accident Compensation制度的资料。在Canterbury大学旧址附近博物馆，看到数个螃蟹化石，造型奇特，平生罕见，印象深刻，沿清丽的Avon河经幽静的Gagley Park回旅馆途中构思此例，附志于此，以供追忆。

D的助理E以D名义订立买卖契约并受领其物。E知C窃盗之事，但D不知之。4年后，D病故，由其子F继承之。1年后F在储藏室发现该螃蟹化石，即将之赠与财团法人G博物馆，并即交付之。A查知其事，试说明该螃蟹化石上的本权及占有的得丧变更。

一、体系构成

占有虽系事实，而非权利，但为受法律保护，其取得和消灭，相当于权利的得丧变更。就占有的取得言，可分为原始取得和继受取得。继受取得可分为创设取得和移转取得。就占有的消灭言，可分为绝对的消灭（如抛弃占有、标的物灭失）或相对的消灭（如占有的取得、主体的变更）。引起占有取得或消灭的法律事实，有为行为（事实行为、法律行为或侵权行为），有为行为外的事实，例如继承。为便于观察，图示如下：

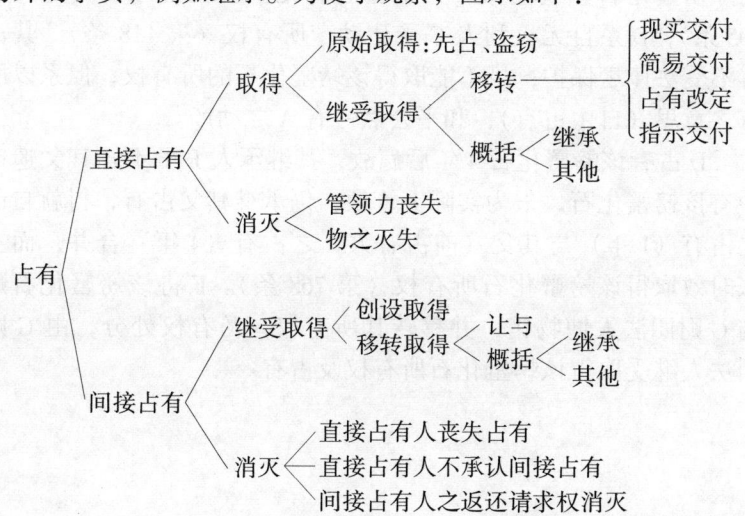

```
                    ┌ 原始取得：先占、盗窃              ┌ 现实交付
             ┌ 取得 ┤                    ┌ 移转 ───────┤ 简易交付
             │      └ 继受取得 ──────────┤             │ 占有改定
   ┌ 直接占有┤                           │             └ 指示交付
   │         │                           └ 概括 ┌ 继承
   │         │                                  └ 其他
   │         │
   │         └ 消灭 ┌ 管领力丧失
   │                └ 物之灭失
占有┤
   │         ┌ 继受取得 ┌ 创设取得
   │         │          │              ┌ 让与
   │         │          └ 移转取得 ────┤       ┌ 继承
   └ 间接占有┤                          └ 概括 ┤
             │                                  └ 其他
             │
             └ 消灭 ┌ 直接占有人丧失占有
                    ├ 直接占有人不承认间接占有
                    └ 间接占有人之返还请求权消灭
```

二、解说

A在纽西兰海湾深谷发现稀有螃蟹化石，以所有的意思，占有无主的动产，取得其所有权（第802条）。A将该螃蟹化石交由B教授鉴定，系本于一定的法律关系，成立占有媒介关系，B教授事实上占有该螃蟹化石，为直接占有人，A则为自己创设取得间接占有。

C自B教授盗取该螃蟹化石，原始取得占有，B教授丧失其直接占有，A之间接占有，亦归消灭。

C出售螃触化石于D收藏家，D的助理E明知盗赃情事，仍以D名义代订买卖契约并受领其物（第345条、第761条、第103条），其买卖契约和让与合意系由E代理D为意思表示。E自C受领螃蟹化石的交付，则系居于占有辅助人之地位，由D取得占有，受让其所有权（第761条、第103条）。D的代理人E明知螃蟹化石系属盗赃，其事实之有无，应就代理人决之（第105条），D系自无权利人C受让动产所有权（第118条），其占有不受法律之保护，虽不能取得该螃蟹化石的所有权，但系以所有之意思（自主占有），和平公然占有A之动产。

D占有该螃蟹化石4年后病故，其继承人F虽不知其父遗产中有该螃蟹化石，未为实际上管领，仍承继其父占有，得就自己之占有（1年）与其父（前占有人）之占有（4年）合并，而主张时效取得该螃蟹化石所有权（第768条）。F将该螃蟹化石赠与G财团法人博物馆，并移转其所有权，乃有权处分，由G财团法人继受取得该螃蟹化石所有权及占有。

第五章　占有的效力

占有的效力系占有制度的核心问题。民法对占有赋予各种效力，如时效取得、无主物先占、遗失物拾得等，已于本书相关部分加以论述。兹就占有权利的推定、动产物权的善意取得、占有人与回复请求人的权利义务及占有的保护，论述如下。

第一节　占有权利的推定

1. 甲占有某名贵琵琶，乙向甲租用该琵琶举行演奏会。试问：(1) 丙对乙主张该琵琶为其为所为，请求返还时，乙主张该琵琶系租自某甲，应推定甲为所有人时，法院对其争执应如何判决？(2) 该琵琶被丁所盗，甲向丁主张所有物返还请求权时，丁得否要求甲证明其为所有人？(3) 甲向乙请求返还琵琶时，乙主张有租赁关系存在时，如何定其举证责任？

2. 甲自建违章房屋，赴中国大陆省亲，乙乘甲不在，迁入居住，并以所有人地位，分租于丙。试问：(1) 甲对乙争执该屋为其所有时，乙得否提起确认房屋所有权存在之诉，或请求登记该房屋为其所有？(2) 甲对丙主张所有物返还请求权时，其法律关系如何？

一、规范目的

第943条规定:"占有人于占有物上行使之权利,推定其适法有此权利。"此为占有权利的推定(或占有权利的推定力)。例如甲以行使所有权的意思占有某琵琶,推定甲为所有人,乙争执该琵琶为其所有时,须举证推翻之。此项规定的主要作用在于诉讼,就上例而言,若争执琵琶所有权之乙无相反的证明,或其所提出的反证无可凭信时,"法院"应为甲系所有人的判决。法律所以设占有权利的推定,其理由有四:[1]

1. 保护占有背后的权利:占有某物通常多基于本权,具有权利存在的盖然性,尤其是台湾地区"民法"对动产物权的移转采交付主义,占有权利的推定具有保护占有背后权利的功能。

2. 维持社会秩序:占有权利的推定可以免除举证责任的困难,易于排除侵害,维护物之秩序。吾人所穿衣服,所戴手表,所驾汽车,所用钢笔,倘不推定吾人所有,则他人将任意争执,诉讼不断,危及社会秩序。

3. 促进交易安全:占有的权利既受推定,产生公信力,使善意信赖占有而为交易者,得受保护,有益交易安全。

4. 符合经济原则:占有权利的推定,有助于保护本权,避免争议,维持社会秩序,促进交易安全,可以减少诉讼,节省资源,发挥物尽其用的作用。

二、适用范围

(一)动产和不动产

关于占有权利的推定,各国立民法规定不同,有仅以动产为

---

[1] 张立中,占有制度之近代化,政治大学法律研究所1984年度硕士论文,第16页;谢在全,民法物权论(下),第507页。

限,如德国民法、[1]瑞士民法。[2]台湾地区第943条包括不动产与动产,系采日本立法例。[3]在不动产,因采登记制度,"土地法"第43条规定:"依本法所为之登记,有绝对效力。"实务上认为所谓绝对效力,系指将登记事项赋予绝对真实之公信力,故在解释上自应解为具有推定力,占有与登记名义发生抵触时,应以登记的内容为准。[4]未经登记的不动产,仍有第943条的适用。至于船舶,原则上虽适用动产之规定("海商法"第6条),但法律设有登记制度(参阅"船舶登记法"),其办理登记者,应以登记为准,未登记者,仍适用民法规定。须注意的是,汽车登记为行政管理事项,非属所有权移转要件,仍应适用民法规定,占有人于占有之汽车上行使之权利,推定其适法有此权利。第68条第2项规定:"主物之处分及于从物。"在解释上应为主物上被推定的权利及于从物。

(二)被推定的权利

依第943条规定,凡占有人于占有物上行使之权利,均被推定其适法有此权利,不限于所有权,尚包括债权(如租赁权)或

---

[1] 德国民法第1006条规定:"Ⅰ、为动产占有人之利益,推定其为动产之所有人。物因被盗、遗失或其他事由,而脱离占有者,对于原占有人,不适用前段之规定,但其占有物为金钱或无记名证券者,不在此限。Ⅱ、为前占有人之利益,推定其在占有期间内,为物之所有人。在间接占有之情形,对于间接占有人,亦适用此种推定。"关于本条的解释适用,参阅 Palandt-Bassenge § 1006.
[2] 瑞士民法第930条规定:"动产之占有人,推定其为所有人。原所有人推定其于占有时期为物之所有人。"
[3] 日本民法第188条规定:"占有者于占有物上行使之权利,推定其适法有此权利。"
[4] **物权编修正草案**第943条明定:"占有人,于占有物上行使之权利,除已登记之不动产物权外,推定其适法有此权利。"即第943条占有权利的推定对已登记不动产并不适用之。

限制权利（如地上权、质权）在内。至于抵押权，因不以占有标的物为要件，自无本条规定的适用。占有权利的推定，依其所行使者而定，例如以所有人意思行使其权利于占有物时，推定其所有权；以租赁之意思行使其权利于占有物时，推定其有租赁权。

1984年台上字第2984号判决谓："第943条所谓占有人于占有物行使之权利，推定其适法有此权利。其所指之权利，究为何种权利，应依占有人行使权利当时之意思定之，并非专指所有权而言。"惟须注意的是，第944条规定推定占有人为以所有之意思占有，故实际上占有人原则上皆被推定为所有人。数人占有某物时，推定为其共有人，各共有人的应有部分不明时，推定其为均等（参照第817条）。

占有权利的推定须以占有某物为要件。占有辅助人为其主人管领某物而行使权利时，推定其占有主人适法有此权利。此项占有权利的推定，不限于直接占有，间接占有亦包括在内。例如甲占有某画，出租于乙，乙转租于丙时，依其所行使的权利，推定甲（最高层的间接占有人）为该画所有人，乙（间接占有人）和丙（直接占有人）有租赁权。

三、推定的效力

（一）法院应依职权适用

权利占有一旦被推定，法院应依职权适用之。第191条第1项本文规定："土地上之建筑物或其他工作物所致他人权利之损害，由工作物之所有人负赔偿责任。"例如某人占有未登记的建筑物，以所有之意思行使其权利而推定其为所有人时，应依第191条规定，对被害人负损害赔偿责任。

（二）利于或不利于占有人的推定

第943条规定占有权利的推定，不限于为占有人的利益，对其不利益亦有适用之余地。[1]此项占有权利推定的效力，不仅占有人可以援用，第三人亦可主张之，分别说明如下：

1. 占有人自己援用。甲占有某套虎年金币，举行拍卖，乙主张该套金币为其父丙所有，于逃难时托甲保管，乃向甲请求返还。在此情形，甲得援用第943条规定，推定其为该套金币所有人，而受保护。

2. 第三人的援用。债权人得主张债务人占有的动产，为债务人所有，而声请法院查封之。因过失毁损他人占有之物，向占有人为损害赔偿时，得援用推定占有人为所有人，而发生清偿的效果。[2]

3. 直接占有人得援用关于间接占有人的权利推定。甲出租某琵琶给乙，丙向乙主张该琵琶为其所有，请求返还时，乙（直接占有人）得援用推定甲为该琵琶所有人而拒绝之。

由上述可知，占有权利的推定力，非仅立于消极地位者得加援用；占有人对于他人积极主张其为有权占有时，亦得援用之，非仅用防御，亦可用于攻击。

（三）对过去占有人的效力

占有权利的推定，不仅现占有人，对过去之占有人，亦有适用余地。此于占有的合并、时效取得、侵权行为损害赔偿等具有实益。例如甲占有某琵琶，被乙所毁损后，出售于丙，并为交付。在此情形，甲虽非现占有人，亦得援用其过去占有期间为所

---

[1] 此点与德国民法第1006条不同。参阅史尚宽，物权法论，第524页；郑玉波，民法物权，第385页；谢在全，民法物权论（下），第509页。

[2] 参阅 Baur/Stürner, Sachenrecht, S.85。参照德国民法第851条规定："因动产之夺取或毁损而负有损害赔偿义务之人，已向夺取或毁损时占有该物之人为赔偿时，纵令另有第三人为该物之所有人，或就该物享有其他权利，仍因其给付而免除责任。但明知该第三人之权利，或因重大过失而不知之者，不在此限。"

有人的推定，向乙请求损害赔偿。

（四）占有权利的推定在人的限制

依第943条规定，于占有物上行使权利，仅须证明其为占有人，即受本条权利之推定，就其占有物行使之权利不负举证责任，其根据债权（如租赁或借贷）或用益物权（如地上权、典权）等所有权以外之权利而占有他人之物者，在占有人与第三人间得径此本条规定而为权利适法的推定，固无疑问。问题在于在占有人与使其占有人之间，得否径为此项推定。例如甲将某名贵琵琶交付乙占有，嗣甲以所有物返还请求权请求乙返还琵琶，乙得否主张适法推定其于占有物上行使的租赁权？就现行规定而言，固应作如此解释。然是否合理，不无疑问。[1] 瑞士民法第931条第2项规定："依因限制物权或对人权利所生之请求权而占有动产者，推定有此权利之存在；但对于由其受领该动产之人不得主张该项推定。"**物权编修正草案**参考瑞士立法例，于第943条增列第2项："前项规定，于占有人行使所有权以外之权利时，对使其占有之人，不适用之。"立法目的在于维护诉讼法上举证责任分配法则，俾符公平。就上举之例言，乙主张因租赁权而占有甲交付的琵琶时，对妨碍甲所有权存在之障碍事实，应负举证责任。

（五）对占有之未登记不动产请求确认所有权，或请求为所有权登记

1. 请求确认占有未登记不动产的所有权。兹有一则法律问题：甲自建未经登记之房屋，乙乘甲不在，迁入居住多时，并以所有人地位，分租与第三人使用，问乙据以请求登记该房屋为自己所有，提起确认房屋所有权存在之诉时，究应由何人负举证责

---

[1] 谢在全，民法物权论（下），第510页。

任？

"司法院"第一厅研究意见认为，按确认之诉，非原告有即受确认判决之法律上利益者，不得提起。本件乙占有房屋而行使其权利，如甲未争执其权利，当事人法律上之地位并不因此而居于不安之状态，则该当事人并不因此而有受侵害之危险，亦即无即受确认判决之法律上之利益，无保护之必要，不得提起确认之诉。如甲争执其权利，对甲提起确认所有权存在之诉，除甲有反证外，依1940年上字第378号判例意旨，自毋庸举证。[1]

2. 请求办理所有权登记？在上揭法律问题，占有人得否进一步请求将其占有的房屋登记为其所有？第一厅研究意见表示："不在研究范围，不予论列。"本书认为应采否定说。第943条之立法目的在于维持社会现状及交易安全，占有权利推定的效力，属于消极性，占有人不得利用此种推定，请求为所有权登记的积极证明，否则民法关于时效取得所有权及其他财产权的规定，将成具文。[2]

四、占有权利推定的推翻

依第943条规定，占有人仅须证明其为占有人，即受其行使权利之推定，诚如1940年上字第378号判例所云，确认土地所有权存在之诉，原告就所有权存在之事实，固有举证之责任。惟原告如为占有该土地而行使所有权存在之事实，固有举证之责任。惟原告如为占有该土地而行使所有权之人，应依第943条推定其适法有所有权者，依"民事诉讼法"第281条之规定，除被告有反证外，原告即毋庸举证。惟若被告证明其为系争土地之所有人，而推翻法律之推定，则原告就其主张其对土地之占有有合

---

[1] 民事法律问题研究汇编，"司法院"印行，1983年，第2辑，第191页。
[2] 参照姚瑞光，民法物权论，第403页；郑玉波，民法物权，第386页。

法正当权源之事实，自应负举证责任。

须注意的是，取得对于物的管领力，在许多情形并非困难，为避免占有人滥于主张推定的效力，[1]此项反证，不应过于严格，否则将使"推定"变成"视为"。[2]只须依据所有调查结果与全辩论意旨，足生推翻推定的心证即为已足，或如能反证证明有某种受推定之权利状态完全不相容的权利状态存在时，亦足推翻该项推定。[3]德国联邦法院认为在购买商品而取得占有，但未支付价金之情形，若依该项买卖所属行业，买受人未付清价金，交易上通常出卖人皆保留买卖标的物之所有权时，此项表面证据即可反证推翻法律的推定。[4]此项见解，可供参考。

第二节 动产物权的善意取得

第一款 概 说

一、信赖保护原则、权利表征和善意取得

法律交易上的安全的维护有赖于建立信赖保护原则（Vertrauensprinzip），[5]而此须以具有一定的权利表征（Rechtsschein）作为基础，如何落实于具体制度，则涉及到利益衡量和公示的问

---

[1] Winkler, Die Rechtsvermutungen aus dem Besitz, S.20.
[2] Müller, Sachenrecht, S.82.
[3] 谢在全，民法物权论（下），第510页。
[4] BGHZ 42, 53.
[5] 关于信赖原则在身份法上的适用，参阅大法官第362号解释；关于公法上信赖保护原则，参阅大法官释字第525号解释。

题。[1]

如所周知，民法设有行为能力制度，规定无行为能力人（禁治产人、未满7岁未成年人）的法律行为无效；限制法律行为人（满7岁以上的未成年人）的法律行为，未经法定代理人允许的，其单独行为无效，契约则效力未定（第75条以下规定）。须特别注意的是，对行为能力的信赖，并不受保护，例如某甲，年30，受禁治产宣告，出售某件古玉给乙，并即交付，乙纵属善意，亦不能取得该件古玉的所有权，因为行为能力制度旨在保护禁治产人或未成年人，应优先于交易安全。[2]

对债权为无权处分，亦时有之。例如甲对乙有债权，将其债权让丙，并交付债权凭证，该债权与行为因甲为禁治产人而无效。丙出卖该债权于丁，并即让与（第294条），同时交付债权凭证。在此情形，纵丁善意信赖丙的处分权，并有债权凭证的存在或交付，亦不受保护，因债权本身并无公示方法可作为权利表征。[3]

对代理权的信赖，原则上亦不受保护。例如甲授予代理权与

---

[1] 参阅 H. Westermann, Die Grundlagen des Glaubenschutzes, JuS 1978, 145; Canaris, Der Vertrauensschutz im deutschen Privatrecht, 1976; J. A Hager, Verkehrschutz durch redlichen Erwerb, 1990; H. Müller, Gedanken zum Schutz des guten Glaubens in rechtsvergleichender Sicht, Zeitschrift für Rechtsvergleichung 4 (1963), S.2f.

[2] 参阅拙著，民法总则，第339页。

[3] 关于债权让与的基本问题，参阅郑玉波，民法债编总论，第463页。第296条规定："让与人应将证明债权之文件，交付受让人，并应告以关于主张该债权所必要之一切情形。"债权证明文件的交付系让与人的从义务，不是债权让与的生效要件。值得注意的是，德国民法第405条规定："债权人已提出具关于债务之证书时，债权因揭示此项证书而为让与者，债务人不得对新债权人主张债之关系之订立或承认，系出于伪造，或与原债权人曾有禁止让与之合意。但新债权人于债权让与时明知其情事或应知之者，不在此限。"此为债权善意取得的特别规定，可供参考。

乙，出租某物，乙不知代理权授予行为无效，仍以甲的名义与丙订立租赁契约。在此情形，乙系无权代理，丙纵属善意，亦不得主张发生代理的效力。其构成例外的是第169条规定的表见代理即由自己之行为表示以代理权授予他人，或知他人表示为其代理人而不为反对之表示者，对于第三人应负授权人之责任。但第三人明知其无代理权或可得而知者，不在此限。[1]

在不动产交易，土地登记具有表征权利的机能，得为信赖基础。"土地法"第43条规定："依本法所为之登记，有绝对效力。"所谓登记有绝对效力，指为保护第三人起见，将登记事项赋予绝对真实的公信力，故第三人信赖登记，而取得土地权利时，不因登记原因的无效或撤销，致被追夺。例如甲为避免债权人乙的强制执行，与丙通谋虚伪为某地的买卖，并办理所有权移转登记。在此情形，甲与丙间的买卖契约和所有权移转行为均属无效（第87条），丙不能取得土地所有权，设丙擅将该地设定抵押于善意之丁时，丙虽属无权处分，丁仍能取得抵押权。[2]

在此须特别指出的是，在动产交易，占有亦足作为权利表征。占有的移转（交付）为动产物权变动的公示方法（第761条），占有人推定其为以所有之意思而占有（第943条、第944条）。动产物权（尤其是所有权）的存在，既以占有为表征，则善意信赖此项表征而为法律交易者，纵其表征与实质权利不符，亦应受保护。关于动产物权的善意取得，"民法"基于体系的考虑，分别于不同章节设其规定。第801条规定动产所有权的善意

---

[1] 参阅洪逊欣，中国民法总则（修订版），第484页；拙著，债法原理（一），第360页；Bienert, Anscheinsvollmacht und Duldungsvoll-macht, 1975; Canaris, Sie Vertrauenshaftung im deutschen Privatrecht, 1971, S.39ff., 494f.

[2] 关于不动产物权的善意取得，拙著，民法物权（一）：通则、所有权，第122页。

取得，第886条规定动产质权的善意取得，第948条至第951条合并二者详加规定。留置权和动产抵押权得否善意取得，法无明文，发生争论。动产物权善意取得制度在实务与理论均属重要，本书特作较详细的说明，以供参考。

二、无权处分与动产物权善意取得

（一）无权处分的意义

动产物权善意取得的发生，系因所有权的让与人无移转其所有权，或出质人无设定质权的权利。所谓无移转其所有权或设定质权的权利，系指所有人或出质人欠缺得就该动产物权为有效处分行为之权能（处分权）。[1]分三点言之：

1. 处分行为。要了解台湾地区"民法"上的动产善意取得制度，必须认识处分行为与债权行为的区别。处分行为，指直接使某种权利发生变动的法律行为，如所有权的移转或质权的设定。此等处分行为皆有其原因行为（债权行为、负担行为），就所有权的移转言，如买卖、互易或赠与；就质权的设定言，如设定质权的约定。[2]所有权的移转或质权设定系基于物权行为，债权行为则为物权变动的法律上原因。[3]

2. 处分权。处分行为以处分人有处分权为其有效要件。至于债权行为（如买卖）则不以有处分权为必要，故出卖他人之物

---

[1] 洪逊欣，中国民法总则（修订版），第291页。
[2] 参照1981年台上字第453号判例："不动产抵押权之设定，固应以书面为之。但当事人约定设定不动产抵押权之债权契约，并非要式行为。若双方就其设定已互相同意，则同意设定抵押权之一方，应负使他方取得该抵押权之义务。"此项判例明确区别设定抵押权的约定（债权契约）与抵押权的设定（物权行为），实值赞同。
[3] 关于债权行为（负担行为）与物权行为（处分行为）的区别，参阅拙著，民法总则，第282页。

时，其买卖契约仍属有效。[1]

何人有处分权？凡财产权人就其权利标的物原则上皆有处分权，如物的所有人得让与其所有权或设定质权等。非财产权人的第三人，依法律规定享有处分权的，如法定代理人（第1086条、第1088条），夫对于妻之原有财产（第1020条）、抵押权人或质权人拍卖抵押物或质物（第873条、第892条、第893条）、破产管理人（"破产法"第92条）等。[2]

3. 无权处分与无权代理。应与无权处分严格加以区别的，是无权代理。代理人在代理权限内所为的处分行为对本人发生效力（第103条）。无代理权而以本人名义为处分行为时，其代理行为效力未定。例如甲授予代理权与其受雇人乙出售某电脑时，乙以甲的名义与丙所为的买卖契约（债权行为）及移转所有权的让与合意（处分行为）对甲均发生效力。但在授权行为无效的情形，其买卖契约（债权行为）及移转所有权的让与合意（处分行为），均属效力未定，丙纵为善意信赖乙的代理权，原则上仍不受保护，前已论及，兹再强调之。

（二）无权处分行为的效力与善意取得

1. 无权处分行为的效力。第118条规定："无权利人就权利标的物所为之处分，经有权利人之承认始生效力。无权利人就权利标的物为处分后，取得其权利者，其处分自始有效。但原权利人或第三人已取得之利益，不因此而受影响。前项情形，若数代理相抵触时，以其最初之处分为有效。"本条所称的处分，指处

---

[1] 参阅施启扬，民法总则，第327页；拙著，"出卖他人之物与无权处分"，民法学说与判例研究（四），第136页。
[2] 参阅洪逊欣，中国民法总则（修订版），第293页。

分行为，不包括买卖契约等债权行为。[1]无权处分行为的效力，并非无效，[2]而为效力未定。[3]依第118条规定，使其确定生效的方法有二：

1) 经有权利人之承认。1944年上字第6950号判例谓：第118条第1项所谓有权利人之承认无须践行一定之方式，如有权利人就此有明示或默示之意思表示，虽未以书面为之，亦无妨于承认效力之发生。"须注意的是，1934年上字第2510号判例谓："无权利人就权利标的物为处分时，如其行为合于侵权行为成立要件，虽其处分已经有权利人之承认而生效力，亦不得谓有权利人之承认，当然含有免除处分人赔偿责任之意思表示。"由此可知，权利人的承认虽使处分行为发生效力，无权处分人的侵权行为损害赔偿责任不因此而受影响。

2) 无权利人于为处分后取得其权利（如继承或受让标的物所有权）。1940年上字第1405号判例谓："无权利人就权利标的物为处分后，因继承或其他原因取得其他权利者，其处分为有效，第118条第2项定有明文。无权利人就权利标的物为处分后，权利人继承无权利人者，其处分是否有效，虽无明文规定，然在继承人就被继承人之务负无限责任时，实具有同一之法律理由，自应由此类推解释，认其处分为有效。"可资参照。

2. 动产物权的善意取得。无权的处分行为系效力未定，已如上述，但在让与动产所有权或设定动产质权的情形，受让人或质权人善意受让动产占有者，仍能取得所有权或质权（第801条、第886条、第948条以下）。所谓善意受让动产占有，指善

---

[1] 拙著，民法总则，第539页。
[2] 洪逊欣，中国民法总则（修订版），第294页。
[3] 此为通说，参阅郑玉波，民法总则，第328页。

意信赖处分人的处分权，法律为保护此项善意信赖，使无权处分行为发生效力。[1]

为使读者易于了解关于无权处分与动产物权善意取得的基本法律关系，兹以乙擅将甲寄托的某宋版古书作为已有出卖于丙，并依让与合意将该书交付于丙为例，图示如下：

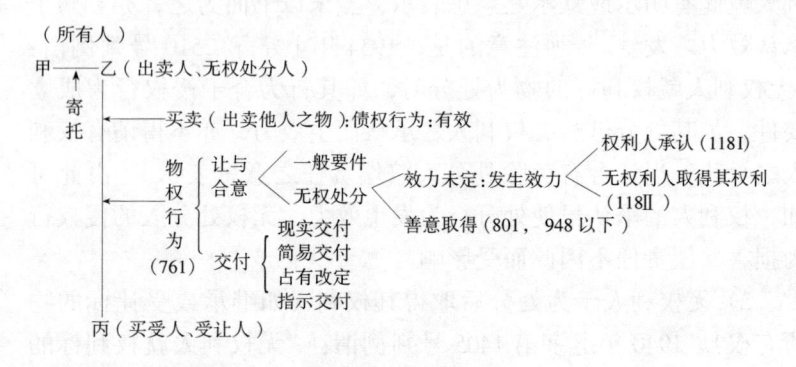

```
（所有人）
甲————乙（出卖人、无权处分人）
│       │
寄       买卖（出卖他人之物）：债权行为：有效
托       
│       物  ┌让与┌一般要件                    权利人承认（118I）
│       权  │合意└无权处分——效力未定：发生效力
│       行  │                              无权利人取得其权利
│       为  │                                      （118II）
│       (761)│                善意取得（801，948以下）
│           │    ┌现实交付
│           └交付│简易交付
│                │占有改定
│                └指示交付
丙（买受人、受让人）
```

关于上开图示，分四点加以说明：

1) 在此法律交易，共有三个法律行为，一为买卖契约，一为丙支付价金的物权行为，一为乙移转买卖标的物（宋版古书）所有权的物权行为。

2) 乙出卖甲寄托的宋版古书与丙，系出卖他人之物，其买卖契约（债权行为）有效。

3) 乙依让与合意将该书交付于丙，其物权行为（第761条）系属无权处分（第118条）。

4) 丙受让该书的占有时，应如何加以保护，乃动产善意取得制度的问题。就法律技术言，动产善意取得制度在补让与人处

---

[1] Hübner, Allgemeiner Teil des Bürgerlichen Gesetzbuches, 1985, RdNr.236.

分权的不足。就法律政策言,则为所有权保护与交易安全二个基本原则的调和。

第二款　动产所有权的善意取得

第一项　利益衡量与规范模式

甲寄托某名贵稀有日本六头网鲍(或无记名证券)于乙处,乙擅将该鲍鱼作为己有,出卖于善意之丙,并依让与合意交付之。试问丙是否取得该鲍鱼所有权?乙系将该鲍鱼赠与丙时如何?在上开情形,设该鲍鱼系盗赃或遗失物时,丙是否取得其所有权?区别无权处分之标的物为寄托物、盗赃或遗失物,其理由何在,是否合理?请从保护所有权与交易安全的观点,思考应如何设计动产善意取得制度。

一、所有权的保护与交易安全

动产所有权善意取得制度最可表现法律上的利益衡量与价值判断,对法学思考甚有助益。甲寄托某鲍鱼于乙处,乙擅将该鲍鱼作为己有,出卖与丙,并移转其所有权。设丙为恶意时,无保护的必要,不能取得其所有权,甚为显然,甲得对丙主张所有物返还请求权(第767条)。设丙为善意时,应如何处理,则值研究。此涉及到二个民法上的基本利益或价值:一为所有权的保护;一为交易安全。

从保护所有权的立场言,所有权不能因他人的无权处分而消灭,所有人得向受让人请求返还其物,受让人则应向让与人依其法律关系（买卖、互易或赠与）寻求救济。然绝对贯彻所有权保护原则，交易活动必受影响，在市场或商店购物，对让与人占有其物的信赖，倘不予保护，则购物者人人自危，恐遭不测损害，交易殆难进行。[1]由购买者去查知让与人是否为所有人，有无处分权，**交易成本**甚大[2]纵具侦探才能，亦属困难。所有权的保护（静的安全）和交易便捷（动的安全）这二个利益必须妥协，期能兼顾，因此在设计如何合理规范动产善意取得制度时，应考虑下列情事：[3]

1. 所有人丧失占有的原因：应否区别基于其意思（如寄托物），或非基于其意思（如盗赃或遗失物）？

2. 关于盗赃或遗失物，应否区别一般动产（如鲍鱼、书画）、金钱或无记名证券？

3. 关于交易行为（债权行为），应否区别有偿（如买卖、互易）或无偿（赠与）；买卖应否限于公开市场？

4. 债权行为不成立、无效或被撤销时，受让人是否仍得主张善意取得？

---

[1] 关于动产善意取得的理论基础，参阅史尚宽，物权法论，第505页；姚瑞光，民法物权论，第98页；谢在全，民法物权论（上），第264页；郭瑞兰，动产善意取得之研究。德国法上最近重要著作，Hager, Verkehrschutz durch gutgläubigen Mobilarerwerb, 1990. 比较法上深入的研究，参阅 Müller, Gedanken zum Schutz des guten Glaubens in rechtsvergleichender Sicht, Zeitschrift für Rechtsvergleichung 4 (1963), S.2f.; Rechtsvergleichend-Kritisches zum gutgläubigen Mobiliarerwerb, RabelsZ 23, 1.

[2] 关于交易成本，涉及法律的经济分析，参阅 Posner, Economic Analysis of Law, 3rd Edition, 1984; Schäfer/Ott, Lehrbuch der ökonomischen Analyse des Zivilrechts, 2.Aufl, 1995, S.471f. 中文方面，参阅熊秉元，"心中一把尺"及"灯塔的故事"（联经出版社），以优雅小品文阐释交易成本的概念，颇值参考，特为推荐。

[3] Westermann/Gursky, Sachenrecht, I.S.330ff.

5. 关于受让人的善意，应否区别有无过失（重大过失或轻过失）？

6. 所有人得径向善意受让人请求返还其物时，应否偿还其支付的价金？

兹为便于观察，先将设计动产善意取得制度必须考虑的重要因素，图示如下，**请读者自行研究，探讨其规范模式，再与"现行民法"规定比较分析，并作"立法"政策上的检讨。**此可训练归纳、演绎、区别、归类等思考方法，务请注意。

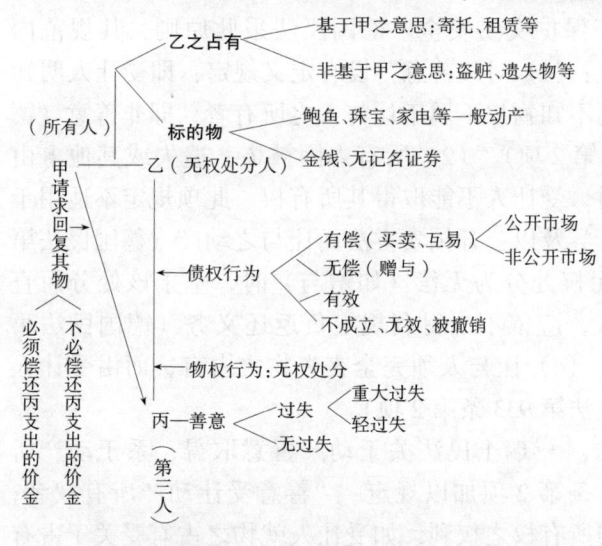

```
                            ┌─ 基于甲之意思：寄托、租赁等
                  乙之占有 ─┤
                            └─ 非基于甲之意思：盗赃、遗失物等
      (所有人)              ┌─ 鲍鱼、珠宝、家电等一般动产
                  标的物 ───┤
      甲      乙（无权处分人） └─ 金钱、无记名证券
      请
      求                    ┌─ 有偿（买卖、互易）── 公开市场
      回                    │                      非公开市场
      复       债权行为 ────┤─ 无偿（赠与）
      其                    │─ 有效
      物                    └─ 不成立、无效、被撤销
   必  不
   须  必    ─ 物权行为：无权处分
   偿  偿
   还  还              ┌─ 过失 ─┬─ 重大过失
   丙  丙    丙——善意 ─┤        └─ 轻过失
   支  支    (第三人)   └─ 无过失
   出  出
   的  的
   价  价
   金  金
```

二、规范模式

1. 罗马法。[1]罗马法系采"任何人不能以大于己所有的权利让与他人"的原则。此乃基于法律逻辑，偏重于所有权保护。

---

[1] 关于罗马法，简要说明参阅 Söllner, Der Erwerb vom Nichtberechtigten romanistischer Sicht, Festschrift für Coing, 1982, I.363; Wieling, Sachenrecht, I.S.350.

受让人纵属善意，亦不能取得动产所有权，所有人得向受让人主张所有物返还请求权。值得注意的是，善意受让人得主张时效取得，其取得时效期间仅为1年，以兼顾交易活动及维护安定的法律秩序。

2. 德国法。[1]日耳曼法系采"所有人任意让他人占有其物者，则只能对该他人请求返还"的原则。此乃基于以手护手（Hand wahre Hand）的观念，认为："汝将汝的信赖置于何处，应于该处寻之"（Wo du deinen Glauben gelassen hast, du musst ihn suchen），偏重于保护交易安全。德国民法采此原则，其规范内容有四点的特色：(1) 对"善意"设有定义规定：即受让人明知或因重大过失而不知物权不属于让与人之所有者，即非善意（德国民法第932条第2项）。(2) 所有人因被盗、遗失或其他事由而丧失其动产时，受让人不能取得其所有权。此项规定不适用于金钱、无记名证券及以公开拍卖方法而让与之动产（德国民法第935条）。(3) 无权处分为无偿（如赠与）时，基于该处分而直接取得利益之人，应依不当得利规定负返还义务（德国民法第816条第1项）。(4) 让与人须完全丧失物之占有，而由受让人取得之（德国民法第933条第2项）。

3. 瑞士民法。[2]瑞士民法关于动产善意取得，系于动产所有权章之第714条第2项加以规定："善意受让动产所有权者，纵让与人无让与所有权之权利，如受让人就物之占有受关于占有

---

[1] 关于日耳曼法，参阅 Ercklenz, Der Erwerb vom Nichtberechtigten, eine Schöfung der germanischen Rechts, 1933。德国法上最近著作，参见 Klaus Tiedtke, Gutgläubiger Erwerb, 1985. 简要说明 Wieling, Sachenrecht, I.348. 德国民法的解释适用，Westermann/Gursky, Sachenrecht, I.S.329.

[2] 参阅 Hinderling, Der Besitz, in: Schweizerisches Privatrecht, Sachenrecht, 1977 S.471.

规定之保护，仍为动产之所有人。"所谓"受关于占有之规定保护"，指占有章第 933 条至第 935 条规定，即：(1) 善意受让动产为其所有或为限制物权之标的物，纵让与人未经授权让与，其取得仍受保护（瑞士民法第 933 条）。(2) 占有人，因被盗或遗失，或违反其意思而丧失其动产者，在 5 年内得向任何受领人请求返还。物由公开拍卖或由市场或由贩卖商品之商人受让者，须对最初及事后善意受领人，偿还其所支付之价金始得请求返还。其他情形，返还须依关于善意占有人请求权之规定为之（瑞士民法第 934 条）。(3) 金钱及无记名证券，纵违反占有之意思而丧失者，其占有人亦不得对善意受领人请求返还之（瑞士民法第 935 条）。

4. 日本民法。[1] 日本民法关于动产善意取得，系于物权编占有权之效力一节设其规定：(1) 平稳且公然开始占有动产之人，如为善意并无过失者，即时取得该动产上所行使之权利（日本民法第 192 条）。(2) 前条情形。占有物系盗品或遗失物者，被害人或遗失人，得于自盗难或遗失起 2 年内，对于占有人请求该物之回复（日本民法第 193 条）。(3) 占有人以善意于拍卖或公共市场收买盗品或遗失物，或由贩卖与该物同种之物之商人收买者，被害人或遗失人非偿还占有人所付出之价金，不得回复该物（日本民法第 194 条）。

---

[1] 我妻荣/有泉亨，物权法，第 210 页以下；广中俊雄，物权法，第 174 页以下。

三、台湾地区"民法"[1]

台湾地区关于动产所有权的善意取得,系分别于第801条(第二章第三节动产所有权)及第948条至第951条(第十章占有),设其规定,兼采德、日本及瑞士立法例。其基本内容为:

1. 以动产所有权之移转为目的,而让意受让该动产之占有者,纵其让与人无让与之权利,其占有仍受法律之保护,而取得其所有权(第801条、第948条)。

2. 动产如系盗赃或遗失物,其被害人或遗失人,自被盗或遗失之时起,2年之内,得向占有人请求回复其物(第948条、第949条)。盗赃或遗失物,如占有人由拍卖或公共市场,或由贩卖与其物同种之物之商人,以善意买得者,非偿还其支出之价金,不得回复其物(第950条)。盗赃或遗失物,如系金钱或无记名证券,不得向其善意占有人,请求回复(第951条)。为便于观察,图示如下:

---

[1] 参阅郭瑞兰,动产善意取得之研究,1980年政大法研究硕士论文;刘得宽,"占有改定与即时取得",法学丛刊,第58期;杨与龄,"盗赃之善意取得与回复",法令月刊,第32卷,第6期,第3页;苏永钦,"动产善意取得若干问题",民法经济法论文集(一),第167页;陈自强,"'民法'第548条动产善意取得之研究",收于苏永钦主编,民法争议问题研究,第301页;郑冠宇,"占有的相关问题之探讨",月旦法学杂志,第66期,第107页。

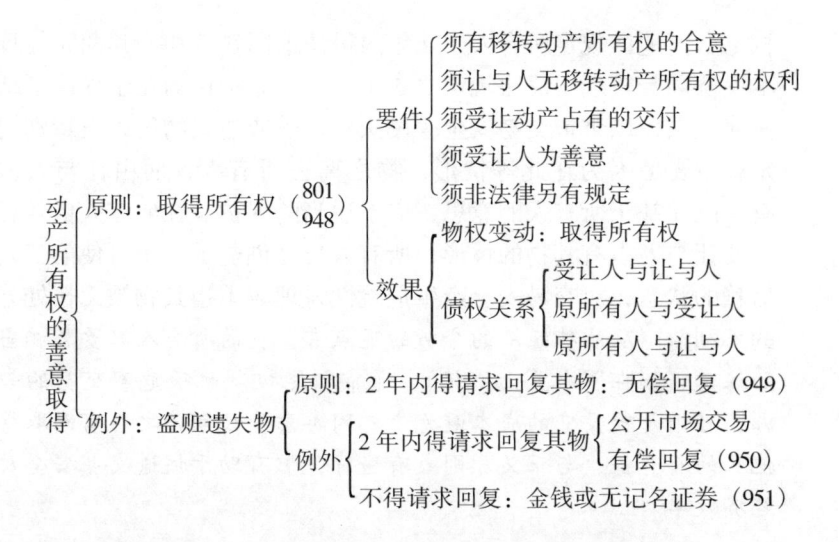

```
                              ┌ 须有移转动产所有权的合意
                              │ 须让与人无移转动产所有权的权利
                        ┌ 要件┤ 须受让动产占有的交付
                        │     │ 须受让人为善意
动          ┌801        │     └ 须非法律另有规定
产 ┌原则:取得所有权┤
所 │          └948        │     ┌ 物权变动:取得所有权
有 │                      │     │           ┌ 受让人与让与人
权 │                      └ 效果┤ 债权关系┤ 原所有人与受让人
的┤                                  │           └ 原所有人与让与人
善 │          ┌原则:2年内得请求回复其物:无偿回复(949)
意 │          │        ┌2年内得请求回复其物┌公开市场交易
取 └例外:盗赃遗失物┤ 例外┤                      └有偿回复(950)
得                    │        └不得请求回复:金钱或无记名证券(951)
```

关于台湾地区动产所有权善意取得制度,应说明的有三点:

1. 动产所有权善意取得是个古老的问题,有各种不同的规范模式。现行"民法"系以交易安全为出发点,明定善意取得动产所有权的原则,但对盗赃或遗失物有例外,规定2年内得请求回复其物(第949条),以保护所有人的利益。值得注意的是,民法对此例外,复设例外(第950条及第951条)。在此种原则及例外的规定,我们看到"立法者"如何权衡折中,以建立一个较为合理的制度。

2. 动产所有权的善意取得,系以让与人之"占有"及受让人的"善意"为基本构成要件。第801条及第948条所谓"其占有仍受法律之保护",在于肯定占有的公信力,以占有表征让与人的处分权,作为受让人信赖的保护。

3. 盗赃或遗失物如何处理,是善意取得制度上最困难的问题。在德国民法,受让人原则上不能取得盗赃或遗失物的所有权。台湾地区规定所有人于2年内得请求回复其物，其期间与日本民法同，较瑞士民法规定之5年为短，立法目的在于尽速了结法律关系，以维护交易安全。民法对盗赃或遗失物所以设特别规定，主要是因为在此等情形，物之离去所有人，而由让与人占有，既非基于所有人的意思，应予适当的保护。在所有人依其意思使让与人占有其物的情形，所有人自己创造了一个可使第三人信赖的状态，对交易安全产生危险性，理应承担其物被无权处分的不利益。从法律经济的分析的观点言，物的所有人只要尽相当的注意（如在图书盖上戳记），通常即能控制此项危害交易的来源，可谓是较便宜的成本避免者。因善意受让动产之占有而取得他人的所有权，与正义原则或有违背，但有助于促进交易安全及经济效率。[1]

第二项 动产所有权善意取得的要件

1. 甲有古币，交乙鉴定，乙擅以之作为己有出卖于丙，丙转售于丁。丙嘱乙交付该古币于丁。试问：(1) 丙为恶意，丁为善意时，丁得否取得该古币所有权？(2) 丙为善意，丁为恶意时，丁得否取得该古币所有权？

2. 甲有新型超级多功能电脑，借乙使用，乙擅以

---

[1] Baird, D./Jackson, T., Information, Uncertainty, and the Transfer of Property, in Journal of Legal Studies, Bd.13（1984）, S.299 ff. und Levmore, S., Variety and Uniformity in the Treatment of the Good Faith Purchaser, in: Journal of Legal Studies, Bd.16（1987）, S.43ff. Schäfer/Ott, Lehrbuch der ökonomischen Analyse des Zivilrechts, 2. Aufl.1995, S.471f; Ulen/Cooter, Law and Economics, 2nd Ed.1996, p.129.

之作为己有出卖于丙,并同时向丙表示借用1个月,丙允之。其后乙复以同样方式让售该电脑于丁、戊。丙、丁、戊皆为善意。试说明该电脑属谁所有。

3. 第948条所谓善意,应如何解释?由何人负举证责任?受让动产所有权系依代理为之时,善意与否的事实,应就何人决之?

关于动产所有权的善意取得,"民法"于第801条与第948条设其规定,此外尚须具备第761条规定的基本要件。综合言之,系指以动产所有权之移转为目的,而善意受让动产之交付者,除法律另有规定外,纵为移转之人,无移转之权利,受移转之人仍取得其权利。其构成要件为:

1. 须有移转动产所有权的合意。
2. 须让与人无移转动产所有权的权利。
3. 须受让动产占有的交付。
4. 须受让人为善意。
5. 须非法律另有规定。

一、移转所有权的让与合意

(一) 让与合意

第761条第1项规定:"动产物权之让与,非将动产交付,不生效力。但受让人已占有动产者,于让与合意时,即生效力。"所谓让与合意,指让与动产所有权之物权的意思表示的合致,学说上称为物权契约,为一种处分行为。此种让与合意须具备法律行为的一般生效要件,尤其是当事人须有行为能力,禁治产人擅自无权处分他人的动产,受让人纵属善意受让该物的占有,亦不能取得其所有权。

动产所有权的善意取得须有让与合意,故限于基于法律行为(处分行为)的取得。非基于法律行为而受让动产所有权,不适用善意取得规定,继承为其著例。[1]例如甲寄托某件和阗古玉于乙处,乙死亡,其继承人丙虽善意占有该件古玉,仍不能取得其所有权。

须注意的是,关于法院的拍卖亦有善意取得规定的适用。我通说对法院拍卖采私法行为说,认为属民法上的买卖,并以债务人为出卖人,故债权人以无实体权利的执行名义,对债务人占有的第三人动产声请法院拍卖时,拍定人(买受人)仍得善意受让其所有权。[2]

(二)交易行为

动产所有权善意取得制度在于保护交易安全,须限于"交易行为"(Verkehrsgeschäft)。[3]交易行为,指让与人和受让人在法律或经济上非属同一主体。甲公司与乙公司合并为丙公司,而移转属于甲公司的动产于丙公司时,因主体同一,不具交易行为的性质,无适用善意取得规定的余地。

(三)无原因行为的无权处分

动产所有权的移转系处分行为,其原因行为得为买卖、互易、赠与、消费借贷,并包括其他以动产所有权之移转为目的之法律行为及清偿债务的给付行为。例如甲因过失致乙所有的 A

---

[1] 史尚宽,物权法论,第506页。

[2] 参阅郭瑞兰,动产善意取得之研究,第98页。关于拍卖的基本问题,参阅陈荣宗,"法院拍卖之理论基础",台大法学论丛,第2卷,第2期,第331页以下。

[3] 谢在全,民法物权论(上),第268页;Shapp, Sachenrecht, S.117; Wieling Sachenrecht, I.S.360.

物灭失，甲擅以丙所寄托的 B 物为赔偿时，亦有善意取得的适用。

有争论的是，善意取得是否须以有效的原因行为为要件。例如甲有某件秦俑出借于乙，乙以之作为己有，赠与于丙博物馆，并依让与合意交付之。设乙与丙的赠与不成立，或丙以意思表示错误撤销赠与契约时，丙是否仍能主张善意取得该件秦俑的所有权？（参阅下图）

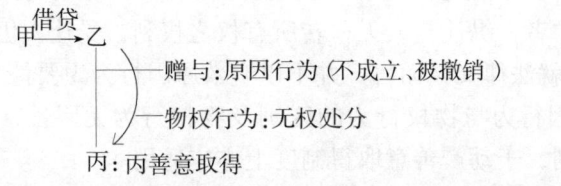

```
      借贷
   甲──────乙
            ├──赠与：原因行为（不成立、被撤销）
            ├──物权行为：无权处分
           丙：丙善意取得
```

史尚宽先生强调善意取得之要件须有有效的原因行为，认为："受让人之善意取得占有，惟可补正权原之瑕疵，即惟可补正让与人权利之欠缺。为权利取得原因之法律事实，必须客观的存在，假如无权原之瑕疵，其占有人应即可取得其动产上之权利，从而因无效行为或经撤销成为无效之法律行为，受物之交付之占有人，对于相对人之原状回复之请求，不得主张善意取得之保护，而拒绝占有物之返还。有谓物权行为为无因行为，其原因行为之无效或撤销，对于物权行为之效力，不生影响，故原因行为虽为无效或撤销，其物权行为仍有善意取得之适用。然此与物权行为之为有因或无因，不生关系，盖纵以物权行为之原因事实如不存在，当事人间至少有不当得利返还之问题，无法律上之原因取得物权，当事人之一方，负有返还之义务，不得保有其权利，此则与善意取得制度之精神不符，故善意取得之规定，对基于无效或得撤销之行为而授受动产之当事人间，应不适用。其当事人以外之第三人，始得援用之。例如甲为未成年人，未得法定代理人之同意,以其所有之金表出卖于乙时,乙对于甲有返还其金表之义务。如乙将此金表更转卖丙,而丙善意受让其占有时,则得以善意取得其所有权为理由,拒绝甲之回复请求。"[1]

史尚宽先生所提出的论点,诚值重视。惟本书认为动产善意取得,不必以原因行为(债权行为)的有效为要件,[2]分四点言之:

1. 第801条规定:"动产之受让人占有动产,而受关于占有规定之保护者,纵让与人无移转所有权之权利,受让人仍取得其所有权。"就法律文义而言,并不以有效原因行为为要件。

2. 原因行为与物权行为的区别及物权行为无因性,系民法的基本原则,于动产善意取得制度上亦应适用。

3. 有效原因行为存在时,善意受让人取得动产所有权,具有法律上的原因,原因行为不存在时,则善意受让人系无法律上原因取得动产所有权,应依不当得利规定负返还的义务。[3]此项法律状态,符合现行"民法"的基本原则,与善意取得制度的精神,似难谓有何违背之处。

4. 史尚宽先生认为:"善意取得之规定对基于无效或得撤销之行为而授受动产之当事人间,应不适用,其当事人以外之第三人,始得援用之。"意义未甚明白,就其所举之例而言,甲为未成年人,未得法定代理人之同意,以其所有之金表出卖与乙时,其买卖契约(债权行为)及物权行为(第761条)均不生效力,乙不能取得所有权。乙将此金表更为转卖丙,而让与其所有权时,系属无权处分,丙善意受让其占有时,取得其所有权。此例

---

[1] 史尚宽,物权法论,第506页。
[2] 德国通说,Boehmer, Grundlagen der Bürgrlichen Rechtsordnung, II 2, 1952, §23.
[3] 拙著,债法原理(二):不当得利,第145页。

似不涉及原因行为之无效或被撤销。其涉及原因行为之无效或被撤销者，例如甲借金表给乙，乙出售给丙，丙转售于丁，并交付之，而乙与丙间的买卖契约无效。在此情形，若认为善意取得的规定对乙与丙间不适用，但第三人丁则得援用之，其在善意取得制度上的依据，尚值研究。

二、让与人无移转所有权的权利

动产所有权的善意取得，以让与人无权让与为要件。让与人如有让与的权利，无适用善意取得的必要。所谓无让与的权利，包括无所有权，或无为他人或代他人以自己名义处分其物的权限。兹分四种情形加以说明：[1]

1. 无所有权：如承租人、受寄人、借用人及附条件买卖买受人等。让与人取得动产所有权的法律行为无效（如通谋虚伪表示）或被撤销时，亦属之。在双重买卖，所有权人将其物的所有权依占有改定或指示交付移转于买受人中之一人后，再将该物现实交付于其他买受人，以移转所有权时，其让与亦属无权处分。

2. 所有权受限制：其主要情形为债务人的动产被查封后，债务人仍将其所有权移转于他人时，依"强制执行法"第51条第1项规定，对债权人不生效力。通说认为查封为公法上之强制处分，不因第三人是否善意而影响其效力，无第801条及第948条所定善意取得之适用。依第819条第2项规定，共有物之处分应得共有人全体之同意，设共有人中之一或数人未经其他共有人同意而为处分时，其处分权限亦有欠缺，[2] 于此情形，应有民法善意取得规定的适用。

---

[1] 参阅史尚宽，物权法论，第509页。
[2] 出卖共有物与无权处分所涉及的若干基本问题，参阅拙著，"私卖共有物、无权处分与'最高法院'"，民法学说与判例研究（八），第147页。

3. 欠缺处分权限：此指本有以自己名义处分他人动产的一般权限，但对特定物无处分权限而言，例如行纪人受托出卖物品，误将寄存之物一并出售。

4. 代理：本人无处分权限，由代理人代为处分行为时，因代理人的意思表示，直接对本人发生效力（第 103 条），亦有善意取得规定的适用。

三、受让动产的占有

受让动产的占有，系善意取得的基础。依第 761 条规定，动产占有的移转有现实交付、简易交付、占有改定和指示交付（返还请求权的让与）四种情形，分述如下：

（一）现实交付

1. 现实交付的意义。现实交付，指将对于动产的事实管领力移转于受让人（第 761 条第 1 项本文）。例如甲擅将他人寄托的酒泉夜光杯让与于乙，其现实交付可依下列方式为之：(1) 甲自己交付该杯于乙。(2) 甲自己或使其受雇人将该杯交付于乙的受雇人（占有辅助人）。

2. 指令取得（Geheisserwerb）的问题。关于现实交付，最值得注意的是所谓"指令取得"，此系德国判例学说上所谓 Geheisserwerb 的翻译（暂定），其所涉及的特殊的案例类型为无权让与人未占有动产，而指令占有人对受让人为交付。例如甲以保留所有权方式出卖某件机器给乙，乙转售于丙，乙对甲伪称其对丙亦为所有权的保留，甲乃将该件机器交付于丙。德国联邦法院肯定丙的善意取得，其理由为不占有标的物的无权处分人既然已使第三人将其的动产交付于受让人，衡诸立法目的，自应使受让人取得其所有权。此项见解强调善意取得的权利表征，不在于让与人的占有本身，而在于受让人取得占有的实现。在台湾地区"民法"，亦可采此见解，受让占有既已实现，应肯定其善意取得。

具有启示性的是所谓连锁交易，[1]例如甲有某件唐三彩陶马，交乙鉴定，乙擅将之出卖于丙，丙转售于丁，丙指令乙对丁为交付（参阅下图）：

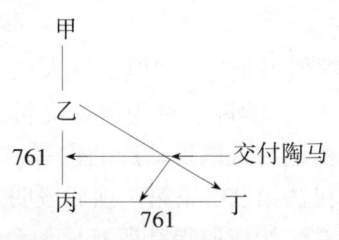

```
        甲
        │
        乙
  761 ←─── ←──交付陶马
   ┌────↓↙
   丙────→丁
        761
```

在此案例，若乙为唐三彩陶马的所有人，则丙使乙将唐三彩陶马交付于丁时，系完成二个物权变动，即乙与丙间，丙与丁间分别作成二个让与合意；至其交付，则由丙指令对丁为之，先由丙取得唐三彩所有权，再于所谓法律瞬间（Juristische Sekunde）移转于丁，其法律状态与乙交付于丙，丙再交付于丁，并无不同。[2]在乙系无权处分的情形，应认为：（1）丙系善意时，先自乙受让唐三彩陶马所有权，丁则自丙受让其所有权。（2）丙系恶意时，未能取得唐三彩所有权，其将该唐三彩陶马所有权让与于丁，系属无权处分，丁得依善意受让规定取得其所有权。

有争论的是德国实务上一则有名的案例：甲销售煤炭，乙向甲订购时，甲已结束营业，甲要求其同业丙对乙交付，丙的送货单载明价金清偿前保留所有权。乙因已向甲付清价款，拒绝对丙付款，丙乃向乙请求返还煤炭。问题在于乙得否主张善意取得。

---

〔1〕 Baur/Stürner, Sachenrecht, S.499f.; Martinek, Traditionsprinzip und Geheisserwerb, Acp 188, 573; Schwab/Prütting, Sachenrecht, S.156; Westermann/Gursky, Sachenrecht, I.S.349.

〔2〕 拙著，债法原理（二）：不当得利，第70页。

德国联邦法院采肯定说，认为甲系无权处分丙的煤炭，使丙对乙为交付，乙信赖甲为所有权人，因善意受让煤炭的占有而取得其所有权。[1]此项判决，可供参考。

(二) 简易交付

第761条第1项但书规定："但受让人已占有动产者，于让与合意时，即生效力。"学说上称为简易交付。让与人系有权处分时，受让人是否由让与人取得动产的占有，在所不问。在无权处分的情形，德国民法第932条第1项后段明定须受让人系自让与人取得动产的占有，始能取得其所有权。台湾地区"民法"未设相当规定，但学说肯定之，[2]可资赞同。受让人占有动产非来自让与人，欠缺表征权利的信赖基础，不能仅因其让与合意即可取得其所有权。兹举三例综合说明如下：

1. 甲出租其琴于乙，乙转租于丙。其后乙擅以该琴作为其所有，出卖于丙，于让与合意时，丙若为善意，即可取得其所有权。丙之占有动产，不以直接占有为必要，于让与合意时，纵已将该琴转租于丁（或借丁使用），仍能取得其所有权。

2. 甲有某善本书交乙影印，乙出借该书于丙，丙转借于丁。其后，乙擅以该书为己有出卖于丁，于让与合意时，丁即取得该书所有权。自第三人（丙）取得动产占有，而该第三人丙系媒介让与人（乙）的占有时，让与人（乙）的间接占有具有可信赖的表征，亦属自让与人受让占有。

3. 甲有某名犬，委乙训练，该犬走失，丙拾得之。设乙对丙伪称该犬为其所有，愿出卖于丙，善意的丙不能因让与合意而取得该犬所有权，因其非自乙受让该犬的占有，不受保护，不能

---

[1] BGHZ 35, 56; Westermann/Gursky, Sachenrecht, I.S.350.
[2] 史尚宽，物权法论，第507页。

主张善意取得该犬的所有权。

(三) 占有改定

第761条第2项规定："让与动产物权，而让与人仍继续占有动产者，让与人与受让人间，得订立契约，使受让人因此取得间接占有，以代交付。"例如甲有某自行车让售于乙，甲为参加环岛旅行，乃与乙订立租赁契约，使乙取得间接占有，以代交付。

在善意受让的情形，德国民法第933条规定依占有改定移转动产所有权者，须受让人自让与人受让动产的交付，且于交付之际为善意时，始取得其所有权。关于此项规定的立法理由，学说上认为受让人与真正所有人对无权让与人为同样的信赖，不能厚此薄彼，须俟受让人受让动产的交付，而能完全排除让与人的占有，其占有地位终局稳固，始受保护。[1]兹举一例加以说明。甲有某笛，寄托乙处，乙擅行出卖于善意之丙，乙伪称要参加演奏会，而与丙订立租赁契约，使丙取得间接占有，以代交付。在此情形，丙尚不能取得认笛所有权，甲仍得终止寄托关系，而向乙主张所有物返还请求权。须俟乙将该笛交付于丙，而丙在交付时尚属善意时，始能取得其所有权。此项动产交付，须依让与人乙的意思而为之，受让人丙擅自取走自物而，仍不能取得其所有权。

在台湾地区，通说认为现行"民法"未设类如德国民法第933条的规定，解释上不必以受让人取得其物之占有为要件，占

---

[1] Picker, Mittelbarer Besitz, Nebenbesitz und Eigentumsvermutung in ihrer Bedeutung für den Gutglaubenserwerb, AcP 188, 511; Baur/Stürner, Sachenrecht, S.521.

有改定本身即足使善意受让人取得动产物权。[1] 此项见解强调让与人占有动产的权利表征，偏重交易安全。兹举数例，综合加以说明：

1. 甲有某琴，借乙使用，乙擅出售于丙，订立租赁契约，使丙取得间接占有，以代交付。在此情形，善意的丙取得该琴所有权，是否善意，以占有改定之时为准。

2. 在上举之例，乙与丙为占有改定后，乙又将琴出售于丁，亦订立租赁契约，使丁取得间接占有，以代交付。在此情形，乙系无权处分丙依占有改定取得该琴的所有权，并依占有改定使丁善意取得该琴所有权。

3. 甲系某琴所有人，出售该琴于乙，订立租赁契约使乙取得间接占有，以代交付，由乙取得其所有权。其后甲又将该琴所有权让售于丙（无权处分），仍以占有改定以代交付。在此情形，善意的丙亦取得该琴所有权。

在第一种情形，丙得依占有改定善意取得动产所有权，尚值赞同。在第二种情形，丁受让标的物占有（占有改定）在后，但其所受保护却优先于受让标的物占有（占有改定）在前之丙。在第三种情形，乙系自所有人受让标的物所有权，其所受保护反不如由无权利人受让标的物所有权之丙。后二种情形，难谓合理。在现行法上纵使能如此解释适用，其危险性由依占有改定受让占

---

[1] 史尚宽，物权法论，第508页；深入的讨论，参阅刘得宽："占有改定与即时取得"，法学丛刊，第58期。占有改定与即时取得是日本法上争论的问题，参阅田中整尔："占有改定と即时取得"，ジエリスト，第300号（学说展望）。

有之人自行负担，但在"立法"政策上仍有研究余地。[1]

（四）指示交付（返还请求权的让与）

第761条第3项规定："让与动产物权，如其动产由第三人占有时，让与人得以对于第三人之返还请求权让与于受让人，以代交付。"兹分二种情形言之：

1. 处分让与人系间接占有人：例如甲出借某照相机给乙，乙转借于丙，其后乙擅以该照相机作为己有出售于丁，并让与其对丙在使用借贷契约上的返还请求权，以代交付。在此情形，丁为善意时，取得照相机所有权。

2. 处分让与人非间接占有人：例如甲出租某摄影机给乙，被丙所盗，其后乙擅以该摄影机作为己有出售于丁，并让与其对丙依第962条规定得主张的占有物返还请求权。德国民法第934条第2项规定，在让与人非属间接占有人的情形，须受让人（丁）自第三人（丙）取得动产的占有时，始取得其所有权。台湾地区"民法"未设此规定，通说认为不以此为要件。[2]故受让人虽未占有其物（直接占有或间接占有），仍能取得其所有权。

---

[1] 须注意的是，**物权编修正草案**于第948条增设第2项规定："动产占有之受让，系准用第761条第2项规定而为之者，于受现实交付前，不受前项规定之保护。""立法"理由说明谓："善意受让，让与人及受让人除须有移转占有之合意外，让与人并应将动产交付于受让人。第761条第1项但书规定之简易交付，第3项指示交付均得生善意受让之效力。惟同条第2项之占有改定，因让与人仍直接占有动产，除外观上不足发生动产物权变动之公示作用外，原权利人若对之有所请求时，仍负有返还动产之义务，实不宜使之有善意受让效力之适用，故于受现实交付前，不生善意受让之效力，始足以保护当事人权益及维护交易安全，爰增设第2项规定。"可资参考。

[2] 史尚宽，物权法论，第508页。

四、受让人的善意
(一) 善意的意义

动产物权善意取得,须以受让人的"善意"为要件,以受让人的善意补让与人处分权之欠缺。问题在于所谓善意,应作何解,是否尚须以无过失为必要?德国民法第932条规定:"受让人明知或因重大过失而不知动产不属于让与人所有者,即为非善意。"日本民法第192条明定"善意并无过失。"台湾地区仅规定"善意"如何解释,有四种见解:

1. 所谓善意,系指不知让与人无让与的权利,有无过失,在所不问。[1] 1981年台上字第3077号判决谓:"汽车为动产,其所有权之移转因交付而生效力,不以向监理机关申请过户为必要,观同法第761条第1项规定亦可明了。系争货车,果如上诉人所云,因刘昭聪出卖,递经陈启中,杨大典而由上诉人承买,并已交付;又设上诉人于当时亦不知杨大典无移转该货车所有权之权利,而应受关于占有规定之保护,则纵让与人杨大典无移转所有权之权利,自仍应认上诉人已取得其所有权。"此项判决似认为善意系属"不知",未讨论是否有过失之问题。

2. 所谓善意,系指不知让与人无让与权利,是否出于过失,固非所问,然依客观情势,在交易经验上,一般人皆可认定让与人无让与之权利者,即应认为恶意。[2]

3. 所谓善意,指不知或不得而知让与人无让与权利。1982年台上字第2819号判决:"让与动产所有权,如让与人无让与其所有权之权利,而受让人又非善意(指明知或可得而知让与人无让与权利之谓),受让人固不因之取得其所有权。惟如让与人非

---

[1] 李光夏,民法物权新论,第83页。
[2] 史尚宽,物权法论,第510页;谢在全,民法物权论(上),第270页。

无让与所有权之权利，当不发生受让人是否非善意之问题，受让人依让与之效力，自当然取得其所有权。"可资参照。[1]

4. 所谓善意，应参考德国立法例，解释为须非明知或因重大过失而不知让与人无让与权利。[2]

"善意"，就其文义言，固可解为不以无过失为必要，此在体系上亦有依据（参阅第776条规定），但衡诸善意受让制度在于兼顾所有人利益及交易安全之立法目的，受让人对于让与人是否有受让权利，应自负一定程度的注意义务，上开第二种、第三种及第四种见解在结论上皆同此观点。比较言之，以第二种见解为可采，其所涉及者，乃合理分配资讯成本的负担。[3]鉴于善意取得制度的重要性，实务与学说的见解颇不一致，宜藉立法加以规范。**"民法"物权编修正草案**，明定受让人须非明知或因重大过失而不知让与人无让与之权利，[4]始受保护，可资参照。

"善意"为法律概念，具体案例如何认定，则为事实问题，应斟酌当事人、标的物的价值及推销方式等因素加以判断。例如购买汽车之人，应查看行车执照等相关资料，不能径以"不知"

---

[1] "司法院"法学资料检索系统"最高法院"裁判类。
[2] 姚瑞光，民法物权论，第101页。
[3] Schäfer/Ott, Lehrbuch der ökonomischen Analyse des Zivilrechts (2. Aufl.1995, S.472) 强调善意取得规定乃分配资讯费用的一种手段（Regeln des guntgläubigen Erwerbs als Mittel zur Verteilung von Informationsanfwendungen）。
[4] **物权编修正草案**于"民法"第948条第1项增设但书规定："但受让人明知或因重大过失而不知让与人无让与之权利者，不在此限。"立法理由说明谓："现行规定在于保障动的交易安全，故只要受让人为善意，即应保护之。惟受让人不知让与人无让与之权利系因重大过失所致者，因其本身具有疏失，应明文排除保护范围以外，以维护原所有权静的安全，此不但为学者通说，德国民法第932条第2项亦作相同之规定，爰仿之增列但书规定，并移列为第1项。"可资参考。

让与人无让与之权利，而主张得善意取得其所有权。德国实务上认为某项物品通常为保留所有权标的物时，受让人应为必要的查询，亦值参考。[1]

（二）善意的推定

法院依证据调查认定事实，不能获得受让人是否善意的确信时，应适用举证责任的法则。第944条第1项规定占有人推定其为以善意占有，故主张受让人非属善意者，应负举证责任。

（三）经由代理人取得动产所有权的"善意"问题

受让人系由他人代理者，关于其是否善意，应适用第105条规定，即其事实之有无应就代理人决之。但代理人之代理权系以法律行为授予者，其意思表示如依照本人所指示之意思而为时，其事实之有无，应就本人决之。例如甲授权乙向丙购买宜兴名壶，乙与丙作成让与合意，丙将该壶交付于乙。在此情形，设丙系无权处分该壶时，关于"善意"受让，其事实之有无，应就代理人乙决之。乙之让与合意如系照甲之指示之意思而为时，其事实之有无，则就本人甲决之。[2]

（四）让与行为被撤销与受让人之善意

甲出卖某名贵鸡血石与乙，乙转售于丙，并依让与合意交付之。其后，甲以受胁迫为理由撤销其让与行为（物权行为）时，视为自始无效（第114条）。在此情形，乙让与该鸡血石与丙，应构成无权处分，丙之善意系针对甲与乙间的撤销事由而言，若丙知悉甲受胁迫之事实时，应认非属善意，不能取得该鸡血石的所有权。

---

[1] BGH LM Nr.22 zu §932; BGH, JZ 1970, 187; Schwab/Prütting, Sachenrecht, S.181.

[2] 拙著，民法总则，第485页。

（五）善意的准据时点

受让人须在完成最终取得行为时系属善意。此项善意的准据时点，应视受让动产占有的态样而定。在现实交付，通常系指交付之时。在简易交付，指让与合意之时。在占有改定，指受让人取得间接占有之时。在让与返还请求权，指受让人取得返还请求权之时。

须注意的是，所有权的让与与附停止条件或始期者，其善意准据时点，如何决定，不无疑问。例如甲擅将乙寄托之钢琴以分期付款之方式出售与丙，约定在价金全部清偿前，甲保留所有权。在此情形，丙之善意究以附停止条件让与合意作成之时、钢琴交付时，抑条件成就时作为判断时点，甚有争论。附条件买卖（保留所有权买卖），其条件成就常在一段期间之后，以条件成就之时作为准据时点，不利受让人，为维护交易安全，以物交付之时作为准据时点，似较合理。[1]

（六）受保护的范围

善意取得制度旨在补让与人处分权之欠缺，其保护范围限于对于处分权的信赖。对于行为能力或代理权的信赖，无适用或类推适用善意取得规定的余地，例如甲为禁治产人（或无代理权人），乙纵善意信赖其为完全行为能力人（或有代理权），向其购车而受让其所有权，其善意仍不受保护，不能取得该车之所有权，前已论及，兹再强调之。[2]

五、须非法律另有规定

所谓另有规定，系指第949条的规定而言。依此规定，占有物如系盗赃或遗失物，其被害人或遗失人，自被盗或遗失之时

---

[1] 德国通说，Baur/Stürner, Sachenerecht, S.27；BGHZ 10, 69, 73.
[2] 本书第241页。

起，2年之内，得向占有人请求回复其物。关于盗赃或遗失物的善意取得问题，俟后再行详论。

第三项 动产所有权善意取得的法律效果

第一目 物权变动：动产所有权的取得

甲有长白山名贵百年老参，设质于乙，乙出外观光，寄托与丙，丙擅以之作为己有，出售于善意之丁，并依让与合意交付。试问：(1)丁取得该老参所有权时，乙的质权是否消灭？(2)设丁复将该百年老参所有权让与于戊时，而戊明知丙系无权处分时，得否取得其所有权？(3)设丙以丁迟延给付价款，解除契约，丁返还百年老参于丙时，其物权关系如何？

一、善意取得的性质

动产所有权善意取得的要件一旦具备，受让人即取得其所有权，故善意取得又称为即时取得。[1]善意取得性质上究为原始取得抑为继受取得，甚有争论。[2]通说认为此项取得系直接基于法律规定，故为原始取得。[3]此说固有所据，但继受取得说，

---

[1] 即时取得系日本民法第192条的用语，学说上采之，参阅我妻荣/有泉亨，物权法，第214页。台湾地区学者使用此一概念的，参阅倪江表，民法物权论，第94页；史尚宽，物权法论，第111页；郑玉波，民法物权，第94页。对此点的说明，参阅姚瑞光，民法物权论，第99页。

[2] 参阅姚瑞光，民法物权论，第103页。德国民法上关于善意取得本质的讨论，参见Schwab/Prütting, Sachenrecht, S.188.

[3] 参阅史尚宽，物权法论，第514页；郑玉波，民法物权，第96页。

亦有相当理由。此项动产所有权的取得系基于让与行为（物权行为），与因时效取得、先占或添附而取得所有权，尚有不同。第801条及第948条规定亦使用"移转"或"受让"之字样，可资参照。法律所补足的，系让与人处分权之欠缺，继受取得的性质不因此而受影响。[1]

二、无负担的取得动产所有权

受让人善意取得所有权时，该动产上第三人权利（例如质权、留置权、动产抵押权）归于消灭。依原始取得说，此为法律性质上的当然。依继受取得说，此乃基于保护交易安全的要求。无论采取何说，结论相同。值得注意的是，德国民法第936条规定，受让人于取得所有权时，就第三人的权利非为善意者，第三人的权利不因此而消灭。[2]台湾地区"民法"未设规定，亦应作此解释。[3]

三、善意取得所有权的终局性

因善意受让而取得动产所有权，系属终局确定，故善意受让人将其取得的动产所有权让与他人，纵该次受让人为恶意，仍能取得其所有权。例如甲寄托翠玉白菜于乙处，乙伪称为己有，让售于善意之丙，丙转让其所取得的所有权与丁，丁纵明知乙无权处分之事，仍能取得其所有权，因对丁而言，丙系有权处分。设丁系利用中间善意取得人（丙）向乙购买该翠玉白菜时，就法律逻辑，固可肯定丁仍能取得其所有权，甲仅能依第184条第1项后段规定向丁请求损害赔偿。惟此系脱法行为，无保护之必要，应例外地不认其因中间取得的权利继受，故甲得向丁主张所有物

---

[1] 参阅 Schwab/Prütting, Sachenrecht, S.188.
[2] 参阅 Soergel-Mühl § 936.
[3] 史尚宽，物权法论，第514页。

返还请求权。[1]

四、无权处分人的回首取得[2]

应特别提出讨论的是无权处分人回首取得（Rückerwerb）的问题。甲有古董怀表交乙检查，乙擅将该表作为己有，出卖与于善意之丙，并即交付其物，以移转其所有权。其后乙以丙给付价金迟延而解除契约，丙依让与合意返还该表所有权于乙。在此情形，学说上有认丙因善意受让取得该表所有权，返还该表所有权与乙，系有权处分，乙仍能取得其所有权，但对甲应依不当得利规定负返还义务，[3]此在法律上逻辑固有依据。惟衡诸善取得制度旨在促进交易安全，无权利让与人实无保护的必要，故应认为于受让人返还其物的所有权于让与人时，原来所有权的状态即行回复，由原所有人取得其物的所有权，该标的物上的权利（如质权），亦应随之复活。[4]此项原则于让与人与受让人间原因关系不存在，受让人依不当得利规定返还其所有权时，亦适用之。[5]

第二目　动产善意取得与当事人间的债权关系

甲有某名贵版画（时值10万元），寄托于乙处，乙将之作为己有，以10万元（8万元或12万元）出售

---

[1] Schwab/Prütting, Sachenrecht, S.186.
[2] 此为民法上有名争论问题，参阅 Edwad, Der Rücherwerb des Nichtberechtigten, Jher Jahrb 76（1926），233ff.；Wiegand, Der Rückerwerb des Nichtberechtigten, JuS 71, 62ff.；Wolf－Raiser, Sachenrecht, §69 Ⅳ；Baur/Stürmer, S.529；Wieling, Sachenrecht, I.S.397.
[3] Wieling, Sachenrecht, I.S.397.
[4] Schwab/Prütting, S.186；史尚宽，物权法论，第512页；谢在全，民法物权论（上），第272页。
[5] Baur/Btürner, Sachenrecht, S.529.

(或赠与)于善意之丙,并依让与合意交付之。试说明当事人间的法律关系。

动产物权所有权的善意取得涉及三面关系,一为物的所有权,一为无权处分人(让与人),一为善意取得人(受让人)。善意受让人取得动产所有权时,在当事人间发生不同的债权关系,充分显现物权变动与债权关系在民法体系上的关联性,及互补的功能。兹分受让人与让与人、原所有人与受让人,及原所有人与让与人间的债权关系,加以说明。为便于观察,兹参照上揭例题,将其基本问题,图示如下:

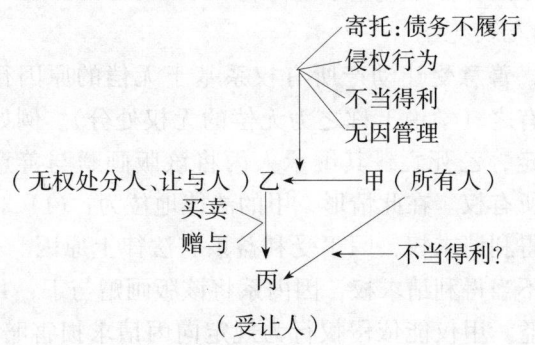

```
                      寄托:债务不履行
                      侵权行为
                      不当得利
                      无因管理
(无权处分人、让与人)乙 ←——— 甲(所有人)
                  买卖
                  赠与  ↓
                      丙 ←——— 不当得利?
                   (受让人)
```

一、受让人与让与人

让与人与受让人间的法律关系,依其原因行为而定。原因行为为买卖时,买受人既因善意受让而取得买卖标的物所有权,不发生权利瑕疵担保问题(参阅第349条),[1] 买受人不得将标的物返还于原所有人,而向出卖人主张权利瑕疵担保责任。原因行

---

[1] 关于出卖人权利瑕疵的基本问题,参阅郑玉波,民法债编各论(下),第32页;邱聪智,债法各论(上),第97页。

为不成立、无效或被撤销时，物权行为不因此而受影响，受让人仍取得其所有权，但应依不当得利规定返还义务（第179条）。[1]

二、原所有人与受让人

(一) 有偿的无权处分

乙擅将甲寄存的版画，出售于善意之丙，并为让与，动产所有人因受让人善意取得，而丧失其所有权时，对受让人无主张所有物返还请求权之余地，自不待言。受让人取得所有权，系基于法律规定，立法意旨在于使受让人终局地保有其所有权，其受利益，具有法律上原因，亦不成立不当得利。[2]

(二) 无偿的无权处分

应注意的是，善意受让动产所有权系基于无偿的原因行为（如赠与），亦属有之（学说上称之为无偿的无权处分）。例如甲有版画，委乙鉴定，乙死亡，其继承人丙将该版画赠与善意的丁，由丁取得其所有权。在此情形，甲的法律地位为：(1) 对丁言，甲并无不当得利请求权，因丁受利益系有法律上原因。(2) 对丙言，甲亦无不当得利请求权，因丙系将该版画赠与丁，并无对价，未受有利益。甲仅能依侵权行为规定向丙请求损害赔偿，惟须以丙有故意或过失为要件，若丙无故意或过失，即不成立侵权行为；纵属成立侵权行为，倘丙无资力，亦有难获赔偿之虞。为解决此项问题。民律草案第934条第2项仿德国民法第816条第1项后段规定："若其处分未得报偿，因处分直接受利益之人，负归还于权利人之义务。"现行民法未设此规定，如何处理，学

---

[1] 此涉及到所谓的"无法律上原因的无权处分"，较深入之讨论，参阅拙著，民法债编总论（二），不当得利，第145页。

[2] 参阅拙著，民法债编总论（二），不当得利，第140页。

者见解不一：

郑玉波先生认为："依德国民法第816条第1项后段规定，善意受让人如系无偿取得者，应负返还义务，台湾地区对此无规定，解释上如为贯彻善意受让制度之精神，则善意受让人纵系无偿取得，亦不应使负不当得利之返还义务。然若顾及原权利人之利益，则在有偿取得之情形，固不能使负返还义务，但在无偿取得，如原处分人无资力时似应使负返还义务为宜，不过在民法上尚未能如此解释，若有第183条之情形，则又当别论。"[1]

梅仲协先生则采肯定说：认为"无权之处分，系无偿行为者，此时由该处分而获利益之第三人，即属无法律上之原因，虽该第三人与真正权利人间，无直接的财产损益变动之存在，而依公平之原则，不当得利请求权之行使，应向该第三人为之。例如书籍之使用人，将借用之书籍，赠与善意第三人者，该第三人对于贷与人，应负返还之义务。"[2]

孙森焱先生亦采肯定说，并明确指出其请求权基础为"民法"第183条，略谓："为保护善意第三人及贯彻占有之公示原则，凡自占有人善意受让权利者，应即受法律之保护，原权利人即不得对之主张不当得利返还请求权。尤其善意受让人如系有偿取得其利益，即无受益之可言；即如无偿而受益者，其与无权处分人之间亦不发生不当得利问题，盖其受利益，与无权处分人间有无偿行为之法律上原因存在。惟若贯彻此原则，倘无权处分人亦因善意而对受损人免负返还义务，则受损人之受害与善意受益人间之受益，不能求得平衡，第183条乃规定，善意受让人于无

---

[1] 郑玉波，民法债编总论，第115页。
[2] 梅仲协，民法要义，第135页。

权处分人所免返还义务之限度内负返还责任。"[1]

郑玉波先生系从立法政策的观点强调为顾及原权利人的利益,应使受让人负返还义务为宜。梅仲协先生及孙森焱先生则均认为在现行法上受让人亦负有此项返还义务,此项结论,应值赞同,因为:(1)原权利人有保护的必要,此在无权处分人不负侵权责任时,特为显著;受让人系无偿取得利益,使其负返还义务,并不违反公平原则。(2)无偿受益人与其他权利之重大利益发生冲突时,应予适当让步,"民法"设有规定(第410条、第416条及第183条),使原权利人得向无偿受让人请求返还其所受利益,符合民法上的价值判断。问题在于请求权基础。

梅仲协先生一方面认为原权利人对无偿受让人不成立不当得利请求权,他方面又认为不当得利请求权之行使,应向第三人为之,并未说明确指出请求权基础。孙森焱先生认为无偿的无权处分可适用第183条规定,但第183条系规定不当得利之受领人,以其所受者,无偿让与第三人,而受领人因此免返还义务者,第三人于所免返还义务之限度内负返还责任。在无偿无权处分的情形,让与人不因其处分,受有利益,对原所有人不成立不当得利,无"适用"第183条规定余地。本书认为得"类推适用"第183条规定,使无偿受让人负返还责任。其理由有二:(1)原权利人有受保护之必要,前已论及。(2)受让人同属无偿取得利益,二者利益状态既属相同,基于同一法律理由,应为相同处

---

[1] 孙森焱,民法债编总论(上册,新版,1999),第156页。拟附带指出的是,孙森焱氏认为"善意受让人如系有偿取得其利益,即无受益之可言,即如无偿而受益者,其与无权处分人之间亦不发生不当得利问题,盖其受利益,与无权处分人间有无偿行为之法律上原因存在。"此项见解尚有研究余地。无论处分行为有偿或无偿,受让人均受有利益,致所有人受损害,具有直接因果关系,均以善意取得之规定为其法律上原因。

理，以实践立法上的价值判断。[1]

三、原所有人与让与人

(一) 契约责任

原所有人与让与人间具有契约关系（如租赁、寄托）时，原所有人因让与人的无权处分，致第三人善意取得其所有权，不能回复其物时，得依债务不履行规定向让与人请求损害赔偿。

(二) 不当得利

1. 不当得利请求权的成立。让与人基于有偿的原因行为（如买卖）而为无权处分（有偿的无权处分），致第三人善意取得其所有权，原所有人不能回复其物时，得依不当得利规定向让与人请求返还其所受的利益。

关于此项不当得利请求，可能发生疑义的，是受利益与损害间的所谓"直接因果关系"。台湾高等法院既所属法院1979年度法律座谈会民事类第1号提案之法律问题，具有启示性。其法律问题为："甲有机车一部，为乙盗窃，乙将之寄托于丙处（设丙不知设为赃物），丙以之出售他人得款1万元。问甲可否基于不当得利之法律关系向丙请求返还利益？"讨论意见：甲说：丙擅将乙寄托之机车变售得款，乃无权处分他人之物而获有利益，并使甲之所有权无法回复，其双方损益即互有因果关系，且系基于受益人单方行为所造成，甲丙间应有不当得利之关系，甲自可据此向丙主张返还利益。乙说：按不当得利，依第179条之规定，必须利益与损害之间有直接因果关系，始负返还义务（1970年台上字第3813号判决要旨），丙将机车转售得款，系基于占有乙寄托之机车而来，与甲应无直接因果关系，且本题又非属第183

---

[1] 拙著，债法原理（二），不当得利，第140页；我妻荣/有泉亨，物权法，第227页。

条规定之情形，甲自不得据此向丙请求返还利益。审查意见：拟采乙说。研讨结果：照审查意见通过（其基本法律关系参阅下图）：

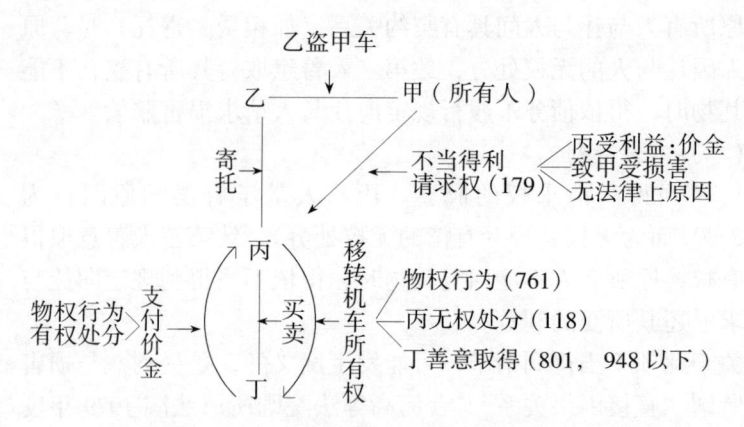

```
            乙盗甲车
        乙 ──────→ 甲（所有人）
        │          ↑
     寄  │          │ 不当得利     丙受利益：价金
     托  │          │ 请求权(179) ← 致甲受损害
        │          │              无法律上原因
        ↓   ╭──╮
        丙  │移│
     ╱  ╲  │转│   物权行为(761)
    支  物 │机│ ← 丙无权处分(118)
    付  权 │车│   丁善意取得(801,948以下)
    价  行 │所│
    金  为 │有│
    ╲ 有权╱│权│
     处分  ╰──╯
        ↓  买卖
        丁
```

关于上开法律问题及研讨结果：应说明的有三点。[1]

1）丙将该机车出售于他人（丁），并移转其所有权，系属无权处分。问题在于丁是否善意取得该机车的所有权。讨论意见及研讨结果在结论上似系采肯定说。乙盗甲的机车，将之寄托于丙处，不论丙知情与否，均属盗赃物，应适用第801条、第949条至第950条之规定。

2）研讨结论采乙说，否定甲对丙的不当得利请求权，其理由为："丙将机车转售得款，系基于占有乙寄托之机车而来，与甲应无直接因果关系。"此项论点似有误会。丙将机车出售得款，并非基于占有乙寄托的机车而来，而是基于丙与丁间的交易（买卖契约及对机车所有权的无权处分），故不能以上开理由否认甲

---

[1] 参阅拙著，债法原理（二），不当得利，第137页。

对丙的不当得利请求权。

3）真正的问题是，丙将甲的机车出售于丁，受有价金之利益，与甲所受损害（丧失机车所有权），是否具有因果关系。此在台湾地区法上所以发生疑义，究其根源，系由于台湾地区现行"民法"采取物权行为独立性及无因性理论，认为于债权行为（如买卖机车的契约）之外，尚有一个独立的物权行为，其效力不因债权行为无效或被撤销而受影响。一个交易行为（例如买卖机车）在法律技术上被分为三个法律行为：（1）买卖契约（第345条）。(2)移转机车所有权的物权行为（第761条）。(3)支付价金的物权行为（第761条）。在判断不当得利损益变动关系时，应将在法律技术上分开的法律关系，合一观察，认定其具有直接因果关系（受益与受损系基于让售他人之物的同一侵害法律）。上开法律问题讨论意见甲说肯定甲（原权利人），对丙（无权处分）的不当得利请求权，认为"其双方损益即互有因果关系，且系基于受益人单方行为所造成。"其所谓单方行为，意义未臻明确，惟可解释系属侵害他人权益之行为。易言之，受益人无权处分他人之物，使权利人丧失其所有权，取得应归属于权利人的对价，系无法律上原因，而受利益，致他人受损害，应负返还责任。

2. 不当得利请求权的内容。有偿无权处分的让与人，应依不当得利规定返还其所受利益（第179条）。在买卖的情形，应其返还者，系其自受让人所取得的价金（或价金请求权）。其价金低于买卖标的物的市场价格时，以其价金为返还客体，盖此为其所获利益。价金高于买卖标的物市场价格时，究应以何者为返还标的，尚有争论。台湾地区通说认为不当得利非在填补被害人的损害，其应返还者，为客观的价格。

(三) 无因管理的准用

让与人明知无权利而让与他人动产所有权，乃明知为他人的事物，仍作为自己的事务而为管理，构成所谓的不法管理。无权利人因处分所得利益超过损害赔偿者，例如擅将他人寄托时值10万元版画以12万元出售，在此情形，无权利人倘得保有此项超过的价金，与情理显有不合，且足诱导他人为侵权行为，就利益衡量及价值判断言，不宜使无权利人取得此项利益，故应准用第177条第1项规定，使原所有人得向无权利人请求返还其所得的利益（12万元）。[1]

第四项 盗赃或遗失物善意取得的特别规定

1. 甲培育名贵达摩兰花，参加乙举办的展览会，乙（或乙的受雇人）擅以之作为己有出售于丙，丙转售于丁，而交付之。丙、丁皆为善意。一年半后，甲查知其事。试说明当事人间的法律关系。设丙系经营兰花业者时，其法律效果有何不同。

2. 甲偷取乙的千元大钞，向丙购买其所拾得丁遗失的歌剧院入场券。试说明其法律关系。

第一目 动产所有权善意取得的例外：
盗赃或遗失物的无偿回复

一、适用范围与"立法"目的

（一）适用范围

"民法"第949条："占有物如系盗赃或遗失物，其被害人

---

[1] 参阅拙著，债法原理（一），基本理论、债之发生，第403页。

或遗失人,自被盗或遗失之时起,2年以内,得向占有人请求回复其物。"此为关于盗赃或遗失物的特别规定。标的物非属盗赃或遗失物时,应适用第948条规定,1951年台上字第1622号判例谓:"第948条之规定依文义观察,系动产所有权人或其他物权人不得专以他人无权让与为理由,对于善意受让之占有人请求回复其物。至同法第949条及第950条,关于占有物之无偿的回复,或有偿的回复等规定,乃专为盗赃或遗失物之占有而设,若占有物并非盗赃或遗失物,固不在该两条范围之内,其能否回复之争执,仍应适用第948条,就占有人之让受是否善意,以资判断。"又1955年台上字第1042号判例谓:"系争鱼翅既非盗赃或遗失物,被上诉人又为受让其物之善意占有人,系具有第948条所定应受法律保护之要件,则上诉人纵为其物之原所有人,而依同法第949条规定之反面解释,亦已丧失其物之回复请求权,不得向被上诉人请求返还。"可资参照。

第949条系动产善意受让的例外规定,其适用须具备善意受让的要件,应属当然,惟实务上仍有疑义。1961年台上字第1194号判例谓:"盗赃之故买人,依第949条之规定,被害人本得向之请求回复其物,如因其应负责之事由不能回复时,依第956条之规定,亦不得谓无损害赔偿之责任。"又1977年台上字第526号判例谓:"盗赃之故买人与实施盗取之人,固不构成共同侵权行为,惟盗赃之故买人依第949条之规定,被害人本得向之请求回复其物,如因其应负责之事由,不能回复时,依同法第956条之规定,亦应负损害赔偿责任。""最高法院"此二则判例均有误会。盗赃的故买人,非属善意,根本无适用第949条的余地,被害人得主张所有物返还请求权(第767条),占有保护请求权

（第962条），或侵权行为损害赔偿请求权。[1]

（二）立法目的及解释适用

盗赃或遗失物如何规范，系动产善意权利取得制度上的难题，台湾地区"民法"参酌德国、瑞士、日本立法例，设第949条以下规定，立法理由书谓："占有物为盗赃或遗失物时，不得使占有人即时取得于其物上可行使之权利，所以保护被害人及遗失主之利益也。但使永久不予确定，对于占有人亦未免失之过酷，故本条规定时效，占有物如系盗赃或遗失物，自被害人或遗失人自被盗或遗失之时起，如已经过2年，即不得再向占有人请求回复其原物。"可供参照。关于现行规定的适用，有二个主要争议问题：（1）何谓盗赃或遗失物；（2）2年请求回复期间内善意受让标的物所有权的归属。二者的解释，涉及到所有权保护与交易安全的利益衡量和价值判断。

二、构成要件

（一）问题的说明

关于动产善意取得的例外，台湾地区第949条规定为盗赃或遗失物，系采日本立法例（第193条），德国民法第935条规定为被盗、遗失或其他丧失之动产，瑞士民法第934条规定为被盗、遗失或违反其意思而丧失之动产。在日本及台湾地区均发生盗赃或遗失物究为列举或例示规定的争论。本书认为宜采例示

---

[1] 参阅拙著，"盗赃之牙保、故买与共同侵权行为"，民法学说与判例研究（二），第235页。值得注意的是，1997年台上字第2423号判决已采同于本书的见解，认为："第949条所定盗赃或遗失物之回复请求权，乃善意取得规定之例外，故盗赃或遗失物之现占有人必须符合法律所定善意取得之要件，否则被害人或遗失人尽可依第767条或第962条之规定请求回复其物，尚无适用该条规定之余地。"

说，以保护非依其意思而丧失动产占有之人。[1]

（二）盗赃

何谓盗赃，有二则判例：1933年上字第330号判例谓："第949条所谓盗赃，系指以窃盗、抢夺、或强盗等行为夺取之物而言，其由诈欺取得之物，不包含在内。"又1951年台上字第704号判例谓："占有物非盗赃，亦非遗失物，其占有并具有第948条所定应受法律保护之要件者，所有人即丧失其物之回复请求权，此观第949条之规定自明。至所谓盗赃，较诸一般赃物之意义为狭，系以窃盗、抢夺、或强盗等行为，夺取之物为限，不包含因侵占所得之物在内。"由此二则判例可知，盗赃不包括诈欺，或侵占所得之物。

（三）遗失物

遗失物，指非基于占有人之意思而丧失占有，现又无人占有，且非无主的动产而言。例如甲借某摄影机与乙，乙误置于风景区，丧失其管领力，对甲、乙而言，该摄影机为遗失物。遗失物拾得人依法取得遗失物的所有权（第807条）之后，再为让与时，系有权处分，无第949条的适用，自不待言。第810条规定："拾得漂流物或沉没品者，适用关于拾得遗失物之规定。"故漂流物或沉没品的善意取得，亦适用关于遗失物的规定。

值得提出讨论的是1984年9月6日法1983律字第10573号函谓："第949条之规定，惟于拾得人不为报告，未依法取得所

---

[1] 基本上同此见解，史尚宽，物权法论，第517页。不同意见，谢在全，民法物权论（下），第515页谓："第949条既明定得回复之物为盗赃或遗失物，而非如德国民法第935条、瑞士民法第934条第1项并及其他非因权利人之意思而脱离占有之物，则本诸上述应从严解释之原则，自不能予以扩张。"详细的讨论，参阅郭瑞兰，动产善意取得之研究，第198页以下。关于日本法，参阅我妻荣/有泉亨，物权法，第198页。

有权而违法将其拾得物转让他人，归于善意占有人之手时，始有适用（请参见史尚宽著物权法第517页）。本件失窃之机车，如系警员于执勤时拾得，应认其所属机关为拾得人，既已依法公告招领，逾6个月无人招领而由'国家'依法取得其所有权，其后又经拍卖再转售，如其拍定人及受让人均属善意，应无第949条规定之适用。"本函的法律见解，原则上可资赞同，但其认为拍定人或受让人须均属善意，易滋误会。该失窃的机车既由'国家'依法取得其所有权，因拍卖而移转其所有权，乃有权处分，本无第949条的适用，不生拍卖拍定人或受让人是否善意的问题。

（四）其他非基于权利人之意思而丧失占有的动产

"民法"第949条的适用究限于盗赃或遗失物，抑应扩大及于其他非基于权利人之意思而丧失占有的动产，颇有争论。本书采肯定说，前已言之。例如甲病故，遗有某砚，乙自居于继承人地位而占有该砚，让售于丙，其后证实丁为真正继承人时，应认为该砚系反于丁的意思而丧失其占有。无行为能力人或限制行为能力人抛弃动产的占有，抛弃之际无意思能力时，亦属之。[1]

因诈欺或错误而交付动产，系基于权利人之意思而丧失占

---

[1] **物权编修正草案**第949条第1项规定："占有物如系盗赃、遗失物或其他非基于原占有人之意思而丧失其占有者，其原占有人自丧失占有之时起2年之内，得向现占有人请求回复其物。"修正理由谓："善意取得，原占有人得请求返还者，现行条文仅限于盗赃及遗失物，惟德国民法第935条、瑞士民法第934条第1项等外国立法例，尚及于其他非因权利人之意思而脱离占有之物，例如遗忘物、误取物等是，为更周延保障原权利人静的安全，爰扩张适用范围及于其他非基于原占有人之意思而丧失物之占有者。"本书认为在现行法上可经由类推适用而达到同一结论。参阅 Baur/Stürmer, Sachenrecht, S.531f.；Schwab/Prütting, Sachenrecht, S.184.

有。受胁迫而移转占有，其丧失占有亦基于权利人的意思，[1]但其交付系处于不可抗拒的情形时，则应认为系属盗赃或非基于权利人之意思而丧失占有。[2]

（五）举证责任

盗赃或遗失物系善意取得的例外规定，应由请求回复的被害人或遗失人负举证责任。

（六）案例说明

1. 甲有某画，是否真迹，发生争议，交乙鉴定。乙为直接占有人，甲为间接占有人。设该画为丙窃取时，为盗赃；乙遗失时，则为遗失物；乙擅将该画作为己有让售于丁，系属侵占，不构成盗赃。在乙擅将该画作为己有让售于恶意的丙，丁自丙盗之，让与于善意的戊时，是否成立盗赃，不无疑问，宜采肯定说，故仍有第949条的适用。[3]

2. 占有辅助人系受他（占有主人）的指示而对于物有管领力。其管领之物被盗或遗失时，对占有主人言，为盗赃或遗失

---

[1] 史尚宽，物权法论第515页谓："在恐吓取财亦系于被害人承诺后而移转其占有于加害人，除加害人所施用之手段成为胁迫而构成强盗罪（'刑法'第328条）外，占有之脱离尚可认为出于被害人之意思。"按"刑法"第328条第1项规定："意图为自己或第三人不法之所有，以强暴、胁迫、药剂、催眠术或他法致使不能抗拒，而取他人之物或使其交付者，为强盗罪，处3年以上10年以下有期徒刑。"由此可知，"刑法"上胁迫之构成强盗罪与"民法"上的胁迫（第92条），仍有区别。

[2] 德国通说采此见解，Wieling, Sachenrecht, I.S.388, 附有详细资料；Schwab/Prütting, Sachenrecht, S.185.

[3] 史尚宽，物权法论，第516页；Baur/Stüner, Sachenrecht, S.531.

物。店员擅取店内商品，脱离店主的占有，则属盗赃。[1]占有辅助人将管领之物误交于无受领权人时，例如歌剧院衣帽间的服务人员，误将甲之大衣交付乙，对该歌剧院言，该件大衣系非基于其意思而丧失占有。在诸此情形，第949条规定均有适用余地。

3. 动产一旦成为盗赃或遗失物，则恒为盗赃或遗失物。例如甲有名贵达摩兰，被乙所盗，乙让与于丙，丙转售于丁，丁转售于戊，虽辗转数手，该达摩兰仍为盗赃物，甲自被盗时起2年之内，得向善意之戊，请求回复其物。

三、法律效果

(一) 回复请求的当事人

占有物如系盗赃或遗失物，其被害人或遗失人，自被盗或遗失之时起，2年之内，得向占有人请求回复其物（第949条）。

请求回复之人，不限于物之所有人，但须有本权（如承租人、借用人、质权人、留置权人、附条件买卖买受人），无占有本权者无回复请求权。例如甲窃乙所有的毕加索版画其后遗失该画，由丙拾得，出售于善意之丁时，甲不得依第949条请求回复。

---

[1] 台湾地区通说同此结论，史尚宽，物权法论，第516页："占有辅助人，僭取主人之物，则为盗赃"；谢在全，民法物权论（下），第515页："店员暗中取得店内商品者，不仅刑法上成立窃盗罪，且因店员系商店雇用人之辅助占有人，对雇用人而言，非商品之占有人，雇用人始为其占有人，店员如暗中取得商品以去，自仍属违反雇用人之意思而脱离其占有，故亦系民法上之盗赃。"可资参照。德国通说基本亦同此见解，但仍有争论，参阅 Baur/Stürner, Sachenrecht, S.531; Westermann/Gursky, Sachenrecht, I.S.368.

被请求之人，[1]须为盗赃或遗失物的现在占有人。1955年台上字第165号判例谓："请求回复占有物之诉，应以现在占有该物之人为被告，如非现在占有该物之人，纵使占有人之占有系因其人之行为而丧失，占有人亦仅就此项行为具备侵权行为之要件时，得向其人请求赔偿损害，要不得本于回复占有物请求权，对之请求回复其物。"可供参照。所谓现在占有人，包括直接占有人与间接占有人。兹举一例说明。甲有某最新型短波收音机，出借于乙，被丙所盗，丁又自丙盗之，让与于善意之戊，戊出租于庚。在此情形，甲或乙得向戊（间接占有人）及庚（直接占有人）请求回复其物；向丙或丁依侵权行为规定请求损害赔偿。丙欠缺占有本权，无回复请求权，自不待言。

（二）盗赃或遗失物的存在

被害人或遗失人为回复其物之请求时，须以该物之存在为要件，该物若已灭失，不得请求回复。

（三）2年请求回复期间的起算及其法律性质

被害人或遗失人请求回复其物的期间为2年，自被盗或遗失之时起算。被盗之时，指被害人实际丧失占有之时，例如盗砍他人树木出售，其被盗之时，应自树木搬出山林时起算。[2]何时被盗，何时遗失应由被害人遗失人负举证责任。此2年期间系属除斥期间，故不生时效中断或不完成问题。经过2年期间，其回

---

[1] 法人经由其董事或职员购买盗赃或遗失物，其被请求回复之人为法人。1981年台上字第3157号判决谓："万祥银楼为有限公司组织，此有卷附及股东名册可稽。被上诉人王燕铿及陈月云，虽为万祥银楼公司执行业务股东及总经理，但其个人与该公司究非同一人格，万祥银楼有限公司纵有向张树人收购讼争饰品，亦系该公司有恶意占有情事，上诉人仅得向该公司请求返还，要无对被上诉人为本件请求之余地。"可资参照。

[2] 谢在全，民法物权论（下），第517页。

复请求权归于消灭。[1] 准此以言，甲盗取乙所有某画，2 年后再为出售，其受让人丙为善意时，无第 949 条规定的适用，丙即可取该画所有权，对所有人诚属不利，立法目的在于尽速确定物权关系。

(四) 2 年回复期间内所有权的归属

2 年回复期间内，其物所有权究归属于原所有人（原权利人归属说）或善意受让人（占有人归属说），涉及到让与请求权的内容和法律性质，甚有争论。[2] 1988 年台上字第 2422 号判决采善意受让人归属说，[3] 通说亦采此见解，[4] 可资赞同，其理由

---

[1] 1953 年台上字第 349 号判决谓："按被害人对于盗赃，仅得自被盗之时起 2 年以内，向占有人请求回复其物，否则即丧失其回复请求权，此观第 949 条之规定自明。此项 2 年期间为除斥期间，而非时效，不适用关于时效中断之规定。本件上诉人对被上诉人提起请求返还马匹及马鞍之诉，据其在原审及第一审主张之原因事实，均谓公元 1944 年秋敌寇犯境时，经将秦镇寄养之马疏散至里雍乡竹根村交与梁超群看管，嗣因自卫队借乘往剿匪，被土匪劫掳，追光复后，以郑鸿安往竹根村探亲，发现该马在被上诉人家中，经向被上诉人理论，因被上诉人索还马料费 8 万元，上诉人未允，以致未果云云。查上诉人之马匹等项既于公元 1944 年秋间被匪劫掳，以致丧失占有，乃迟至公元 1947 年 12 月 12 日，始向第一审起诉请求回复其物，依上说明，其回复请求权自难谓非因经过 2 年除斥期间而消灭，原审本此见解，因而为驳回上诉人之诉之判决，于法洵无不合。"裁判类编，民事法（二），第 480 页。

[2] 关于此项争论，有系统的分析整理，参阅郭瑞兰，动产善意取得之研究，第 202 页以下；史尚宽，物权法论，第 408 页；谢在全，民法物权论（下），第 576 页。

[3] 本件判决，深具启示性，俟后再行详论（本书第 294 页）。

[4] 此为通说的见解，姚瑞光，民法物权论，第 409 页；谢在全，民法物权论（下），第 518 页；杨与龄，"盗赃之善意取得与回复"，法令月刊，第 32 卷，第 6 期，第 3 页；郭瑞兰，动产善意取得之研究，第 203 页。日本判例采原权利人归属说，甚受学者质疑，通说采占有人归属说，参见我妻荣/有泉亨，物权法，第 231 页。

有三：[1]

1. 就文义言：所谓请求"回复"其物，顾名思义，以其物归属于受让人为前提，若仍属原权利人所有时，应规定为请求"返还"其物。

2. 就体系言：善意受让人系依第801条规定取得动产所有权。第949条乃例外规定，在于使原所有人回复其所有权。

3. 就善意取得制度言：所有权归属于受让人始足贯彻保护交易安全之目的，使善意受让人于此2年期间仍可受到物权法上的保护，例如其占有物被侵害时，善意受让人得主张所有物返还请求权（第767条）；第三人对占有物为强制执行时，受让人得提起第三人异议之诉。

（五）回复请求权的性质

如上所述，2年期间之内盗赃或遗失物的所有权应解为系归属于善意受让人，被害人或遗失人的回复请求权，在于复活被盗或遗失前的权利关系，具有形成权的性质。[2] 善意受让人取得的所有权，因此项回复请求权的行使，而归于消灭，负返还其物之义务。请求回复之后，善意受让人纵未将标的物交付于请求回复之人，原权利关系仍当然回复原状。

（六）请求回复的效力与善意受让人的责任

被害人或遗失人请求回复其物时，本权关系即告复活，所有权复归于原权利人，其后该物毁损或灭失时，受让人应依第956

---

[1] **物权编修正草案**增订第949条第2项规定："依前项规定回复其物者，自请求时起，回复其原来之权利。"立法理由谓："原占有人行使前项之回复请求权后，回复其物之效果如何，学者间虽有不同见解，惟以自请求时起，始回复其原来之权利为宜，爰增订第2项规定，俾杜争议。"此项修正明确肯定在2年期间其物所有权归属于善意受让人。

[2] 谢在全，民法物权论（下），第518页；我妻荣/有泉亨，物权法，第232页。

条以下规定，负恶意占有人责任。其物于回复请求前毁损或灭失时，如何处理，涉及回复请求其物是否具有溯及力的问题。学说上有认为保护善意受让人，其所有权之消灭，固应解为系向将来发生，不生溯及效力。[1] 于回复请求前，则应适用关于善意占有人的规定。[2]

（七）无偿回复其物

最后再须强调的是，被害人或遗失人依第949条请求回复其物，系属无偿，不必偿还善意受让人所支出的价金，善意受让人（买受人）应依契约关系向让与人（出卖人）行使其权利（参阅第349条以下规定）。

第二目　动产所有权善意取得例外的例外

一、盗赃或遗失物的有偿回复

（一）构成要件

第950条规定："盗赃或遗失物，如占有人由拍卖或公共市场，或由贩卖与其物同种之物之商人，以善意买得者，非偿还其支出之价金，不得回复其物。"此项盗赃或遗失物的有偿回复的规定，旨在加强保护信赖公开市场的善意买受人，以维护交易活动。第950条系第949条的例外规定，除须具备其构成要件（盗赃或遗失物、善意受让）外，其适用范围仅限以下三种情形的买卖，赠与不包括在内，互易则得准用之：

---

[1] 郭瑞兰，动产善意取得之研究，第210页；谢在全，民法物权论（下册），第519页。
[2] 史尚宽，物权法论，第520页；杨与龄，"盗赃之善意取得与回复"，法令月刊，第32卷，第6期，第3页。

1. 由拍卖而买得者：拍卖包括强制拍卖及任意拍卖。[1]

2. 由公共市场买得者：公共市场非仅指公营的市场，而是指公开交易场所，包括百货公司、超级市场、一般商店、庙会市场以及夜市摊贩。[2]

3. 由贩卖同种之物之商人买得者：此之商人，指行商而言，如沿门沿路叫卖杂货，不以办理营业登记为必要。[3] 此种行商前在农村颇为常见，今日渐为商店所取代。

(二) 法律效果

1. 被害人或遗失人得偿还价金，回复其物。具备上开要件时，被害人或遗失人，自被盗或遗失之时起，2年之内，得偿还占有人所支出之价金，回复其物。价金指买受其物时所支出的价金。

---

[1] 参阅1984.12.6法1984律字第1407号函："'民法'第949条所规定之2年除斥期间于第950条应同有其适用。第949条为盗赃物或遗失物回复请求权之规定，第950条为盗赃物遗失物回复请求之限制规定。第949条所规定之2年除斥期间，于第950条应同有其适用。本件违规机车，因违规人逾期未缴纳罚锾，由台北市政府警察局于1983年8月15日依法拍卖标售于买受人陈灿玉。如买受人系属善意，其后始发现机车乃谢丽祯所有而系于1982年遗失者，则被害人依第950条之规定，得偿还买受人支出之价金请求回复其物。惟因被害人自1982年四五月间遗失机车迄今，已逾2年之除斥期间，就本件情形而言，被害人似不得依第950条请求回复其机车。"

[2] 物权编修正草案第950条规定将"拍卖或公共市场"修正为"公开交易场所"。

[3] 1955年台上字第93号判例谓："被上诉人主张系争物，系向贩卖与其物同种之物之商人以善意购得，依第950条之规定，上诉人非偿还其支出之价金，不得回复其物，自非无据。至警察局扣押该物，系暂时停止上诉人事实管领力，尚难认为其占有业已丧失。"又台北地方法院1966年7月份司法座谈会提出如下的法律问题："某甲由兼营打字机买卖之图书公司购得盗赃打字机一台，嗣经警察追赃，径取交失主，兹某甲请求失主偿返其支出之价金，法院应否准许。"研究结果认为："第950条所谓贩卖与其物同种之物之商人并不以办理营业登记者为限，倘事实上系贩卖该物同种之物之商人即有该条规定之适用。"

回复请求权人为回复之请求，但未提出价金时，其效力如何，学者见解不一。有认为权利人如于2年期间内为回复之请求，其所有权即可保存，纵于2年内未付价金，其所有权仍不丧失，占有人须于取得时效完成后，始能取得该物之所有权。[1]此说过分偏惠回复请求人，难以赞同。有认为权利人回复之请求，虽不以现金给付之偿还为必要，然请求人不于2年内为现金给付之提出，则占有人确定的取得其所有权。[2]此说亦偏惠请求人，且使回复关系悬而不定，似非妥适。有认为第950条之规定，仅可解为在物归原主社会观念下，法律特许被害人或遗失人有偿还善意取得人所支出价金之买回权而已。倘被害人或遗失人未现实提出价金而请求回复，则对于善意占有人已取得之所有权无影响。[3]此说的结论，可资赞同，但第950条所规定的是否为买回权，尚值研究。本书认为依第950条规定："非偿还其支出之价金，不得回复其物"的文义，并为保护善意受让人，解释上应认为偿还占有人所支出之价金系请求回复其物的法定要件。未于2年内现实提出价金而请求回复时，其回复请求不生效力，善意受让人所取得的所有权不受影响，不负返还其物的义务。[4]

2. 占有人自行返还其物。须注意的是，回复与否，为被害人或遗失人的权利，占有人不能强行送还其物，而要求偿还价金。善意买受人任意将盗赃或遗失物交还于回复请求权人，如其拒绝偿还价金时，买受人得请求返还标的物，自不待言。[5]

---

[1] 参阅谢在全，民法物权论（下），第580页（注90）。
[2] 史尚宽，物权法论，第522页。
[3] 姚瑞光，民法物权论，第412页。
[4] 参照杨与龄："盗赃之善意取得与回复"，法令月刊，第32卷，第6期，第3页；谢在全，民法物权论（下），第522页。
[5] 谢在全，民法物权论（下），第523页。

3.警察机关将盗赃发还于被害人。警察机关查获盗赃时，多先将之扣押发还于被害人。在此情形，1988年台上字第2422号判决谓："倘其物系经警察机关发还被害人者，于被害人未偿还价金以前，该请求权人之所有权，亦不消灭。"[1]

二、金钱或无记名证券不得请求回复

第951条规定："盗赃或遗失物，如系金钱或无记名证券，不得向其善意占有人，请求回复。"此为金钱或无记名证券不得请求回复的规定，乃第949条例外规定的例外，复归于第948条善意受让的原则，"立法"目的在于促进金钱或无记名证券的流通，维护交易安全。[2]

金钱，指现实通用的新台币和外货币。其已丧失通用效力的，与一般物品无异，不包括在内，应径适用善意受让一般规定。所谓无记名证券，不限于第719条所规定持有人对于发行人得请求其依所记载之内容为给付的证券，即其他无记名证券，亦属之，如公共汽车票、火车票、戏票、邮票、无记名股票等。关于票据的善意取得，"票据法"第14条设有规定，无民法的适用。

兹举一例说明本条的适用。甲盗乙所有的千元大钞，向丙购买其所拾得丁遗失的歌剧入场券。在此情形，千元大钞为盗赃，歌剧入场券为无记名证券。若甲与丙系分别善意受让他方占有之物时，取得其所有权，乙或丁不得请求回复其物。

---

[1]关于本件判决的讨论，参阅本书第297页。
[2]参照1955年台上字第100号判例："依第944条第1项之规定，占有人推定其为善意占有者，除上诉人有反证足以证明上开推定事实并非真实外，即不能空言否认被上诉人之善意占有，依同法第951条规定，盗赃或遗失物如系金钱或无记名证券，不得向其善意占有人请求回复。"

第三目 案例研究：1988年台上字第2422号判决[1]

关于盗赃的善意取得，实务上案例不少，1988年台上字第2422号判决涉及若干重要基本问题，值得提出作个案研究。

一、判决理由

本件被上诉人主张：诉外人吕嘉红将其窃取李昆全之大货车乙辆出售于诉外人高福华，高福华嗣又转售于上诉人。上诉人继于公元1986年1月间将之出售于第一审共同被告傅瑞源。傅某于同年4月4日以新台币（下同）80万元价格转卖于伊。讵该大货车于1987年2月6日，经警察局查获为赃物予以扣押，使伊遭受80万元之损害。傅瑞源亦同。傅瑞源对伊，及上诉人对傅瑞源均应负出卖人之瑕疵担保损害赔偿责任。兹傅瑞源怠于行使此项损害请求权，伊为保全债权，自得代位行使等情。求为命上诉人连带给付傅瑞源75万元及法定迟延利息，并由被上诉人代位受领之判决。（逾上诉部分之请求，经原审驳回后，已确定。关于傅瑞源部分，被上诉人已获胜诉判决。）

上诉人则以：伊出售大货车，证件齐全，且已移转过户于傅瑞源，危险应由傅某负担，对伊自无损害赔偿请求权，被上诉人尤无可得代位之权利。况被上诉人使用该车已10月之久，获得45万之收入，其仍以原价金请求赔偿，亦属无理等语。资为抗辩。

原审将第一审所为被上诉人败诉判决一部废弃，改判如上开声明。无非以：被上诉人向傅瑞源以80万元买受之大货车，系由吕嘉红窃自李昆全后辗转出售于上诉人，上诉人再以75万元

---

[1] 民刑事裁判选辑，第9卷，第4期，第82页。

出售于傅瑞源。各买受人于买受时均不知系赃物。嗣该车于1987年2月6日经警查获并扣押。又吴国安系经营卖小汽车之国展商行，吴协利未经营汽车买卖业。为两造所不争。是系争大货车非由拍卖或公共场所，或由贩卖其物同种之物之商人买得。且大货车因遭警方扣押，依第950条规定，被上诉人不能回复其占有。被上诉人因依第349条、第350条规定，主张上诉人对于傅瑞源，傅瑞源对于被上诉人分别负有瑕疵担保之损害赔偿责任，固属正当。惟傅瑞源系以75万元买入，以80万元卖出，其所受损害仅为75万元。至第373条，系关于标的物危险负担之规定，与本件系权利瑕疵之担保责任问题，并无关联。上诉人援引该项规定，主张不负赔偿责任，自无可取。至谓被上诉人使用大货车，已获45万元收入。上诉人未举证以实其说，亦无可采。查傅瑞源自系争大货车被查扣迄今，未对上诉人行使损害赔偿请求权，显系怠于行使权利。被上诉人为保全债权，虽得行使代位权，惟应以75万元为度等词，为其判断之基础。

查出卖人依第349条规定，就买卖之标的物固应负权利瑕疵担保责任，然仍以权利之瑕疵于买卖成立后未能除去为前提。倘因法律规定买受人于买受买卖标的物之交付后，已取得标的物之所有权，可得对抗第三人时，则其权利已无瑕疵，即不得再使出卖人负瑕疵担保之责。买卖标的物之买受人依第801条、第948条规定，已取得标的物之所有权者，即属适例。于此种情形，标的物如为盗赃者，被害人未依同法第950条规定，自被盗起时2年以内，向买受标的物之占有人，为回复其物之请求前，该买受人所有权并不消灭。倘逾2年之期间，被害人未为回复之请求者，该买受人并即确定的取得标的物之所有权。且在第950条之情形，盗赃之被害人非偿返买受人支出之价金不得请求回复其物。此乃因买受其物之占有人系由拍卖或公共市场或由贩卖与其物同种之物之商人善意买得其物，对其物之来源有正当信赖之情形存在，须特别加以保护之故。是以，被害人之偿还价金乃回复其物之要件。倘其物系经警察机关发还被害人者，于被害人未偿还价金以前，该占有人之所有权亦不消灭。又被害人上述之价金负担，乃是衡量被害人与买受其物之占有人间之相对利益而设。因之，有无上述买得其物之特殊情形，应以占有人本身决之，至占有人辗转买卖之前手，有无该特殊情形存在，则非所问。准此以观，买受人于上述已取得买卖标的物所有权而未消灭之情形，出卖人均不负瑕疵担保之责。本件被上诉人辗转买得之大货车，虽系盗赃物，但系善意买得者，且该大货车仅系受警察局扣押，为原审认定之事实。则被上诉人似已依第 801 条、第 948 条规定，取得大货车之所有权。且该车虽为赃物，但被害人李昆全似尚未请求大货车所有权。果系如此，原出卖人之上诉人是否应负权利瑕疵担保责任？即非无疑。况被害人李昆全自大货车被盗时起，是否已逾 2 年？被上诉人向傅瑞源买受大货车是否具有第 950 条所定上述可资信赖之情形存在？均与上诉人有无权利瑕疵担保责任有关。原审未遑查明，遽为不利于上诉人之判断，自有未合。次查债务人怠于行使其权利时，债权人因保全债权，依第 242 条规定，固得以自己之名义，行使其权利。然仍以债权人因保全自己之债权有必要者为限。所谓必要，在金钱债权系指债务人已无清偿之资力而言。本件被上诉人既系代位行使对傅瑞源对于上诉人之损害赔偿权，请求赔偿一定之金额，则傅瑞源有无清偿之能力？因与被上诉人有无代位权有关，即待澄清。原审未注意及之，径准被上诉人行使代位权，亦有可议。又连带债务之成立，以债务人之明示或法律有特别规定者为限。此观第 272 条第 2 项之规定即明。原审命上诉人负连带赔偿之责，未说明其法律依据，亦非适法。上诉论旨，执以指摘原判决对其不利部分为不当，声明废弃。为有理由。

二、分析讨论

(一) 基本法律关系

本件判决的事实得简化如下：甲（李昆全）有大货车，被乙（诉外人吕嘉红）所窃，出卖于丙（诉外人高福华），丙又转售于丁（上诉人），丁又将该货车出卖于戊（傅瑞源，第一审共同被告），戊又转售于庚（被上诉人），丙、丁、戊、庚均为善意该车被警察局查获为赃物，予以扣押，戊与庚受有损害，庚代位戊，向丁请求损害赔偿，为便于观察，图示如下：

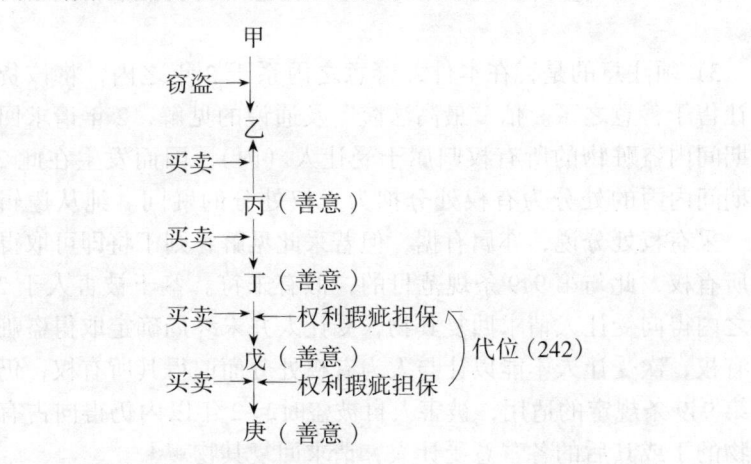

```
            甲
    窃盗 →  ↓
            乙
    买卖 →  ↓
            丙（善意）
    买卖 →  ↓
            丁（善意）
    买卖 →  ← 权利瑕疵担保 ┐
            戊（善意）       ├ 代位（242）
    买卖 →  ← 权利瑕疵担保 ┘
            庚（善意）
```

(二) 盗赃与善意取得

1. 盗赃。甲有货车，被乙所窃，该车系属盗赃。乙将该车出卖于丙，经丁、戊二人，最后由庚买受之。该车之为盗赃，不因辗转买卖而受影响。

2. 无权处分与善意取得。

1) 乙窃取甲车出卖于丙，系出卖他人之物，买卖契约有效，其依让与合意交付该车（第761条），则为无权处分。丙为恶意时，其受让该车占有不受保护，无适用第948条以下规定余地。在此情形，丙将该车让售于丁时，仍属出卖他人之物，并为无权处分。

2) 在本件，丙系善意受让该货车的所有权，有第948条规定的适用。依第949条规定，被害人甲自被盗之时起，2年之内，得向丙请求回复其物。若甲于2年之内未请求回复其物时，由丙确定取得该货车所有权。在此情形，丙将该货车出售于丁，系出卖自己之物，并为有权处分，丁纵为恶意，仍能取得其所有权。

3) 须注意的是，在本件，善意之丙系于2年之内，将该货车让售于善意之丁。依"最高法院"及通说的见解，2年请求回复期间内盗赃物的所有权归属于受让人（丙），因而发生在此2年期间内丙的处分为有权处分抑为无权处分的疑问。纯从逻辑言，采有权处分说，亦属有据，但若采此见解，则丁将即可取得其所有权，此与第949条规范目的，似有未符。鉴于被害人于2年之内得向受让人请求回复其物，受让人并未终局确定取得盗赃所有权，次受让人不能以让与人为有权处分而取得其所有权，仍有第949条规定的适用，被害人自被盗时起2年以内仍得向占有其物的丁或其后的各善意受让人，请求回复其物。[1]

4) 一部赃车于大约2年期间内辗转4次买卖，而4个买受

---

[1] 谢在全，民法物权论（下），第521页谓："按盗赃或遗失物因非基于被害人或遗失人之意思而脱离其占有，故法特许被害人或遗失人得回复其物，就斟酌此项情事而言，该标的物于被盗或遗失后，无论辗转流通至何处，被害人或遗失人得以回复之利益状态，于理论上均属相同。易言之，盗赃物或遗失物依法得予回复，可解为该物之上负担。"此项见解，结论可资赞同，但认为盗赃物或遗失物依法得予回复，可解为系该物之上负担，理论构成尚值研究。

人均属善意，且伪造证件齐全，均能顺利移转过户，令人叹为观止。善意与否，系具体案件事实认定问题、暂置不论，但何谓善意，系属法律问题。原审谓："各买受人于买受时均不知系赃物"，似以不知为善意，明知为恶意。依此见解，参与交易者未尽任何注意程度，对买卖标的物来源未为查询，具有过失（尤其是重大过失）时，仍受保护，是否妥当，尚值研究。

3. 第949条的适用。在本件，庚系善意受让货车的所有权，甲自货车被盗时起2年之内得向庚请求回复其物（第949条）。"最高法院"认为在2年期间内盗赃物所有权归属于受让人。据吾人所知，此为"最高法院"第一次对此向有争论的重要问题，表示明确意见，虽未详述理由，在结论上可资赞同。

4. 第950条的适用。盗赃或遗失物，如占有人由拍卖或公共市场，或由贩卖与其物同种之物之商人，以善意买得者，非偿还其支出之价金，不得回复其物（第950条）。"最高法院"强调此为对其物之来源有正当信赖的特别保护，并提出以下二项见解：

1) 被害人偿还价金乃回复其物之要件。倘其后系经警察机关发还被害人者，于被害人未偿还价金之前，该占有人之所有权亦不消灭。如前所述，警察局扣押赃物时、受让人的占有尚未消灭，但警察局将赃物发还于被害人时，应认为由被害人取得其占有，于被害人偿还价金前，受让人的所有权既未消灭，自得请求返还。

2) 被害人请求回复其物，须偿还买受人所支出之价金，乃系衡量被害人与买受其物之占有人间之相对利益，故是否由拍卖或公共市场，或由贩卖与其物同种之物之商人善意买得其物，应以占有人本身决之，至占有人辗转买卖之前手，有无该特殊情形存在，则非所问。此项见解基本上可资赞同。在本件，若现占有人（买受人）庚不符合第950条所定要件，无论戊、丁、丙等前手是否具有此种情形，均无第950条的适用。反之，在现买受人庚已符合第950条的情形，无论戊、丁、丙等前手是否具有此种情形，被害人均须为有偿之回复。准此见解，其应偿还的，系现买受人所支付的价金，现买受人不能主张前手所支出较高的价金。[1]

三、出卖人的权利瑕疵担保

(一) 问题的说明

盗赃的善意取得涉及出卖人的权利瑕疵担保。"民法"第349条规定，出卖人应担保第三人就买卖之标的物，对于买受人不得主张任何权利。所谓权利，指得以对抗买受人的债权（如租赁权，第425条）、物权，尤其是所有权。出卖人应负权利瑕疵担保责任时，买受人得依债务不履行规定行使其权利。[2]

恶意买受人于契约成立时，知有权利之瑕疵，出卖人不负担保责任（第351条）。买受人系善意，而被害人于被盗之时起经过2年，未请求回复其物时，买受人确定取得所有权，其权利无瑕疵存在，出卖人不负权利瑕疵担保责任。[3]纵买受人将标的

---

[1] 同说，郭瑞兰，动产善意取得之研究，第216页；谢在全，民法物权论（下），第522页。不同意见，史尚宽，物权法论，第522页认为："盗赃或遗失物经数回拍卖，或于公共市场或由贩卖与其物同种之物之商人经数回买卖时，现占有人得就前占有人选择其最有利地位者之权利行使之，即得请求买卖之最高价之偿还。"

[2] 史尚宽，债法各论，第12页；郑玉波，民法债编各论，第36页；邱聪智，债法各论，第105页。

[3] 史尚宽，债法各论，第12页；郑玉波，民法债编各论，第35页；邱聪智，债法各论，第101页。

物返还于所有人,亦无主张权利瑕疵担保责任的余地。[1]在此2年内被害人请求回复其物时,被害人的所有权复归于被害人,出卖人则应负权利瑕疵担保责任。有争论的是,在2年回复期间内,被害人并未请求回复其物时,买受人得否径主张出卖人应负权利瑕疵担保责任。

2.1988年台上字第242号判决。在本件判决,"最高法院"认为上诉人辗转买得之大货车,虽系盗赃物,但系善意买得者,且该大货车仅系受警察局扣押,则被上诉人已依第801条、第948条规定,取得大货车之所有权,被害人尚未请求回复大货车之所有权时,原出卖人不应负权利瑕疵担保责任。

3.1993年台上字第700号判决。[2]在1993年台上字第700号判决一案,被上诉人善意购买赃车,被警察局扣押,并暂交失主台元公司保管。"最高法院"赞同原审的见解,认为出卖人就买卖标的物之权利,应负担保责任者,无须以买受人被追夺为必要,第三人有主张权利之可能即为已足。又公法上之处分,例如公法之扣押、没收,亦属之。系争汽车既经警察为公法上之扣押,且有第三人主张所有权之可能,上诉人即应负权利之瑕疵担保责任。被上诉人是否向系争汽车失主主张其系向贩卖系争汽车同种之物之商人,以善意买得,非偿还其支出之价金,不得回复其物云云,乃属其抗辩权利,而非其义务,因而被上诉人对于系争汽车之失主,未行使抗辩权,而对出卖该车之上诉人主张权利之瑕疵担保,并不违法。"最高法院"并强调,盗赃物之买受人,其对赃物之占有是否丧失,与其对出卖人主张盗赃物权利之瑕疵

---

[1] Plandt-Putzo § 440 Anm.2; Walter, Kaufrecht, Handbuch des Schuldrechts, Band 6, 1987, S.130.
[2] 民事裁判书汇编,第12卷,第299页。

担保责任，系属两事，纵令买受人未丧失盗赃物之占有，亦非不得主张权利之瑕疵担保。

4. 本书见解。上揭问题，衡诸法律逻辑与当事人的利益衡量，似以1993年台上字第700号判决，较为可采，分四点言之：

1）善意买受人在2年期间虽已取得标的物所有权，但被害人在此2年期间内得请求回复其物，而被害人一旦为此请求，标的物的所有权既回复原状，买受人取得所有权并未终局确定，标的物之权利非属完整无缺。

2）在此2年内，被害人得随时请求其物，买受人随时负有返还义务，难期对标的物为必要的使用、收益、修缮或投资，为顾全买受人的利益，纵被害人尚未为回复的请求，亦应许其为权利瑕疵担保的主张。

3）台湾地区"民法"回复买受人主张权利瑕疵担保，不以标的物被追夺为要件，[1]以第三人主张之可能为已足。[2]诚如1993年台上字第700号判决所云，买受人是否占有标的物与其得否主张权利瑕疵担保，系属二事。买卖标的物被警察局扣押发还于被害人时，买受人固得主张权利瑕疵担保，买受人自己发现标的物为盗赃，仍得为权利瑕疵担保的主张。

4）买受人主张权利瑕疵担保时，得请求出卖人为完整无缺权利之移转，例如由权利人承认其处分（第118条第1项）。买受人亦得返还标的物，而请求全部的损害赔偿，或解除契约而返还标的物。

---

[1] 关于出卖人权利瑕疵责任与标的物被追夺在法制史上的发展，参阅 Larenz, Schuldrecht, II. Halbband I, Besonderes Teil, 13. Aufl. 1986, S. 31f.

[2] 史尚宽，债法各论，第15页。

第五项　动产所有权善意取得的适用范围

一、适用对象：动产

民法规定的善意取得系以动产为规范对象，如何适用于不动产的部分、船舶、经设定动产担保交易的动产、有价证券（尤其是股票）等，尚值研究，分述如下：

（一）不动产的部分

不动产之出产物，尚未分离者，为该不动产之部分（第66条第2项），如树林，菜园的蔬菜、果树上果实等。不动产的出产物尚未分离的，不能单独成为物权的客体，但得为买卖或赠与出标的。甲有果园，租乙经营，租赁契约无效，乙擅将其树上果实出售于丙。在此情形，乙与丙间的买卖契约有效，但丙尚未取得未分离果实的所有权。在乙将分离的果实交付于丙时，丙因善意受让而取得其所有权；在丙经乙同意，自将果实从原物分离，而取得占有时，亦有善意受让规定的适用。[1]

（二）船舶

船舶，指在海上或与海相通水面或水中航行之船舶（"海商法"第1条）。船舶不适用海商法者（"海商法"第3条），依"民法"规定，有动产善意取得规定的适用。1962年台上字第2242号判例谓："查系争渔船之总吨数仅为5.09吨，有卷附基隆港务局通知可稽，复为上诉人所不争执，其既未满20吨，依'海商法'第3条第1款规定，即不能认系'海商法'上之船舶，而应视为民法上所称动产之一。其权利之取得，亦不以作成书面，并经主管官署盖章证明为要件，而质权人取得动产，而受关于占有规定之保护者，纵出质人无处分其质物之权利，质权人仍

---

[1] 史尚宽，物权法论，第513页。

得行使其质权,第886条定有明文。被上诉人由于诉外人陈金水设定质权而受让系争柴油机之占有,上诉人既未能提出任何确切证据,证明被上诉人系属恶意取得,依上说明,自非上诉人所得请求返还。"本件判例系针对动产质权的善意取得而言,对动产所有权的善意受让,亦有适用余地。

(三) 经设定动产担保交易的动产

动产担保交易法创设附条件买卖(保留所有权)、动产抵押及信托占有三种不占有标的物动产担保制度。"动产担保交易法"第5条规定:"动产担保交易,应以书面订立契约。非经登记。不得对抗善意第三人。"经设定动产担保交易的动产亦得为善意取得的对象。例如甲以附条件买卖方式出售某电视机给乙,乙在条件成就取得所有权前,擅将该电视机出卖于丙,并依让与合意交付时,丙因善意受让而取得其所有权,惟附条件买卖经登记者,得对抗善意受让人。

(四) 金钱、有价证券或股票

善意受让的动产包括金钱(第951条),例如擅以他人寄存的金钱清偿债务时,有善意受让规定的适用。

关于有价证券,第951条明定无记名证券得为善意取得的客体。股票得否善意取得,不无疑问。1970年台上字第278号判决谓:"记名股票为证明股东权之有价证券,而非动产,无第948条规定之适用。"[1]惟为贯彻背书制度与交易安全,似可类推适用票据善意取得的规定。[2]

二、分别共有

分别共有,指数人按其应有部分,对于一物共享有其所有权

---

[1] 详见赖源河,"股票有无善意取得规定之适用",公司法论文选辑,第1页,法律学研究,第1辑,政大法律学研究所。

[2] 赖源河,前揭文,第1页。

(第817条)。例如甲乙共购一只日本秋田狗，约定应有部分各为1/2。关于分别共有的动产善意受让问题，举三例加以说明：

1. 甲乙共有某狗、由乙保管，乙未得甲同意擅将该狗让售于丙，丙因善意受让取得其所有权。

2. 甲乙共有某物、交丙训练，丙擅以该狗作为己有，出卖所有权1/2与丁，丁因善意受让该狗的共同占有，而成为分别共有人。

3. 在上举之例，若丙对丁表示其系该狗的共有人，应有部分为1/2时，受让人不能主张善意取得该应有部分，而成为分别共有人。法律仅推定物之占有人为单独所有人，而未推定其为在分量上享有一定比例的分别共有人，受让人对此项表示的信赖，不受保护。[1]

三、被诈欺或胁迫为意思表示的撤销与第三人的善意取得

"民法"第92条第1项规定："因被诈欺或被胁迫，而为意思表示者，表意人得撤销其意思表示。但诈欺系由第三人所为者，以相对人明知其事实或可得而知者为限，始得撤销之。"同法条第2项规定"被诈欺而为之意思表示，其撤销不得以之对抗善意第三人。"反面推论之，被胁迫而为之意思表示，其撤销得以对抗善意第三人。[2] 关于本条规定与第三人的善意取得，分诈欺与胁迫二种情形加以说明：

1. 被诈欺而为意思表示与第三人的善意取得。甲受乙诈欺，让售毕加索的版画于丙，丙转售丁，并交付之，其后甲之以受诈欺为原由，撤销其与丙间的法律行为（买卖契约与物权行为）。法律行为经撤销者，视为自始无效（第114条第1项）。在此情

---

[1] 参阅 Klaus Tiedkte, Gutgläubiger Erwerb, 1985, S.55.
[2] 参阅拙著，民法总则，第430页。

形，丙自始未取得该版画所有权、丙出售该版画于丁，系出卖他人（甲）之物，仍属有效，物权行为则为效力未定。丁得主张甲不得以其无效对抗善意第三人。丁亦得主张善意取得该版画所有权（第948条）。甲受乙诈欺而交付版画于丙，该版画由丙占有系基于甲的意思，不构成盗赃，无第949条规定的适用。

2. 被胁迫而为意思表示与第三人的善意取得。甲受乙胁迫，贱售张大千的泼墨山水画于丙，丙转售于丁，并交付之，其后甲以受乙胁迫为原因，撤销其与丙间的法律行为（买卖契约与物权行为）。法律行为经撤销者，视为自始无效（第114条第1项）。在此情形，丙自始未取得该画所有权，丙出售该山水画与丁，系出卖他人之物，买卖契约仍属有效，物权行为则效力未定。被胁迫而为之意思表示，其撤销固得以之对抗善意第三人，但此为一般规定，动产善意取得乃特别规定，应优先适用，故善意的丁因善意受让而取得该山水画的所有权。所谓盗赃，原则上不包括因胁迫而取得之物在内，故无第949条规定的适用。丁既因善意取得该画所有权，甲自无依第767条规定主张所有物返还请求权的余地（参阅下图）。

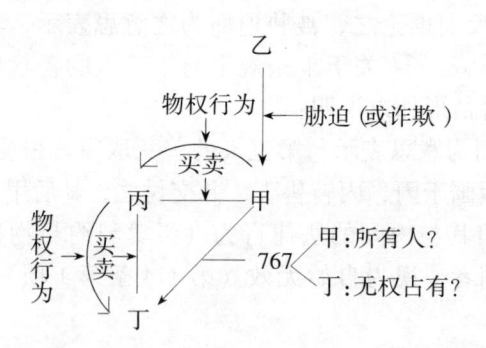

```
                    乙
                    │
        物权行为 │ ← 胁迫（或诈欺）
              ↓   ↓
             买卖
       丙 ←────── 甲
    物  ↑  买         ╲
    权  │  卖          ╲ 767    甲：所有人？
    行  │              ╲
    为  ↓                ╲      丁：无权占有？
       丁 ──────────────
```

第三款　其他动产物权的善意取得

甲拥有名贵亦宛然布袋戏精致木偶，借乙展览，试就下列情形说明其法律关系：(1) 乙擅将该木偶作为己有，设定质权于丙时，善意之丙得否主张善意取得质权？(2) 乙将该木偶交丙修缮，善意之丙于修缮费未受清偿前，得否留置该木偶？(3) 乙擅将该木偶作为己有，设定动产抵押于丙，善意之丙得否主张取得动产抵押权？

动产物权，除所有权外，尚有动产质权、留置权及动产抵押权，兹分述其善意取得的问题如下：

一、动产质权

动产质权，谓因担保债权，占有由债务人或第三人移交之动产，得就其卖得价金，受清偿之权（第884条）。第886条规定："质权人占有动产，而受关于占有规定之保护者，纵出质人无处分其质物之权利，质权人仍取得质权。"所谓受关于占有规定之保护，指第948条："以动产所有权，或其他物权之移转或设定为目的，而善意受让该动产之占有，纵其让与人无让与之权利，其占有仍受法律之保护。"之规定。动产质权为第948条所谓"其他物权之设定"。兹分动产质权善意取得，盗赃或遗失物的例外，及典当业的特别规定三种情形加以说明。[1]

---

[1] 关于动产质权善意取得所涉及的问题，俟于拙著，民法物权，第3册（担保物权）再行详论。

1. 动产质权的善意取得。以动产质权之设定为目的，而善意受让该动产之占有，纵出质人无处分其质物之权利者，质权人仍取得质权（第884条、第886条）。例如甲有某件精致木偶，借乙展览，乙擅将之作为己有，设定质权于丙，丙因善意受让该木偶之占有而取得质权。[1]须注意的是，第885条规定："质权之设定，因移转占有而生效力。质权人不得使出质人代自己占有质物。"由是可知，受让占有，不限于现实交付，即简易交付及指示交付亦可，惟不得依占有改定为之，以维持质权的留置效力。动产所有权因动产质权的善意取得而受限制。原权利人须俟担保的债权清偿后，始能请求返还。

2. 盗赃或遗失物的例外。第949条规定："占有物如系盗赃或遗失物，其被害人或遗失人，自被盗或遗失之时起，2年以内，得向占有人请求回复其物。"本条规定，于动产质权的善意取得亦应适用。第950条系规定标的物之有偿回复，仅适用于买卖或互易，对动产质权的设定取得，并不适用之。

3. 典当业的特别规定。"民法物权编施行法"第14条规定："'民法'物权编关于质权之规定，于当铺或其他以受质为营业者不适用之。"原"典押当业管理规则"，现已改为"当铺业法"。原"典押当业管理规则"第17条（现为"当铺业法"第26条，2001年6月6日公布，阅读之）规定："收当物品中如经有关机关查明确系赃物时，其物主得依质当原本取赎，但经查证其明知为赃物，而故为收受者，应无偿发还原物主。"

"典押当业管理规则"第17条规定是否违反"民法"第949条规定？大法官会议释字第26号解释采否定说，认为典押当业，

---

[1] 关于动产质权的实务上案例（1962年台上字第2242号判例），参见本书第303页。

既系受主管官署管理,并公开营业,其收受典押物,除有明知为赃物而故为收受之情事外,应受法律之保护。"典押当业管理规则"第17条之规定,旨在调和回复请求权人与善意占有人之利害关系,与第950条之"立法"精神,尚无违背,自不发生与同法第949条之抵触问题。1981年台上字第1977号判决依据大法官此号解释,及银楼业许可规则第11条亦规定,银楼业收兑金银饰物中,如经有关机明查明系赃物时,其物主得依收兑原价取赎,但经查证其明知为赃物,而故为收兑者,应无偿发还原物主。此项规定与"典押当业管理规则"第17条之规定,出于同一趣旨,故前开释字第26号解释,于银楼业收兑赃物时,非不得比照援用。

二、留置权

第928条规定:"债权人占有属于其债务人之动产,而具有下列各款之要件者,于未受清偿前,得留置之:(1)债权已至清偿期者。(2)债权之发生,与该动产有牵连之关系者。(3)其动产非因侵权行为而占有者。"例如甲有某车,发生重大车祸,交乙修缮,费用10万元。乙在甲清偿前,对该车有留置权。若该车非属甲所有,而系借自于丙时,无第928条的适用。然则乙得否主张善意取得留置权?

对此问题,郑玉波教授采肯定说,认为第948条既有"其他物权"一语之概括规定,自无将留置权除外之理,至于法律上对于留置权所似未如第801条、第886条之特设规定者,盖以留置权移转之情形,甚为罕见耳,然不能以此遽谓留置权无适用善意受让规定之余地。[1] 史尚宽先生亦采肯定说,认为民法亦以债权人占有属于债务人之动产为要件(第928条),故善意取得之

---

[1] 郑玉波,民法物权论,第392页。

规定，应解释对于留置权亦有适用。[1]姚瑞光教授则采否定说，认为债权人留置之动产，既非因受让该动产所有权所致，又非以动产以移转或设定为目的（留置权均为法定），与第801条及第948条所定善意取得之要件不合，不宜将善意取得（即时取得）任意扩张解释。[2]本书赞成肯定说，分二点言之：

1. 就法律政策言，债权之发生与该动产有牵连关系者，均应肯定债权人的留置权，始足维护交易安全，不应因留置权系属法定，而受影响。日本民法第195条明定不问标的物属于债务人与否，均得成立留置权。瑞士民法第933条规定，留置权之成立须债权人占有之物属债务人所有，但实务上认为纵其物非属债务人所有，仍得善意取得留置权，可资参照。[3]

2. "民法"未设如第886条规定，解释上认为第948条所谓"其他物权"包括留置权，似属勉强。为促进法律进步，宜类推民法关于动产善意取得规定，肯定留置权的善意取得。[4]

三、动产抵押权

"动产担保交易法"第15条规定："称动产抵押者，谓抵押权人对债务人或第三人不移转占有而就供担保债权之动产设定动产抵押权，于债务人不履行契约时，抵押权人得占有抵押物，并得出卖，就其卖得价金优先于其他债权而受清偿之交易。"同法

---

[1] 史尚宽，物权法论，第514页。
[2] 姚瑞光，民法物权论，第366页。
[3] Wieland, Kommentar zum Schweierischen Zivilgesetzbuch § 933, 511, IV. Sachenercht, 1909; Hinderling, Der Besitz, in: Sachenrecht, Schweizerisches Privatrecht, 1977, S.473.
[4] **"民法"物权编修正草案**第928条第1项规定将债权人占有属于"债务人之动产"，修正为占有"他人动产"，明确规定留置权之标的物不以属于债务人所有者为限。

第5条规定："动产担保交易，应以书面订立契约，非经登记，不得对抗善意第三人。"此项不占有标的物之动产抵押权得否善意取得，实值研究。[1]

台湾地区高等法院1985年度法律座谈会提出一则法律问题：融资性租赁之承租人，将租赁标的物之机器，伪称系自己所有，向第三人贷款，设定动产抵押权，并出具切结书，声请登记完毕。嗣因届期未能清偿，经第三人实行抵押权，声请拍卖抵押物，在强制执行程序中，出租人即真正所有权人，提起第三人异议之诉，是否有理由？说明：按本题的关键，在于动产抵押权得否适用善意取得。有下列两说：

甲说：在台湾地区"民法"动产物权之变动，系以占有为表征，故占有标的物者，即为所有人，信赖此项表征，从事法律行为者，纵表征与实质权利不符，亦应加以保护，本题"动产担保交易法"虽未设明文规定，依该法第3条规定，本法未规定者，适用规定，自应类推适用动产质权之善意取得，且动产抵押，法律既明定不以受让占有为要件，其基本结构与民法质权既未尽相同，则在适用民法规定时，即不能纯作形式上之观察，而应探讨法律规定之基本精神及利益衡量之标准，在动产抵押，善意第三人所信赖者系无权处分人占有标的物之事实，此为善意取得之基础，故依法理言之，动产抵押权之发生即无须交付标的物，无受让占有之事实，即不应以受让占有为要件，始能保护善意抵押权人之利益，维护交易之安全（参照王泽鉴民法学说与判例研究（一），第272页）。从而第三人因善意取得动产抵押权，其声请拍卖自属合法，真正所有权人提起第三人异议之诉讼无理由。

---

[1] 参阅苏永钦，"动产善意取得若干问题"，民法经济法论文集（一），第167页（尤其是第190页）。

乙说：（1）"民法"善意取得之规定，均以受让占有动产而受关于占有规定之保护为要件，此观第801条、第948条、第886条规定自明，而动产抵押权则系不以移转占有为特征，依"动产担保交易法"第5条规定，"动产担保交易法"应以书订立契约，非经登记不得对抗善意第三人，正因为不移转占有，故法律创设以登记为对抗效力，足见动产抵押与民法质权之要件并不相同，自不能类推适用，此参照海商法创设船舶抵押，学者即谓不得再适用民法之规定设定动产质权亦可证明。（2）又查"动产担保交易法施行细则"第6条规定，登记时，应具备之证件包括标的物之有所有权之证明文件或使用执照者，其文件或执照并应由债务人出具切结书担保标的物具有完整之所有权，足见设定动产抵押并非仅以占有动产为表征，如第三人仅凭债务人之切结而设定动产抵押，自应依切结书所载向债务人请求损害赔偿，而不应类推适用而让第三人善意取得动产抵押权，从而真正之所有权人提起第三人异议之诉说应有理由。

结论：采乙说。"司法院"第一厅研究意见：研讨结果采乙说，核无不合。（发文字号：1985年2月25日（1985）厅民一字第118号函复台高院）关于研讨结论，应说明的有三点：

1. 动产抵押权得否善意取得，法无明文，属法院造法问题。甲有A画、B电脑寄存乙处，乙擅以之作为己有，以A画设定质权于丙，同时以B电脑设定动产抵押。在此情形，依"司法院"第一厅研究意见，丙得善意取得质权，但不能善意取得动产抵押。动产抵押与"民法"质权的要件固不相同，但其相同者，系善意受让者对无权处分人占有标的物的信赖，为维护交易安全，宜肯定动产抵押权得为善意取得的客体。

2. 海商法创设船舶抵押权，学者谓不得适用民法之规定设定动产质权，系涉及二个担保制度在同一标的物上并存问题，尚不足作为动产抵押权之不能善意取得的依据。[1]

3."动产担保交易法施行细则"第6条系规定动产担保交易登记应具备证件,动产抵押权的设定采书面成立主义,纵未登记,亦仅不生对抗善意第三人的效力(第5条),[2]应无碍于善意取得动产抵押权。

第三节 占有人与回复请求人的权利义务

第一款 概 说

甲有A马,被乙所盗,出售于善意的丙。A马生B马。因丙的受雇人丁的过失,致A马受伤,丙支出医药费,未能完全康复,价值减半。甲自被盗之时起2年之内,向丙请求回复其物。(1)试说明甲与丙间的权利义务。(2)丙为恶意时,其权利义务有何不同,为何不同?(3)试比较说明第952条以下规定与民法一般规定解释适用结果的不同及差别待遇的立法理由。

---

[1] 关于船舶抵押权,"海商法"第33条至第37条设有规定。参阅郑玉波,海商法,第26页;桂裕编著,海商法新论(1981年台八版),第192页;杨仁寿,海商法论,第110页。

[2] 参阅拙著,"动产担保交易法上登记之对抗力、公信力与善意取得",民法学说与判例研究(一),第259页。

一、三个基本问题

无权占有某物，依法应返还于请求人时，发生以下三个问题（请再阅读前揭例题）：

1. 物的使用收益，应否返还？
2. 物的灭失毁损，应否赔偿？
3. 对物支出费用，应否求偿？

对此三个问题，本得适用民法一般原则，即关于物的使用收益，依不当得利；关于物的灭失毁损，依侵权行为；关于对物支出费用，依无因管理或不当得利。惟日本、瑞士及德国民法立法例多另设规定，[1] 台湾地区斟酌损益，设第952条至第959条，以资规范，为便于观察，列表如下：

---

[1] 参阅日本民法第195条至第196条，瑞士民法第916条至第940条。德国民法系规定于第987条至第1003条，明定为所有物返还请求权的从请求权（Nebenansprüche），其条文繁杂，区别过于苛细，解释适用上争论甚多，颇滋疑义。台湾地区现行"民法"系采日本民法及瑞士民法立法例，较为简明。参阅我妻荣/有泉亨，物权法，第496页。瑞士民法的解释适用，参阅 Hindenling, Der Besitz, in: Sachenrecht, Schweizerishes Privatrecht, S.508f.；德国法上的主要著作，参阅 U. Köbl, Das Eigentümer-Verhältnis in Anspruchsystem des BGB, 1971; Pinger, Funktion und dogmatische Einordnung des Eigentümer-Besitzer-Verhältnisses, 1973。

项目 \ 占有人别		善　意	恶　意
使用收益 （孳息）		依推定其为适法所有之权利，得为占有物之使用收益（952）	负返还孳息之义务，如已消费或因过失而毁损，或怠于收取者，应偿还孳息价金（958）
因可归责之事由致占有物灭失毁损之赔偿责任	自主占有	仅以因灭失或毁损所受之利益为限，负赔偿责任（953）	负全部赔偿责任（956）
	他主占有	负全部赔偿责任（956）	
费用	必要费用	得请求偿还，但已就占有物取得孳息者，不得请求偿还（954）	得依关于无因管理之规定请求偿还（957）
	有益费用	于占有物现存之增加价值限度内，得请求偿还（955）	1. 法无明文 2. 得否依不当得利规定求偿尚有争议
	奢侈费用	1. 法无明文 2. 不得求偿	1. 法无明文 2. 不得求偿

二、规范目的及法律性质

（一）规范目的

"民法"所以特设第952条以下规定，而不径适用**民法**一般规定，旨在优惠善意占有人。[1] 兹举一例加以说明：甲有 A 马，被乙所盗，出售于善意之丙，A 马生 B 马，A 马因丙的过失而死亡。在此情形，甲于自被盗之时2年内向丙请求回复其物，而适

---

[1] 参阅史尚宽，物权法论，第526页；郑玉波，民法物权，第399页；谢在全，民法物权法（下），第526页。

用民法一般规定时，[1]甲得依第767条规定，向丙请求返还B马，依第184条第1项前段规定请求A马死亡的损害赔偿。惟依第952条规定，丙取得B马（孳息）所有权。依第953条规定，丙对A马的死亡，仅以所受利益为限，负赔偿责任。

（二）法律性质

占有人与回复请求人的权利义务，性质上系属一种法定债的关系，[2]除第952条以下有特别规定外，原则上应适用债编通则规定，例如债权得为让与（第294条），占有主人对占有辅助人的故意或过失，应与自己的故意或过失负同一责任（第224条）；给付迟延时，债务人对于因不可抗力而生的损害，亦应负责（第231条第2项）。

须注意的是，占有人与回复请求人间的请求权虽系从属于所有物返还请求权等主请求权（Hauptansprüche），但其本身系独立之债的请求权，得脱离主请求权（如所有物返还请求权）作为处分的客体。所有权让与时，此类已发生的从请求权，并不随同移转。在诉讼上，主请求权与此类从请求权为多数的诉讼标的。[3]

三、善意与恶意

（一）意义

关于占有人对于回复请求人的权利义务，民法系以占有人的善意或恶意为体系构成因素。所谓善意，指不知其为无权占有，而所谓不知，指误信其有占有的权利，且无怀疑而言。其非善意的，即为恶意。占有人有于取得占有之时，即为恶意，如故买盗

---

[1] 被害人依第949条自被盗之时2年之内，向占有人请求回复其物时，具有溯及效力，请求回复前的法律关系，仍有第952条以下规定的适用，本书第290页。

[2] 参阅 Schwab/Prütting, Sachenrecht, S.226.

[3] Brehm/Berger, Sachenrecht, S.131ff.

赃。有于其后成为恶意的，如承租其屋后始知其租赁契约无效时，应自明知其无占有的权利时起，负恶意占有人责任。[1]须注意的是，第959条规定，善意占有人于本权诉讼败诉时，自其诉讼拘束发生之日起，视为恶意占有人。

(二) 占有辅助人的恶意[2]

占有经由占有辅助人而取得的，在现代分工交易社会，颇为常见。占有辅助人的恶意，如何归由占有主人负担，学说上有三种见解：(1) 类推适用"民法"第105条规定，其善意或恶意的事实，应就占有辅助人决定。[3] (2) 类推适用第188条第1项规定，视占有主人是否尽其选任监督义务而定。[4] (3) 依取得占有过程而定：在依法律行为取得占有的情形，类推适用第105条规定；在其他情形，则类推适用第188条第1项规定。[5] 比较言之，以第三说较为可采，兹举二例加以说明：

1. 甲向乙承租某车，由司机丙受让其占有，丙知其租赁契均不成立时，应类推适用第105条，由甲负恶意占有人责任。

2. 甲雇用乙开垦林地，乙故意占用丙的土地种植树苗，开辟林道，甲对乙未尽选任监督义务时，应类推适用第188条第1项规定，负恶意占有人责任。[6]

(三) 未成年人的恶意与识别能力

占有人为未成年人时，为贯彻民法保护未成年人的基本原则，恶意的成立应类推适用第187条规定，以占有人是否具有识

---

[1] Westermann/Gursky, Sachenrecht, I.S.211.
[2] Schwab/Prütting, Sachenrecht, S.31; Kiefner, JA84, 189ff.
[3] Westermann/Gursky, Sachenrecht, S.37.
[4] Baur/Stürner, Sachenrecht, S.37.
[5] 此为德国实务上见解，BGHZ 32, 53; Schwab/Prütting, Sachenrecht, S.31.
[6] Schwab/Prütting, Sachenrecht, S.226.

别能力加以认定。[1]

四、占有回复关系的当事人

"民法"第952条以下规定的回复请求人,不限于所有人,凡基于物权或债权关系,得请求回复其物的占有,皆属之。占有人包括直接占有人和间接占有人。例如甲有某小提琴,出租于乙,被丙所盗,出借于丁时,甲或乙得向丙或丁请求返还该琴,而有第952条以下规定的适用。

五、消灭时效

关于占有人与回复请求人间请求权的消灭时效,"民法"未设特别规定,应适用第125条,其请求权,因15年间不行使而消灭。

第二款 占有物的使用收益

甲有某屋,出售于乙,并即办理移转登记。乙将该屋出租于丙,经营KTV。半年后甲以受第三人胁迫为理由,撤销买卖契约及物权行为。分别就乙、丙为善意或恶意,说明甲与乙、丙间的权利义务。

一、善意占有人

(一) 得为占有物的使用收益

1. "民法"第952条规定。第952条规定:"善意占有人,依推定其为适法所有之权利,得为占有物之使用及收益。"立法理由谓:"善意之占有人,既推定其有适法之权利,自应使其得使用及收益占有物,即其取得之孳息亦无归还于回复占有物之义

---

[1] Westermann/Gursky, Sachenrecht, I. S.196.

务，盖历年取得之孳息，若令其悉数返还，善意之占有人，必蒙不测之损害，非保护善意占有人利益之道。"[1]

所谓"依推定其为适法所有之权利"，指有使用及收益的权利而言，如所有权、地上权、租赁权等。若占有人所行使的权利，不含有使用及收益的权能时（如寄托、动产质权、留置权），则纵令其占有系出于善意，亦不得为占有物之使用及收益。[2]

所谓使用，指依物的用法，而加利用，如乘坐车辆，演奏乐器，居住房屋，以牛耕地，以马运货。所谓收益，指收取占有物的天然孳息或法定孳息，如种稻收谷，赁屋收租。所谓得为使用收益，指善意占有人得享有使用，取得孳息。收取的孳息已消费的，无须偿还其价额；未消费的，得保有之，不必返还。

关于善意的时间，收益为天然孳息时，以其由原物分离之时为准；收益为法定孳息时，按善意存续期间的日数，取得其相当期间的孳息（第70条）。在善意存续期间，占有人对物有使用权。[3]

2. 无权取得善意占有人。值得注意的是，德国民法第988条规定善意占有人系无偿取得物的占有时，应依不当得利规定返还其所取得的使用收益。[4]台湾地区未设此项例外规定，对善意占有人特为优惠。例如甲有A马，被乙所盗，赠与善意之丙，而甲向丙请求回复A马时，丙仍得保有A马所生的B马及出租A马所收取的租金。

（二）不当得利的特别规定

善意占有人，依推定其为适法所有之权利，既得为占有物之

---

[1] 通说，郑玉波，民法物权，第401页。
[2] 通说，郑玉波，民法物权，第401页。
[3] 参照史尚宽，物权法论，第525页。
[4] 关于德国民法第988条的解释适用，参阅 Soergel-Mühl §988.

使用收益，就其使用收益，自不必依不当得利规定负返还责任。至其理由，学说上有认为第952条系善意占有人享有占有物使用收益之法律上原因，故无不当得利可言。[1] 实务上则认为本条系排除不当得利的特别规定，1988年台上字第1208号判决谓："按占有人于占有物上行使之权利，推定其适法有此权利。又善意占有人依推定其为适法所有之权利，得为占有物之使用及收益。分别为第943条、第952条所明定。是占有人因此项使用所获得之利益，对于所有人不负返还之义务，此为不当得利之特别规定，不当得利规定于此无适用之余地。不动产占有人于其完成物权取得时效并办毕登记时，就时效进行期间之占有人，亦应解为有上述规定之适用，方能贯彻法律保护占有人之意旨。本件上诉人既系善意占有人，且在系争土地上行使地上权，并因地上权取得时效完成，办毕地上权登记，则其于地上权取得时效进行期间就占有之土地，自有以建筑物为目的而为使用之权，对于此项使用所获得之利益，依上说明，即无返还所有人即被上诉人之义务，被上诉人依不当得利规定，请求上诉人返还利益，于法难予准许。"此项见解，可资赞同。[2]

二、恶意占有人

（一）孳息的返还

第958条规定："恶意占有人，负返还孳息之义务，其孳息如已消费，或因其过失而毁损，或怠于收取者，负偿还其孳息价

---

[1] 谢在全，民法物权论（下），第526页。
[2] 拙著，债法原理（二），不当得利，第239页；Westermann/Gursky, Sachenrecht, I, S.196.

金之义务。"[1]立法理由谓："恶意占有人，当其占有之时，逆知将来须以其占有物所生孳息，及占有物共返还于回复占有人，纵使其返还现存之孳息，并清偿现已无存孳息之价金，必不至因此而受不测之损害。"占有人是否恶意，以收取孳息或孳息可得收取时为准。

所谓孳息，包括天然孳息和法定孳息。所谓孳息已消费，应从广义解释，包括出售或赠与。所谓因其过失而毁损，例如收取的小马，因饲养不当而生病或死亡。所谓怠于收取，指应收取而不收取，例如甲向乙购买果园，经法院判决其买卖契约及物权行为无效，应返还果园，甲任意让果实腐烂。孳息的价金应依交易上客观价值定之，自不待言。

(二) 对占有物的使用

第958条仅规定恶意占有人返还孳息的义务，惟与第952条对照观之，恶意占有人对占有物亦无使用的权利。因此学说上有认为"孳息"应解为包括使用占有物所得的利益在内，使恶意占有人负偿还价额的义务。[2]此项结论，可资赞同，惟何谓孳息，法有定义（第69条），解释上尚难包括物的使用利益，衡诸第958条规定之"立法"目的，应类推适用之。

---

[1] 关于本条的适用，有二则判例，可供参照：(1) 1944年上字第1959号判例谓："'耕地三七五减租条例'第2条第1项所谓约定地租，不得超过耕地正产物收获总额37.5%，系就出租人与承租人之关系而为规定，与恶意占有人所负返还孳息之义务无涉。"(2) 1953年台上字第1213号判例谓："善意占有人，依推定其为适法所有之权利，得为占有物之使用及收益，固为第952条所明定。惟此项规定，于有同法第958条、第959条所定之情形时，不适用之。故善意占有人如于本权诉讼败诉时，自其诉讼系属发生之日起，即视为恶意占有人，仍应负返还占有物孳息之义务。"

[2] 谢在全，民法物权论（下），第536页。

三、直接占有与间接占有上的使用收益

甲有某屋，出卖于乙，并移转其所有权。乙出租该屋于丙。若甲与乙间的买卖契约和物权行为不成立、无效或被撤销时，甲得依第767条规定向乙（间接占有人）或丙（直接占有人）请求回复其物。关于对占有物使用收益的返还，分四种情形加以说明：

1. 直接占有人与间接占有人均为善意：在此情形，直接占有人与间接占有人均有使用收益的权利。就上举之例而言，丙得使用房屋，乙得保有收取的租金。

2. 直接占有人与间接占有人均为恶意：在此情形，直接占有人与间接占有人均无使用收益的权利。就上举之例而言，甲得向丙请求偿还使用房屋的价额，或向乙请求返还收取的租金。

3. 直接占有人为善意，间接占有人为恶意：在此情形，直接占有人有使用收益的权利。间接占有人无使用收益的权利。就上举之例而言，丙得使用房屋，乙应返还收取的租金。

4. 直接占有人为恶意，间接占有人为善意：在此情形，直接占有人无使用收益的权利，间接占有人有使用收益的权利。就上举之例而言，丙应偿还使用房屋的价额，乙得保有收取的租金。

第三款　占有物灭失或毁损的赔偿责任

1. 甲有某车，出售于乙，乙的司机超车不慎，与闯红灯之丙所驾之车相撞，丙赔偿2/3的损害。乙以半价让售该车于善意之丙，并即交付之。其后发现甲为禁治产人。试分别就乙为善意或恶意，说明当事人间的法律关系。

2. 甲有西藏木雕千手观音佛像，寄托于乙，乙死亡后，其继承人丙将该木雕佛像让售于丁，由丁善意取得其所有权。试问甲得否依第956条规定向丙请求损害赔偿？

一、善意占有人

(一)"立法"目的

第953条规定："善意占有人，因可归责于自己之事由，致占有物灭失或毁损者，对于回复请求人，仅以因灭失或毁损所受之利益为限，负赔偿之责。"立法理由谓："占有物灭失毁损，其事由应归责于占有人者，若其占有人系善意占有人，又为自主占有人时，应使依不当得利之原则，将受益额悉数清还回复占有物人，否则必令其负赔偿全部赔偿之义务，未免过酷，故设本条，以保护善意自主占有人之利益。"由此可知本条规定旨在保护善意自主占有人。

(二) 占有人的意义

所谓占有人，系指自主占有人，不包括他主占有人。他主占有人明知占有他人之物，必须返还，应负注意义务。例如甲出租某机车于乙，乙不知租赁契约无效，因过失致该车毁损或灭失时，无本条的适用，乙应依第956条规定负赔偿责任。

(三) 可归责于占有人自己的事由

所谓可归责于占有人自己之事由，指占有人对于占有物的灭失或毁损具有故意或过失。占有人对占有辅助人的故意或过失，应与自己的故意或过失负同一责任（第224条）。占有物的灭失或毁损系因不可抗力时，善意占有人不负赔偿责任。

(四) 灭失或毁损

所谓灭失，指占有物全部毁灭，如屋遭火焚，玉杯破碎，或占有物因添附而丧失其所有权。所谓毁损，指占有物部分受损，如刮伤车身、污染地毯，占有人不使用占有物或滥用占有物，致其价值贬损，亦应包括在内。[1]

（五）损害赔偿范围

损害赔偿范围限于因灭失或毁损所受的利益，系采不当得利原则，以限制其责任。所受的利益，如占有物投有保险时，其保险金；占有物因添附而灭失时，其偿金（第816条）；占有物被第三人侵害时，其损害赔偿。

（六）适用范围：占有物的无权处分

第953条所定"占有物灭失或毁损"，应否扩张解释包括因其他事由不能返还，尤其是因善意占有人无权处分占有物，致第三人善意取得其所有权的情形在内，发生争议。多数学者采肯定的见解，[2]但亦有采否定说，认为："学者间虽多依德国民法第989条规定，为肯定之解释。但德国民法第989条明定：占有人自诉讼系属之日起，因可归责于自己之事由，致物受毁损、灭失，或由于其他原因不能返还而生损害者，对于所有权人应负责任。与台湾地区第953条之规定，不但列举之范围不同（台湾地区"民法"非未列举不能返还之情形），而且责任之轻重亦不一致（德国民法非以所受之利益为限），自难为同一之解释。如有因可归责于善意占有人之事由，致占有物不能返还者，回复请求人当可依侵权行为之规定请求损害赔偿。"[3]本书采肯定说，应说明的有三点：

---

[1] 史尚宽，物权法论，第526页。
[2] 史尚宽，物权法论，第527页；谢在全，民法物权论（下），第531页。
[3] 姚瑞光，民法物权论，第414页。

1. 台湾地区第 953 条与德国民法第 989 条规定,[1]确有不同,不能依德国民法第 989 条规定而为解释。

2. 所谓灭失,解释上得包括物理的灭失及法律上的灭失,二者在法律价值判断上应作相同的处理。物理的灭失时,其赔偿责任限于所受的利益,法律上灭失时,则依侵权行为规定负赔偿责任,此种区别似非合理。

3. 肯定第 953 条规定对法律上灭失的适用,其主要实益在使请求人得依此规定请求无权处分人所得的对价。例如占有人将占有物让与第三人,第三人因善意受让取得其所有权时,回复请求人得请求占有人交付出卖占有物的价金;但其赔偿额不得超过实际所受损害,如占有物价值为 1 万元而出售的价金为 1.5 万元时,仅得请求 1 万元。在此种无权处分的情形,亦得成立不当得利请求权,发生竞合关系。至于善意占有人将占有物赠与善意第三人,未受有利益,自无须负赔偿责任。

二、恶意占有人

第 956 条规定:"恶意占有人,或无所有意思之占有人,因可归于自己之事由,致占有物灭失或毁损者,对于回复请求人,负损害赔偿之责。"立法理由谓:"恶意占有人,或无所有意思之占有人,皆明知其占有物属他人所有,故占有物灭失毁损,其事由应归责于恶意占有人,及无所有意思之占有人时,应使其向回复占有人赔偿全部损害。"

本条所规定的责任主体包括恶意占有人或他主占有人。所谓可归于自己事由,指故意或过失而言,占有人对占有辅助人的故意或过失,亦应与自己的故意或过失,负同一责任。返还占有物给付迟延时,对因不可抗力而生的损害,亦应负责(第 231 条第

---

[1] 关于德国民法第 989 条的解释适用,参阅 Soergel-Mühl § 989.

2项)。所谓灭失或毁损,包括其他不能回复的情形。须注意的是,窃盗因故意或过失致赃物灭失者,固应负本条责任。窃盗无权处分赃物,因受让人为善意,所有人于2年内未请求回复,致丧失其所有权时,亦有本条的适用。又1961年台上字第1194号判例谓:"盗赃之故买人,依第949条之规定,被害人本得向之请求回复其物,如因其应负责之事由不能回复时,依第956条之规定,亦不得谓无损害赔偿之责任。"可资参照。[1]所谓赔偿,包括所受损害及所失利益,其赔偿范围不限于所受利益。

三、因不可归责于占有人的事由,致占有物灭失或毁损

第953条及第956条系规定,占有人就占有物灭失或毁损的损害赔偿责任,其范围因占有人为善意或恶意而有不同,但均以可归责于自己的事由为要件。占有人(无论其为善意或恶意)非因可归责自己的事由,致占有物灭失或毁损时,应适用一般规定。兹举二例加以说明:

1. 甲非因过失不知其占有的录影机为乙所有,而出售于丙,为丙善意取得时,甲就其取得的价金,应依不当得利规定(第179条以下)返还于乙。

2. 甲出借数件台湾雅美族原始文物供乙展览,乙投有保险,借期届满后,该批文物意外灭失时,甲得依第225条第2项规定,向乙请求交付其受领的保险金。

---

[1] 参照1974年5月28日,1974年度第3次民庭推总会议决议:"赃物之故买(或收受、搬运、寄藏或为牙保)已在被害人因窃盗、抢夺、强盗等侵权行为受有损害之后,盗赃之故买人,(或收受、搬运、寄藏或为牙保人)对被害人系成立另一侵权行为。又盗赃之故买人,收受人或寄赃人依第949条之规定,被害人本得向之请求回复其物,如因其应负责之事由,不能回复时,依同法第956条之规定,亦应负损害赔偿责任。是盗赃之故买人(或收受、搬运、寄藏或为牙保之人)与实施盗赃之人,不构成共同侵权行为。"

第四款　对占有物费用支出的偿还

甲有某60年代德国金龟车，被乙无权占有，甲请求回复其车时，于下列情形就乙为善意或恶意说明乙得向甲主张的权利：（1）乙定期保养该车，支出费用。（2）该车遭洪水淹没，乙为重大修缮。（3）乙将该车的手摇门窗，改为电动。（4）乙将该车改漆自己喜好的颜色。

占有人对占有物支出费用，甚为常见，如何一方面不使支出者受有损失，他方面又不能使回复请求人增加负担，设合理的规范，实费斟酌。[1]台湾地区现行"民法"系以占有人的善意或恶意为基准，区别必要费用及有益费用，而设其规定。分述如下：

一、善意占有人
（一）必要费用

1.通常必要费用。第954条规定："善意占有人，因保存占有物所支出之必要费用，得向回复请求人请求偿还。但已就占有物取得孳息者，不得请求偿还。"立法理由谓："占有物所必要之费用，为保存其物所不可缺者，应使善意占有人，得向回复占有

---

[1] 此为德国法上争论甚多的问题，参阅 Baur/Stürner, Sachenrecht, S.102; Schwab/Prütting, Sachenrecht, S.233; Westermann/Gursky, Sachenrecht, I.S.219（附有详细参考资料）。关于德国法与美国法的比较研究，参阅 Möbrenschlager, Der Verwendungsersatzanspruch des Besitzers im angloamerikanischen und deutschen Recht, 1971. 最近重要著作, Verse Verwendungen im Eigenfümer – Besitzer – Verhäetnis, Eine Krifische Betrachtung aus historisch – rechtsvergleichender Sicht, 1999.

物人请求偿还。然通常所必要之费用，例如小修缮费，大抵皆由所收取孳息中支用，若善意占有人已取得孳息者，此项费用，即归其担负，不使请求清偿，以昭公允。"

所谓必要费用，指因保存或管理占有物通常必要的费用，如简用修缮费、饲养费、税捐、公寓大厦管理费、汽车定期保养费等。支出的费用是否必要，以支出时的情事，依客观标准认定。[1]此等通常必要费用，原则上得请求偿还，但善意占有人已取得孳息者，不得请求偿还，因通常必要费用皆自孳息中支出，彼此相抵，二者价值是否相当，则所不问，纵必要费用多于孳息，善意占有人亦不得请求差额。

2. 特别必要费用。所谓必要费用，除前述通常必要费用外，尚有所谓的特别必要费用（或称临时必要费用），如房屋遭地震，汽车被洪水淹没而支出的重大修缮费用。在此情形，善意占有人纵已收取孳息，仍得请求偿还。[2]

（二）有益费用

第955条规定："善意占有人，因改良占有物所支出之有益费用，于其占有物现存之增加价值限度内，得向回复请求人，请求偿还。"所谓有益费用，指因利用或改良占有物，且增加其价值的费用，例如以土填平城壕空地，[3]将木窗改成铝门窗，将

---

[1] 1955年台上字第21号判例谓："第957条所谓因保存占有物所支出之必要费用，系仅指因占有物之保存不可欠缺所支出之费用而言，至支出之费用是否具备上述要件，应以支出当时之情事，依客观的标准决定之。"此项见解于第954条亦有适用余地。

[2] 史尚宽，物权法论，第528页；姚瑞光，民法物权论，第415页；谢在全，民法物权论（下），第529页。

[3] 参照1948年上字第6226号判例："上诉人等擅自使用公有城壕所费甚巨，确属真实，除得向土地所有人请求返还，因此所增加之价值外，要不能谓已取得土地上之任何权利，因而主张优先承租"。

汽车门窗由手摇改为电动等。占有物的价值既因改良而增加，应使善意占有人于现存限度内得请求偿还，否则回复占有物人将获不当得利，不足以昭公允。

(三) 奢侈费用

善意占有人就占有物所支出的费用，除必要费用或有益费用外，尚有所谓的奢侈费用。"立法"理由谓："奢侈费为占有人因快乐或便利而支出之费用，不能向回复占有物人请求清偿，权衡事理，可以推知，无须另设明文规定。"

属于奢侈费用的，例如为宠物美容，更换汽车颜色等。关于如何判断奢侈费用，1992年台上字第222号判决谓："所谓奢侈费用乃超过物之保存、利用或改良所必要而支付之费用，系争房屋经上诉人在法定空地增建，于屋顶加盖铁厝，并将楼梯拆迁，被上诉人并未因系违章建筑而请求上诉人拆除、回复原状，亦未经拆除大队，依违章规定予以拆除，是该违建部分以及楼梯拆迁，似为被上诉人现实所使用。然则该部分所支出之费用，能否谓系超过物之保存，利用或改良所必要之奢侈费用，已滋疑义。"[1]

二、恶意占有人

(一) 必要费用

第957条规定："恶意占有人，因保存占有物所支出之必要费用，对于回复请求人，得依关于无因管理之规定，请求偿还。"恶意占有人的求偿，受有二项限制，一为限于必要费用，一为只许依无因管理的规定，回复占有物之人请求清偿其必要费用，其

---

[1] 须注意的是，在德国民法，奢侈费用（Luxverwendnngen）亦不得请求返还，参阅 Müller, Sachenecht, RdNr.586.

求偿范围较善意占有人所得请求偿还者为狭。[1]

本条所谓必要费用，除通常必要费用外，应包括特别必要费用在内。所谓得依关于无因管理规定，请求偿还必要费用，系指依无因管理的法律效果而言。[2] 分三点加以说明：

1. 必要费用的支出利于回复请求人，且不违反其意思，例如医治病牛，修缮遭台风毁损的屋顶。在此情形，恶意占有人得依第176条第1项规定，请求偿还其支出的费用。

2. 必要费用之支出，虽违反回复请求人明示或可得推知之意思，但系为回复请求人尽公益上之义务（第174条第2项），例如缴纳地价税、汽车牌照税时，恶意占有人仍得依第176条第1项规定，请求偿还其支出的费用。

3. 必要费用支出不利于本人，或违反回复请求人明示或可得推知之意思，例如占住他人即将拆除的房屋而修缮。在此情形，回复请求人主张享有该费用支出之利益时，以所得利益为限，恶意占有人得请求偿还（第177条）。回复请求人不为此项主张时，应适用不当得利规定，得主张所受利益不存在，而免返还义务（第182条第1项）。

（二）有益费用

恶意占有人得否请求因改良占有物（如粉刷患有壁癌的墙

---

[1] 关于无因管理的法律效果，参阅拙著，民法债编总论（一）：基本理论债之发生，第387页。

[2] 参阅1954年台上字第433号判例："上诉人就其占有之系争房屋关于建筑未完工部分出资修建，系在被上诉人向原所有人某甲买受之后，业经两造因本权涉讼，上诉人受败诉之判决确定在案。依第959条之规定，上诉人自本权诉讼系属发生之日起，即应视为恶意占有人，固不得依同法第955条，以改良占有物所支出之有益费用为原因，请求偿还。惟恶意占有人因保存占有物所支出之必要费用，对于回复请求人，依关于无因管理之规定请求偿还，仍为同法第957条之所许。"

壁，更换破旧的地板为磁砖）所支出的有益费用？民法对此未定明文，立法理由说明所以未设规定，乃在否定恶意占有人的请求权，略谓："恶意占有人，明知无占有其物之权利，只许将必要之费用，依无因管理之规定，向回复占有物人请求清偿，至其所出之有益费，不在请求清偿之列。盖此项费用，若许其请求清偿，恶意占有人可于其占有物多加有益费，藉此以难回复占有物人。"

问题在于恶意占有人得否主张不当得利请求权？1972年台上字第1004号判决采肯定说，认为："必要费用，固得依关于无因管理之规定请求偿还（第957条），其所支出之有益费用，固亦得依不当得利之规定请求返还，但恶意占有人不得于其所负担使用代价返还扣除之，应另行请求。"[1] 关于恶意占有人得否依不当得利规定请求返还有益费用，本书曾采参酌前揭立法理由，衡量当事人利益，考虑不当得利原则及德国通说，[2] 而采否定说。[3] 兹改采肯定说，认为仍应有不当得利请求权的存在，其理由有三：[4]

1. 民法关于占有回复请求关系的规定，乃在平衡占有人因支用费用，而实际发生的财产减少。不当得利旨在取去无法律上原因而生财产增加，其应返还的范围非系占有人实际上对物所支出者，而是于受益人尚存的利益。二者之规范目的不同，不生排除问题。

---

[1] 法令月刊，第24卷，第7期，第22页。
[2] Reuter/Martinek, Ungerechtfertigte Bereicherung, 1983, S.698ff.; BGHZ 41, 157ff.
[3] 本书初版，第206页；拙著，"恶意占有人对于有益费用之不当得利请求权"，民法学说与判例研究（一），第467页。
[4] Koppensteiner/Kramer, S.204ff.; Larenz/Canaris, Schuldrecht, Bd.II.Halband II, S.345ff.; Löwenheim, Bereicherungsrecht, 2. Aufl.1988, S.118ff.

2. 若采否定说，则占有某物而支出有益费用者，无不当得利请求权，其未占有某物而支出有益费用者，却得主张不当得利请求权。此项差别待遇欠缺合理依据。

3. 采否定说的主要理由，系为避免增加回复请求人的负担，确有所据。然此在不当得利亦可获得合理解决，即受益人得主张此种强加于其物的支出，对其而言，非属受有利益或所受利益不存在。例如甲无权占有乙的房屋，修缮其围墙，乙得主张其围墙原预定拆除，所受利益不存在，不负返还责任。[1]

三、占有人的留置权、同时履行抗辩权及取回权

（一）留置权

占有人请求偿还的费用，于未受清偿时，得就占有的动产，主张留置权，不因其为善意或恶意而异。[2] 但其动产系因侵权行为而占有者，则不得留置（第928条）。

（二）同时履行抗辩

1980年台上字第696号判决谓："第955条所定善意占有人因改良占有物所支出之有益费用偿还请求权，与土地所有人之回复请求权，非因契约而互负债务，不生同时履行问题。上诉人谓曾对讼争土地支出有益费用一节，纵令属实，亦应另行请求，要不得作为拒不还地之依据。"此对恶意占有人的支出必要费用偿还请求权，亦得适用，自不待言。[3]

（三）取回权

占有人对占有物支出费用，有增添设备，如加装双重铝门、

---

[1] 关于强迫得利（aufgedrängte Bereicherung），参阅拙著，不当得利，第199页。

[2] 参阅史尚宽，物权法论，第531页；郑玉波，民法物权，第404页；谢在全，民法物权论（下），第533页。

[3] 关于同时履行抗辩的基本问题，参阅拙著，"'民法'第264条关于同时履行抗辩规定之适用、准用与类推适用"，民法学说与判例研究（六），第143页。

铺设地砖或种植花草等。对此等设备，于不因分离而损害占有的范围内，占有人得取回之。[1]

第五款　适用范围与竞合关系

甲有某屋出租于乙，乙擅自加装隔音设备、铝门窗，并将墙壁改漆自己喜好的颜色，转租于丙，因丙之过失致房屋毁损。试就下列情形，说明第952条以下规定与不当得利或侵权行为规定的适用关系：（1）甲与乙的租赁契约有效成立。（2）甲与乙间租赁契约不成立、无效或被撤销。（3）乙加装隔音铝门窗及转租系发生于租赁关系消灭之后。

第一项　适用范围

一、占有人须为无权占有

"民法"第952条至第959条系规定占有人对回复请求人的权利与义务，须以占有人为无权占有为要件，[2]此由区别善意占有人与恶意占有人即可知之。日常生活上的事例，如窃盗他人的动产；霸占他人的房屋；恶意受让盗赃或遗失物的占有；或虽善意，但被害人或遗失人于被盗或遗失之时起2年内，请求回复

---

[1] 史尚宽，物权法论，第528页谓："占有人所支出费用，既非必要，亦非有益者，不得请求偿还。但如回复请求人未提出偿额，占有人在返还占有物前，于不因分离而损害占有物之范围得取回之。"关于占有人的取回权，德国民法第997条设有详细规定，可资参照。

[2] 参阅史尚宽，物权法论，第526页；郑玉波，民法物权，第399页。

其物。

二、基本关系不成立、无效、被撤销或解除

占有他人之物，系基于租赁、寄托、地上权或典权等法律关系时，其权利义务原则上应各依其基本关系。[1]其所涉及的问题，以买卖、租赁为例加以说明：

1.买卖契约。买卖契约及移转标的物所有权的物权行为均不成立、无效或被撤销时，买受人占有标的物系属无权占有，有第952条以下规定的适用。在仅买卖契约不成立、无效或被撤销的情形，买受人基于有效的物权行为（物权行为无因性）取得标的物所有权，系属有权占有，应依不当得利规定负返还义务，无适用第952条以下规定的余地。买卖契约解除时，买受人须返还受领的标的物（第259条），应适用一般规定，亦无第952条以下规定的适用。[2]

2.租赁契约。关于租赁关系，应分三种情形言之：

1）租赁关系有效存在：在此情形，承租人在租赁存续期间内占有租赁物，系属有权占有，关于租赁物的使用收益、灭失或毁损的损害赔偿，支出费用的偿还，应依租赁关系及一般原则处理之。[3]

2）租赁契约不成立、无效或被撤销：在此情形，承租人自始无占有的权利，应适用第952条以下规定。

3）租赁关系因终止或届期而消灭：在此情形，于租赁关系终止或届期前，应适用一般规定。租赁终止或届期后，承租人拒

---

[1] 史尚宽，物权法论，第526页；郑玉波，民法物权，第399页；谢在全，民法物权论（下），第527页。

[2] 参阅 Westermann/Gursky, Sachenrecht, I.S.208; Schwab/Prütting, Sachenrecht, S.239。

[3] Schwab/Prütting, Sachenrecht, S.239；谢在全，民法物权论（下），第527页。

不返还租赁物时，构成无权占有，有第952条以下规定的适用。

第二项　竞合关系

一、问题的说明

在第952条以下规定的适用范围内，占有物的返还有时不免与不当得利或侵权行为相伴而生，因此产生究应适用何种法规的难题。易言之，即第952条以下规定究属排除性的特别规定，抑得与其他请求权发生竞合关系。[1]学者倪江表氏谓："无占有权利之占有人，与回复请求人间之法律关系，往往有与无因管理、不当得利、侵权行为或债务不履行所生之关系并存者，而本款所述之各种规定（本书作者注：指第952条以下规定），则并不妨害此等规定之适用。在请求权发生竞合时，有请求权人，自得任择其一，以为行使。如行使其一，不能满足时，则得行使他一种，总以达其目的为足。例如窃盗他人之物，而占有之，经所有人请求回复者，此时占有人，不但一面应负不当得利及侵权之责任，一面亦应负本款所述之责任。"[2]系采绝对的请求权竞合说。郑玉波教授基本上亦采此见解，认为当事人得自由选择之，如发生请求权竞合时，权利人不妨择其有利者行使。[3]

本书原则上赞同请求权竞合说，但认为法律为"保护"善意

---

[1] 此为德国民法上最具争论的问题之一，专门论著甚多，参阅 U. Köbl, Das Eigentümer-Besitzer-Verhältnis im Anspruchssystem im BGB, 1971; Pinger/Scharrel, Das Eigentümer-Besitzer-Verhältnis, 3. Aufl. 1981. 简要论述，参阅 Schwab/Prütting, Sachenrecht, S. 239; Westermann-Gursky, Sachenrecht, I. S. 196.
[2] 倪江表，民法物权论，第428页。
[3] 郑玉波，民法物权，第400页；谢在全，民法物权论（下），第527页。

占有人，或"制裁"恶意占有人而设有特别规定时，应依其规范目的，排除一般规定的适用。兹分不当得利与侵权行为说明如下。

二、占有回复关系请求权与不当得利请求权

（一）占有物的消费、添附或无权处分

"民法"第953条规定："善意占有人，因可归责于自己之事由，致占有物灭失或毁损者，对于回复请求人，仅以因灭失或毁损所受之利益为限，负赔偿之责。"又依第956条规定："恶意占有人或无所有意思之占有人，因可归责于自己之事由，致占有物灭失或毁损者，对于回复请求人，负损害赔偿之责。"此二条规定并不排除返还之物因占有人消费、添附或无权处分，而应成立的不当得利。[1]兹举三例加以说明：

1. 甲无权占有乙所有的木炭，误以为己有而用之于烤肉，系使用他人之物而受有利益，无法律上之原因，应依不当得利规定负返还义务。

2. 甲无权占有乙所有的油漆，不知非属己有而用之于漆墙，因添附而取得油漆所有权，应依不当得利规定支付偿金（第811条、第816条）。

3. 甲有某电脑，借乙使用，乙（或其继承人）擅将该电脑让售于善意之丙（丙善意取得其所有权），获得价金时，不论此项无权处分发生在使用借贷契约存续中、使用借贷终了后，或使用借贷契约自始无效，亦不论乙（或其继承人）善意与否，甲均得主张不当得利请求权。

---

[1] 拙著，债法原理（二），不当得利，第242页；田中整尔，占有论の研究，第二章：占有上不当得利（第402页）；Larenz/Canaris, Schuldrecht, Band I-I. Halbband 2, Besonderer Teil, 13. Aufl. 1994, S.338f.

(二) 使用收益

1. 善意占有人。第952条规定："善意占有人，依推定其为适法所有之权利，得为占有物之使用及收益。"此项规定旨在优惠善意占有人，依其规范目的，应认为排除不当得利请求权。

2. 恶意占有人。第958条规定："恶意占有人，负返还孳息之义务，其孳息如已消费，或因其过失而毁损，或怠于收取者，负偿还其孳息价金之义务。"本条规定并未排除不当得利请求权。例如恶意占有人让售天然孳息于善意第三人，而由第三人取得其所有权时，应依不当得利规定返还其所得价金于回复请求人。

(三) 支出费用

1. 善意占有人。关于支出费用的偿还，民法区别占有人的善意与否，而设不同规定。即善意占有人，因保存占有物所支出之必要费用，得向回复请求人请求偿还，但已就占有物取得孳息者，不得请求偿还（第954条）；因改良占有物所支出之有益费用，于其占有物现存之增加价值限度内，得向回复请求人请求偿还（第955条）。此等规定系特别规定，排除不当得利适用。

2. 恶意占有人。第957条规定："恶意占有人因保存占有物所支出之必要费用，对于回复请求人得依有关于无因管理之规定，请求偿还。"于此发生一项疑问，即恶意占有人对于占有物所支出的有益费用，得否依不当得利规定请求返还。此系甚有争论的问题。本书曾采否定说，今改采肯定说，得依不当得利请求返还，前已论及，敬请参阅。[1]

三、占有回复关系请求权与侵权行为损害赔偿请求权

(一) 善意占有人的侵权责任

第953条规定："善意占有人，因可归责于自己之事由，致

---

[1] 本书第330页。

占有物灭失或毁损者,对于回复请求人,仅以因灭失或毁损所受之利益为限,负赔偿之责。"此项规定旨在保护善意自主占有人,依其规范目的,应认排除侵权行为规定的适用。例如甲有某捷克水晶杯,出售于乙,并为交付,乙不知甲系禁治产人,其法律行为无效。乙保管该杯不周,致遭灭失。在此情形,甲向乙请求回复该水晶杯时,依第953条规定,乙因该杯灭失未受有利益,不负赔偿责任。

(二)恶意占有人或他主占有人的侵权责任

第956条规定:"恶意占有人,或无所有意思之占有人,因可归责于自己之事由,致占有物灭失或毁损者,对于回复请求人,负损害赔偿之责。"本条规定不排除侵权行为规定的适用。例如甲有某车被乙所盗,乙驾车违规超速,发生车祸,致该车毁损时,甲得依第956条或第184条第1项前段规定,向乙请求损害赔偿。

第四节　占有的保护[1]

民法对占有的保护,可分为物权法上的保护与债权法上的保护。前者包括占有人自力救济权(第960条、第961条)及占有

---

[1] 关于占有保护,参阅史尚宽,物权法论,第531页;刘得宽,"论占有诉权制度",民法诸问题与新展望,第311页;黄宗乐,"占有保护请求权",辅仁法学,第2期,第51页;史尚宽,"论占有之保护",法学丛刊,第57期,第94页;我妻荣/有泉亨,物权法,第500页;Lopau, Der Rechtsschutz des Besitzes, JuS 1980, 501; Schwab/Prütting, Sachenrecht, S.50; Westermann/Gursky, Sachenrecht, I.S.139; Wieling, Grund und Umfang des Besitzschutzes, Festschrift von Lübtow, 1980, S.365.

保护请求权（第 962 条）。后者包括不当得利（第 179 条）与侵权行为损害赔偿请求权（第 184 条）。为便于观察，先行图示如下，再行说明：

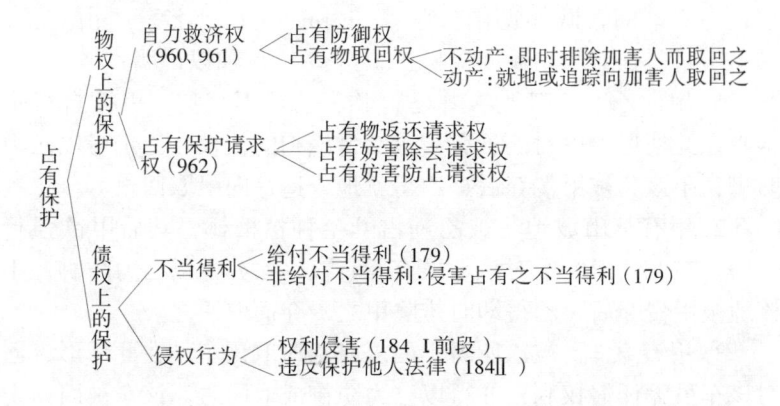

```
                ┌ 自力救济权 ─┬ 占有防御权
                │ (960、961)  └ 占有物取回权 ─┬ 不动产：即时排除加害人而取回之
         ┌ 物权 │                              └ 动产：就地或追踪向加害人取回之
         │ 上的 │
         │ 保护 │              ┌ 占有物返还请求权
         │      └ 占有保护请求 ─┼ 占有妨害除去请求权
占有保护 ┤        权 (962)     └ 占有妨害防止请求权
         │
         │      ┌ 不当得利 ──┬ 给付不当得利 (179)
         │ 债权 │            └ 非给付不当得利：侵害占有之不当得利 (179)
         └ 上的 │
           保护 └ 侵权行为 ──┬ 权利侵害 (184 I 前段)
                            └ 违反保护他人法律 (184 II)
```

第一款　占有在物权法上的保护

第一项　立法目的与规范机能

试查阅各级法院（尤其是"最高法院"）关于占有保护的判决，分析"现行法之立法目的"与规范机能，思考下述案例：（1）甲有某车，被乙所盗，甲于数日后发现该车，欲自力夺回时，乙得否以已力防御之？（2）在上例，设乙占有该车后，再被丙所盗时，乙得否以已力防御或向丙请求返还该车的占有？

一、"立法"目的

民法物权编规定占有人的自力救济权与占有保护请求权，立法目的在于维持物的秩序与社会平和，占有人或侵害人有无本权，均所不问，诚如德国法学家 Jhering 氏在其名著《占有论》一书所云，强盗与小偷亦受保护，[1] 举三例加以说明：

1. 甲向乙购买某狗，并已付款，乙迟不交狗，甲欲自行牵狗。在此情形，甲对乙虽有请求交付该狗的债权，乙仍得以己力防御；于该狗被甲侵夺后，乙得就地或追踪向甲取回之。

2. 甲有某山坡地，被乙霸占开垦种植槟榔，其后甲欲强行夺回。在此情形，甲对该地虽有所有权，乙亦得以己力防御；于该地被甲侵夺后，乙得即时排除甲之侵夺而取回之。

3. 甲有某车，被乙所窃，丙复自乙窃取该车。在此情形，乙对该车虽无任何权利，亦得以己力防御或取回之。该车被丙窃走后，乙得对丙主张占有物返还请求权。

占有被侵夺或妨害时，占有人的自力防御权与占有保护请求权得同时发生，成立竞合关系，前者须即时为之，后者期间为 1 年，堪称短暂，民法所以要如此规定，旨在保持占有现状，维护社会秩序，其后仅能依本权（尤其是所有权）另求救济。

二、规范机能

关于占有人自力救济权或占有保护请求权，"最高法院"著有若干判例，[2] 相关的判决不多，其主要原因系此等权利仅具暂时性，最后常须依本权关系加以决定。此外，假处分亦具保全

---

[1] Jhering, Über den Grund des Besitzschutzes, 1869, S.53: "Schutz des Besitzes heisst auch Schutz der Räuber und Diebe."

[2] "最高法院"列于"民法"第960条至第963条的判例，计有1957年台上字第478号、1961年台上字第852号、1953年台上字第922号、1963年台上字第3146号及1964年台上字第2636号例。

权利实现的功能，1972年台抗字第506号判例谓："关于假处分之规定，于争执之法律关系有定暂时状态之必要者，准用之。'民事诉讼法'第538条定有明文。所谓法律关系，指金钱请求以外凡适于为民事诉讼之标的，有继续性的，皆属之，如所有权、通行权、占有状态、扶养义务、专利权等，被侵害或有争执时均是。"可资参照。

惟应指出的是，占有他人之物（如购买违章建筑）而无本权，或虽有本权（如租赁权）而不能对第三人主张的，亦属不少，故占有在物权上的保护，仍具实益。[1] 须强调的是，不能仅因实务上案例较少，而低估一个法律制度的社会功能，此应从诉讼外的效能加以评断，纯就沉淀于诉讼的案件去观察，难免误认法律的本质。

第二项 对于占有的侵夺或妨害

试就下列情形，说明是否构成对于占有的侵夺或妨害，而有第960条或第962条的适用：(1) 甲擅自停车于乙车库之前，致乙不能进出。(2) 甲向乙借用望远镜观测哈雷彗星，借期届满，拒不返还。(3) 甲向乙购买西藏高原出产的冬虫夏草，业已付清价金，乙藉故不交付，甲强行取走。(4) 甲无权占有乙的停车位，出租于善意之丙。

---

[1] 1954年台上字第176号判例谓："租赁物交付后，承租人于租赁关系存续中，有继续占有其物而为使用收益之权利，故其占有被侵夺时，承租人自得对于无权占有之他人，行使其占有物返还请求权，此就第423条、第941条及第962条等规定观之甚明。"

占有的保护以占有被侵夺或占有被妨害为前提，兹先就此加以说明，兹分就其构成要件及占有瑕疵说明之：

一、侵夺或妨害占有要件[1]

（一）侵夺或妨害占有的意义

所谓侵夺占有，指非基于占有人的意思而排除其对物的事实上管领力。易言之，指违反占有人之意思，将占有物之全部或一部移入自己之管领，如抢夺、窃取动产，霸占他人房屋，对他人土地擅设围障。对占有物的侵夺得为全部或一部，如使单独占有变为共同占有，全部占有变为一部占有。侵夺占有之人得为自己创设占有，或使第三人取得占有。占有辅助人擅行丢弃其管领之物，亦属对占有的侵夺。

所谓妨害占有，指非侵夺占有而妨碍占有人管领其物，致其使用可能性及利益遭受侵害。日常生活所习见的，如丢弃垃圾于他人土地，散放煤气、蒸气、臭气、烟气、热气、灰屑、喧嚣、振动、及其他与此相类者侵入邻地。

占有的侵夺或妨害是一种流动的状态，乃量的问题，而非质的问题，有时颇难判断，例如停车于他人车库入口处，究为侵夺占有或妨害占有，不无疑问，但宜解为系妨害占有。[2] 擅在他人墙壁悬挂招牌，究属侵夺占有或妨害占有，亦有争论，宜解为系侵夺占有，二者区别的实益在于第960条规定的适用，即第1

---

[1] 史尚宽，物权法论，第531页。德国民法第858条对于禁止之私力（或译为暴力），设有规定："I 未经占有人之同意而侵夺或妨害占有者，其行为应属违法暴力，但侵夺或妨害为法律所准许者，不在此限。II 占有因暴力取得者，具有瑕疵。因继承而继受占有，或关于取得占有，在取得时明知前占有人之占有具有瑕疵者，不得就此瑕疵而为抗辩。"关于本条的解释适用，参阅 Soergel/Mühl § 858; Westermann/Gursky, sachenrecht I. S. 141.

[2] Baur/Stüner, Sachenrecht, S. 76.

项规定占有防御权适用于侵夺或妨害占有的行为，而第 2 项规定占有物取回权，则限于占有被侵夺的情形。

占有的侵夺或妨害包括作为，及负有作为义务而不作为，不以故意或过失为要件，是否具有意思能力，在所不问，故禁治产人或精神丧失之人侵夺或妨害他人的占有时，仍有第 960 条或第 962 条规定的适用。

尚须说明的是，所谓对占有的侵夺或妨害，系针对直接占有而言。[1] 间接占有非属对于物为事实上管领力，而是一种观念化的占有或事实上管领力的拟制。[2] 通说认为第 960 条所谓占有人，不包括间接占有。但第 962 条所谓占有人则又包括之，在此情形，其间接占有是否被侵夺，应就直接占有人决定之。

(二) 非基于占有人的意思

占有的侵夺或妨害须非基于占有人的意思。对占有的侵害得占有人的同意时，非属禁止的私力。占有人为此同意，无须有行为能力，只要有自然的意思能力，即为已足。因错误、诈欺或胁迫而丧失占有，占有人的意思纵被撤销，仍不构成对占有的侵夺。

占有人的同意，须于侵夺或妨害占有时存在，事先表示的同意，得随时撤回之。此项同意，指直接占有人的同意，间接占有人的同意不包括在内。占有辅助人的同意，非经占有人授权，不生效力，自不待言。

须特别提出的是，当初系基于占有人之意思而移转占有时，虽其后反于占有人之意思而占有，亦不得谓系侵夺。例如在租赁

---

[1] 史尚宽，物权法论，第 541 页谓："对于直接占有人无禁止的私力存在者，对于间接占有人亦无禁止的私力之成立。"参阅 Wieling, Sachenrecht, I. S. 235.
[2] Wieling, Sachenrecht, I. S. 235: "Fiktion der tatsächlichen Gewalt".

关系存续中,承租人向出租人表示以所有的意思而占有,或在租赁关系消灭后,承租人拒不返还租赁物而继续占有,均不成立对占有物的侵夺。诚如1993年台上字第2276号判决所云,民法上占有物返还请求权之行使,以占有人之占有被侵夺为要件,观于第962条之规定而自明。所谓占有之侵夺,系指违反占有人之意思,以积极之不法行为,将占有物之全部或一部移入自己之管领而言。若承租人于租赁期间届满后,未将租赁物返还者,因租赁物原系基于出租人之意思而移转占有于承租人,其后承租人纵有违反占有人意思之情形,既非出于侵夺,出租人尚不得对之行使占有物返还请求权。[1]

(三)违法性

占有虽属事实,但既受法律保护,侵害占有,除有违法阻却事由外,当然具有违法性。违法阻却的主要事由,如正当防卫、自助行为、相邻关系上的容忍义务或法院的强制执行等。[2]须注意的是,债权或物权尚不足作为侵夺或妨害他人的依据,例如甲向乙购买某犬,甲不能违反乙的意思,擅行牵走该犬;甲出租某屋给乙,租期届满,甲不能违反乙的意思强行使其搬家。权利的实现须依法定程序为之,不能诉诸私力,诚如1963年台上字第1446号判决所谓:第962条之规定,乃为保护占有而设,故虽对于占有人有返还请求权存在,如不依合法程序而夺取占有人之占有时,则占有人仍得请求返还其占有物。

二、占有的瑕疵及其承继

(一)概括承继人

侵夺或妨害他人的占有者,具有所谓的瑕疵(Fehler-

---

[1] 法令月刊,第45卷,第5期,第59页。
[2] 史尚宽,物权法论,第532页;Westermann/Gursky, Sachenrecht, I. S. 141.

haftigkeit)。占有的瑕疵性存在于行为人与占有人之间，具相对性，第三人不得主张之。占有瑕疵应由概括承继人承担之。例如甲侵夺乙占有的赵孟頫的字帖。甲死亡，由丙继承之，不论善意与否，均应承受甲取得占有的瑕疵，乙得向丙请求返还该字帖（第962条）。

（二）特定承继人

所谓特定承继人，指从侵夺占有者取得占有之人，不限于继受取得者（如承租人、借用人），第二个窃盗者，亦包括在内。关于特定承继人应否承担占有的瑕疵，德国民法第858条第2项规定："占有以暴力取得者，具有瑕疵。因继承而继受占有，或关于取得占有，在取得时明知其前占有人之占有具有瑕疵者，不得就此瑕疵而为抗辩。"又日本民法第200条第2项规定："占有回收之诉，不得向侵夺人之特定继承人提出之。但其承继人知侵夺之事实者，不在此限。"均明定恶意承继人应承担占有瑕疵，但善意承继人则不承担之。[1]民法未设明文，引起争论，[2]有二种见解：(1)恶意特定继受人应承继占有的瑕疵，但善意承继人则不承担之。[3] (2)占有物返还请求权的相对人为侵夺占有物之人及其承继人（包括恶意之特别承继人）。但善意的特定承继人如合于第948条之规定者，其占有受法律之保护，故不得对之请求返还占有物。善意的特定继承人，如非以动产所有权或其他物权之移转或设定为目的而继承者，如承租人、借用人、受寄

---

[1] 日本民法，参阅我妻荣／有泉亨，物权法，第511页。德国民法，参阅Westermann/Gursky, Sachenrecht, I. S. 144f.
[2] 史尚宽，物权法论，第532页。较深入详细的讨论，黄宗乐："占有保护请求权"，辅仁法学，第2期，第66页。
[3] 梅仲协，民法要义，第459页；倪江表，民法物权论，第437页；史尚宽，物权法论，第535页；郑玉波，民法物权，第409页。

人等，即不合于第948条之规定，被侵夺之占有人，仍得对之请求返还。[1]

关于此项争论，多数说采第一种见解，其理由为善意承继人的利益，应予保护，以谋交易安全。被侵夺之占有物既已移转于特定承继人，而形成新的占有秩序，不宜再行扰乱。被侵夺之物一旦归善意特定承继人占有，其后的特定承继人虽属恶意，亦不得对其请求返还。兹举一例加以说明。甲占有某屋，被乙侵夺，出租于丙。在此情形，丙为直接占有人，乙为间接占有人，甲得向乙请求返还其间接占有。至于甲得否对丙请求返还占有物，视丙恶意或善意而定。丙为恶意时，甲得行使占有物返还请求权。设丙将该屋转租于丁，而丁为恶意时，甲不得对丁主张返还该屋的占有。须注意的是，此系就占有保护请求权而言。设甲系该屋所有人，依第767条规定向丙或丁请求返还其无权占有之物时，丙或丁不论善意与否，均负有返还义务。1994年台上字第1178号判决谓："对于物有事实上管领之力者，为占有人。又承租人基于租赁关系对于租赁物为占有者，出租人为间接占有人，此观第940条、第941条之规定自明。出租人系经由承租人维持其对物之事实上管领之力，仍系现在占有人，同法第767条规定所有人对于无权占有其所有物者得请求返还之，所称占有不惟指直接占有，间接占有亦包括在内。"可资参照。

第三项　占有人的自力救济权

1. 甲寄售名贵钻石于乙经营的珠宝店。甲交付该钻石于乙后，离店之际，丙持枪闯入，夺取甲寄售的钻石。试问

---

[1] 姚瑞光，民法物权论，第422页；谢在全，民法物权论（下），第546页。

甲、乙、店员丁或第三人得行使何种权利？设丙夺取钻石后逃逸，甲、乙、店员丁或第三人得行使何种权利？

2. 甲擅将汽车停放乙自他人租用的车位或车库之前，致乙不能停车。试问：（1）乙得否雇人拖吊该车，请求甲返还支出的费用？（2）乙被迫在外停车时，得否向甲请求赔偿其支付的停车费用？（3）乙得否依不当得利规定向甲请求返还停车于其车位的利益？

第960条第1项规定："占有人对于侵夺或妨害其占有之行为，得以己力防御之。"第2项规定："占有物被侵夺者，如系不动产，占有人得于侵夺后，即时排除加害人而取回之。如系动产，占有人得就地或追踪向加害人取回之。"第1项称为占有防御权（在德国民法称为 Besitzwehr），第2项称为占有物取回权（在德国民法称为 Besitzkehr），合称为自力保护权或自力救济权。

一、占有防御权

（一）占有防御权与正当防卫

占有人对于侵夺或妨害其占有之行为，得以己力防御之（第960条第1项），系属一种自力救济。关于自力救济，第149条规定："对于现时不法之侵害，为防卫自己或他人之权利所为之行为，不负损害赔偿之责，但已逾越必要程度者，仍应负相当赔偿之责。"第960条规定占有防御权，系第149条正当防卫的特殊情形，就保护占有特设规定，扩张私力救济的范围，以维护社会秩序。[1]

---

[1] 洪逊欣，中国民法总则（修正版），第674页（注8）强调"占有"受现时不法侵害者，亦得对之为正当防卫，论述甚为深刻，敬请参阅。

(二) 构成要件

占有防御权的发生,以占有被侵夺或妨害为要件。关于对占有的侵夺或妨害,如抢夺财物,霸占房屋,或丢弃垃圾于他人土地等。对占有的侵害,须现实存在,如已过去,自无以己力防御的必要。

(三) 法律效果

1. 己力防御。对占有的侵夺或妨害的自力防御,限于客观上的必要,例如对抢夺财物的,得为反抗;对闯入房屋的,得为驱逐;对倾倒垃圾于其土地的,得为制止。有多种措施可供采取时,应选择对加害人影响最小的。占有人误认侵夺或妨害的存在,或其防御逾越必要范围时,其防御行为具有不法性,就其故意或过失应负损害赔偿责任。

2. 行使占有防御权之人。"民法"第960条所谓占有人,指直接占有人,不包括间接占有人。[1] 值得注意的是,第961条规定:"依第942条所定对于物有管领力之人,亦得行使前条所定占有人之权利。"立法理由谓:"受雇人、学徒等,或基于其他类似关系之人,对于物有管领力者,亦应使其得行使前条所定占有人之权利,否则于保护占有人之道,仍未完备也。"例如司机对侵夺其管领汽车之人,得以己力防御之。占有辅助人得以己力防御的,包括其业务范畴内之物,如银行行员对持枪闯入银行抢夺之人皆得行使防御权。第三人防御他人的占有,应适用第149条关于正当防卫的规定。

---

[1] 此为通说见解,郑玉波,民法物权,第408页谓:"行使此项自力防御权者,须为直接占有人,非占有人无此项权利,即间接占有人亦无此权利,盖此种规定之保护对象,系重在占有之事实支配状态故也。"德国通说基本上亦同此见解,Schwab/Prütting, Sachenrecht, S. 46; Westermann/Gursky, Sachenrecht, I. S. 146f.

二、占有物取回权

(一) 占有物取回权与自助行为

占有被侵夺后,其侵害行为业已结束,其物归由侵害人占有,如甲抢劫乙银行运钞车,乙驾车逃离。在此情形,被害人不能再为己力防御,为强化对占有人的保护,第960条第2项更进一步规定占有物取回权。

占有物取回权,系属一种自助行为。关于自助行为,第151条规定:"为保护自己权利,对于他人之自由或财产施以拘束,押收,或毁损者,不负损害赔偿之责。但以不及受法院或其他有关机关援助,并非于其时为之,则请求权不得实行或其实行显有困难者为限。"关于二者的适用关系,分二点言之:(1) 第960条第2项的适用不以不及受法院或其他机关援助,并非于其时为之,则不得实行或其实行,显有困难者为限。(2) 第960条第2项规定的取回期间经过后,占有人仍得依第151条规定为自助行为。

占有人依第960条第2项规定行使占有物取回权,乃法所允许,侵夺人不得加以抗拒,实务上有一则案例可供参考。1940年上字第2397号判例(刑事)谓:"占有物被侵夺者,如系动产占有人,得就地或追踪向加害人取回之,为第960条第2项所明定。某甲对于被告所欠之款,并未具有同法第151条所载情形,遽将其家中之铜煲菜刀径自取去抵债,该被告自可本于占有关系依上开第960条第2项规定向其追踪取回,某甲于被告行使取回权之际,加以抗拒,甚至动武斗殴,即系对于他人权利为一种不法侵害,被告为防卫自己权利起见,以自力排除其侵害行为,不得谓非正当防卫,纵令某甲因此受有伤害,而当时情势该被告既非施用腕力,不足以达收回原物之目的,则其用拳殴击,仍属正当防卫之必要行为,对于此种行为所生之结果,按照'刑法'第

23条前段规定自在不罚之列。"此虽属刑事案件，仍值参考。[1]

（二）不动产占有被侵夺时的取回权

占有物被侵夺者，如系不动产，占有人得于侵夺后，即时排除加害人而取回之。所谓占有人，指直接占有人，不包括间接占有人，但占有辅助人得行使之（第961条）。

所谓即时，指实行取回不动产所须的最短期间，应就具体案件依客观标准加以决定，被害人何时知之，有无过失，均所不问。计算取回期间时，应考虑必要的预备行为，且不排除先与侵夺者为短暂的谈判。例如山间别墅被不良少年数人侵夺，谈判失败后，被害人下山召集亲友，排除加害人而取回，衡其情事，应认仍属即时为之。被害人取回其物，超过"即时"的期间限制时，具有违法性，对因过失所生的损害，应依侵权行为规定负赔偿责任。因时间一久，已形成新的秩序，占有人应请求公力救济，不得自力为之。

（三）动产被侵夺时的取回权

占有物被侵夺者，如系动产，占有人得就地或追踪向加害人取回之。民法明定"就地或追踪"，乃鉴于动产的移动性，特就其空间范围，以界定其时间，实际上相当于"即时"。所谓就地，指侵夺时占有人事实上支配能及的空间范围。所谓追踪，指加害人虽已离开占有人事实上支配所能及的空间范围，但仍在占有人追蹑跟踪中而言。[2]

三、实例解说

1. 侵夺他人占有的钻石。丙持抢闯入乙经营的珠宝店，夺取甲寄售的名贵钻石，系侵夺他人占有的动产，乙（直接占有

---

[1] 关于本件判决，参阅洪逊欣，中国民法总则（修订版），第672页。
[2] 谢在全，民法物权论（下），第541页。

人)、乙的店员丁(占有辅助人)得以己力防御之(第960条、第961条)。甲(间接占有人)或第三人对为防卫甲对丙现时不法侵害乙占有所为之行为,构成正当防卫(第149条)。

丙夺取钻石后逃逸,乙或乙的店员丁得就地或追踪向丙取回之。甲或第三人就地或追踪向加害人取回被侵夺之物时,如何处理,不无疑问。甲或第三人系受被侵害的占有人请求协助时,法所允许,固不待言。在其他情形,原则上应适用无因管理的规定。[1]

2. 侵夺或妨害他人租用的停车位。甲将其汽车停放于乙租用的车位时,系侵夺乙的占有,乙得以己力防御之(第960条第1项),如放置障碍物或以其他方法加以阻止。在甲停放汽车之后,占有已被侵夺时,其被侵夺者,系不动产,占有人得于侵夺后,即时排除加害人而取回之。在通常情形,加害人于停车后,即行离去,所谓排除加害人而取回之,解释上应包括雇人拖吊该车。违规停车,已成为重大社会问题,"即时"如何认定,实值研究。德国实务上曾认为停车后4小时内采取排除措施,尚可接受;但立刻拖吊,不稍等候,则为占有物取回权的滥用。[2]此项见解,可资参考。

甲擅将汽车停放在乙的车库之前,致乙的汽车不能进出,系妨害乙的占有,其妨害状态继续存在,乙得以己力防御之(第960条第1项),采取拖吊该车的必要措施。在此情形,占有人无须如占有物之取回,受短时间的限制。

---

[1] 参阅 Wieling, Sachenrecht, I. S. 182.
[2] 此为德国法上的争议问题,参阅 Baur/Stürner, Sachenrecht, S. 76; Schwab/Prütting, Sachenrecht, S. 45. 较说细的讨论 van Venopy, NJW 1977, 1926, JuS 1979, 102; Hoffstetter NJW 1978, 256.

占有人依法行使自力救济权，雇人拖吊侵夺或妨害其占有的汽车时，得依无因管理的规定，向加害人请求返还其所支出的费用（第176条）。

第四项　占有保护请求权

1. 甲出卖土地与乙，不知买卖契约无效，交付该地与乙，但未办理登记。该地被丙侵夺，出租于知情（或不知情）的丁，丁经营停车场，增建房屋，雇戊管理之，戊将废土倒于庚的土地。试问：(1) 甲得向乙、丙、丁、戊主张何种权利？(2) 乙得向丙、丁、戊主张何种权利？(3) 乙、庚所主张的请求权之目的和要件有何不同？(4) 庚对甲、乙、丙、丁、戊等主张何种权利？

2. 甲为参加元宵节花灯比赛，以金片等贵重材料制作胖金猪花灯，交乙装设电灯，被丙所盗。试问：(1) 甲得否对丙提起占有物返还之诉？(2) 甲强行自丙取回该胖金猪花灯时，乙得否以己力防御或追踪取回之？(3) 甲夺回该胖金猪花灯后半年，丙提起占有之诉时，法院应如何判决？(4) 对无权占有人提起的占有之诉，本权人得提起何种诉讼？

第一目　概　　说

"民法"第962条规定："占有人，其占有被侵夺者，得请求返还其占有物。占有被妨害者，得请求除去其妨害。占有有被妨害之虞者，得请求防止共妨害。"关于此项请求权，有称为占有人之物上请求权、占有人之请求权、占有物上请求权、基于占有而生之请求权或占有保护请求权。[1] 本条规定旨在保护占有，占有保护请求权的用语，相当于德国通说所谓的 Besitzschutzanspruch，本书采之。学说上有称之为占有诉权（Besitzklage），乃着眼于其法制史上的渊源，实务上多以诉为之。但应强调的是，此项请求权为实体上的权利，于裁判外亦得行使。

第962条规定的占有保护请求权（占有人之物上请求权），与第767条规定的所有人之物上请求权，其形式结构虽相似，但内容不同，分四点言之：

1. 占有保护请求权旨在保护占有，以占有人为请求权主体。所有人之物上请求权，旨在保护所有权，以所有人为请求权主体。

2. 占有物返还请求权以占有被侵夺为要件。所有人之物上请求权以无权占有为要件。例如甲有某物出租于乙，租赁契约消灭后，乙拒不返还时，甲得向乙主张所有物返还请求权，但不得主张占有物返还请求权。占有被侵夺时，占有人得主张占有物返还请求权，有无所有权，在所不问。[2]

3. 所有人之物上请求权，于诉讼上行使时，原则上以通常诉讼程序为之。占有的保护贵在迅速，其程序力求简便，故占有保护请求权适用简易程序（"民事诉讼法"第427条），上诉第三审法院受有限制（"民事诉讼法"第436条之二、第436条之三、

---

[1] 综合分析检讨参阅姚瑞光，民法物权论，第424页。
[2] 参阅1958年台上字第701号判决："被上诉人以系争抽水机设备之占有为上诉人所侵夺，因而诉请返还。此种以动产占有侵夺而为返还请求，与不动产所有权之争执迥异，因而上诉人不得以被上诉人对于系争抽水机所有权之取得是否合法尚有疑问，资为拒负返还义务之藉口。"裁判类编，民事法（五），第118页。

第 436 条之五）。

4．占有保护请求权，自占有被侵夺或妨害，或危险发生后 1 年间不行使而消灭（第 963 条）。所有人之物上请求权消灭时效期间为 15 年，不动产已登记者，无第 125 条消灭时效规定之适用。[1]

占有保护请求权与所有人之物上请求权之目的与效力不同，各自独立，互不相妨，得发生竞合关系，得合并或先后行使之。就举证责任言，主张占有保护请求权较为有利，但实务上则以所有人物上请求权则较常见，其主要理由，除时效期间外，系因其属终局与确定的保护之故。

第二目 占有物返还请求权

一、构成要件：占有被侵夺

（一）占有的侵夺

占有人，"其占有被侵夺者"，得请求返还占有物（第 962 条）。1988 年台上字第 1299 号判决谓："按占有人，其占有被侵夺者，得请求返还其占有物，此即所谓占有人之占有物返还请求

---

[1] 参照大法官释字第 107 号解释："已登记不动产所有人之回复请求权，无'民法'第 125 条消灭时效规定之适用。"释字第 164 号解释："已登记不动产所有人之除去妨害请求权，不在本院释字第 107 号解释范围之内，但依其性质，亦无'民法'第 125 条消灭时效规定之适用。"参阅拙著，民法总则，第 559 页。

权。是占有人必须其占有物被侵夺,始得行使占有物返还请求权。"[1]

占有被侵夺,指非基于占有人的意思而排除占有人对物的事实上管领力,前已言之,敬请参阅。日常生活的主要情形如:(1)抢夺路人的钱包、银行运钞车的金钱。(2)偷窃书店的图书。(3)霸占他人房屋或房间。(4)将汽车停在他人的车位。(5)占用他人基地建筑房屋。

(二)举证责任

占有被侵夺,而请求返还占有物者,须先证明原有占有的事实。[2]

二、法律效果:请求返还占有物

(一)请求权当事人

1. 请求权人。以占有被侵夺为原因而"请求返还占有物",

---

[1] 1988年台上字第1299号判决谓:"原审依审理之结果,以:系争摊位,系由上诉人出租于千大公司,上诉人与被上诉人间,并无租赁关系,此为两造不争之事实。是上诉人对被上诉人既无租赁关系存在,自无本于租约之终止,而为请求之可言。至上诉人虽又依占有物返还请求权请求被上诉人迁离系争摊位,然被上诉人之使用系争摊位,系经千大公司交付而取得占有,自非不法。上诉人竟本于占有物返还请求权,而为请求,亦无可取。因而将第一审就被上诉人部分所为上诉人胜诉之判决,予以废弃,改判驳回上诉人此部分之诉,于法并无不合。按占有人,其占有被侵夺者,得请求返还占有物,此即所谓占有人之占有物返还请求权,是占有人必其占有物被侵夺,始得行使占有物返还请求权。本件被上诉人既系经千大公司交付取得系争摊位之占有,为原审所确定之事实,自难指为侵夺上诉人之占有。上诉人虽又称:被上诉人之前手经伊终止租约后,被上诉人之占有便有成为无权占有云云,惟第962条规定,与同法第767条之规定不同,占有人不得主张第三人为无权占有而请求返还。上诉论旨,指摘原判决不当,求予废弃,非有理由。"

[2] 参照1957年台上字第478号判例。

惟占有人始得为之。[1] 共同占有人相互间亦得成立此项请求权。占有辅助人得行使第960条所定的占有人自力救济权（第961条），但不得行使第962条所定的保护请求权。此之所谓占有人，除直接占有人外，尚包括间接占有人，有权占有或无权占有，均所不问。[2] 1954年台上字第176号判例谓："租赁物交付后，承租人于租赁关系存续中，有继续占有其物而为使用收益之权利，故其占有被侵夺时，承租人自得对于无权占有之他人，行使其占有物返还请求权，此就第423条、第941条及第962条等规定观之甚明。"此项判例的结论可资赞同。惟租赁关系消灭后，承租人虽无继续占有其物而为使用收益的权利，其占有被侵夺时，承租人仍得对于无权占有之他人行使占有物返还请求权。

2. 请求权的相对人。占有人得向其请求返还者，为侵夺占有之人。侵夺占有之人，将占有物出租，寄托他人而由直接占有人变为间接占有人时，其为侵夺人的地位，尚属存在，故占有人仍得向其请求返还占有物，或请求让与其对直接占有人的返还请求权。侵夺他人占有的瑕疵，应由概括承继人（如继承人）或恶

---

[1] 1953年台上字第922号判例谓："以占有被侵夺为原因请求返还占有物，惟占有人始得为之。所谓占有人指对于物有事实上管领力者而言。"又1975年台上字第2026号判例谓："占有被侵夺者，依第962条上段规定，其占有人固得请求返还占有物，但所谓占有人，必就其占有物有事实上之管领力，否则，即使对于占有物有合法之权源，亦不能本于占有请求返还。"

[2] 参照1985年台上字第752号判决："'民法'有关保护占有之规定，于无权源之占有，亦有其适用。故占有人事实上管领占有物，纵无合法权源，对其主张权利者，仍应依合法途径谋求救济，以排除其占有。如果违背占有人之意思而侵夺或妨害其占有，非法之所许者，占有人对于侵夺或妨害其占有之行为，得依'民法'第960条第1项规定，以己力防御之。'民法'第962条规定之占有保护请求权，于无权源之占有人亦得主张之。如果占有被不法侵害，占有人即非不得依侵权行为之法则，请求赔偿其所受之损害。"民刑事裁判汇编，第6卷，第1期，第274页。

意的特定承继人（如承租人、窃盗）承担之，前已论及，[1]无论其为直接占有人或间接占有人，均得为请求占有物返还的对象。甲有某车出借于乙，丙自乙盗该车，出借于丁。在此情形甲（间接占有人）得向丁（间接占有人）请求将该车返还于乙（直接占有人）。兹将其占有物返还请求权的当事人图示如下：

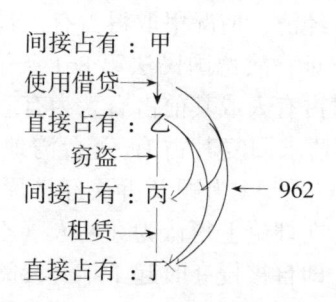

```
间接占有：甲
使用借贷→
直接占有：乙
窃盗→
间接占有：丙      ← 962
租赁→
直接占有：丁
```

（二）请求内容

占有物返还请求权的内容，为请求返还其占有被侵夺之物。占有物返还请求权确定判决的执行，应依强制执行法的规定（第123条、第124条第1项）。此项请求权之目的在于回复其物的占有，而非在于回复其物的原有状态，[2]故占有物毁损灭失时，仅得依第956条或第184条规定请求损害赔偿，以加害人有可归责的事由或故意过失为要件。

占有因占有人丧失其对于物之事实上管领力而消灭（第964条）。占有人行使占有物返还请求权而回复其占有时，无论是因强制执行或由侵夺之人任意返还，其占有视为继续（第771条但书，第964条但书），取得时效自不中断（第771条）。

---

[1] 本书第344页。
[2] 史尚宽，物权法论，第536页；Schwab/Prütting, Sachenecht, S. 47.

（三）占有瑕疵与占有物返还请求权的排除：交互侵夺

甲侵夺乙占有之物，其后乙又向甲夺回之。在此种所谓的交互侵夺，乙或甲得行使自力救济权（第960条），固不待言，问题在于甲得否对乙行使占有物返还请求权？就第962条规定文义观之，似应采肯定说，惟乙（夺回人）于返还后仍得向甲请求回复该物，诉讼上甚不经济，何况甲取得占有，具有瑕疵，扰乱物的占有秩序，较值非难，故德国民法第861条第2项规定："被侵夺之占有，于现时占有人或其前占有人为有瑕疵，且于侵夺前1年内取得者，不得请求回复其占有。"台湾地区学说上对应否采此立法例，颇有争论。[1] 为顾及诉讼经济原则及衡量当事人利益，宜采肯定说，在理论上得认为夺回人（乙）于得行使占有物返还请求权期间，即自被侵夺时起1年（参阅第963条）内夺回者，得视为侵夺前的占有犹继续存在，而排除侵夺者（甲）的占有物返还请求权。[2]

第三目 占有妨害除去请求权

一、构成要件：占有被妨害

占有"被妨害"者，占有人得请求除去其妨害。占有被妨害，指以侵夺以外的方法妨碍占有人管领其物。占有的妨害多发生于不动产，兹举社会生活常见情形如下：(1) 丢弃垃圾、废土于他人庭院或空地。(2) 装设管线，排泄废水于邻地。(3) 停车不当，阻挡他人使用其车库或车位。(4) 散放煤气、臭气、烟

---

[1] 学说的整理，参阅黄宗乐，"占有保护请求权"，辅仁法学，第2期，第64页；谢在全，民法物权论（下），第546页。
[2] 史尚宽，物权法论，第535页；倪江表，民法物权论，第451页；黄宗乐，"占有保护请求权"，辅仁法学，第2期，第65页。

气、热气、灰屑、喧嚣、振动于邻地，超过社会生活能容忍的限度。(5) 树木被强风吹倒于他人门前。

值得提出讨论的是，毁损他人的占有物，是否为妨害占有。学说有采肯定的见解，但鉴于加害人对所生的损害，仅于具有故意或过失时，始负赔偿责任，应采否定说，否则被害人将以排除侵害的方式，请求损害赔偿。

二、法律效果：请求除去妨害
（一）请求权人

以占有被妨害而"请求除去妨害"的，惟占有人始得为之，与占有物返还请求权的主体同，请参照之。

（二）请求权的相对人

占有人得向其请求妨害除去者，为妨害占有人。妨害占有之人，指因其行为妨害占有之人（Verhaltensförer，行为妨害人），或因其意思容许妨害占有状态存在之人（状态妨害人，Zustandstörer），前者如丢弃废料于他人庭院，后者如果树被强风吹倒于邻地，而未清除。妨害占有的瑕疵，亦应由概括承继人或特定承继人承担，而为请求的对象。至于占有辅助人则非属请求权的相对人。兹举二例加以说明：

1. 甲经营工厂，雇乙丢弃废料于丙地，其后甲将工厂出售于丁，丁继续丢弃废料。在此情形，于丁丢弃废料之际，丙得以己力防御（第960条）。此外，丙得请求丁中止其丢弃废料的妨害行为，请求甲或丁除去其所造成妨害的状态。

2. 甲有某屋，出租于乙，乙开设露天啤酒屋，半夜喧哗，严重干扰丙住家安宁。在此情形，乙为妨害行为，系所谓的行为妨害人，甲容许妨害的状态的存在，为状态妨害人，均负有除去妨害的义务。

(三) 请求内容

占有妨害请求权的内容在于请求"除去其妨害",即停止妨害行为,如停止丢弃垃圾,或除去其妨害状态,如清除堆积的垃圾。此项妨害除去请求权非属损害赔偿请求权,在具体案件虽会导致回复原状的同一效果(参阅第213条),但不发生以金钱赔偿的问题(参阅第214条、第215条)。[1]

侵害之人应负担除去妨害的费用。被害人以自己费用除去其妨害时,得依不当得利或无因管理的规定,请求返还所支出的费用。被害人对妨害的发生或扩大与有过失时,应类推适用第217条规定,减轻侵害人应负担的费用。[2]

在诉讼上,占有妨害除去请求权应以给付之诉的方式主张之。法院判决应宣告除去妨害的必要措施。其强制执行,应依强制执行法的规定,自不待言。

第四目 占有妨害防止请求权

一、构成要件:占有有被妨害之虞

占有"有被妨害之虞"者,占有人得请求防止其妨害。占有是否有被妨害之虞,非依占有人的主观意思决之,应依社会观念,就其发生的盖然性,客观的加以判断。其常见的情形如:(1)山坡地的高楼,遭地震倾斜,有倒塌的危险。(2)捷运施工致地层下陷,危及邻近房屋。(3)兴建房屋的设计图显示侵占邻地。妨害占有只须将来有发生之虞,即为已足,不以一度发生妨害,而有再度发生的危险性为必要。过去曾数度发生妨害行为时,倘无相反情事,通常可认为将来亦有妨害之虞。

---

[1] Baur/Stürner, Sachenrecht, S. 112.
[2] 参阅黄宗乐,"占有保护请求权",辅仁法学,第2期,第70页。

二、法律效果：请求防止其妨害

占有人得向造成妨害占有危险之人，请求"防止其妨害"，排除妨害占有的危险状态。防止的费用应由妨害人负担之。此项不作为请求权系属实体法上的权利。在诉讼上依给付之诉主张之。

关于各种占有保护请求权，已详如上述，兹举一例综合加以说明。甲擅自占用乙向他人承租的土地开辟高尔夫练习场，并正购买建材，准备在该地其他部分增建房屋。在此情形，乙得请求甲返还占有的土地，除去妨害占有的设施，中止其妨害占有的行为。此三个占有保护请求权的要件和效果不同，各自独立，得发生竞合关系。

第五目　占有保护请求权的行使期间

一、"立法"理由

"民法"第963条规定："前条请求权，自侵夺或妨害占有，或危险发生后1年间不行使而消灭"。"立法"理由系认为占有保护请求权人，若随时皆得主张，则权利状态恒不确定，害及社会之安宁。

二、消灭时效

有争论的是此项期间的性质，学说上有认为系除斥期间，[1]

---

[1] 倪江表，民法物权论，第439页。德国民法第864条第1项规定："第861条及第862条所定之请求权自受暴力侵害后经过1年而消灭，但已以诉行使其请求权者，不在此限。"通说认为此1年期间，系属除斥期间（Ausschussfrist），参阅 Soergel-Mühl § 864。日本民法第201条第3项规定："占有取回之诉，应自侵夺之时1年内提出之。"通说认为此为除斥期间，参阅我妻荣/有泉亨，物权法，第512页。

但通说肯定其为消灭时效。[1] 1964年台上字第2636号判例谓："占有人其占有被侵夺者，得请求返还其占有物，是项返还请求权，依第962条及第963条之规定，自被侵夺后1年间不行使而消灭，乃指以单纯的占有之事实为标的，提起占有之诉而言，如占有人同时有实体上权利者，自得提起本权之诉，纵令回复占有请求权之1年短期时效业已经过，其权利人仍非不得依侵权行为法律关系请求回复原状。"此项判例具有二点意义：（1）肯定1年期间为消灭时效，而非除斥期间。（2）肯定占有保护请求权得与其他请求权发生竞合关系。

第六目　占有之诉与本权之诉[2]

一、占有之诉与本权之诉的意义

占有保护请求权，在裁判上或裁判外均得行使。其在裁判上行使的，须依诉为之，称为占有诉讼或占有之诉，分别言之，即返还占有物之诉，除去妨害占有之诉，防止妨害占有之诉。占有之诉，不问其标的之金额或价额，一律适用简易程序，期能迅速处理（"民事诉讼法"第427条）。

相对于占有者，系本权，如所有权、地上权、租赁权等。其依本权而提起的诉讼，称为本权之诉，如基于所有权提起所有物返还之诉，基于租赁权提起租赁物返还之诉。

二、占有之诉与本权之诉的独立并存

有本权的占有人，其占有被侵害时，既有本权诉权，亦有占

---

[1] 史尚宽，物权法论，第539页；姚瑞光，民法物权论，第424页；郑玉波，民法物权，第411页。

[2] 参阅史尚宽，法权法论，第539页；广中俊雄，物权法，第362页；Hagen, Besitzschutzklage und petitorische Wiederklage-ein Fehlkonstruktion? JuS 1972, 124.

有诉权。例如甲所有的停车位被乙侵夺时,甲得对乙提起返还所有物之诉(本权之诉),亦得提起返还占有物之诉(占有之诉)。此二种之诉,得同时提起,或分别提起之,其一败诉时,仍得提起其他之诉,不受一事不再理的拘束。占有之诉与本权之诉,虽不相碍,但本权之诉终究是终局确定的保护,故在本权诉讼经确定判决,认为被告有占有的权利时,原告所主张的占有保护请求权的要件不具备,不得再行提起。例如甲以乙侵夺其停车位而提起返还所有物之诉,经法院判决,乙系基于租赁关系而为占有,败诉确定时,甲不得再提起返还占有物之诉。[1]

三、占有之诉与本权之诉的对立

占有之诉与本权之诉相对立时,应如何处理,试举一例加以说明。甲有某屋出租于乙,租约届满,乙拒不返还,甲于乙出国期间,住进该屋,搬出乙的家俱。在此情形,甲系侵夺乙对该屋的占有,乙得对甲提起返还占有物之诉(占有之诉),[2]甲系房屋所有人,得对乙提起返还所有物之诉(本权之诉)。关于其对立关系,分二点言之:

1. 乙提起占有之诉时,甲不得以其对占有物有本权(所有权)而为抗辩。法院应仅审查原告有无占有的事实及其占有是否被侵害,被告有无本权,则所不问。

2. 甲针对乙的占有之诉,得提出返还所有物的反诉。其结果将造成有本权之人,得以私力实现其权利于先,以反诉维护其

---

[1] 史尚宽,物权法论,第540页。
[2] 1963年台上字第1446号判决(本书第344页)。

权利后，与禁止私力的原则，未尽符合。[1]

第七目　间接占有人的保护请求权

1. "民法"第960条及第962条规定所称占有人是否包括间接占有人？其理由何在？

2. 甲有某地出租给乙。试问：(1) 租赁期间，甲擅行占用该地时，乙得对甲主张何种权利？(2) 租赁关系届满后，乙拒返还该地，甲得否依第962条规定请乙返还该地，或以占有被侵害为理由，请求损害赔偿？(3) 在租赁期间，甲向乙借用该地，未经乙同意，擅行出租于丙时，乙得否依第962条规定向丙请求返还该地，或以占有被侵害为理由，请求损害赔偿？

占有，依占有人于是否事实上管领其物为标准，可分为直接占有及间接占有。例如甲有某地，出租于乙，乙为直接占有人，甲则为间接占有人。民法规定间接占有目的在于赋予同于直接占有的保护，应讨论者有三：

1. 间接占有人侵害直接占有
2. 直接占有人侵害间接占有
3. 第三人侵害间接占有

一、间接占有人侵害直接占有

间接占有人侵夺直接占有人占有之物，时常有之，例如甲出

---

[1] 史尚宽，物权法论，第539页。参阅Baur/Stürner, Sachenrecht, S. 77；我妻荣/有泉亨，物权法，第513页。甲盗乙车。数日后乙径向甲夺回该车时，甲得使第960条的占有人自力政治权。乙夺回该车后，甲得否起诉行使占有物返还请求权？我妻荣氏采否定说，其理由系应认甲最初的占有仍在继续，而其夺还乃属原秩序的回复（前揭书，第510页）。此项见解，可资参考。

租某物于乙，在租赁期间内，甲（间接占有人）违反乙（直接占有人）的意思，擅行取回租赁物。遇此情形，直接占有人得行使第960条规定的自力救济权，或第962条规定的占有保护请求权。

二、直接占有人侵害间接占有

（一）1989年台上字第326号判决[1]

在1989年台上字第326号判决一案，上诉人联全企业股份有限公司（简称联全公司），出租某地与麻豆货运行。租赁期间届满后，麻豆货运行拒绝返还租赁物。原审认为联全公司依第962条及第184条第1项所定之侵权行为法律关系，请求麻豆货运行赔偿损害，尚非无据。

"最高法院"废弃原审判决，认为："麻豆货运行之占有系争土地，原系联全公司本于租赁关系而交付，麻豆货运行既未侵夺联全公司之占有，亦无妨害其占有可言，与第962条规定，殊无关涉。又联全公司纵得依第455条规定，请求麻豆货运行返还租赁物，并依债务不履行规定请求损害赔偿。在麻豆货运行交还租赁物前，联全公司对于系争土地为间接占有人。其与直接占有人麻豆货运行之间既得本于租赁关系请求债务不履行之损害赔偿，即不得对直接占有人，以占有受侵害为由，依据侵权行为之规定请求赔偿损害。盖占有为对于物支配之事实，与占有之本权有别。间接占有人与直接占有人间关于占有之关系，惟有依其相互间之法律关系定之，尚不发生占有被侵害之侵权行为问题，此与主张占有受第三人侵害之情形，固不相同；与主张所有权或其他为占有之本权受侵害，得并请求侵权行为侵害赔偿之情形，亦不得相提并论。"

---

[1] 民刑事裁判选辑，第10卷，第1期，第245页。

（二）分析讨论

本件判决至为重要，"最高法院"的判决理由立论正确，实值赞同，分三点言之：

1. 联全公司出租某地给麻豆货运行，后者为直接占有人，前者为间接占有人。租赁期间届满后，承租人拒不返还租赁物，而继续占有，诚如"最高法院"所云，承租人占有系争土地，系本于出租人的交付，不因其拒不返还，而构成侵夺或妨害出租人的占有。在此情形，出租人为该地所有人时，得行使所有物返还请求权，或租赁物返还请求权，但不得依第962条规定主张占有物返还请求权。

2. 如前所述，承租人拒不返还租赁物，并未侵夺或妨害出租人的占有，故出租人不得以占有被侵害为理由，依侵权行为法规定，请求损害赔偿。[1]

3. 出租人因承租人拒不返还租赁物受有损害时，得依债务不履行（给付迟延）的规定请求损害赔偿。此外，出租人系租赁物的所有人时，尚得以所有权被侵害为理由，依侵权行为规定对承租人请求损害赔偿（第184条第1项前段），或依不当得利规定请求返还其无权使用他人之物所受的利益（第179条）。[2]

---

[1] 德国联邦最高法院（Bundesgerichtshof，简称 BGH），著有一则判决（BGH 32, 194），采取相同见解，明确表示："间接占有人就直接占有人因故意或过失所致之损害，不得依德国民法第823条第1项规定，主张占有是本条所称其他权利，而请求损害赔偿"（Der mittelbare Besitzer kamm für Schäden, die der unmittelbare Besitzer verschuldet hat, von diesem keinen Schadensersatz nach § 823 Absatz 1BGB unter dem Gesichtspunkt beanpruchen, dass der Besitz als sonstiges Recht im Sinn dieser Vorschrift anzusehen sei），可供对照。

[2] 拙著，债法原理（二），不当得利，第151页。

三、间接占有人对第三人的占有保护请求权

（一）"民法"第960条及第962条的适用

关于第三人侵害间接占有的保护，德国民法第869条设有规定："（1）对占有人实施暴力者，间接占有人亦有第861条及第862条之请求权。（2）占有被侵夺时，间接占有人得请求对原占有人回复其占有；原占有人不能或不欲受领者，间接占有人得请求对自己回复其占有。（3）具备上列之要件时，间接占有人在第867条之情形，亦得请求许其寻查取回其物。"[1]依此规定，德国通说认为德国民法第859条关于占有人的自力救济的规定，其所谓占有人，不包括间接占有人，德国民法第861条及第862条所谓的占有人仅指直接占有人而言。[2]

台湾地区未设相当于德国民法第869条之规定，因此关于间接占有的保护，须依占有的本质及社会机能，就"民法"第960条及第962条规定加以解释适用。

第960条第1项规定："占有人对于侵夺或妨害其占有之行为，得以己力防御之。"所谓占有人，通说认为指直接占有人，不包括间接占有在内。[3]间接占有人为防御直接占有所为之行为，应适用第149条关于正当防卫的规定。

第962条规定："占有人，其占有被侵夺者，得请求返还其占有物。占有被妨害者，得请求除去其妨害。占有有被妨害之虞者，得请求防止其妨害。"解释上应认为其侵夺或妨害，系针对

---

[1] 关于德国民法第869条的解释适用，参阅 Soergel-Mühl §869。德国民法第861条、第862条相当于台湾地区第962条，德国民法第867条相当于台湾地区第791条。

[2] Schwab/Prütting, Sachenrecht, S. 46.

[3] 郑玉波，物权法，第408页；姚瑞光，民法物权论，第420页；谢在全，民法物权论（下），第539页。不同意见，史尚宽，物权法论，第540页。

直接占有，间接占有之被侵害，应就直接占有认定之。例如甲有别墅，借乙使用，丙强占该别墅，系侵夺乙的直接占有，并因而致甲之间接占有被侵夺。在此情形，间接占有人原则上仅能请求侵夺者将占有物返还于直接占有人，间接占有亦因此而回复，惟直接占有人不能或不愿受领占有物时，间接占有人得请求返还于己。

间接占有人的保护不同于直接占有人，主要是因为间接占有并非对于物为事实上的管领，而是一种观念化的占有。"民法"第960条与第962条的适用，均以直接占有被侵夺或妨害为要件。第960条的所谓占有人所以不包括间接占有人，因其并未对物为事实上的管领，尚无赋予自力救济权的必要。

(二)"司法院"第一厅对一则法律问题的研究意见

1. 法律问题及研究意见。甲将所有未经保存登记之违章建筑一栋出卖与乙，并交乙占有使用，嗣乙因外出数月，将该违章建筑借与甲居住，讵甲于借用中复出卖与丙，且亦交付丙占有，乙返回得知，遂将该违章建筑大门加锁，阻止丙之使用，丙乃依占有人之物上请求权，请求乙除去大门之锁，且不得为妨害使用行为，有无理由？

对此法律问题，第一厅研究意见认为：按不动产物权之变动系以"登记"为其公示方法，与动产物权以"交付"为公示方法未尽相同(第758条及第761条参照)。因之，不动产受让人占有不动产，纵让与人无移转该所有权之权利，亦不应如"动产物权"受"善意受让"之保护，此观第801条、第886条及第948条仅就"动产物权"规定自明。题示情形，丙占有系争建物系因甲无权处分而来，受让之标的复属不动产，揆诸首开说明，自不能受善意受让之保护，研讨结论采甲说，尚无不合(1992.11.6(1992)厅民一字第18571号函复台高院)。

按甲说认为甲将该违章建筑出卖并交付与乙，甲之所有权虽未丧失，但其事实上处分权已不复存在。嗣乙将违章建筑借甲使用，甲系因借用关系而占有，故甲之占有属他主占有，依第945条规定，在甲未通知使其为占有之人即乙之情形下，变更占有之意思，擅将借用之屋出卖与他人，乙方之占有并不因其出卖行为而丧失；又乙就违章建筑之占有被侵夺之占有物返还请求权，依第963条规定，尚未罹于1年之消灭时效，乙仍为合法之占有人，丙自无对抗乙之权利，丙之请求即无理由。

2. 分析讨论。在上开法律问题，第一厅研究意见主要在表示第801条及第948条系以动产为对象，对不动产无适用余地，违章建筑系属不动产，不因其未经办理保存登记而变为（或视为）动产，不能受善意受让的保护。此项法律见解，可资赞同。值得提出探讨的另一个问题，是该违章建筑上的占有关系，尤其是乙是否得主张占有保护请求权。兹先将其基本关系图示如下，再分四点加以说明：

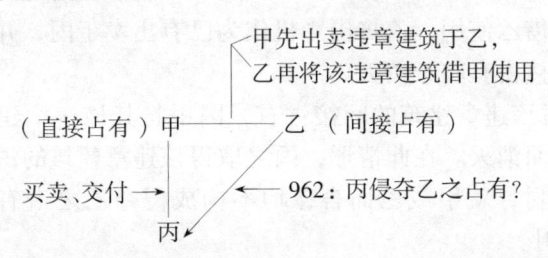

```
                    ┌─ 甲先出卖违章建筑于乙，
                    │  乙再将该违章建筑借甲使用
                    │
（直接占有） 甲 ─────── 乙  （间接占有）

买卖、交付 →   ↙ ← 962：丙侵夺乙之占有？
            丙
```

1) 甲将违章建筑出卖与乙，并为交付，由乙取得占有，甲的占有归于消灭。在此情形，乙的占有为有权占有，自主占有。嗣乙将该违章建筑借甲使用，甲系因借用关系而占有，故甲的占有为直接占有、他主占有；乙之占有为间接占有，自主占有。"司法院"第一厅研究意见亦采此见解，应值赞同。

2) 问题在于甲将该借用的违章建筑，出卖与丙，且为交付时，乙是否丧失其间接占有。甲说采否定的见解，认为："甲之占有属他主占有，依第945条规定，在甲未通知使其为占有之人即乙之情形下，变更占有之意思，擅将借用之屋出卖与他人，乙方之占有并不因其出卖而丧失。"此项见解，似有商榷余地。

第945条规定："占有依其所由发生之事实之性质，无所有之意思者，其占有人对于使其占有之人，表示所有之意思时起，为以所有之意思而占有。"系指占有人仍为占有的情形，例如借用人对于物之占有，原基于使用借贷的事实而发生，但依该事实之性质，其占有本为他主占有（无所有之意思），其后倘借用人忽对贷与人（使其占有之人），表示以所有之意思而占有时（如否认借贷关系），即自该时起变为自主占有。[1] 在本件，甲（借用人）擅将该违章建筑出卖于丙，并为交付，甲因而丧失对于物的管领力，其直接占有归于消灭，乙的间接占有，无所附属，亦失其存在，乙非所谓的"合法占有人"。[2] 兹举一例对照之，甲有某摄影机借乙使用，乙将摄影机作为己有出卖于丙，并为交付时，甲之间接占有归于消灭。

3) 乙对该违章建筑的间接占有，因甲将其该违章建筑的占有移转于丙而消灭。在此情形，丙之取得该违章建筑的占有，系基于甲的交付，就甲或乙而言，均不构成侵夺乙之占有，无第962条的适用。

4) 第962条的规范目的在于保护占有不受侵夺，旨在维护物的秩序与社会平和，占有物未被侵夺者，即无行使占有保护请求权的余地。直接占有人擅行出卖占有物于第三人，并为交付，

---

[1] 本书第206页以下。
[2] 须注意的是，不论占有是否基于本权，是否合法，均有第962条规定的适用。

其所涉及的，不是侵害间接占有的问题，而是权限的问题，遇此情形，间接占有人得向直接占有人主张的，不是占有的保护，而是基于占有媒介关系或其他法律关系而生的权利。

（三）1954年台上字第176号判例

1. 判决理由。按租赁物交付后，承租人于租赁关系存续中，有继续占有其物而为使用及收益之权利，故其占有被侵夺时，承租人自得对于无权占有之他人，行使其占有物返还请求权，既无须经由出租人对之行使，亦无主张代位出租人行使之必要，此观第423条、第941条及第962条之规定，至为显然。本件上诉人主张伊于1946年间承租诉外人杨煌岩所有坐落新竹县关西镇南山里第34、39、43番内烟七分，订有南字第65号租约为据，历年耕种无异，至1950年因杨煌岩商借其中二分余烟（即系争烟地）栽种树苗，约定树苗收成后交还，讵现在该烟竟为被上诉人所霸占，是以诉请返还等语，而被上诉人则以该烟地系向业主杨煌岩所租来，不能返还与上诉人等词为抗辩。查系争烟地如果确如上诉人主张，系由原出租人杨煌岩向之借回使用，则于使用完毕后应即返还与上诉人，要无另行出租或转借与被上诉人之权限，否则即为侵害上诉人之权利。上诉人基于上开理由，向被上诉人诉请返还，自非不应准许。原审既认定系争烟地系由杨煌岩于1949年6月出租与上诉人，又向上诉人借回使用，复于1950年转借与被上诉人耕种，乃又谓上诉人并未经杨煌岩将烟交付而占有之，仅能向杨煌岩请求交付租赁物或返还借用物，而不得径向被上诉人请求交还，从而废弃第一审判决，变更为上诉人败诉之判决，殊嫌理由矛盾。上诉论旨，指摘原判决不当，声明废弃，不得谓无理由。

2. 分析讨论。本件事实得简化如下：甲（诉外人杨煌岩）有烟地，出租于乙。其后甲向乙商借其中二分余烟地栽种树苗。

甲于使用完毕后，擅将该地出租（或出借）于丙。兹先将其基本法律关系图示：

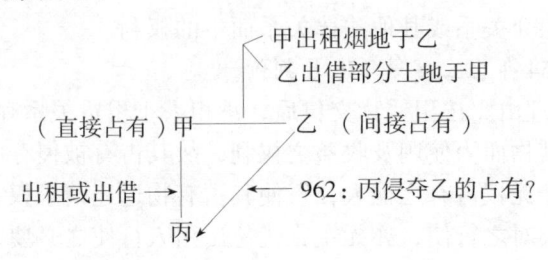

```
                            ┌── 甲出租烟地于乙
                            │   乙出借部分土地于甲
         （直接占有）甲 ──────┘ 乙 （间接占有）
         出租或出借 →       ←── 962：丙侵夺乙的占有？
                      丙
```

在本件，"最高法院"以第 962 条规定，作为乙向丙行使占有物返还请求权的规范基础，其构成要件为：（1）乙系该物的占有人；（2）丙侵夺乙的占有。

1. 乙为占有人。甲出租某地给乙耕种，其后甲又自己借用该地之部分使用，就该部分土地言，甲为直接占有人，乙为间接占有人。第 962 条所谓占有人，包括直接占有人或间接占有人，有无占有本权，在所不问。准此以言，乙为第 962 条所称占有人。

2. 丙侵夺乙之占有？所谓侵夺，指非基于占有人的意思而排除其对物的事实上管领力。易言之，即违反占有人之意思，以积极的不法行为将占有物的全部或一部移入自己的管领。承租人或借用人于租赁或借贷期间届满后，拒不将租赁物或借用物返还，虽构成无权占有，但其原占有系基于占有人（出租人或贷与人）的意思而移转，并不构成对占有的侵夺。问题的关键在于承租人或借用人将该租赁物或借用物，另行出租（转租）或转借他人时，是否成立侵夺。关于此点，应采否定说。借用人（直接占有人），将标的物出卖于他人，并为交付，不构成侵夺贷与人的间接占有，前已论及。在转租或转借情形，承租人或借用人尚间接占有其物，成立多阶层的占有关系，更不发生侵夺出租人或贷与人之占有的情事。至于有无转租或转借的权限，是否侵害他人权利，乃应否负契约责任的问题，与侵夺占有无关，盖此所涉及的是对于物的事实管领力的问题。[1] 准此以言，在本件，甲出租某地于乙，乙出借该地部分于甲，丙自甲承租或借用该地，并未侵夺乙的占有。

据上所述，丙未侵夺乙的占有，乙不能依第962条规定向丙请求返还其占有的土地。[2]

第二款　占有在债权法上的保护

第一项　占有的不当得利

1. 甲占有某千年何首乌出卖于乙，依让与合意交付后，乙出借该千年何首乌于丙。若买卖契约不成立时，试就下列情形说明甲得否对乙主张不当得利请求权：(1) 该千年何首乌为甲所有。(2) 该千年何首乌为丙所有，被甲所盗。

2. 甲有某发财小货车，被乙侵夺，丙又盗之，用之于运送货物。试问：乙对丙有无不当得利请求权？

第179条规定："无法律上之原因而受利益，致他人受损害

---

[1] 史尚宽，物权法论，第541页谓："对于直接占有人无禁止的私力存在者，对于间接占有人亦无禁止的私力成立。例如承租人侵占租赁物，或以之让与第三人，违反约定而为使用……，则出租人无占有之保护。"可供参照，并参阅 Schwab/Prütting, Sachenrecht, S. 36; Westermann/Gursky, Sachenrecht, I. S. 157.

[2] 参阅1993年台上字第2276号判决（本书第344页）。

者，应返还其利益，虽有法律上之原因，而其后已不存在者，亦同。"不当得利可分为给付不当得利与非给付不当得利（尤其是侵害他人权益不当得利）二个类型。[1] 兹就占有而生的不当得利，分述如下：

一、给付不当得利

给付不当得利，指给付因自始欠缺目的或目的不达而生的不当得利。占有系一种利益，得为不当得利之客体。[2] 例如甲有某千年何首乌，出售于乙，依让与合意交付后，发现买卖契约不成立、无效或被撤销。在此情形，乙即取得该千年何首乌所有权及"占有"，因欠缺给付目的，系无法律上原因，而受利益，应负返还所有权及"占有"的义务。又例如甲占有某屋，出租于乙，并为交付，其后甲以意思表示错误为理由，撤销租赁契约，亦得依不当得利规定请求乙返还该屋的占有。

应特别指出的是，在上举之例，纵使甲非该千年何首乌或房屋的所有人，亦无论其占有是否为有权占有，均得依不当得利规定，向乙请求返还其无法律上原因所受的"占有"。乙将该千年何首乌或房屋出借或转租于丙时，其现存的利益为间接占有，对丙享有返还请求权，应将之让与于甲，由甲向丙请求返还。

二、非给付不当得利（侵害他人权益的不当得利）[3]

非给付不当得利类型中以侵害他人权益的不当得利最为重要，例如擅将甲乙寄托的乾鲍让售于丙，丙善意取得该鲍鱼所有权时（第801条、第948条），甲所受的利益（对丙的价金债权或受领的价金），系侵害应归属于乙（所有人）的权益，无法律

---

[1] 参阅拙著，债法原理（二），不当得利，第16页。
[2] 参阅拙著，债法原理（二），不当得利，第29页。
[3] 参阅拙著，债法原理（二），不当得利，第126页。

上的原因，应负返还的义务。关于侵夺他人占有的不当得利，[1]分二种情形加以说明：

(一) 请求人系有权占有

甲承租乙所有某地摆设小吃摊贩卖香肠，丙侵夺该地作为停车场。在此情形，丙使用该地，受有利益，侵害应归属于甲的权益，致甲受损害，应依不当得利规定返还其使用的利益。此项使用利益，依其性质不能返还，应偿还其价额（第181条）。[2]

(二) 请求人系无权占有

甲占有某小发财车，被乙侵夺，丙又自乙侵夺之，用于运货。在此情形，乙得否对丙主张不当得利，颇值研究。乙系恶意占有人，对该车无使用收益的权能，欠缺权益归属内容（Zuweisungsgehalt），丙未侵害应归属于乙的权益，不成立不当得利。无权占有人系属善意时，依推定其为适法所有之权利，得为占有物之使用收益（第952条），对侵夺其占有之人，得依不当得利规定请求返还其使用占有物所受的利益。

第二项　侵害占有的侵权责任

1. 甲向乙承租某地，辟为停车场，丙擅在该地停车，丁任意丢弃废料，致甲不能使用该地。试问甲得向丙、丁主张何种权利？

---

[1] Baur/Stürner, Sachenrecht, S. 81；详细的讨论，Kurz, Der Besitz als möglicher Gegenstand der Eingriffskondiktion, 1969。田中整尔，占有论の研究，第三部，第二章：占有と不当得利，对Kurz氏的见解作有深入的检讨，足供参考（第403页以下）。

[2] 此为德国的通说，Baur/Stürner, Sachenrecht, S. 80; Schwab/Prütting, Sachenrecht, I. S. 140.

2. 甲出租某屋给乙，经营简易自助餐。乙积欠租金，甲终止租约，乙屡经催促，拒不返屋。甲趁乙南下省亲，强行夺回该屋，另租他人。试问乙以占有被侵害不能营业为理由，诉请甲为损害赔偿，有无理由？

一、问题的提出

"民法"第184条第1项规定："因故意或过失不法侵害他人之权利者，负损害赔偿责任。故意以背于善良风俗之方法加损害于他人者亦同。"第2项规定："违反保护他人之法律致生损害于他人者，负赔偿责任。但能证明其行为无过失者，不在此限。"关于侵害他人占有的侵权责任，涉及三个问题：[1]

1. 请求权基础：究应适用第184条第1项前段或第2项？
2. 占有的状态：应否区别有权占有或无权占有，而作不同的处理？
3. 损害赔偿：占有被侵害时，被害人得请求何种损害赔偿？

二、实务上见解

（一）1982年度台上字第3748号判决[2]

在本件判决原审以：被上诉人系广安宫管理委员会主任管理人，管理广安宫庙宇并其基地，即坐落宜兰县冬山乡兴安段

---

[1] 参阅苏永钦，"侵害占有的侵权责任"，台大法学论丛，1987年度民商法判决研究特刊，第109页以下；拙著，"侵害占有之侵权责任与损害赔偿"，民法学说与判例研究（三），第223页。德国法上的资料，参阅 Fabricius, Zur Dogmatik des《Sonstingen Rechts》gemäss § 823 Abs. 1. BGB, AcP 160 (1961), S. 273 ff.; Medicu, Besitzschutz durch Ansprüche auf Schadensersatz, AcP 165 (1965), S. 115 ff.; Schick, Besitzschutz nach § 823 BGB?; Wieser, Der Schadensersatz des Besitzers aus § 823 BGB, JuS 1970, 577.

[2] 民刑事裁判选辑，第3卷，第3期，第141页；拙著，侵权行为（一），第190页。

1443号及1444号土地二笔，虽该庙宇有墙壁，前曾被洪水冲毁，亦不因此谓其已丧失对残垣断壁之管理。至该土地固为宜兰县冬山乡广兴村民合资，在日据时期昭和十三年间购置（原作为兴建部落集会所使用），经信托登记为上诉人、及已故俞石头、张阿存三人所共有，但实际并非所有人，且亦无使用该土地之权限（因非在信托范围内），乃竟于1978年10月间占有该土地内如原判决附图（A）（B）（C）（D）所示之部分，并利用（A）（B）（D）部分土地上之残壁建造房屋二间，被上诉人兹主张上诉人应负侵权行为损害赔偿责任，诉求上诉人拆屋并腾清杂物以回复原状（经刑事诉讼程序中附带提起民事诉讼移送于原法院民事庭审理），自非无据。爰依被上诉人之声明而为判决，并于判决理由项下载明其心证之所由得，于法洵无违背。

"最高法院"谓："查占有固为事实，并非权利，但究属财产之法益，'民法'第960条至第962条且设有保护之规定，侵害之，即属违反法律保护他人之规定，侵权行为之违法性非不具备，自应成立侵权行为。至占有人对该占有物有无所有权，初非所问。而如原审之认定，上诉人就前开土地既仅登记名义人，实际上并无所有权，且依约定未有使用之权能，就被上诉人之由于管理而占有使用，尚无可对抗之事由，纵原审论述该土地之所有权，谓为广安宫所有，又谓为全村人（指扩兴村民）共有云云，容有未洽；仍于被上诉人本件之请求权无影响。上诉意旨，执此争辩，并任意攻击原审认定上诉人非实际所有人及被上诉人管理该土地残壁之事实为不当，资为对原判决不服之论据，声明废弃，非有理由。"

(二) 1985年台上字第752号判决[1]

在本件判决,"最高法院"谓:"'民法'有关保护占有之规定,于无权源之占有,亦有其适用。故占有人事实上管领占有物,纵无合法权源,对其主张权利者,仍应依合法途径谋求救济,以排除其占有。如果违背占有人之意思而侵夺或妨害其占有,非法之所许者,占有人对于侵夺或妨害其占有之行为,得依第960条第1项规定,以己力防御之。第962条规定之占有保护请求权,于无权源之占有人亦得主张之。如果占有被不法侵害,占有人即非不得依侵权行为之法则,请求赔偿其所受之侵害。本件上诉人伟强公司占有系争房屋,纵令因执行法院除去其租赁关系后实施拍卖,以致合法占有之权源归于消灭,蔡金贵等于取得系争房地之所有权以来,仍不得反于伟强公司之意思,以己力妨害其占有。原审以蔡金缄等搬走伟强公司储存之寄托物并锁闭库门,致伟强公司损失营业上之收入,亦属权利之正当行使,认为与侵权行为之构成要件不符,其法律上之见解,不无违误。"

三、分析讨论

(一) 请求权基础:"民法"第184条的适用

在上开二则判决,"最高法院"明确表示占有固为事实,并非权利,但究属财产法益,第960条至第962条关于保护占有的规定,属于第184条第2项保护他人的法律。侵害占有者,应依此规定负损害赔偿。此为通说的见解,其意义有二,一为肯定第184条第2项为独立的侵权行为类型。一为占有非属权利,不适用第184条第1项前段规定。[2]

---

[1] 民刑事裁判选辑,第6卷,第1期,第274页。
[2] 对台湾地区判例学说深入的分析,苏永钦,"侵害占有之侵权责任",台大法学论丛,1985年度民商法判决研究特刊,第109页以下。

就单纯的占有言,"最高法院"上开见解基本上固值赞同,但占有系基于一定权利(如租赁权、使用借贷等)时,除其固有的排他性外,尚享有使用收益的权能而具有支配性,应更进一步认为其占有因此强化为一种应受侵权行为法保护的权利。[1]

(二)侵害有权占有及损害赔偿

在1982年台上字第3748号判决一案,原告(被上诉人)对庙宇及基地的占有系属有权占有,得解为权利受侵害,而有第184条第1项前段规定的适用。被上诉人请求上诉人拆屋并腾清杂物以回复原状。此项侵权行为损害赔偿请求权得与第962条规定的占有保护请求权发生竞合关系。

侵害占有可能发生的损害,主要有4种:(1)使用收益的损害:指占有人对占有物不能使用收益而生的损害。如车位被侵夺致不能停车;房屋被霸占致不能居住;汽车被盗致不能运货等。此项损害最属常见。(2)支出费用的损害:指占有人对占有物支出费用,本得向回复请求人请求偿还,因该物被侵夺而毁损、灭失致不能求偿而受有损害。(3)责任损害:指占有人因占有物被第三人侵夺致毁损或灭失,对回复请求人应负损害赔偿责任。(4)取得时效损害:指占有人因占有物被侵夺,致取得时效中断,不能取得所有权(参照第768条以下规定)。[2] 有权占有被害人得请求赔偿的损害,包括使用收益的损害、支出费用的损害和责任损害。至于取得时效的损害,仅系取得某种权利的希望,尚难解为系法律的损害,似不得请求损害赔偿。

---

[1] 参阅拙著,"侵害占有之侵权责任",民法学说与判例研究(三),第223页;拙著,侵权行为法(一),第189页。此为德国判例学说的通说,Baur/Stürner, Sachenrecht, S. 80; BGHZ 73, 355, 362; 79, 232, 237ff.; Larenz/Canaris, Schuldrecht, Band Ⅱ. Halbband 2, Besonderer Teil, 13 Aufl. 1994, S. 396.

[2] 参阅 Wieser, Schadeusersatz des Besitzers aus § 823 BGB, JuS 1970, 577.

(三) 侵害无权占有及损害赔偿

1985年台上字第752号判决肯定恶意占有人亦得依侵权行为法则（似指第184条第2项）请求使用收益损害（营业上的收入损失）的赔偿。[1]德国学者Heck从经济的观点，强调无权占有人亦有保护的必要，例如甲以其无权占有的某件机器从事生产，已成为企业的一部分，具有继续占有使用的经济利益，所有人乙强行取回该件机器，导致生产停顿时，应负担损害赔偿责任。[2]

民法关于占有的保护，无权源的占有人亦得为主张，固属无误，因其立法目的在于维持社会平和。至于得否依侵权行为法规定请求损害赔偿，应从权益保护的观点加以判断。善意占有人，依推定其为适法所有之权利，得为占有物之使用收益（第952条），其占有被不法侵害时，得依第184条第2项规定（甚至第184条第1项前段），请求损害赔偿。[3]恶意占有人不得为占有物之使用收益（参阅第952条）。在财货归属上，恶意占有人对于占有物，并无使用收益的权能，原则上应不得就不归属其享有的权益，请求损害赔偿。甲侵夺乙的房屋或汽车，乙强力取回之

---

[1] 此为实务上的基本见解。台湾高等法院1983年度法律座谈会曾提出一则法律问题：某甲无权占用某乙之土地种植树木，某丙擅予砍伐出售。某甲是否得依侵权行为之规定请求某丙赔偿其损害？讨论意见：甲说（肯定说）：无权占有他人之土地使用收益者，仅该他人得予依法排除其侵害，第三人仍无权对其使用收益妄加干涉。某甲自得诉请某丙赔偿其损害（1981年台上字第83号判决参照）。乙说：（否定说）：某甲种植之树木依第66条第2项之规定非属某甲所有，某甲自不得本于侵权行为请求某丙赔偿其损害（1980年台上字第3114号判决参照）。结论：以甲说为当。盖占有应受法律保护，此观诸第943条、第962条各规定甚明。"司法院"第一厅研究意见：同意研究结论。（发文字号：1983年2月22日（1983）厅民一字第0119号函复台高院）。

[2] Heck, Sachenrecht, Neudruck, 1960, S. 12.

[3] Baur/Stürner, Sachenrecht, S. 80; Medicus, Bürgerliches Recht, RdNr. 607; Soergel/Zeuner § 823 RdNr. 53.

时，恶意占有人得向所有人请求其因不能使用其无权占有房屋或汽车的损失，衡诸占有保护之规范目的、情理、正义感情，是否妥适，尚值研究。[1] 诚如德国法学家 Jhering 氏所云，强盗与小偷亦享有占有保护，但仅止于自力救济或占有保护请求权，以维护社会秩序，似不能因此而言为强盗与小偷得对取回其物的所有人，亦得请求不能对盗赃物为使用收益而生的损害。[2]

---

[1] 此为德国联邦法院及多数学者的见解。在 BGHZ 73, 355 判决一案，甲有某厂房出租于乙，乙转租于丙。其后甲对乙有效终止契约。甲自丙取回厂房，丙诉请损害赔偿。德国联邦法院认为此项终止契约对丙亦生效力（德国民法第 556 条第 2 项），丙无使用收益的权利，就甲侵夺其占有物，亦不能主张使用收益减少的损害赔偿。参阅 Baur/Stürner, Sachenrecht, S. 80.

[2] 日本民法明定占有为一种权利（占有权），关于侵害占有权的不法行为上损害赔偿，亦有争论，学说上多认为无本权或主张本权，但不能立证的单纯占有，就占有权自体之侵害，无请求不法行为上损害赔偿的余地。参阅几代通著，（德本伸一补订），不法行为法，平成五年，第 66 页；加藤一郎，不法行为（增补版），昭和四十九年，第 110 页、第 221 页；前田达明，不法行为，昭和五十五年，第 79 页。

第六章 准 占 有

1. 甲有乙银行的存单及印章，被丙所窃，交其受雇人丁冒领款项。(1) 试问丙是否"占有"甲对乙银行的债权？(2) 试说明甲、乙、丙间的法律关系。

2. 甲就其所有的 A 地设定通行地役权于 B 地所有人乙，乙将 B 地随同地役权出租于丙。(1) 试问乙及丙是否"占有"该地役权？(2) 甲或第三人设置障碍，妨害丙的通行时，丙得否以己力排除之？(3) 设定地役权的法律行为无效时，其法律关系是否不同？

第一节 准占有的意义、沿革与功能

一、意义

占有，系指对物的事实上管领力，以物为客体。权利得否为占有的客体？"民法"采肯定的见解，第 966 条规定："财产权，不因物之占有而成立者，行使其财产权之人，为准占有人。本章关于占有之规定，于前项准占有准用之。"此种以财产权为客体的占有，学说上称为准占有（Qusaipossession）或权利占有（Rechtsbesitz），其占有人称为准占有人。

二、沿革

权利得否为占有的客体，法制史上历经变迁。[1]在罗马法，占有以物为限，惟对地役权设有例外。日耳曼法上的占有（Gewere）与权利具有密切关系，故其占有亦及于权利。1804年法国民法扩大权利占有的概念，包括身份关系在内（第1985条以下、第2888条）。此种及于身份关系的占有，称为"身份占有"，指仅外形有夫妻或父子关系时（如未结婚同居，私生子女），虽无结婚配偶或婚生的父子身份，亦认为其有夫妻或父子身份的效力。德国民法制定时对应否规定权利占有，发生争议，最后认为权利占有不具实益，未设一般规定，仅承认地役权的准占有，而于第1029条规定："土地所有人已将地役权登记于土地簿册者，土地占有人行使此项地役权而受妨害时，准用关于占有保护之规定，但以妨害发生前1年内曾为一次之行使者为限。"[2]日本民法受法国民法的影响，采概括主义，第205条规定："本章之规定，于为自己意思而行使财产权之情形准用之。"[3]台湾地区"民法"系仿日本民法而设准占有制度。

---

[1] 参阅史尚宽，物权法论，第546页；舟桥谆一，物权法，第331页；我妻荣/有泉亨，物权法，第331页。Gräfe, Die Lehre vom Rechtsbesitz in der Rechtsgeschichte der Neutzeit, Diss. Köln, 1983; Krückmann, Die Ermächtigung und der Rechtsbesitz, in: Die Reichsgerichtspraxis im Deutschen Rechtsleben, 1929, Ⅲ, 79ff.; Pawlowsi, Der Rechtsbesitz im geltenden Sachen-und Immaterialgüterecht, 1961.

[2] 德国民法物权部分起草人Johow在其所提草案第84条规定："对于权利不得为占有"（An Rechten finden Besitz, nicht statt），认为权利占有系属多余，殆无实益。参阅Westermann/Gursky, Sachenrecht, I. S. 160; Wieling, Sachenrecht, I. S. 240。关于德国民法第1029条的批评，参阅Heck, Sachenrecht, S. 59。

[3] 参阅舟桥谆一，物权法，第330页；我妻荣/有泉亨，物权法，第520页；广中俊雄，物权法，第357页。

三、立法目的及规范机能

占有制度旨在保护对于物之事实上管领，以维持社会的平和秩序。民法认为对权利的事实上支配关系，亦应纳入保护范围。立法理由书谓："查'民律草案'第1316条理由谓占有无体物（权利是也），应准占有有体物之例保护之。如占有地役权、抵押权等，不必占有某物，亦得行使权利之财产权是也。此本条所由设也。"可资参照。[1]

值得研究的是权利占有的规范机能。实务上最常见的，是债权准占有。1953年台上字第288号判例谓："财产权不因物之占有而成立者，行使其财产权之人为准占有人，债权乃不因物之占有而成立之财产权之一种，故行使债权人之权利者，即为债权之准占有人，此项准占有人，如非真正之债权人而为债务人所不知者，债务人对于其人所为之清偿，仍有清偿之效力，此通观第310条第2款及第966条第1项之规定，极为明显。"由此规定，可知真正的债权人，固为准占有人，其非真正的债权人而行使债权人的权利时，如第三人持真正存折并在取款条上盖存款户真正印章向金融机关提取存款，亦属债权准占有人。除债权准占有，其他案例尚属罕见，权利占有制度的实益，仍待评估。

第二节　准占有的发生及消灭

一、准占有的发生

占有的发生，须以对于物有事实上管领力为要件。准占有的发生以对不因物之占有而成立的财产权，行使其财产权为要件。

---

[1] 参阅史尚宽，物权法论，第546页。

分述如下：

1. 财产权。准占有之标的，限于财产权，不及于人格权及身份权。所谓财产权，包括物权、债权及智慧财产权。

2. 不因物之占有而成立的财产权。准占有之标的，虽限于财产权，然亦须为不必占有其物，亦得行使权利的财产权，如地役权、抵押权、商标权、专利权、著作权或债权。因物之占有而成立的财产权，如所有权、地上权、永佃权、典权、质权、留置权及租赁权等，则不得为准占有之标的，因其既可藉占有制度而受保护，无承认其为准占有的必要。

财产权之作为准占有标的，是否应以得继续行使为要件，颇有争论，解释上应采否定说。法律规定准占有，旨在保护外形的事实，以维护社会秩序，故在外观上足以认识该财产权系归属某人，即可成立准占有，一次清偿即归消灭的债权，虽不以继续给付为目的，亦得为准占有之标的。[1] 至于撤销权、解除权因系附随于债权契约或物权契约而存在的权利，而非独立的财产权，不能与其基本权利分离，而单独为准占有的标的。[2]

3. 财产权的行使。准占有，以对财产权之行使为要件。所谓权利之行使，指实现权利内容的行为。就债权之行使而言，如债权人向债务人请求履行债务。就地役权之行使而言，在积极地役权，如通行供役地，设置汲水的管线；在消极地役权，如约定

---

[1] 通说，黄右昌，民法诠解，物权编（下册），第226页；史尚宽，物权法论，第546页；李肇伟，民法物权，第588页；郑玉波，民法物权，第414页。

[2] 同说，倪江表，民法物权论，第446页；李肇伟，民法物权，第588页；谢在全，民法物权论（下），第560页；舟桥谆一，物权法，第334页。不同意见，史尚宽，物权法论，第547页。

不得建筑横墙遮蔽窗户光线与空气之地役权,[1]于供役地所有人不为横墙之建筑时,即可认为系对地役权之行使。[2]

二、准占有的消灭

准占有以行使财产权为要件,因权利行使之事实的丧失而消灭。[3]其权利行使事实之丧失,得基于准占有人的意思,如窃贼将其盗窃的存折及图章返还于债权人;亦得基于其他事由,如地役权的准占有因地役权被涂销登记而消灭。

第三节 准占有的效力

一、关于占有规定的准用

准占有的效力,系准用关于占有的规定(第966条第2项),除其性质不相容者外,占有的规定,皆可准用,如占有状态(占有辅助人、直接占有、间接占有)、事实的推定、权利的推定及占有的保护。关于动产善意取得的规定,因系以动产的占有为要件,无准用余地。准占有除用关于占有的规定外,尚有二种效力:(1)对于债权之准占有人,善意所为的清偿,有清偿的效力

---

[1] 关于此例,参阅1943年上字第1527号判例:"不得建筑横墙遮蔽窗户光线与空气之地役权,虽系继续而不表见,汲水地役权之行使,以地役权人每次之行为为必要,虽系表见而不继续,均与第852条所定地役权因时效而取得之要件不合。"不得建筑横墙遮蔽窗户光线与空气之地役权,系消极地役权;汲水地役权,则为积极地役权。

[2] 在消极地役权,如何认定权利之行使,颇有争论,自萨维尼以来通说认为负有义务之所有人履行其不作为义务时,即足认为权利之行使,参阅Savigny, Das Recht des Besitzes, § 46, S.493ff.; Westermann/Gursky, Sachenrecht, I. S. 162; Wieling, Sachenrecht, I. S. 242.

[3] 史尚宽,物权法论,第548页。

(第310条第2款)。(2) 准占有之其标的如为继续行使之权利，得发生所有权以外财产权的时效取得（第772条）。[1]

二、债权的准占有

债权系属财产权，不因物之占有而成立，得为准占有之标的，虽非债权人，事实上行使债权者，亦为债权准占有人，如表见继承人、债权证书的持有人、债权让与无效的受让人。兹举一例加以说明。甲有乙银行的存单及印章，被丙所窃，交其受雇人丁冒领款项。在此情形，丙行使甲对乙银行的债权，为债权准占有人，并为无权占有，丁为丙的受雇人，受丙的指示，而为债权的行使，系属丙的占有辅助人。丙凭真正之存单及印章由其占有辅助人丁冒领款项，乙银行不知其非债权人者，依第310条第2款规定，银行得对存款户主张有清偿之效力，存款户不得请求返还同一数额之金钱，银行不负侵权行为或债务不履行之损害赔偿责任。倘乙银行明知丙非债权人，对甲不生清偿之效力。存款户得行使寄托物返还请求权，请求乙银行履行债务，在此情形亦不

---

[1] 1972年台上字第450号判决："统一发票为应纳营业税之营业人发生营业行为时开立之发货票，交付买受人，并将发票存根及其他有关单据一并保存，以备主管稽征机关查核（见'营业税法'第18条），则统一发票并非货款收据，其持有人尤难解为债权之准占有人。"

发生侵权行为或债务不履行之问题。[1]

三、地役权的准占有

地役权系属财产权，不因物之占有而成立，得为准占有之标的，罗马法及德国法虽不承认权利占有，但皆例外肯定地役权的准占有，兹举一例加以说明。甲就其所有的 A 地，设定通行地役权于 B 地的所有人乙，乙将 B 地出租于丙，其后发现地役权的设定行为无效。甲乃以地役权设定无效，阻丙通行，并擅自拆除丙因行使权利而为的设置。在此情形，关于地役权准占有的效力，分五点言之：

1. 地役权准占有的成立，以地役权经登记为要件，惟地役权是否存在，则所不问，故地役权的设定行为虽属无效，对地役权的准占有不因此而受影响。[2]

2. 乙先就地役权取得准占有，再将 B 地出租于丙时，其对地役权的准占有随同移转，于乙、丙间成立占有媒介关系，丙为

---

[1] 参照 1992 年台上字第 1875 号判决，法令月刊，第 43 卷第 11 期，第 31 页。1984 年 10 月 2 日，1984 年度第 11 次民事庭会议决议。"司法院" 1986 年 10 月司法业务研究会第 9 期曾提出一则法律问题："某甲系银行之使用自动提款卡存款户，某甲之提款卡及密码被某乙窃走，某乙窃得对甲之提款卡及密码后，随即向某银行提款，问银行对某乙之给付，是否对甲发生清偿之效力。研究意见认为：按乙种活期存款与金融机关之间为消费寄托关系。"第三人持真正存折并在取款条上盗盖存款户真正印章向金融机关提取存款，金融机关不知其系冒领而如数给付时，为善意的向债权之准占有人清偿，依第 310 条第 2 款规定，对存款户有清偿之效力（1984 年度第 11 次民事庭会议决议）。本题某甲既系某银行使用自动提款卡之存款户，其提款卡及密码系存折及印鉴之代替，乃为自动提款机之需要而设，兹被某乙窃去持向银行提取存款，因系自动提款，由机器判读给付，无从知悉其系冒领，与第三人持真正之存折及印鉴领存款之情形相当，均系善意的向债权之准占有人清偿，依第 310 条第 2 款之规定，对于某甲有清偿之效力。可资参照。

[2] Westermann/Gursky, Sachenrecht, I. S. 162; Wieling, Sachenrecht, I. S. 242.

直接准占有人，乙为间接准占有人，均属无权准占有。[1]

3. 地役权系不因物的占有而成立，但为行使地役权，其准占有人得为设置，如架设便桥。在此情形，数该设置之物得成立占有，适用关于占有的规定。[2]

4. 甲擅自拆除丙为行使地役权而设置的便桥，系侵夺丙的占有，丙得行使自力救济权（第960条），或主张占有保护请求权（第962条）。甲阻止或妨碍丙之通行，系侵夺或妨害丙对地役权的准占有，丙得以己力防御之（准用第960条）。由此可知，准占有制度亦具有维护社会平和秩序的机能。

5. 甲依法诉请涂销地役权的登记时，乙与丙对地役权的准占有归于消灭。

---

[1] Westermann/Gursky, Sachenrecht, I. S. 161.
[2] Heck, Sachenrecht, S. 61; Westermann/Gursky, Sachenrecht, I. S. 161.

附录一：

"民法"物权编部分条文修正草案条文对照表

修正条文	原条文	说　　明
第三章　地上权 第 832 条　称地上权者，谓以在他人土地之<u>上下</u>有建筑物或其他工作物为目的而使用其土地之权。	第 832 条　称地上权者，谓以在他人土地之上有建筑物，或其他工作物，或竹木为目的而使用其土地之权。	一、本编已增订第三章之一"农用权"，其内容包括支付地租以种植竹木为目的，在他人之土地为使用、收益之情形。为避免地上权与农用权之内容重复，爰将本条"或竹木"三字删除，俾地上权之使用土地目的仅限于有建筑物或其他工作物。 二、地上权之范围，依现行条文规定"……以在他人土地上……"等文字观之，易使人误解为仅限于在土地上之设定，惟学者通说及实务上见解均认为在土地上空或地下均得设定。为避免疑义，爰将"土地上"修正为"土地之上下"，以期明确。
第 833 条 （删除）	第 833 条　第 774 条至第 798 条之规定，于地上权人间，或地上权人与土地所有人间，准用之。	一、<u>本条删除。</u> 二、现行条文准用规定，已在修正条文第 800 条之一作概括规定，本条已无规定必要，爰予删除。

修正条文	原条文	说　　明
第833条之一 地上权未定有期限者，存续期间逾20年后，法院得因土地所有人或地上权人之声请，斟酌建筑物或工作物之种类、性质及利用状况等情形，定其继续存在之期间。 前项规定，于以公共建设为目的而成立之地上权，不适用之。		一、<u>本条删除。</u> 二、地上权虽未定有期限，但非有相当之存续期间，难达土地利用之目的，不足以发挥地上权之社会机能。又因科技进步，建筑物或工作物之使用年限有日渐延长趋势，为发挥经济效用，兼顾土地所有人与地上权人之利益，爰增订第1项，明定土地所有人或地上权人均得于逾20年后，声请法院斟酌建筑物或工作物之各种状况而定地上权之存续期间。又此项声请系变更原物权之内容，性质上为形成判决，应以形成之诉为之，并予叙明。 三、按以公共建设（例如大众捷运、高速铁路等）为目的而成立之地上权，原即难以定其使用年限，宜排除第1项之适用，爰增订第2项，明定以公共建设为目的而成立之地上权不适用其规定。
第834条 地上权<u>无支付地租之约定者</u>，地上权人得随得抛弃其权利。	**第834条** 地上权未定有期限者，地上权人得随得抛弃其权利。<u>但另有习惯者，不在此限。</u> <u>前项抛弃，应向土地所有人以意思表示为之。</u>	一、无支付地租之地上权，无论是否有期限，地上权人抛弃其权利，对于土地所有人有利而无害，爰将现行条文第1项以地上权未定有期限者，地上权人始得随时抛弃权利之限制规定加以修正。又从保障土地所有人之利益言，纵有不同之习惯，亦无规定之必要，爰将该项但书删除。 二、现行条文第2项牵涉抛弃之方式，不仅为地上权之问题，其他限制物权亦有之，爰将本项删除，移列于第764条，作一概括规定。

修正条文	原条文	说明
第 835 条 地上权定有期限，而有支付地租之约定者，地上权人得支付未到期之 3 年分地租后，抛弃其权利。 地上权未定有期限，而有支付地租之约定者，地上权人抛弃权利时，应于 1 年前通知土地所有人，或支付未到期之 1 年分地租。 因不可归责于地上权人之事由，致不能达原来使用土地之目的时，地上权人于支付前 2 项地租 1/2 后，得抛弃其权利。	**第 835 条** 有支付地租之订定者，其地上权人抛弃权利时，应于 1 年前通知土地所有人，或支付未到支付期之 1 年分地租。	一、支付地租而定有期限之地上权，于地上权人抛弃其权利时，对土地所有人而言，较诸支付地租而未定有期限之地上权人抛弃权利之影响为大，为保障其利益，爰修正第 1 项规定，明定地上权人须支付未到期之 3 年分地租后，始得抛弃其权利。至残余之地上权期限不满 3 年者，即无此项规定之适用，仅应支付残余期间之地租，自不待言。 二、支付地租而未定有期限之地上权人，应于 1 年前通知土地所有人，或支付未到期之 1 年分地租后，始得抛弃其权利，爰增订第 2 项规定。 三、地上权制度，旨在充分使用土地，如因不可归责于地上权人之事由，致不能达原来使用土地之目的时，应许地上权人抛弃其权利。惟为兼顾土地所有人及地上权人双方之利益，抛弃后，其危险由双方平均负担，爰增订第 3 项规定如上。

修正条文	原条文	说　　明
第 835 条之一 地上权设定后，因土地价值之升降，依原定地租给付显失公平者，当事人得声请法院增减之。 　未订有地租之地上权，如因土地所有人就土地之负担增加，非当时所得预料，仍无偿使用显失公平者，得声请法院酌定其地租。		一、本条新增。 二、土地之价值，在社会经济有变迁之情形下，常多变动，如于地上权设定后，因土地价值之升降，地上权人给付原定地租，依一般观念显然不公平者，为保障双方当事人之权益，并避免争议，爰增订第 1 项，由当事人提起民事诉讼，声请法院以判决增减其地租，以期允当。 三、原未订有地租之地上权，如因土地所有人就土地之租税及其他费用等负担增加，而非设定地上权当时所得预料者，显失公平，基于情事变更法则，当事人亦得提起民事诉讼，声请法院酌定地租，爰增订第 2 项。

修正条文	原条文	说明
第836条 地上权人积欠地租达2年之总额，除另有习惯外，<u>土地所有人经定相当期限催告地上权人支付地租，如地上权人于期限内不为支付，土地所有人得终止地上权。其地上权经设定抵押权者，并应于催告同时，将该催告之事实通知抵押权人。</u> <u>地租之约定经登记者，地上权让与时，前地上权人积欠之地租应并同计算，由受让人负连带清偿责任。</u> 第1项终止，应向地上权人以意思表示为之。	**第836条** 地上权人积欠地租达2年之总额者，除另有习惯外，土地所有人，得撤销其地上权。 前项撤销，应向地上权人以意思表示为之。	一、依本法第114条规定，法律行为经撤销者，视为自始无效。惟本条所谓撤销地上权，并无溯及效力，仅系向将来发生消灭效力，其性质应为终止权，爰将本条"撤销"二字修正"为"终止"。又地上权人积欠地租达2年之总额，土地所有人终止地上权前，仍应践行定期催告程序，以兼顾地上权人之利益，1979年度台上字第777号判例著有明文，为明确计，爰以明文规定之。其地上权经设定抵押权者，为保障抵押权人之权益，爰增订土地所有人于催告地上权人时，应同时将催告之事实通知抵押权人，俾抵押权人得以利害关系人之身份代位清偿，使地上权不被终止。 二、地上权有地租之约定经登记者，因该地租已为地上权之内容，具有物权效力。地上权让与时，受让人即应继受让与人积欠之地租，合并计算其欠租额，并由受让人负连带清偿责任，以保障土地所有人之权益，惟受让人就前地上权人积欠之地租清偿后，得依法向该前地上权人求偿（"民法"第312条规定参照）。如地租之约定未经登记者，则仅发生债之关系，地上权让与时，该地租债务并不当然由受让人承担，爰增订第2项。 三、现行条文第2项移列为第3项，并将"撤销"二字修正为"终止"。

附录一："民法"物权编部分条文修正草案条文对照表

修正条文	原 条 文	说　　明
第836条之一 土地所有权让与时，已预付之地租经登记者，对受让人具有效力；未经登记者，地上权人得向让与人请求返还之。		一、本条新增。 二、地上权有地租之约定，而其预付地租之事实经登记者，发生物权效力，足以对抗第三人，故土地所有权让与时，受让人亦受拘束。惟已预付地租之事实未经登记者，仅发生债之效力，不能对抗第三人，地上权人仍应向受让人支付地租，惟其得向让与人请求返还该预付部分，始为公平，爰增订本条。
第836条之二 地上权约定之使用方法经登记者，对土地及地上权之受让人或其他第三人具有效力。		一、本条新增。 二、地上权约定之使用方法经登记者，方能构成地上权之内容，发生物权效力，足以对抗第三人，故土地及地上权之受让人或其他第三人（例如抵押权人），当受其拘束，爰增订本条。
第836条之三 地上权人违反约定之使用方法，经土地所有人阻止而仍继续为之者，土地所有人得终止地上权。		一、本条新增。 二、地上权设定目的，旨在土地之使用，故土地所有人与地上权人间每有约定使用方法。地上权人只得依约定方法行使地上权，如违反其使用方法，应使土地所有人有阻止之权。如经阻止而仍继续为之者，并使其有终止地上权之权，以保护土地所有人，爰仿"民法"第438条之"立法"体例，增订本条。
	第837条　地上权人，纵因不可抗力，妨碍其土地之使用，不得请求免除或减少租金。	未修正

修正条文	原条文	说明
第 838 条 地上权人得将其权利让与他人**或设定抵押权**。但契约另有**约定**或另有习惯者，不在此限。 **前项约定，非经登记不得对抗第三人。** **地上权与其建筑物或其他工作物不得分离而为让与或设定其他权利。**	第 838 条 地上权人，得将其权利让与他人。但契约另有订定或另有习惯者，不在此限。	一、地上权为财产权之一种，依其性质，地上权人原则上得自由处分其权利，亦得以其权利设定抵押权，以供担保债务之履行。为周延计，爰增订地上权人得以其权利设定抵押权，并将现行条文之"订定"修正为"约定"后，改列为第 1 项。 二、前项约定，仍须登记，始足以对抗第三人，爰增订第 2 项规定。 三、地上权之社会作用，系在调和土地与地上物间之使用关系，建筑物或其他工作物通常不能脱离土地而存在，两者必须相互结合，方能发挥其经济作用。故地上权与其建筑物或其他工作物之让与或设定其他权利，应同时为之，以免地上物失其存立之权源，有违地上权设置之目的，爰增订第 3 项规定。
第 838 条之一 土地及其土地上之建筑物，同属于一人所有，因强制执行之拍卖，其土地及建筑物之拍定人各异时，视为已有地上权之设定，其地租、期间及范围由当事人协议定之，不能协议者，得声请法院以判决定之。其仅以土地或建筑物为拍卖时，亦同。		一、本条新增。 二、土地及其土地之建筑物，同属于一人所有，宜将土地及其建筑物，并予查封、拍卖，为"强制执行法"第 75 条第 3 项、办理强制执行事件应行注意事项第 40（七）所明定。如未并予拍卖，致土地与其建筑物之拍定人各异时，为避免建筑物被拆除危及社会经济利益，并解决建筑物基地使用权问题，爰明定此时视为已有地上权之设定。惟其地租、期间及范围，基于私法自治之原则，宜由当事人协议定之，如不能协议时，始声请法院以判决定之。如土地及其土地上之建筑物同属一人所有，执行法院仅就土地或建筑物拍卖时，依前述同一理由，亦宜使其发生法定地上权之效力，爰增订本条规定。

附录一："民法"物权编部分条文修正草案条文对照表

修正条文	原条文	说　　明
第 839 条　地上权消灭时，地上权人得取回其工作物。但应回复土地原状。地上权人不于地上权消灭后 1 个月内取回者，工作物归属于土地所有人。其有碍于土地之利用者，土地所有人得请求回复原状。 　　地上权人取回其工作物前，应通知土地所有人，土地所有人愿以时价购买者，地上权人非有正当理由不得拒绝。	**第 839 条**　地上权消灭时，地上权人得取回其工作物及竹木。但应回复土地原状。 　　前项情形，土地所有人以时价购买其工作物，或竹木者，地上权人不得拒绝。	一、为配合第 832 条之修正，爰将现行条文"及竹木"、"或竹木"三字删除。 二、地上权消灭时，地上权人有取回其工作物之权利。惟地上权人如不欲行使取回权时，工作物究应如何处理？现行法尚无明文规定，易滋疑义，为明确计，增订"地上权人不于地上权消灭后 1 个月内取回者，工作物归属于土地所有人"。该物如有碍土地之利用，为兼顾土地所有人之权益，爰明定土地所有得请求地上权人回复原状。 三、为促使土地所有早日知悉地上权人是否行使取回权，爰修正地上权人取回其工作物前，有通知土地所有人之义务。又依现行条文第 2 项规定，土地所有人行使购买权时，地上权人有无拒绝之权？学者间见解不一，按诸公平原则及参考"民法"第 919 条、日本民法第 269 条第 1 项但书规定，明定土地所有人行使购买权时，地上权人非有正当理由，不得拒绝，以期明确。

修正条文	原条文	说明
第 840 条 地上权人之工作物为建筑物者,如地上权因存续期间届满而消灭,<u>地上权人得于期间届满前,定 1 个月以上之期间,请求</u>土地所有人按该建筑物之时价为补偿。但契约另有<u>约定</u>者,从其<u>约定</u>。 <u>土地所有人拒绝地上权人前项补偿之请求或于期间内不为确答者,地上权之期间应酌量延长之。</u>地上权人不愿延长者,不得请求前项之补偿。	**第 840 条** 地上权人之工作物为建筑物者,如地上权因存续期间届满而消灭,土地所有人,应按该建筑物之时价为补偿。但契约另有订定者,从其订定。 土地所有人,于地上权存续期间届满前,得请求地上权人,于建筑物可得使用之期限内,延长地上权之期间。地上权人拒绝延长者,不得请求前项之补偿。	一、地上权人之工作物为建筑物者,如地上权因存续期间届满而归消灭,究由土地所有人购买该建筑物,抑或延长地上权期间,宜尽速确定,俾该建筑物能继续发挥其社会经济功能,爰于第 1 项增列"地上权人得于期间届满前,定 1 个月以上之期间,请求土地所有人按该建筑物之时价为补偿"之规定,并将但书中之"订定"修正为"约定"。至于地上权人所定 1 个月以上期间之末日,不得在地上权存续期间届满之日之后,是乃当然之理。 二、为维持建筑物之社会经济功能,兼顾地上权人之利益,并迅速确定其法律关系,爰于第二项增订"土地所有人拒绝地上权人前项补偿之请求或于期间内不为确答者,地上权之期间应酌量延长之"之规定,使地上权期间当然接续原存续期间而延长,仅生应延长期间之长短问题。

附录一："民法"物权编部分条文修正草案条文对照表

修 正 条 文	原 条 文	说　　　明
第1项之时价不能协议者，地上权人或土地所有人得声请法院裁定之，土地所有人不愿依裁定之时价补偿者，适用前项之规定。 　依第2项规定延长期间者，其期间由土地所有人与地上权人协议定之，不能协议者，得声请法院斟酌建筑物与土地使用之利益，以判决定之。 　前项期间届满后，除经土地所有人与地上权人协议者外，不适用第1项及第2项之规定。		三、如土地所有人愿按该建筑物之时价补偿，由地上权人与土地所有人协议定之，于不能协议时，地上权人或土地所有人得声请法院为时价之裁定。如土地所有人不愿依裁定之时价补偿时，适用第2项之规定酌量延长地上权之期间，爰增订第3项。至于上述声请法院为时价之裁定，性质上系非讼事件（如同"非讼事件法"第89条第1项有关收买股份价值之裁定）。 四、依第2项规定地上权应延长期间者，其延长之期间为何，亦由土地所有人与地上权人协议定之，于不能协议时，土地所有人或地上权人得声请法院斟酌建筑物与土地使用之利益，以判决酌定延长其期间，爰增订第4项。又此项声请，应依民事诉讼程序行之，性质上系形成之诉，法院酌定期间之判决，为形成判决。 五、依第4项延长期间，以一次为限，故于延长之届满后，不再适用第1项及第2项之规定，俾免反复绵延；但如土地所有人与地上权人另达成协议延长地上权期间者，当尊重其协议，爰增订第5项规定。

修正条文	原条文	说明
第840条之一 地上权人之工作物为建筑物者，于地上权期间届满后，地上权人仍继续使用其土地，土地所有人不即为反对之表示并继续收取地租者，视为延长地上权之期间，适用前条第4项及第5项之规定。		一、本条新增。 二、地上权之期间届满后，如地上权人仍继续使用其土地，而土地所有人不即为反对之表示且继续收取地租时，地上权是否继续存在，不无疑义，为明确其法律关系，并保护地上权人之利益，爰增订本条规定，明文拟制延长地上权之期间，并适用前条第4项及第5项之规定，俾能确定其延长之期间若干，复避免造成延长期间之反复绵延。
第840条之二 地上权消灭，而不能依前2条之规定为补偿或延长期间者，准用第839条之规定。		一、本条新增。 二、地上权人之工作物为建筑物者，于地上权消灭时，有不能适用前二条规定之情形（例如抛弃地上权或地上权系经终止而消灭是），该建筑物应如何处理？土地所有人有无以时价购买之权？仍有明确规定之必要，爰增订准用第839条之规定，以期周延。
第841条 地上权不因<u>建筑物或其他</u>工作物之灭失而消灭。	第841条 地上权不因工作物<u>或竹木</u>之灭失而消灭。	为配合第832条之修正，爰于"工作物"上增列"建筑物或其他"等文字，并将"或竹木"三字删除。

修正条文	原条文	说明
第 841 条之一 地上权得在他人土地上下之一定空间范围内设定之。 　前项设定范围，如第三人有使用收益权或以该使用收益权为标的之物权者，应得其同意。		一、**本条新增**。 二、由于人类文明之进步，科技与建筑技术日新月异，土地之利用，已不再局限于地面，而逐渐向空中与地下发展，由平面化而趋向立体化，遂产生土地分层利用之结果，有承认土地上下一定空间范围内设定地上权之必要。爰仿日本民法第 269 条之二第 1 项之立法例，增订第 1 项"区分地上权"之规定。其客体限于"土地上下之一定空间范围"，与第 832 条之普通地上权客体及于"土地之上下"，仅有量之差异，并无质之不同，故非物权之新种类。 三、为达土地充分立体使用之目的，设定区分地上权之客体，如第三人有使用收益权（如地上权、农用权、地役权、典权、租赁权），或有以该使用收益为标的之物权（如权利抵押权）者，仍容许设定区分地上权，而不拘泥于物权排他性之法理。惟为调和区分地上权与该第三人之利益，爰仿日本民法第 269 条之二第 2 项之规定，应经该第三人同意，始得设定区分地上权，特增订第 2 项规定。

修正条文	原条文	说明
第 841 条之二 前条地上权人，得与就其设定范围外之该不动产享有使用、收益权利之人，约定相互间使用收益之限制。 　前项约定经登记者，对该地上权或该不动产有使用、收益权利之受让人，具有效力。		一、**本条新增**。 二、区分地上权呈现垂直邻接状态，具有垂直重力作用之特性，与平面相邻关系不同。为解决区分地上权人与就其设定范围外上下四至之该不动产享有使用、收益权利之人相互间之权利义务关系，爰于第 1 项明定得约定相互间使用收益之限制。此项限制，包括限制土地所有人对土地之使用收益，例如约定土地所有人于地面上不得设置 x 吨以上重量之工作物或区分地上权人工作物之重量范围等是。 三、为使前项约定具有安定性，避免因权利移转或增订权利而影响相互间之权利义务关系，爰于第 2 项规定，前项约定，经登记者，发生物权效力，对该地上权或不动产有使用、收益权利之受让人，亦具有效力。
第 841 条之三 依第 841 条之一设定之地上权，法院依第 840 条第 4 项定地上权之期间，足以影响第三人权利之行使者，应并斟酌该第三人之利益。		一、**本条新增**。 二、依第 841 条之一设定之地上权，如为第三人之权利标的或第三人有使用收益权者，法院依第 840 条第 4 项定地上权延长之期间时，势必影响该第三人权利之行使，为兼顾该第三人之权益，法院应并斟酌其利益，以期允当。

附录一:"民法"物权编部分条文修正草案条文对照表

修正条文	原条文	说　　明
第841条之四 依第841条之一设定之地上权,因适用第840条及第840条之一之规定以时价补偿或延长期间,足以影响第三人之权利行使者,应对该第三人为相当之补偿。补偿之数额以协议定之,不能协议时,得声请法院裁定之。		一、**本条新增**。 二、区分地上权之工作物为建筑物,因适用第840条及第840条之一之规定以时价补偿或延长期间,足以影响第三人权利之行使者,例如曾依第841条之一第2项同意之第三人或相邻之区分地上权人,其权利原处于睡眠状态或受限制之情况下,将因上开情形而受影响等是,基于公平原则,应由土地所有人或区分地上权人对该第三人为相当之补偿。补偿之数额宜由当事人以协议方式行之,如不能协议时,始声请法院裁定。此裁定性质上属非讼事件。
第841条之五 土地所有人依第841条之一设定地上权后,于同一土地再设定第832条之地上权者,其再设定地上权之权利行使,不得妨害先设定之地上权。于同一土地再设定农用权、地役权或其他以使用收益为目的之物权者,亦同。 　第841条之二之规定,于前项情形准用之。		一、**本条新增**。 二、为达土地充分利用之目的,土地所有人依第841条之一设定区分地上权后,于同一土地,虽不须经同意,仍容许设定普通地上权。惟为避免其相互间权利行使发生冲突,仍应依地上权设定次序之先后,后次序之地上权权利行使,不得妨害先设定之地上权,始为平允。又同一土地于设定区分地上权后,亦有设定农用权、地役权或其他用益物权(例如典权等是)之情形,仍应按设定先后其权利之优先顺序,爰增订第1项规定。 三、前项区分地上权人与地上权人、农用权人等用益物权人间,仍允许其约定相互间使用收益之限制。如经登记,亦发生物权效力,爰增准用第841条之二之规定,以期周延。

修正条文	原条文	说明
第三章之一 农用权		一、本章新增。 二、现行"民法"对建地之使用设有地上权之规定，而对于农地之使用则尚无符合需要之物权设定之规定。爰参酌台湾地区目前农业政策，增订"农用权"一章，以符实际需要。
第841条之六 称农用权者，谓支付地租以农作、种植竹木、养殖或畜牧为目的，在他人之土地为使用、收益之权。 　农用权之期限，不得逾20年，逾20年者，缩短为20年。但法令另有规定或以造林为目的约定较长期限者，从其规定或约定。		一、本条新增。 二、本条规定农用权之意义。其内容为（1）农用权系存在于他人土地之用益物权。（2）农用权系以农作、种植竹木、养殖或畜牧为目的之物权。所谓"农作"，包括花、草之栽培、菇菌之种植及园艺等。（3）农用权为支付地租而成立之物权。 三、农用权之期限，如过于长久，将有害于公益，经斟酌农业发展、经济利益等因素，并参酌"民法"第449条规定，认以20年为当。如订有期间超过20年者，亦缩短为20年。但于法令另有规定之情形，或以造林为目的，须逾20年始能达其目的者，事所恒有。为期顾及事实，爰增订但书，明定"法令另有规定或以造林为目的约定较长期限者，从其规定或约定"。

修正条文	原条文	说明
第 841 条之七 农用权人得将其权利让与他人或设定抵押权。但契约另有约定或另有习惯者，不在此限。 　前项约定，非经登记不得对抗第三人。 　农用权与设置于土地上之农用工作物不得分离而为让与或设定其他权利。		一、本条新增。 二、农用权为财产权之一种，依其性质，农用权人原则上得自由处分其权利，亦得以其权利设定抵押权，以供担保债务之履行。惟契约另有约定或另有习惯者，则应从其约定或习惯，以示限制，爰增订本项规定。 三、前项约定，仍须登记，始足以对抗第三人，爰增订第 2 项规定。 四、因农用权而设置于土地上之农用工作物例如农舍、水塔、仓库等，应与农用权相互结合，始能发挥其经济作用。为避免该权利与其农用工作物之使用割裂，于第 3 项明定二者不得分离而为让与或设定其他权利，例如农用工作物不得单独设定典权是。

修正条文	原条文	说　　明
第 841 条之八 农用权人因不可抗力致其原约定目的之收益减少或全无者，得向土地所有人请求减免其地租或请求变更原约定土地使用之目的。依原约定之使用目的连续3年全无收益者，农用权人得抛弃其权利，土地所有人亦得终止之。 　农用权人请求变更原约定土地使用之目的，土地所有人不同意者，不适用前项终止之规定。		一、本条新增。 二、农用权人在他人之土地为农作、种植竹木、养殖或畜牧之收益，通常情形虽可预期，然若遭遇不可抗力，致其原约定目的之收益减少或全无者，事所恒有。例如耕作因天旱水灾，皆属不可抗力，此种收益减少或全无之事实，既非农用权人故意过失所致，若仍令其依原约定给付全额地租，有失公平。又土地设定农用权之用途不止一端，虽因不可抗力致其原约定目的之收益减少或全无，惟农用权人如变更原约定土地使用之目的仍可继续使用该土地回复原来之收益者，如原约定之目的为养殖，嗣因缺水而不能养殖，惟仍可作为畜牧使用而回复原来之收益是。此种情形，宜许其有请求变更之权，俾求地尽其利。为顾全事实，爰增列第1项，明定农用权人得向土地所有人请求减免其地租或请求变更原约定土地使用之目的，以昭公允。再农用权人如依原约定之使用目的连续3年均因不可抗力致全无收益者，有违农用权设定之目的，为兼顾农用权人及土地所有人双方之利益，爰于本项后段增订此际农用权人得抛弃其权利，土地所有人亦得终止农用权。 三、如农用权人请求变更原约定土地使用之目的，而土地所有人不同意变更者，为兼顾农用权人之权益，宜明定土地所有人即丧失前项规定之终止权，爰增订第2项。

修 正 条 文	原 条 文	说　　明
第841条之九 农用权人不得将土地或农用工作物出租于他人。但关于农用工作物之出租另有习惯者，从其习惯。 　农用权人违反前项规定者，土地所有人得终止农用权。		一、<u>本条新增</u>。 二、土地所有人设定农用权于农用权人，多置重于农用权人能有效使用其土地。如农用权人不自行使用土地或设置于土地上之农用工作物，而以之出租于他人，藉以从中得利，将与土地所有人同意设定农用权之原意不符，爰增订第1项，明定禁止出租之限制。但关于农用工作物之出租另有习惯者，例如仓库之短期出租等是，自宜从其习惯。 三、第2项明定农用权人违反前项规定之效果，土地所有人得终止农用权。
第841条之十 农用权人应依约定方法，为土地之使用收益，无约定方法者，应以依土地之性质而定之方法为之，并应保持其生产力。 　农用权人违反前项规定，经土地所有人阻止或通知改善而仍继续者，土地所有人得终止农用权。		一、<u>本条新增</u>。 二、第1项规定农用权人之义务，如有约定使用土地之方法者，应依约定方法使用之，并应保持其生产力，例如耕作地必须逐年施肥使土地不致减损其使用价值等是。 三、农用权人违反前项义务，经土地所有人阻止或通知改善而仍继续者，为达地尽其利之目的，并兼顾农用权人与土地所有人间利益之平衡，爰增订第2项，明定土地所有人得终止农用权。

修正条文	原条文	说明
第 841 条之十一 　　农用权消灭时，农用权人得取回其土地上之出产物及农用工作物。 　　第 839 条之规定，于前项情形准用之。 　　第 1 项之出产物未及收获而土地所有人又不愿以时价购买者，农用权人得请求延长农用权期间至出产物可收获时为止，但最长不得逾 6 个月，土地所有人不得拒绝。		一、本条新增。 二、依本法第 66 条第 2 项规定，不动产之出产物，尚未分离者，为该不动产之部分。惟土地上之出产物，为农用权人花费劳力或资金之所得；农用工作物，如系农用权人因实现农用权而设置，皆宜于农用权消灭时由农用权人收回，始合乎情理。爰增订第 1 项规定。 三、农用权人于取回前项之出产物及工作物时应尽之义务，及不取回时该物之归属等，宜准用第 839 条有关地上权之规定，爰增订第 2 项规定。 四、农用权消灭时，土地上之出产物因尚未成熟而未及收获，土地所有人又不愿以时价购买者，应许农用权人得请求延长农用权期间至出产物可收获时为止，土地所有人不得拒绝，俾保障农用权人之权益，惟为兼顾土地所有人之权益，其期间最长不得逾 6 个月，以期平允，爰增订第 3 项规定。

附录一:"民法"物权编部分条文修正草案条文对照表

修正条文	原条文	说明
第841条之十二 农用权人为增加土地之生产力或使用上之便利,支出之特别改良费用或其他有益费用,土地所有人如知其情事而不即为反对之表示者,于农用权消灭时应偿还之。但以其现存之增价额为限。		一、<u>本条新增</u>。 二、农用权人除保持土地原有性质及效能外,可能更支出劳力或资金,以改善土地之生产力、增加使用上之便利或提高土地之价值。对于此等特别改良费用或其他有益费用,农用权人本于不当得利之法则,得向土地所有人请求返还。但其费用之偿还,须以农用权消灭时现存之增价额为限,且须土地所有人曾知农用权人有支出费用之情形而未即为反对之表示者,始得请求偿还,以兼顾双方当事人权益之保障,爰增订本条规定。
第841条之十三 第835条第1项、第2项、第835条之一第1项、第836条及第836条之一之规定,于农用标准用之。		一、<u>本条新增</u>。 二、农用权与地上权均为使用他人土地之物权,性质近似,爰增订本条,明定农用权抛弃时应尽之义务、农用权地租之增减、农用权之终止及预付地租对受让人之效力均准用地上权之相关规定。

修正条文	原条文	说　　明
第四章（删除）	第四章　永佃权	一、**本章删除** 二、永佃权之设定，将造成土地所有人与使用人之永久分离，影响农地之合理利用。且目前实务上各地政事务所几无以永佃权登记者，足见目前永佃权之规定已无存在之价值。且按"民法物权编施行法"修正草案第22条明定："'民法'物权编修正施行前发生之永佃权，仍适用修正前之规定。"故删除本章规定，对于修正施行前已发生之永佃权，亦无任何影响，爰将"永佃权"一章删除。
第842条（删除）	第842条　称永佃权者，谓支付佃租永久在他人土地上为耕作或牧畜之权。 　　永佃权之设定，定有期限者，视为租赁，适用关于租赁之规定。	**本条删除**。理由同前。
第843条（删除）	第843条　永佃权人得将其权利让与他人。	**本条删除**。理由同前。

修正条文	原条文	说明
第844条 （删除）	第844条　永佃权人因不可抗力，致其收益减少或全无者，得请求减少或免除佃租。	本条删除。理由同前。
第845条 （删除）	第845条　永佃权人不得将土地出租于他人。 　　永佃权人违反前项之规定者，土地所有人得撤佃。	本条删除。理由同前。
第846条 （删除）	第846条　永佃权人，积欠地租达2年之总额者，除另有习惯外，土地所有人得撤佃。	本条删除。理由同前。
第847条 （删除）	第847条　前2条之撤佃，应向永佃权人，以意思表示为之。	本条删除。理由同前。
第848条 （删除）	第848条　第839条之规定，于永佃权准用之。	本条删除。理由同前。

修正条文	原条文	说　　　明
第849条 （删除）	第849条　永佃权人让与其权利于第三人者，所有前永佃权人，对于土地所有人所欠之租额，由该第三人负偿还之责。	<u>本条删除</u>。理由同前。
第850条 （删除）	第850条　第774条至第798条之规定，于永佃权人间，或永佃权人与土地所有人间准用之。	<u>本条删除</u>。理由同前。
第五章　地役权 第851条　称地役权者，谓以他人之土地供自己使用之不动产便宜之用之权。 前项所称自己使用之不动产，以基于物权或租赁关系而使用者为限。	第851条　称地役权者，谓以他人土地供自己土地便宜之用之权。	一、地役权现行条文规定以供役地供需役地便宜之用为内容。惟随社会之进步，地役权之内容变化多端，具有多样性，现行规定仅限于土地之利用关系已难满足实际需要。为发挥地役权之多能，促进土地及其定著物之利用价值，爰将原需役地之客体扩张于"不动产"，土地及其定着物均包括在内，并将得设定地役权之人，不限于需役不动产之所有人，改列为第1项。 二、为避免需役不动产之利用人范围过广，爰增订<u>第2项</u>，明定以基于物权（用益物权）或租赁关系而使用者为限。

附录一："民法"物权编部分条文修正草案条文对照表　413

修　正　条　文	原　条　文	说　　　明
第 851 条之一 土地所有人设定地上权或其他以用益为目的之物权后，经该物权人之同意，于同一土地得设定地役权。 　土地所有人设定地役权后，于同一土地得设定其他物权。其于地役权之行使有碍者，应得地役权人之同意。		一、本条新增。 二、为充分利用土地俾地尽其利，土地所有人于其土地先设定地上权、农用权、典权等用益物权后，如经该物权人同意，自得于同一土地再设定地役权，爰增列规定如上。所谓同一土地，乃指同一范围内之土地，要属当然。 三、地役权既以供役地供需役之不动产便宜之用为内容，则土地所有人苟无碍于地役权之行使，除得设定担保物权外，自仍得就同一土地更设定其他用益物权；又纵有碍地役权之行使，但已得地役权人同意者，亦应允其设定，俾求地尽其利，爰增订第 2 项规定。
第 852 条　地役权<u>因时效而取得者，以继续并表见者为限。</u> 　<u>前项情形，需役之不动产为共有者，共有人中一人之行为，或对于共有人中一人之行为，为他共有人之利益，亦生效力。</u>	**第 852 条**　地役权以继续并表见者为限，因时效而取。	一、现行条文移列为第 1 项，并作文字整理。 二、需役之不动产为共有者，可否因时效而取得地役权？再者，如数人共有需役不动产，供役地之所有人终止其中部分需役不动产所有人之通行，其余需役不动产所有人是否因此而受影响？现行法尚无明文规定，易滋疑义。鉴于共有人间利害攸关，权利与共，爰仿日本民法第 284 条规定，增订第 2 项，明定"共有人中一人之行为，或对于共有人中一人之行为，为他共有人之利益，亦生效力"。又本项中之"行为"系包括"作为"及"不作为"，亦属当然。

修正条文	原条文	说明
第 853 条 地役权不得由需役之不动产分离而为让与或为其他权利之标的物。	**第 853 条** 地役权不得由需役地分离而为让与,或为其他权利之标的物。	为配合第 851 条之修正,爰将"需役地"修正为"需役之不动产"。又本条后段原系指地役权不得由需役之不动产分离而为其他权利之标的物;复查"中华民国国民政府"公报第 34 册第 336 号第 3 页,该条条文"……让与"下有","号,惟依文义解释,此处应不加标点符号,前后意义较为明显,均并叙明。
第 854 条 地役权人因行使或维持其权利得为<u>附随</u>之必要行为。但应择于供役地所有人<u>或其他以供役地为标的之物权人</u>损害最少之处所及方法为之。	**第 854 条** 地役权人,因行使或维持其权利得为必要之行为。但应择于供役地损害最少之处所及方法为之。	地役权人为遂行其权利之目的,于行使其地役权或维持其地役权起见,有另须为必要行为之时,学者有称此必要行为为"附随地役权",并认为其与"主地役权"同其命运。故此必要行为非指行使地役权之行为,乃行使地役权以外之另一概念,如有筑路必要之通行权,筑路为必要行为;汲水地役权,埋设涵管通行为必要行为,均其适例。因此,为期立法之明确,并杜争端,爰于"必要行为"上增加"附随"二字。又地役权人使用供役地,多不具独占性,不但可设定内容不相排斥之数个地役权,亦可设定其他以供役地为标的之物权,例如地上权、农用权、典权等。故地役权人为附随之必要行为时,除须顾及供役地所有人之利益外,亦须兼顾其他以供役地为标的之物权人之权益,选择对其损害最少之处所及方法为之,本条爰修正如上。

附录一："民法"物权编部分条文修正草案条文对照表

修正条文	原条文	说　　明
第855条　地役权人因行使权利而为设置者，有维持其设置之义务。其设置由供役地所有人提供者，亦同。 供役地所有人于无碍地役权行使之范围内，得使用前项之设置，并应按其受益之程度，分担维持其设置之费用。	第855条　地役权人，因行使权利而为设置者，有维持其设置之义务。 供役地所有人，得使用前项之设置。但有碍地役权之行使者，不在此限。 前项情形，供役地所有人，应按其受益之程度，维持其设置之费用。	一、为行使地役权而须使用工作物者，该工作物有由地役权人设置者；亦有由供役地所有人提供者。在该设置如由供役地所有人提供之情形，因其系为地役权人之利益，自应由地役权人负维持其设置之义务，始为平允，爰增订第1项后段规定如上。 二、现行第2项及第3项之规定，合并规定为1项，俾求文字简洁。
第855条之一 供役地所有人或地役权人认行使地役权之处所或方法有变更之必要，而不甚碍地役权人或供役地所有人权利之行使者，得以自己之费用，请求变更之。		一、本条新增。 二、设定地役权时，虽定有行使地役权之处所或方法，惟供役地所有人或地役权人认有变更之必要时，有无请求变更之权？现行法尚无明文规定，学者通说采肯定见解。基于诚信原则，如其变更不甚妨碍地役权人或供役地所有人权利之行使，应无不许之理。爰仿德国民法第1023条、瑞士民法第742条立法例，明定供役地所有人或地役权人得以自己之费用请求变更地役权人行使权利之处所或方法，以期明确。

修正条文	原条文	说　　明
第856条　需役之不动产经分割者，其地役权为各部分之利益仍为存续，但地役权之行使，依其性质，只关于需役之不动产之一部分者，仅就该部分仍为存续。	第856条　需役地经分割者，其地役权为各部分之利益仍为存续。但地役权之行使，依其性质，只关于需役地之一部分者，仅就该部分仍为存续。	为配合第851条之修正，本条"需役地"爰修正为"需役之不动产"。
	第857条　供役地经分割者，地役权就其各部分，仍为存续。但地役权之行使，依其性质，只关于供役地之一部分者，仅对于该部分仍为存续。	未修正
第858条（删除）	第858条　第767条之规定，于地役权准用之。	一、本条删除。 二、为配合第767条第2项之增列，本条爰予删除。

附录一："民法"物权编部分条文修正草案条文对照表

修正条文	原条文	说　　明
第859条　地役权之全部或一部无存续之必要时，法院因供役地所有人之声请，得就<u>其无存续必要之部分</u>，宣告地役权消灭。 <u>地役权因需役之不动产消失而消灭。</u>	第859条　地役权无存续之必要时，法院因供役地所有人之声请，得宣告地役权消灭。	一、地役权因情事变更致一部无存续必要之情形，得否依本条规定声请法院宣告地役权消灭，法无明文，易滋疑义，为期明确，爰于本条增列地役权之一部无存续必要时，供役地所有人亦得声请法院就其无存续必要之部分，宣告地役权消灭，俾弹性运用，以符实际，并改列为第1项。又地役权原已支付对价者，地役权消灭时，地役权人得依不当得利之规定，向供役地所有人请求返还超过部分之对价，乃属当然，不待明定。 二、地役权于需役之不动产消失时，是否仍须依本条第1项向法院声请宣告地役权消灭，学说上有不同意见。为免争议，爰增订第2项，明定上开情形其地役权当然消灭，毋待法院为形成判决之宣告。
第859条之一 第835条至第836条之二之规定，于地役权准用之。		一、本条新增。 二、地役权与地上权均为使用他人土地之物权，性质近似，爰增订本条，明定地役权抛弃时应尽之义务、地役权地租之增减、地役权之终止、预付地租对受让人之效力及约定之使用方法经登记之效力均准用地上权之相关规定。

修正条文	原条文	说　　明
第859条之二 地役权消灭时，地役权人所为之设置，准用第839条之规定。		一、本条新增。 二、地役权消灭时，地役权人有无回复原状之义务，以及其与供役地所有人间就地役权有关之设置，权利义务关系如何？现行法尚无如第841条之十一农用权准用第839条地上权之规定，致适用上易滋疑义，爰参酌学者意见并斟酌实际需要，增订准用规定。又本条之"设置"，系指地役权人为行使地役权而为之设置，应属当然。
第八章　典权 第911条　称典权者，谓支付典价在他人之不动产为使用、收益之权。	第911条　称典权者，谓支付典价占有他人之不动产，而为使用及收益之权。	典权之成立，究否以占有他人之不动产为要件，学说及实务上（1949年度台上字第163号判例参照）尚有争议。惟查典权为不动产物权，应以登记为生效要件（第758条参照）及其公示方法，占有仅系用益物权以标的物为使用收益之当然结果，乃为典权之效力，而非其成立要件，现行条文在定义规定内列入"占有"二字，易滋疑义，为期明确，爰将"占有他人之不动产"修正为"在他人之不动产"。又典权人对于典物，或为使用、或为收益、或为使用及收益，现行条文仅谓"使用及收益"，似欠周延，爰修正为"使用、收益"。
第912条　典权约定期限不得逾30年。逾30年者，缩短为30年。		

附录一:"民法"物权编部分条文修正草案条文对照表

修正条文	原条文	说明
第913条 典权之约定期限不满15年者,不得附有到期不赎即作绝卖之条款。 典权附有绝卖之条款并经登记者,出典人于典期届满不以原典价回赎时,典权人即取得典物所有权。	第913条 典权之约定期限不满15年者,不得附有到期不赎即作绝卖之条款。	一、现行条文未修正,改列为第1项。 二、典权之典期在15年以上而附有绝卖条款者,出典人于典期届满后不以原典价典回时,典权人是否当然取得典物之所有权,学说并不一致,为免有害交易安全,自以明定为宜。爰增订第2项,规定典权附有绝卖之条款并经登记者,出典人于典期届满不以原典价回赎时,典权人即取得所有权者,俾杜争议。此所谓取得所有权者,与第923条第2项、第924条所定之"取得典物所有权",性质上同属继受取得。至典权附有绝卖条款而未经登记者,典权人自得向出典人请求为所有权移转登记,并此叙明。
第914条 (删除)	第914条 第774条至第800条之规定,于典权人间或典权人与土地所有人间准用之。	一、本条删除。 二、现行条文准用之规定,已于修正条文第800条之一作概括之规定,是以本条已无规定之必要,爰予删除。

修正条文	原条文	说　　明
第915条　典权存续中，典权人得将典物转典或出租于他人。但契约另有<u>约定</u>，或另有习惯者，依其<u>约定</u>或习惯。 典权定有期限者，其转典或租赁之期限，不得逾原典权之期限，未定期限者，其转典或租赁，不得定有期限。 转典之典价，不得超过原典价。	**第915条**　典权存续中，典权人得将典物转典或出租于他人。但契约另有订定，或另有习惯者，依其订定或习惯。 典权定有期限者，其转典或租赁之期限，不得逾原典权之期限，未定期限者，其转典或租赁，不得定有期限。 转典之典价，不得超过原典价。	一、按契约发事人互相表示意思一致之法律行为，现行条文第1项之"但契约另有订定……，依其订定或习惯"等语，宜修正为"但契约另有约定，……，依其约定或习惯"，以期明确。 二、第2项及第3项未修正。
	第916条　出典人于典权设定后，得将典物之所有权，让与他人。典权人对于前项受让人，仍有同一之权利。	未修正

附录一:"民法"物权编部分条文修正草案条文对照表

修正条文	原条文	说　明
第 917 条　典权人得将典权让与他人或设定抵押权。 典物为土地，典权人在其上有建筑物者，典权与地上建筑物不得分离而为让与或设定其他权利。 典权之受让人有与原典权人同一之权利。	第 917 条　典权人得将典权让与他人。 前项受让人对于出典人取得与典权人同一之权利。	一、典权为财产权之一种，依其性质，典权人得自由处分其权利，亦得以其权利设定抵押权，以供担保债务之履行。为周延计，爰于第 1 项增列典权人得将典权设定抵押权。 二、典权人在典物之土地上营造建筑物者，典权与该建筑物应不得分离而为让与或设定其他权利，俾免因建筑物与土地之使用权人不同，造成法律关系复杂之困扰，爰增订第 2 项。 三、典权为支配典物之对世权（绝对权），非对出典人请求之对人权（相对权）。现行条文第 2 项谓"对于出典人取得与典权人同一之权利"，易使人误解为典权系对出典人之对人权，典权之受让人对于第三人，不能得与典权人同一之权利。爰将现行条文第 2 项移列为第 3 项，并修正为"典权之受让人有与原典权人同一之权利"。
第 918 条　出典人于典权设定后，得将典物之所有权让与他人。但典权不因此而受影响。	第 918 条　出典人于典权设定后，得将典物之所有权让与他人。 典权人对于前项受让人，仍有同一之权利。	现行条文第 2 项只言权利未及义务，不够周延，且易使人误解典权为对人权，爰仿第 867 条之立法例，删除第 2 项并于第 1 项增订但书"但典权不因此而受影响"。

修正条文	原条文	说　　明
第 919 条　出典人将典物之所有权<u>出卖于</u>他人时，典权人<u>有以相同条件留买之权</u>。 <u>前项情形，出典人应以书面通知典权人。典权人于收受出卖通知后 15 日内不以书面表示依相同条件留买者，其留买权视为抛弃。</u> <u>出典人违反前项通知之规定而为所有权之移转者，其移转不得以之对抗典权人。</u>	**第 919 条**　出典人将典物之所有权让与他人时，如典权人声明提出同一之价额留买者，<u>出典人非有正当理由，不得拒绝</u>。	一、现行条文规定之留买权仅具债权之效力，其效力过于薄弱。为期产生物权之效力，该留买权必具有优先于任何人而购买之效果，出典人不得以任何理由拒绝出卖。又为兼顾出典人之利益，典权人声明留买不宜仅限于同一之价额，必条件完全相同，始生留买问题，本条爰仿"土地法"第 104 条第 1 项修正如上并改列为第 1 项。 二、为期留买权之行使与否早日确定，爰仿"耕地三七五减租条例"第 15 条第 1 项之立法例，<u>增订第 2 项</u>，明定出典人应践行通知典权人之义务及典权人于收受通知后不为表示之失权效果。由于不动产之价值高昂，优先权人于决定是否优先承买时，恒需较长之期限方能审慎斟酌或聚集资金，"土地法"第 104 条第 2 项规定之 10 日期限似未敷所需，故建请"内政部"于修正"土地法"时酌予延长为 15 日，俾优先权人之权益得获充分保障。 三、<u>增订第 3 项</u>规定出典人违反通知义务而为之所有权移转，不得对抗典权人，使留买权具有物权之效力。

附录一："民法"物权编部分条文修正草案条文对照表

修正条文	原条文	说　明
第920条　典权存续中，典物因不可抗力致全部或一部灭失者，就其灭失之部分，典权与回赎权，均归消灭。 前项情形，出典人就典物之余存部分，为回赎时，得由原典价扣除灭失部分之典价。其灭失部分之典价，依灭失时灭失部分之价值与灭失时典物之价值比例计算之。	第920条　典权存续中，典物因不可抗力致全部或一部灭失者，就其灭失之部分，典权与回赎权，均归消灭。 前项情形，出典人就典物之余存部分，为回赎时，得由原典价中扣减典物之灭失部分灭失时价值之半数。但以扣尽原典价为限。	一、第1项未修正。 二、第2项所定回赎典物时扣减原典价之方法，在扣尽原典价之情形下，有类于典权人负担全部损失，尚欠公平，且典权人之责任竟与第922条典权人有过失之责任无异，亦有不妥。爰修正为依灭失时灭失部分之价值与灭失时典物价值之比例扣减之，以期公允。例如出典房屋3间，典价为9万元，因不可抗力致房屋灭失2间，经估算灭失时3间房屋价值为30万元，该灭失之房屋2间为18万元，如依现行法规定，回赎金额为9－（18×1/2）＝0即出典人不须支付任何金额即可回赎典物房屋1间，甚不公平。如依修正条文计算之，回赎金额为9－（9×18/30）＝3.6即出典人须按比例支付3.6万元，始得回赎典物房屋1间。
第921条　典权存续中，典物因不可抗力致全部或一部灭失者，除经出典人同意外，典权人仅得于灭失时灭失部分之价值限度内为重建或修缮。原典权对于重建之物视为继续存在。	第921条　典权存续中，典物因不可抗力致全部或一部灭失者，典权人，除经出典人同意外，仅得于灭失时灭失部分之价值限度内为重建或修缮。	物权因标的物灭失而消灭，固系物权法之原则。惟为保护典权人之权益，典物因不可抗力致全部或一部灭失者，物赋予重建或修缮之权，是以典权人依本条规定为重建时，原典权仍应视为继续存在于重建之标的物上，以厘清典权人与出典人间之权利义务关系，爰调整文字并修订如上。

修正条文	原条文	说明
第922条之一 因典物灭失得受赔偿而为重建者，原典权对于重建之物视为继续存在。		一、本条新增。 二、物权通常因标的物之灭失而消灭，标的物为其后回复者，非有物权发生之原因或法律之规定，要不能当然回复。典权人因第三人赔偿所重建灭失之典物，学者通说认为在重建范围内原典权视为继续存在，为期明确，爰将其明文化。
	第923条 典权定有期限者，于期限届满后，出典人得以原典价回赎典物。出典人于典期届满后，经过2年，不以原典价回赎者，典权人即取得典物所有权。	未修正
	第924条 典权未定期限者，出典人得随时以原典价回赎典物。但出典后经过30年不回赎者，典权人即取得典物所有权。	未修正

修正条文	原条文	说　　明
第 924 条之一 经转典之典物，出典人向典权人回赎时，典权人不于相当期间向转典权人回赎并涂销转典权登记者，出典人得于原典价范围内，以最后转典介径向最后转典权人回赎典物。 　　前项情形，转典价低于原典价者，典权人或转典权人得向出典人请求原典价与转典价间之差额。出典人并得为各该请求权人提存其差额。		一、本条新增。 二、第 915 条设有转典之规定。惟出典人回赎时究应向典权人抑转典权人为之，现行法尚无明文规定，易滋疑义。为期明确，爰明定出典人向典权人回赎时，如典权人不于相当期间向转典权人回赎并涂销转典权登记者，为保障出典人之利益，特赋予出典人得提出于原典价范围内之最后转典价径向最后转典权人回赎之权利，爰增订第 1 项。 三、出典人依前项规定向最后转典权人回赎时，原典权及全部转典权均归消灭。惟转典价低于原典价或后转典价低于前转典价者，应许典权人及各转典权人分别向出典人请求相当于自己与后手间典价之差额，出典人并得为各该请求权人提存该差额，俾能保护典权人与转典权人之权益，而符公平。例如：甲将土地一笔以 100 万元出典于乙，乙以 90 万元转典于丙，丙复以 80 万元转典于丁。甲依前项规定以最后转典价即 80 万元向丁回赎时，乙之典权及丙、丁之转典权均归消灭，乙、丙就自己与后手间各 10 万元之典价差额，均得向甲请求返还。出典人甲并得分别为乙、丙提存典价之差额各 10 万元。爰增订第 2 项规定。

修正条文	原条文	说　　明
第 924 条之二 土地及其土地上之建筑物，同属于一人所有，而仅以土地或建筑物设定典权或分别设定典权者，于典权人依第 913 条第 2 项、第 923 条第 2 项、第 924 条之规定取得典物所有权致土地与建筑物各异其所有人时，准用第 838 条之一规定。		一、本条新增。 二、同属于一人所有之土地及其建筑物，可否仅以土地或建筑物出典或将土地及其建筑物分别出典于二人？学者间有不同之见解。而实务上则认为所有人设定典权之书面，虽仅记载出典者为建筑物，并无基地字样，但使用建筑物必须使用该土地，除有特别情事，可解为当事人之真意，仅以建筑物为典权之标的外，应解为该土地亦在出典之列（"司法院"院解字第 2701 号、第 4094 号（五）、1944 年度上字第 1299 号判例参照）。惟查本法第 66 条第 1 项规定，土地与建筑物为各别独立之不动产，原得独立处分，而法律又未限制典权人用益典物之方法，典权人不自为用益亦无不可，仅以土地或建筑物设定典权或分别设定，亦有可能，上开解释判例不仅有违土地与建筑物为各别独立不动产之原则，在未将土地或建筑物并为典权登记之情形下径认为系典权效力所及，亦与本法第 758 条、"土地法"第 43 条登记有绝对效力之原则有违。为避免将来适用上发生疑义，并解决建筑物基地使用权问题，爰明定前述情形，于典权人依第 913 条第 1 项、第 923 条第 2 项、第 924 条之规定取得典物所有权致土地与建筑物各异其所有人时，视为已有地上权之设定，准用第 838 条之一之规定。

修正条文	原条文	说明
第 925 条 出典人之回赎，应于 6 个月前，先行通知典权人。	**第 925 条** 出典人之回赎，<u>如典物为耕作地者，应于收益季节后次期作业开始前为之。如为其他不动产者，应于</u> 6 个月前，先行通知典权人。	现代之土地耕作，迈向多元化，农作物之种植常有重叠情形，故收益季节难以明确划分，如依现行法规定，出典人之回赎，事实上将有窒碍难行之处。为符实际，爰修正为出典人之回赎，不论典物为耕作地或其他不动产，均应于 6 个月前先行通知典权人，使典权人有从容预备之机会，而免意外之损失。
	第 926 条 出典人于典权存续中，表示让与其典物之所有权于典权人者，典权人得按时价找贴，取得典物所有权。前项找贴，以一次为限。	未修正

修正条文	原条文	说明
第 927 条 典权人因支付有益费用，使典物价值增加，或依第 921 条之规定，重建或修缮者，于典物回赎时，得于现存利益之限度内，请求偿还。 第 839 条之规定，于典物回赎时准用之。 典物为土地，出典人同意典权人在其上营造建筑物者，除另有约定外，于典物回赎时，应按该建筑物之时价补偿。出典人不愿以时价补偿者，于回赎时视为已有地上权之设定。 出典人愿为补偿而补偿时价不能协议时，得声请法院裁定之，其不愿以裁定之时价补偿者，于回赎时亦视为已有地上权之设定。	**第 927 条** 典权人因支付有益费用，使典物价值增加，或依第 921 条之规定，重建或修缮者，于典物回赎时，得于现存利益之限度内，请求偿还。	一、现行条文未修正，改列为第 1 项。 二、学者通说以为典物上有工作物者，解释上应可类推适用第 839 条之规定，为兼顾出典人及典权人之利益，爰增订第 2 项准用之规定。 三、典物为土地，出典人同意典权人在其上营造建筑物者，除另有约定外，于典物回赎时，应按该建筑物之时价补偿之，以维护典权人之利益。出典人不愿以时价补偿者，于回赎时视为已有地上权之设定，俾顾及社会整体经济利益，并解决建筑基地使用权源之问题，爰增订第 3 项。至如出典人未曾同意典权人营造建筑物者，除另有约定外，于典物回赎时，出典人得请求典权人拆除并交还土地，乃属当然。 四、出典人愿为补偿时价不能协议时，为兼顾双方之权益，宜声请法院裁定之。如经裁定后，出典人仍不愿依裁定之时价补偿，为保障典权人之利益及解决基地使用权问题，于典物回赎时，亦视为已有地上权之设定，爰增订第 4 项规定。 五、前 2 项视为已有地上权设定之情形，其地租、期间及范围，基于私法自治之原则，宜由当事人协议定之，如不能协议时，始声请法院以判决定之，爰增订第 5 项规定。

附录一："民法"物权编部分条文修正草案条文对照表

修正条文	原条文	说明
前2项视为已有地上权设定之情形，其地租、期间及范围，由当事人协议定之，不能协议者，得声请法院以判决定之。		
第十章 占有 第940条 对于物有事实上管领力者，为占有人。		
第941条 <u>地上权人</u>、质权人、承租人、受寄人，或基于其他类似之法律关系，对于他人之物为占有者，该他人为间接占有人。	第941条 质权人、承租人、受寄人，或基于其他类似之法律关系，对于他人之物为占有者，该他人为间接占有人。	现行条文关于直接占有人之例示多属动产占有人，实则对不动产亦得成立占有，为避免误解，爰增列地上权人为例示，以资补充。
第942条 <u>基于家务、业务或其他类似之关系</u>，受他人之指示，而对于物有管领之力者，仅该他人为占有人。	第942条 受雇人、学徒、或基于其他类似之关系，受他人之指示，而对于物有管领之力者，仅该他人为占有人。	依台湾地区法制，占有为事实，非意思表示，本无所谓代理占有之观点，故本条所规定受他人指示而对于物有管领力者，乃指示人之占有辅助机关，亦即学说所称之"占有辅助人"（黄右昌著：民法物权诠解第441页参照）。惟日常生活中因家务或业务关系，受他人指示而为占有之辅助者，其样态甚夥，现行规定以"受雇人、学徒"等为例示，似不足涵括。爰仿德国民法第855条及韩国民法第195条等规定而修正如上，俾利适用。

修正条文	原条文	说　　明
第943条　占有人，于占有物上行使之权利，<u>除已登记之不动产物权外</u>，推定其适法有此权利。 <u>前项推定，于占有人行使所有权以外之权利时，对使其占有之人，不适用之。</u>	**第943条**　占有人于占有物上，行使之权利，推定其适法有此权利。	一、关于依占有而推定其权利适法之原则，德国民法第1006条、瑞士民法第930条及日本民法第188条等均著有明文。其中日本民法以"物"为规范对象，德、瑞则限于动产始有适用。本法原参仿日本民法之体例而订定本条。然而，关于所有权之移转，动产以交付占有为要件，不动产则非经登记不生效力；两者权利外观之公示方式并不相同。对于已登记之不动产物权，其交易相对人所应信赖者，乃地政机关之登记，尤不能依凭不动产之时现时占有状态而为权利之推定（修正之"民法"第759条之一参照），因此，日本法制虽以登记为不动产物权变动之对抗要件，但其有力学说仍认第188条对于已登记之不动产并不适用（川岛武宜编：注释民法第7册，物权2，第55页参照）；台湾地区学者间亦多持同一主张（黄右昌著：民法物权诠解，第444页；史尚宽著：物权法论，第525页；谢在全著：民法物权论下册，第508页等参照）是本条宜将"已登记之不动产物权"排除适用，俾免疑义，爰增列如上，并移列为第1项。

附录一："民法"物权编部分条文修正草案条文对照表

修正条文	原条文	说　　明
		二、占有人依前项规定，于占有物上行使权利，仅须证明其为占有人，即受本条权利之推定，就其占有物上行使之权利，不负举证责任。惟于根据债权（如租赁或借贷）或限制物权（如地上权、典权）等所有权以外之权利而占有他人之物者，在占有人与使其占有人间，如径依前项规定为权利适法之推定，其结果殊欠合理。例如甲将物交付乙占有，嗣甲以所有物返还请求权请求乙返还，乙认为其间有租赁关系存在，主张因租赁权而占有。依诉讼法上举证责任分配之法则，乙对妨碍所有权存在之障碍事实本应负举证责任，惟如依本条现行规定即时主张有租赁权而无庸另负举证之责，显与诉讼法上举证责任分配之法则有违，且有欠公平。爰参考瑞士民法第931条第2项但书之精神，增订第2项规定，于占有人行使所有权以外之权利时，占有人不得对使其占有人之主张前项推定之效果，俾符公平。
第944条　占有人，推定其为以所有之意思，善意、和平、公然及<u>无过失</u>占有者。 　　经证明前后两时为占有者，推定前后两时之间，继续占有。	第944条　占有人，推定其为以所有之意思、善意、和平及公然占有者。经证明前后两时为占有者，推定前后两时之间，继续占有	一、占有人之占有，有无过失，第1项未设推定之规定。惟所谓"无过失"乃已善尽注意义务，在"善意"已受推定范围内，学者通说认为本项推定亦应包括"无过失"，为明确计，爰于第1项增列之。 二、第2项未修正。

修正条文	原条文	说明
第945条 占有依其所由发生之事实之性质，无所有之意思者，其占有人对于使其占有之人表示所有之意思时起，为以所有之意思而占有。其因新事实变为以所有之意思占有者，亦同。 使其占有之人非所有人，而占有人于为前项表示时已知占有物之所有人者，其表示并应向该所有人为之。 前2项之规定，于占有人以所有之意思占有变为以其他意思而占有，或以其他意思之占有变为以不同之其他意思而占有者，准用之。	**第945条** 占有依其所由发生之事实之性质，无所有之意思者，其占有人对于使其占有之人表示所有之意思时起，为所有之意思而占有。其因新事实变为以所有这意思占有者，亦同。	一、现行条文修正，改列为第1项。 二、他主占有变为自主占有，现行条文规定占有人仅对使其占有之人表示所有之意思即可。惟使其占有之人非所有人之情形，事所恒有，为保障所有人之权益，爰<u>增订第2项</u>，明定占有人于表示所有之意思时如已知占有物之所有人者，负有一并通知所有人之义务。 三、占有人占有特定物意思之变更，应不限于第1项所有定之情形，有以所有之意思占有变为以其他意思而占有者，例如以所有之意思变为以地上权之意思占有等是。有以其他意思之占有变为以不同之其他意思而占有者，例如以地上权意思之占有变为以租赁或农用权意思而占有等是。此种占有状态之变更及占有人通知义务，应与第1项、第2项相同，爰<u>增订第3项准用规定</u>。
	第946条 占有之移转，因占有物之交付，而生效力。前项移转，准用第761条之规定。	未修正

附录一:"民法"物权编部分条文修正草案条文对照表 433

修 正 条 文	原 条 文	说　　　明
	第947条　占有之继承人或受让人,得就自己之占有,或将自己之占有与其前占有人之占有合并,而为主张。 合并前占有人之占有为主张者,并应承继其瑕疵。	未修正
第948条　以动产所有权,或其他物权之移转或设定为目的,而善意受让该动产之占有者,纵其让与人无让与之权利,其占有仍受法律之保护。但受让人明知或因重大过失而不知让与人无让与之权利者,不在此限。 动产占有之受让,系准用第761条第2项规定而为之者,于受现实交付前,不受前项规定之保护。	第948条　以动产所有权,或其他物权之移转或设定为目的,而善意受让该动产之占有者,纵其让与人无让与之权利,其占有仍受法律之保护。	一、现行规定在于保障动产交易之安全,故只要受让人为善意(不知让与人无让与之权利),即应保护之。惟受让人不知让与人无让与之权利系因重大过失所致者,因其本身具有疏失,应明文排除于保护范围之外,以维护原所有权静的安全,此不但为学者通说,德国民法第932条第2项亦作相同之规定,爰仿之增列但书规定并移列为第1项。 二、善意受让,让与人及受让人除须有移转占有之合意外,让与人并应将动产交付于受让人。第761条第1项但书规定之简易交易,第3项指示交付均得生善意受让之效力。惟同条第2项之占有改定,因让与人仍直接占有动产,除外观上不足发生动产物权变动之公示作用外,原权利人若对之有所请求时,仍负有返还动产之义务,实不宜使之有善意受让效力之适用,故于受现实交付前,不生善意受让之效力,始足以保障当事人权益及维护交易安全,爰增订第2项规定。

修正条文	原条文	说明
第949条 占有物如系盗赃、遗失物或其他非基于原占有人之意思而丧失其占有者，其原占有人自丧失占有之时起2年以内，得向现占有人请求回复其物。 依前项规定回复其物者，自请求时起，回复其原来之权利。	第949条 占有物如系盗赃或遗失物，其被害人或遗失人，自被盗或遗失之时起，2年以内得向占有人，请求回复其物。	一、善意取得，原占有人得请求返还者，现行条文仅限于盗赃及遗失物，惟德国民法第935条、瑞士民法第934条第1项等外国立法例，尚及于其他非因权利人之意思而脱离占有之物，例如遗忘物、误取物等是，为更周延保障原权利人静的安全，爰扩张适用范围及于其他非基于原占有人之意思而丧失物之占有者。为配合修正，请求回复之人修正为"原占有人"。又请求回复之相对人，现行规定"占有人"之真意系指已符合动产物权善意取得要件之"现占有人"（1940年上字第1061号判例的参照），为期明确，爰将"占有人"修正为"现占有人"。本条修正如上并改列为第1项。 二、原占有人行使前项之回复请求权后，回复其物之效果如何，学者间虽有不同见解，惟以自请求时起，始回复其原来之权利为宜，爰增订第2项规定，俾杜争议。

附录一:"民法"物权编部分条文修正草案条文对照表

修正条文	原条文	说　　明
第950条　盗赃、遗失物<u>或其他非基于原占有人之意思而丧失其占有之物</u>，如<u>现</u>占有人由<u>公开交易场所</u>，或由贩卖与其物同种之物之商人，以善意买卖者，非偿还其支出之价金，不得回复其物。	**第950条**　盗赃或遗失物，如占有人由拍卖或公共市场，或由贩卖与其物同种之物之商人，以善意买得者，非偿还其支出之价金，不得回复其物。	为配合第949条之修正，本条爰配合修正，增列"其他非基于原占有人之意思而丧失其占有之物"亦适用无偿回复之例外规定；"占有人"修正为"现占有人"。又现行规定"公共市场"易误解为仅指公营之市场而已，惟推其真意，举凡公开交易之场所均属之，拍卖或一般商店亦包括在内，为避免误解，爰将"拍卖或公共市场"修正为"公开交易场所"。
第951条　盗赃、遗失物<u>或其他非基于原占有人之意思而丧失其占有之物</u>，如系金钱或<u>未记载权利人之有价证券</u>，不得向其善意<u>现</u>占有人请求回复。	**第951条**　盗赃或遗失物，如系金钱或无记名证券，不得向其善意占有人请求回复。	为配合第949条之修正，爰将本条适用范围扩张及于"其他基于原占有人之心思而丧失其占有之物"；"占有人"修正为"现占有人"。又为配合第908条之修正，爰将"无记名证券"修正为"未记载权利人之有价证券"。

修正条文	原条文	说　　明
第951之一　第949条及第950条之规定，于原有人为恶意占有者，不适用之。		一、本条新增。 二、依通说所示，第949条及第950条规定之回复请求权人，本不以占有物之所有人为限，尚及于其他具有占有权源之人，例如物之承租人、借用人、受寄人或质权人等是（黄右昌：民法物权诠论，第460页；史尚宽：物权法论，第519页；谢在全：民法物权下册，第516页等参照）。此外，原占有人纵无实体法上之占有本权，除系恶意占有之情形外，其占有仍以同受保护为宜，爰参考瑞士民法第936条第2项之立法例，增订本条规定。
第952条　善意占有人，于推定其为适法所有之权利范围内，得为占有物之使用、收益。	第952条　善意占有人，依推定其为适法所有之权利，得为占有物之使用及收益。	得就占有物为使用、收益者，不以所有权为限，地上权、典权、租赁权等，亦得为之。惟其权利之内容，有得为占有物之使用或收益者，有得为占有物之使用及收益者，现行规定易使人误解为不问权利之范围如何，一律均得为占有物之使用及收益。为避免误解并期明确，本条爰修正如上。

修正条文	原条文	说　　明
第953条　善意占有人<u>就占有物之灭失或毁损，如系因可归责于自己之事由所致</u>者，对于回复请求人，仅以灭失或毁损所受之利益为限，负赔偿之责；<u>其因不可归责于自己之事由所致者，仅以现存利益为限，负返还之责</u>。	**第953条**　善意占有人，因可归责于自己之事由，致占有物灭失或毁损者，对于回复请求人，仅以灭失或毁损所受之利益为限，负赔偿之责。	善意占有人因不可归责于自己之事由，致占有物灭失或毁损者，对于回复请求人有无责任，现行法尚无明文规定，易滋疑义。为期明确，爰明定仅于现存利益范围内，负返还之责，以昭公允。本条为期精简，并作文字调整，爰修正如上。
第954条　善意占有人，因保存占有物所支出之必要费用，得向回复请求人请求偿还。但已就占有物取得孳息者，不得请求偿还<u>通常必要费用</u>。	**第954条**　善意占有人，因保存占有物所支出之必要费用，得向回复请求人请求偿还。但已就占有物取得孳息者，不得请求偿还。	必要费用分为通常必要费用及特别必要费用两种。前者例如占有物之维护费、饲养费或通常之修缮费。后者例如占有之建筑物因风灾或水灾而毁损，所支出之重大修缮费用。参诸日本民法第196条第1项、德国民法第994条第1项均明定就占有物取得孳息者，仅就通常必要费用不得请求偿还。本条但书，虽未明示，惟学者通说均作相同之解释。为期明确，爰增列于此情形善意占有人不得请求偿还者，为通常必要费用。

修正条文	原条文	说明
	第 955 条 善意占有人,因改良占有物所支出之有益费用于其占有物现存之增加价值限度内,得向回复请求人,请求偿还。	未修正
第 956 条 恶意占有人或无所有意思之占有人,<u>就占有物之灭失或毁损,如系因</u>可归责于自己之事由所致者,对于回复请求人,对于回复请求人,负赔偿之责;<u>其因不可归责于自己之事由所致者,仅以所受利益为限,负返还之责。</u>	第 956 条 恶意占有人或无所有意思之占有人,因可归责于自己之事由,致占有物灭失或毁损者,对于回复请求人,负损害赔偿之责。	恶意占有人因不可归责于自己之事由,致占有物灭失或毁损者,对于回复请求人有无责任。现行法尚无明文规定,易滋疑义。为期明确,并明示其与第 953 条善意占有人返还责任之区别,爰明定因占有物灭失或毁损所受利益范围内,负返还之责,始为公允。本条为期精简,并作文字调整,爰修正如上。
	第 957 条 恶意占有人,因保存占有物所支出之必要费用,对于回复请求人,得依关于无因管理之规定,请求偿还。	未修正

修正条文	原条文	说明
	第958条 恶意占有人，负返还孳息之义务，其孳息如已消费，或因其过失而毁损，或怠于收取者，负偿还其孳息价金之义务。	未修正
第959条 善意占有人，于本权诉讼败诉时，<u>自诉状送达之日</u>起，视为恶意占有人。	**第959条** 善意占有人，于本权诉讼败诉时，自其诉讼拘束发生之日起，视为恶意占有人。	"诉讼拘束"一词非民事诉讼法上之用语，其真意系指诉讼系属之时。惟通说均认为应以诉状送于占有人之日，视为恶意占有人，较符合本条规定之趣旨，爰将"诉讼拘束发生"修正为"诉状送达"。又所谓"本权诉讼败诉"，系指实体上裁判确定而言、乃属当然。
	第960条 占有人对于侵夺或妨害其占有之行为，得以己力防御之。占有物被侵夺者，如系不动产，占有人得于侵夺后，即时排除加害人而取回之。如系动产，占有人得就地或追踪向加害人取回之。	未修正

修正条文	原条文	说明
	第961条 依第942条所定对于物有管领力之人,亦得行使前条所定占有人之权利。	未修正。
	第962条 占有人,其占有被侵夺者,得请求返还其占有物。占有被妨害者,得请求除去其妨害。占有被妨害之虞者,得请求防止其妨害。	未修正。
	第963条 前条请求权,自侵夺或妨害占有,或危险发生后,一年间不行使而消灭。	未修正。
第963条之一 数人共占有一物时,各占有人得就占有物之全部,行使第960条或第962条之权利。 依前项规定,取回或返还之占有物,仍为占有人全体占有。		一、**本条新增。** 二、共同占有,如占有物受第三人侵害时,应容许各占有人就占有物之全部,行使第960条之自力救济或第962条之物上请求权,始得保障各共同占有人之权益。 三、占有人依前项规定,取回或返还之占有物,于共同占有人间之效果如何?宜明文定之,爰增订第2项规定,以期明确。

修正条文	原条文	说明
	第964条 占有，因占有人丧失其对于物之事实上管领力而消灭。但其管领力仅一时不能实行者，不在此限。	未修正
	第965条 数人共占有一物时，各占有人，就其占有物使用之范围，不得互相请求占有之保护。	未修正
	第966条 财产权，不因物之占有而成立者，行使其财产权之人，为准占有人。 　本章关于占有之规定，于前项准占有准用之。	未修正

附录二：事项索引　左边为事项项目
　　　　　　　　　右边为本书页数

二　画

人役权 …………………… 72
入会权 …………………… 5

四　画

心素 …………………… 158
不动产质权 …………… 102
不当得利返还请求权 …… 330，373
公用地役关系 ………… 75
区分地上权 …………… 23，57
无因管理 ……………… 329

五　画

永小作权 ………………… 5
占有 …………………… 139
　—意义 ……………… 154
　—取得 ……………… 215
　—效力 ……………… 233
　—消灭 ……………… 215
　—占有之诉 ………… 362
占有人的自力救济权 …… 346
占有人的物上请求权 …… 352
占有人的孳息收取权 …… 318
占有人的费用偿还请求权 …… 327
占有人的损害赔偿责任 …… 322

占有本权 ……………… 171
占有合并 ……………… 228
占有回复请求权 ……… 313
占有改定 ……………… 219
占有制度 ……………… 139
占有的分类 …………… 176
　—有权占有 ………… 176
　—无权占有 ………… 176
　—自主占有 ………… 180
　—他主占有 ………… 180
　—共同占有 ………… 196
　—单独占有 ………… 196
　—直接占有 ………… 183
　—间接占有 ………… 183
　—善意占有 ………… 210
　—恶意占有 ………… 210
　—有过失占有 ……… 178
　—无过失占有 ……… 178
　—有瑕疵占有 ……… 179
　—无瑕疵占有 ……… 179
占有移转 ……………… 216
占有诉权 ……………… 352
占有意思 ……………… 158
占有媒介 ……………… 185
占有态样的推定 ……… 203
占有辅助人的自力救济 …… 348

占有机关	190
占有权利推定	233
占有观念化	165
占有继承	220
永佃权	61
—意义	62
—取得	62
—期限	62
—效力	63
—修正	61
他物权	3
本权	171
本权诉讼	362

六 画

地上权	19
—意义	19
—取得	24
—期限	34
—效力	35
—消灭	43
地上权的抛弃	44
地上权的撤销	45
地上权准有	91, 388
地役权	71
—意义	71
—种类	78
—取得	84
—期限	84
—效力	87
—消灭	93
—修正	95
地役权不可分性	82
地役权的种类	78
—作为·不作为	79
—表见·不表见	79
—积极·消极	79
—继续·不继续	79
地役权从属性	81
地租	40
回赎典物	129
动产善意取得	338
—盗赃	280, 283
—金钱	293
—无记名证券	293
动产善意取得的原则及例外	290
农用权	64

七 画

找贴	136
时效取得	9
—地上权	29
—永佃权	62
—地役权	85
—典权	109
体素	158

八 画

供役地	71

法定地上权 ………………… 30
典权 ……………………… 100
　—意义 …………………… 100
　—取得 …………………… 104
　—期限 …………………… 109
　—效力 …………………… 112
　—消灭 …………………… 128
　—修正 …………………… 104
典权人的重建修缮权 ……… 127
典权人的留置权 …………… 119
物权行为 …………………… 25
物权法定原则 ……………… 5
物权的请求权 ……………… 36
限制物权 …………………… 3
转典 ………………………… 115

九　画

指示交付 …………………… 220
相邻关系 …………………… 37
相邻关系与地役权 ………… 76
信赖保护原则 ……………… 240
绝卖条款 …………………… 110

十　画

恶意占有人的权利义务 …… 315

准占有 ……………………… 382
　—意义 …………………… 382
　—要件 …………………… 384
　—效力 …………………… 386
债权准占有 ………………… 387

十 一 画

基于本权占有 ……………… 171
情事变更原则 ……………… 41
著作权准占有 ……………… 385

十 二 画

善意占有人的权利义务 …… 315
善意取得 …………………… 338

十 三 画

简易交付 …………………… 219

十 四 画

需役地 ……………………… 71

附录三:"民法"物权编

第三编 物 权

(1929年11月30日公布
1995年1月16日修正公布第942条条文)

第一章 通 则

第757条 (物权法定主义)

物权,除本法或其他法律有规定外,不得创设。

第758条 (设权登记——登记生效要件主义)

不动产物权,依法律行为而取得设定、丧失及变更者,非经登记,不生效力。

第759条 (宣示登记——相对登记主义)

因继承、强制执行、公用征收或法院之判决,于登记前已取得不动产物权者,非经登记,不得处分其物权。

第760条 (不动产物权之要式性)

不动产物权之移转或设定,应以书面为之。

第761条 (动产物权之让与方法——交付、简易交付、占有改定、指示交付)

动产物权之让与,非将动产交付,不生效力。但受让人已占有动产者,于让与合意时,即生效力。

让与动产物权,而让与人仍继续占有动产者,让与人与受让人间,得订立契约,使受让人因此取得间接占有,以代交付。

让与动产物权,如其动产由第三人占有时,让与人得以对于第三人之返还请求权,让与于受让人,以代交付。

第762条　（物权之消灭（一）——所有权与其他物权混同）

同一物之所有权及其他物权，归属于一人者，其他物权因混同而消灭。但其他物权之存续，于所有人或第三人有法律上之利益者，不在此限。

第763条　（物权之消灭（二）——所有权以外物权之混同）

所有权以外之物权，及以该物权为标的物之权利，归属于一人者，其权利因混同而消灭。

前条但书之规定，于前项情形准用之。

第764条　（物权之消灭（三）——抛弃）

物权，除法律另有规定外，因抛弃而消灭。

第二章　所有权

第一节　通　　则

第765条　（所有权之权能）

所有人，于法令限制之范围内，得自由使用、收益、处分其所有物，并排除他人之干涉。

第766条　（所有人之收益权）

物之成分及其天然孳息，于分离后，除法律另有规定外，仍属于其物之所有人。

第767条　（所有权之保护——物上请求权）

所有人对于无权占有或侵夺其所有物者，得请求返还之。对于妨害其所有权者，得请求除去之。有妨害其所有权之虞者，得请求防止之。

第768条 （动产所有权之取得时效）

以所有之意思，5年间和平公然占有他人之动产者，取得其所有权。

第769条 （不动产之一般取得时效）

以所有之意思，20年间和平继续占有他人未登记之不动产者，得请求登记为所有人。

第770条 （不动产之特别取得时效）

以所有之意思，10年间和平继续占有他人未登记之不动产，而其占有之始为善意并无过失者，得请求登记为所有人。

第771条 （取得时效之中断）

占有人自行中止占有，或变为不以所有之意思而占有，或其占有为他人侵夺者，其所有权之取得时效中断。但依第949条或第962条之规定，回复其占有者，不在此限。

第772条 （所有权以外财产权取得时效之准用）

前四条之规定，于所有权以外财产权之取得，准用之。

第二节 不动产所有权

第773条 （土地所有权之范围）

土地所有权，除法令有限制外，于其行使有利益之范围内，及于土地之上下。如他人之干涉，无碍其所有权之行使者，不得排除之。

第774条 （邻地损害之防免）

土地所有人经营工业及行使其他之权利，应注意防免邻地之损害。

第775条 （自然流水之排水权及承水义务）

由高地自然流至之水，低地所有人，不得妨阻。

由高地自然流至之水，而为低地所必需者，高地所有人纵因其土地之必要，不得妨堵其全部。

第776条 （蓄水等工作物破溃、阻塞之修缮、疏通或预防）

土地因蓄水、排水或引水所设之工作物破溃、阻塞，致损害及于他人之土地，或有致损害之虞者，土地所有人应以自己之费用，为必要之修缮、疏通或预防。但其费用之负担，另有习惯者，从其习惯。

第777条 （使雨水直注相邻不动产之禁止）

土地所有人，不得设置屋檐或其他工作物，使雨水直注于相邻之不动产。

第778条 （高地所有人之疏水权）

水流如因事变在低地阻塞，高地所有人得以自己之费用，为必要疏通之工事。但其费用之负担，另有习惯者，从其习惯。

第779条 （土地所有人之过水权——人工排水）

高地所有人，因使浸水之地干涸，或排泄家用、农工业用之水，以至河渠或沟道，得使其水通过低地。但应择于低地损害最少之处所及方法为之。

前项情形，高地所有人，对于低地所受之损害，应支付偿金。

第780条 （他人过水工作物使用权）

土地所有人，因使其土地之水通过，得使用高地或低地所有人所设之工作物。但应按其受益之程度，负担该工作物设置及保存之费用。

第781条 （水流地所有人之自由用水权）

水源地、井、沟渠及其他水流地之所有人，得自由使用其水。但有特别习惯者,不在此限。

第782条 (用水权人之物上请求权)

水源地或井之所有人,对于他人因工事杜绝、减少或污秽其水者,得请求损害赔偿。如其水为饮用,或利用土地所必要者,并得请求回复原状。但不能回复原状者,不在此限。

第783条 (使用邻地余水之用水权)

土地所有人因其家用或利用土地所必要,非以过巨之费用及劳力不能得水者,得支付偿金,对邻地所有人请求给与有余之水。

第784条 (水流地所有人变更水流或宽度之限制)

水流地所有人,如对岸之土地,属于他人时,不得变更其水流或宽度。

两岸之土地,均属于水流地所有人者,其所有人得变更其水流或宽度。但应留下游自然之水路。

前二项情形,如另有习惯者,从其习惯。

第785条 (堰之设置与利用)

水流地所有人,有设堰之必要者,得使其堰附着于对岸。但对于因此所生之损害,应支付偿金。

对岸地所有人,如水流地之一部,属于其所有者,得使用前项之堰。但应按其受益之程度,负担该堰设置及保存之费用。

前二项情形,如另有习惯者,从其习惯。

第786条 (管线安设权)

土地所有人,非通过他人之土地,不能安设电线、水管、煤气管或其他筒管,或虽能安设而需费过巨者,得通过他人土地之上下而安设之。但应择其损害最少之处所及方法为之,并应支付偿金。

依前项之规定,安设电线、水管、煤气管或其他筒管后,如情事有变更时，他土地所有人得请求变更其安设。

前项变更安设之费用，由土地所有人负担。但另有习惯者，从其习惯。

第 787 条 （袋地所有人之必要通行权）

土地因与公路无适宜之联络，致不能为通常使用者，土地所有人得通行周围地以至公路。但对于通行地因此所受之损害，应支付偿金。

前项情形，有通行权人，应于通行必要之范围内，择其周围地损害最少之处所及方法为之。

第 788 条 （开路通行权）

有通行权人，于必要时，得开设道路。但对于通行地因此所受之损害，应支付偿金。

第 789 条 （通行权之限制）

因土地一部之让与或分割，致有不通公路之土地者，不通公路土地之所有人，因至公路，仅得通行受让人或让与人或他分割人之所有地。

前项情形，有通行权人，无须支付偿金。

第 790 条 （土地之禁止侵入与例外）

土地所有人得禁止他人侵入其地内。但有下列情形之一者，不在此限：

一、他人有通行权者。

二、依地方习惯，任他人入其未设围障之田地、牧场、山林刈取杂草，采取枯枝、枯干，或采集野生物，或放牧牲畜者。

第 791 条 （因寻查取回物品或动物之允许侵入）

土地所有人，遇他人之物品或动物偶至其地内者，应许该物品或动物之占有人或所有人入其地内，寻查取回。

前项情形，土地所有人受有损害者，得请求赔偿。于未受赔偿前,得留置其物品或动物。

第792条 (邻地使用权)

土地所有人,因邻地所有人在其疆界或近旁,营造或修缮建筑物有使用其土地之必要,应许邻地所有人使用其土地。但因而受损害者,得请求偿金。

第793条 (气响侵入之禁止)

土地所有人,于他人之土地有煤气、蒸气、臭气、烟气、热气、灰屑、喧嚣、振动及其他与此相类者侵入时,得禁止之。但其侵入轻微,或按土地形状、地方习惯,认为相当者,不在此限。

第794条 (损害邻地地基或工作物危险之预防义务)

土地所有人开掘土地或为建筑时,不得因此使邻地之地基动摇或发生危险,或使邻地之工作物受其损害。

第795条 (工作物倾倒危险之预防)

建筑物或其他工作物之全部,或一部有倾倒之危险,致邻地有受损害之虞者,邻地所有人,得请求为必要之预防。

第796条 (越界建屋之异议)

土地所有人建筑房屋逾越疆界者,邻地所有人如知其越界而不即提出异议,不得请求移去或变更其建筑物。但得请求土地所有人,以相当之价额,购买越界部分之土地,如有损害,并得请求赔偿。

第797条 (竹木枝根越界之刈除)

土地所有人,遇邻地竹木之枝根,有逾越疆界者,得向竹木所有人,请求于相当期间内,刈除之。

竹木所有人,不于前项期间内刈除者,土地所有人,得刈取越界之枝根。

越界竹木之枝根,如于土地之利用无妨害者,不适用前二项之规定。

第 798 条 （邻地之果实获得权）

果实自落于邻地者，视为属于邻地。但邻地为公用地者，不在此限。

第 799 条 （建筑物之区分所有）

数人区分一建筑物，而各有其一部者，该建筑物及其附属物之共同部分，推定为各所有人之共有，其修缮费及其他负担，由各所有人，按其所有部分之价值分担之。

第 800 条 （他人正中宅门之使用）

前条情形，其一部分之所有人，有使用他人正中宅门之必要者，得使用之。但另有特约或另有习惯者，从其特约或习惯。

因前项使用，致所有人受损害者，应支付偿金。

第三节 动产所有权

第 801 条 （善意受让）

动产之受让人占有动产，而受关于占有规定之保护者，纵让与人无移转所有权之权利，受让人仍取得其所有权。

第 802 条 （无主物之先占）

以所有之意思，占有无主之动产者，取得其所有权。

第 803 条 （遗失物拾得人之揭示报告义务）

拾得遗失物者，应通知其所有人。不知所有人，或所有人所在不明者，应为招领之揭示，或报告警署或自治机关，报告时，应将其物一并交存。

第 804 条 （揭示后无人认领之处置——交存遗失物）

拾得物经揭示后，所有人不于相当期间认领者，拾得人应报告警署或自治机关，并将其物交存。

第805条 （认领之期限、费用及报酬之请求）

遗失物拾得后6个月内，所有人认领者，拾得人或警署或自治机关，于揭示及保管费受偿还后，应将其物返还之。

前项情形，拾得人对于所有人，得请求其物价值3/10之报酬。

第806条 （遗失物之拍卖）

如拾得物有易于腐坏之性质，或其保管需费过巨者，警署或自治机关得拍卖之，而存其价金。

第807条 （逾期未认领之遗失物之归属——拾得人取得所有权）

遗失物拾得后6个月内所有人未认领者，警署或自治机关应将其物或其拍卖所得之价金，交与拾得人归其所有。

第808条 （埋藏物之发现）

发见埋藏物而占有者，取得其所有权。但埋藏物系在他人所有之动产或不动产中发见者，该动产或不动产之所有人与发见人，各取得埋藏物之半。

第809条 （有学术价值埋藏物之归属）

发见之埋藏物足供学术、艺术、考古或历史之资料者，其所有权之归属，依特别法之规定。

第810条 （漂流物或沉没品之拾得）

拾得漂流物或沉没品者，适用关于拾得遗失物之规定。

第811条 （不动产上之附合）

动产因附合而为不动产之重要成分者，不动产所有人，取得动产所有权。

第812条 （动产之附合）

动产与他人之动产附合，非毁损不能分离，或分离需费过巨者，各动产所有人，按其动产附合时之价值，共有合成物。

前项附合之动产,有可视为主物者,该主物所有人,取得合成物之所有权。

第 813 条 （混合）

动产与他人之动产混合,不能识别,或识别需费过巨者,准用前条之规定。

第 814 条 （加工）

加工于他人之动产者,其加工物之所有权,属于材料所有人。但因加工所增之价值显逾材料之价值者,其加工物之所有权属于加工人。

第 815 条 （添附之效果（一）——其他权利之同消灭）

依前四条之规定,动产之所有权消灭者,该动产上之其他权利,亦同消灭。

第 816 条 （添附之效果（二）——补偿请求）

因前五条之规定,丧失权利而受损害者,得依关于不当得利之规定,请求偿金。

第四节 共 有

第 817 条 （分别共有——共有人及应有部分）

数人按其应有部分,对于一物有所有权者,为共有人。各共有人之应有部分不明者,推定其为均等。

第 818 条 （共有人之使用收益权）

各共有人,按其应有部分,对于共有物之全部,有使用收益之权。

第 819 条 （应有部分及共有物之处分）

各共有人,得自由处分其应有部分。

共有物之处分、变更及设定负担,应得共有人全体之同意。

第820条　（共有物之管理）

共有物，除契约另有订定外，由共有人共同管理之。

共有物之简易修缮，及其他保存行为，得由各共有人单独为之。

共有物之改良，非经共有人过半数，并其应有部分合计已过半数者之同意不得为之。

第821条　（共有人对第三人之权利）

各共有人对于第三人，得就共有物之全部为本于所有权之请求。但回复共有物之请求，仅得为共有人全体之利益为之。

第822条　（共有物费用之分担）

共有物之管理费，及其他担负，除契约另有订定外，应由各共有人，按其应有部分分担之。

共有人中之一人，就共有物之担负为支付，而逾其所应分担之部分者，对于其他共有人，得按其各应分担之部分，请求偿还。

第823条　（共有物之分割与限制）

各共有人，得随时请求分割共有物。但因物之使用目的不能分割或契约订有不分割之期限者，不在此限。

前项契约所定不分割之期限，不得逾5年。逾5年者，缩短为5年。

第824条　（共有物分割之方法）

共有物之分割，依共有人协议之方法行之。

分割之方法，不能协议决定者，法院得因任何共有人之声请，命为下列之分配：

一、以原物分配于各共有人。

二、变卖共有物，以价金分配于各共有人。

以原物为分配时，如共有人中，有不能按其应有部分受分配者，得以金钱补偿之。

第825条 （分得物之担保责任）

各共有人，对于他共有人因分割而得之物，按其应有部分，负与出卖人同一之担保责任。

第826条 （所得物与共有物证书之保存）

共有物分割后，各分割人应保存其所得物之证书。

共有物分割后，关于共有物之证书，归取得最大部分之人保存之，无取得最大部分者，由分割人协议定之，不能协议决定者，得声请法院指定之。

各分割人，得请求使用他分割人所保存之证书。

第827条 （公同共有人及其权利）

依法律规定或依契约，成一公同关系之数人，基于其公同关系，而共有一物者，为公同共有人。

各公同共有人之权利，及于公同共有物之全部。

第828条 （公同共有人之权利义务与公同共有物之处分）

公同共有人之权利义务，依其公同关系所由规定之法律或契约定之。

除前项之法律或契约另有规定外，公同共有物之处分，及其他之权利行使，应得公同共有人全体之同意。

第829条 （公同共有物分割之限制）

公同关系存续中，各公同共有人，不得请求分割其公同共有物。

第830条 （公同共有关系之消灭与公同共有物之分割方法）

公同共有之关系，自公同关系终止，或因公同共有物之让与而消灭。

公同共有物分割之方法，除法律另有规定外，应依关于共有物分割之规定。

第831条　（准共有）

本节规定，于所有权以外之财产权，由数人共有或公同共有者准用之。

第三章　地上权

第832条　（地上权之定义）

称地上权者，谓以在他人土地上有建筑物，或其他工作物，或竹木为目的而使用其土地之权。

第833条　（相邻关系规定之准用）

第774条至第798条之规定，于地上权人间，或地上权人与土地所有人间，准用之。

第834条　（地上权之抛弃）

地上权未定有期限者，地上权人得随时抛弃其权利。但另有习惯者，不在此限。

前项抛弃，应向土地所有人以意思表示为之。

第835条　（地上权抛弃时应尽之义务）

有支付地租之订定者，其地上权人抛弃权利时，应于1年前通知土地所有人，或支付未到支付期之一年分地租。

第836条　（地上权之撤销）

地上权人积欠地租达2年之总额者，除另有习惯外，土地所有人，得撤销其地上权。

前项撤销，应向地上权人以意思表示为之。

第837条　（租金减免请求之限制）

地上权人，纵因不可抗力，妨碍其土地之使用，不得请求免除或减少租金。

第 838 条　（地上权之让与）

地上权人，得将其权利让与他人。但契约另有订定或另有习惯者，不在此限。

第 839 条　（工作物及竹木之取回权）

地上权消灭时，地上权人得取回其工作物及竹木。但应回复土地原状。

前项情形，土地所有人以时价购买其工作物，或竹木者，地上权人不得拒绝。

第 840 条　（建筑物之补偿）

地上权人之工作物为建筑物者，如地上权因存续期间届满而消灭，土地所有人，应按该建筑物之时价为补偿。但契约另有订定者，从其订定。

土地所有人，于地上权存续期间届满前，得请求地上权人，于建筑物可得使用之期限内，延长地上权之期间。地上权人拒绝延长者，不得请求前项之补偿。

第 841 条　（地上权之永续性）

地上权不因工作物或竹木之灭失而消灭。

第四章　永 佃 权

第 842 条　（永佃权之定义及租赁之拟制）

称永佃权者，谓支付佃租永久在他人土地上为耕作或牧畜之权。

永佃权之设定，定有期限者，视为租赁，适用关于租赁之规定。

第 843 条　（永佃权之让与）

永佃权人得将其权利让与他人。

第844条　（佃租之减免）
永佃权人因不可抗力，致其收益减少或全无者，得请求减少或免除佃租。

第845条　（撤佃（一）——出租）
永佃权人不得将土地出租于他人。
永佃权人违反前项之规定者，土地所有人得撤佃。

第846条　（撤佃（二）——欠租）
永佃权人，积欠地租达2年之总额者，除另有习惯外，土地所有人得撤佃。

第847条　（撤佃之方法）
前2条之撤佃，应向永佃权人，以意思表示为之。

第848条　（工作物及竹木取回规定之准用）
第839条之规定，于永佃权准用之。

第849条　（永佃权受让人之地租偿还责任）
永佃权人让与其权利于第三人者，所有前永佃权人，对于土地所有人所欠之租额，由该第三人负偿还之责。

第850条　（相邻关系规定之准用）
第774条至798条之规定，于永佃权人间或永佃权人与土地所有人间准用之。

第五章　地役权

第851条　（地役权之定义）
称地役权者，谓以他人土地供自己土地便宜之用之权。

第852条　（取得时效）
地役权以继续并表见者为限，因时效而取得。

第853条　（地役权之从属性）

地役权不得由需役地分离而为让与，或为其他权利之标的物。

第 854 条 （地役权人之必要行为权）

地役权人，因行使或维持其权利得为必要之行为，但应择于供役地损害最少之处所及方法为之。

第 855 条 （设置之维持及使用）

地役权人，因行使权利而为设置者，有维持其设置之义务。供役地所有人，得使用前项之设置，但有碍地役权之行使者，不在此限。

前项情形，供役地所有人，应按其受益之程度，分担维持其设置之费用。

第 856 条 （地役权之不可分性（一）——需役地之分割）

需役地经分割者，其地役权，为各部分之利益，仍为存续。但地役权之行使，依其性质，只关于需役地之一部分者，仅就该部分仍为存续。

第 857 条 （地役权之不可分性（二）——供役地之分割）

供役地经分割者，地役权就其各部分，仍为存续。但地役权之行使，依其性质，只关于供役地之一部分者，仅对于该部分，仍为存续。

第 858 条 （地役权人之物上请求权）

第 767 条之规定，于地役权准用之。

第 859 条 （地役权之宣告消灭）

地役权无存续之必要时，法院因供役地所有人之声请，得宣告地役权消灭。

第六章 抵押权

第860条 （抵押权之定义）

称抵押权者，谓对于债务人或第三人不移转占有而供担保之不动产，得就其卖得价金受清偿之权。

第861条 （抵押权之担保范围）

抵押权所担保者为原债权、利息、迟延利息，及实行抵押权之费用。但契约另有订定者，不在此限。

第862条 （抵押权效力及于标的物之范围（一）——从物及从权利）

抵押权之效力，及于抵押物之从物与从权利。

第三人于抵押权设定前，就从物取得之权利，不受前项规定之影响。

第863条 （抵押权效力及于标的物之范围（二）——天然孳息）

抵押权之效力，及于抵押物扣押后由抵押物分离之天然孳息。

第864条 （抵押权效力及于标的物之范围（三）——法定孳息）

抵押权之效力，及于抵押物扣押后抵押人就抵押物得收取之法定孳息。但抵押权人，非以扣押抵押物之事情，通知应清偿法定孳息之义务人，不得与之对抗。

第865条 （抵押权之顺位）

不动产所有人，因担保数债权，就同一不动产，设定数抵押权者，其次序依登记之先后定之。

第866条 （其他权利之设定）

不动产所有人，设定抵押权后，于同一不动产上，得设定地上权及其他权利。但其抵押权不因此而受影响。

第867条　（抵押不动产之让与及其效力）

不动产所有人设定抵押权后，得将不动产让与他人。但其抵押权不因此而受影响。

第868条　（不可分性（一）——抵押物分割）

抵押之不动产如经分割，或让与其一部，或担保一债权之数不动产而以其一让与他人者，其抵押权不因此而受影响。

第869条　（不可分性（二）——债权分割）

以抵押权担保之债权，如经分割或让与其一部者，其抵押权不因此而受影响。

前项规定，于债务分割时适用之。

第870条　（抵押权之从属性）

抵押权不得由债权分离而为让与，或为其他债权之担保。

第871条　（抵押权之保全（一）——抵押物价值减少之防止）

抵押人之行为，足使抵押物之价值减少者，抵押权人得请求停止其行为，如有急迫之情事，抵押权人得自为必要之保全处分。

因前项请求或处分所生之费用，由抵押人负担。

第872条　（抵押权之保全（二）——抵押物价值减少之补救）

抵押物价值减少时，抵押权人得请求抵押人回复抵押物之原状，或提出与减少价额相当之担保。

抵押物之价值，因非可归责于抵押人之事由，致减少者，抵押权人，仅于抵押人得受损害赔偿之限度内，请求提出担保。

第873条　（抵押权之实行与绝押契约之禁止）

抵押权人,于债权已届清偿期,而未受清偿者,得声请法院,拍卖抵押物,就其卖得价金而受清偿。

约定于债权已届清偿期,而未为清偿时,抵押物之所有权,移属于抵押权人者,其约定为无效。

第874条　(卖得价金之分配)

抵押物卖得之价金,按各抵押权人之次序分配之,其次序同者,平均分配之。

第875条　(共同抵押)

为同一债权之担保,于数不动产上设定抵押权,而未限定各个不动产所负担之金额者,抵押权人得就各个不动产卖得之价金,受债权全部或一部之清偿。

第876条　(法定地上权)

土地及其土地上之建筑物,同属于一人所有,而仅以土地或仅以建筑物为抵押者,于抵押物拍卖时,视为已有地上权之设定,其地租由当事人协议定之,协议不谐时,得声请法院定之。

土地及其土地上之建筑物,同属于一人所有,而以土地及建筑物为抵押者,如经拍卖,其土地与建筑物之拍定人各异时,适用前项之规定。

第877条　(营造建筑物之并付拍卖权)

土地所有人于设定抵押权后,在抵押之土地上营造建筑物者,抵押权人于必要时,得将其建筑物与土地并付拍卖。但对于建筑物之价金,无优先受清偿之权。

第878条　(拍卖以外其他方法处分抵押物)

抵押权人于债权清偿期届满后,为受清偿,得订立契约,取得抵押物之所有权或用拍卖以外之方法,处分抵押物。但有害于其他抵押权人之利益者,不在此限。

第879条　(物上保证人之求偿权)

为债务人设定抵押权之第三人，代为清偿债务，或因抵押权人实行抵押权致失抵押物之所有权时，依关于保证之规定，对于债务人，有求偿权。

第 880 条　（时效完成后抵押权之实行）

以抵押权担保之债权，其请求权已因时效而消灭，如抵押权人，于消灭时效完成后，5 年间不实行其抵押权者，其抵押权消灭。

第 881 条　（抵押权之消灭——物上代位性）

抵押权，因抵押物灭失而消灭。但因灭失得受之赔偿金，应按各抵押权人之次序分配之。

第 882 条　（权利抵押权）

地上权、永佃权及典权，均得为抵押权之标的物。

第 883 条　（权利与法定抵押权之准用）

本章抵押权之规定，于前条抵押权，及法定抵押权准用之。

第七章　质　权

第一节　动产质权

第 884 条　（动产质权之定义）

称动产质权者，谓因担保债权，占有由债务人或第三人移交之动产，得就其卖得价金，受清偿之权。

第 885 条　（设定质权之生效要件）

质权之设定，因移转占有而生效力。

质权人不得使出质人代自己占有质物。

第 886 条　（质权之善意取得）

质权人占有动产,而受关于占有规定之保护者,纵出质人无处分其质物之权利,质权人仍取得质权。

第 887 条 (动产质权之担保范围)

质权所担保者为原债权、利息、迟延利息、实行质权之费用、及因质物隐有瑕疵而生之损害赔偿。但契约另有订定者,不在此限。

第 888 条 (质权人之注意义务)

质权人应以善良管理人之注意,保管质物。

第 889 条 (质权人之孳息收取权)

质权人,得收取质物所生之孳息。但契约另有订定者,不在此限。

第 890 条 (孳息收取人之注意义务及其抵充)

质权人,有收取质物所生孳息之权利者,应以对于自己财产同一之注意收取孳息,并为计算。

前项孳息,先抵充收取孳息之费用,次抵原债权之利息,次抵原债权。

第 891 条 (责任转质——非常事变责任)

质权人于质权存续中,得以自己之责任,将质物转质于第三人。其因转质所受不可抗力之损失,亦应负责。

第 892 条 (代位物——质物之变卖价金)

因质物有败坏之虞,或其价值显有减少,足以害及质权人之权利者,质权人得拍卖质物,以其卖得价金,代充质物。

第 893 条 (质权之实行与流质契约之禁止)

质权人于债权已届清偿期,而未受清偿者,得拍卖质物,就其卖得价金而受清偿。

约定于债权已届清偿期而未为清偿时,质物之所有权移属于质权人者,其约定为无效。

第894条　（拍卖之通知义务）
前二条情形质权人应于拍卖前，通知出质人。但不能通知者，不在此限。

第895条　（准用处分抵押物之规定）
第878条之规定，于动产质权准用之。

第896条　（质物之返还义务）
动产质权，所担保之债权消灭时，质权人应将质物返还于有受领权之人。

第897条　（质权之消灭（一）——返还质物）
动产质权，因质权人返还质物于出质人而消灭。
返还质物时，为质权继续存在之保留者，其保留无效。

第898条　（质权之消灭（二）——丧失质物之占有）
质权人丧失其质物之占有，不能请求返还者，其动产质权消灭。

第899条　（质权之消灭（三）——物上代位性）
动产质权，因质物灭失而消灭。如因灭失得受赔偿金者，质权人得就赔偿金取偿。

第二节　权利质权

第900条　（权利质权之标的物）
可让与之债权及其他权利，均得为质权之标的物。

第901条　（动产质权规定之准用）
权利质权，除本节有规定外，准用关于动产质权之规定。

第902条　（权利质权之设定）
权利质权之设定，除本节有规定外，应依关于其权利让与之规定为之。

第 903 条　（处分质权标的物之限制）

为质权标的物之权利，非经质权人之同意，出质人不得以法律行为，使其消灭或变更。

第 904 条　（一般债权质权之设定）

以债权为标的物之质权，其设定应以书面为之。如债权有证书者，并应交付其证书于债权人。

第 905 条　（一般债权质权之实行（一）——提存给付物）

为质权标的物之债权，其清偿期先于其所担保债权之清偿期者，质权人得请求债务人，提存其为清偿之给付物。

第 906 条　（一般债权质权之实行（二）——直接请求给付）

为质权标的物之债权，其清偿期后于其所担保债权之清偿期者，质权人于其清偿期届满时，得直接向债务人请求给付。如系金钱债权，仅得就自己对于出质人之债权额，为给付之请求。

第 907 条　（第三债务人之清偿）

为质权标的物之债权，其债务人受质权设定之通知者，如向出质人或质权人一方为清偿时，应得他方之同意。他方不同意时，债务人应提存其为清偿之给付物。

第 908 条　（证券债权质权之设定）

质权以无记名证券为标的物者，因交付其证券于质权人，而生设定质权之效力。以其他之有价证券为标的物者，并应依背书方法为之。

第 909 条　（证券债权质权之实行）

质权以无记名证券、票据、或其他依背书而让与之证券为标的物者，其所担保之债权，纵未届清偿期，质权人仍得收取证券上应受之给付。如有预行通知证券债务人之必要并有为通知之权利，债务人亦仅得向质权人为给付。

第 910 条 （证券债权质权之标的物范围）

质权以有价证券为标的物者，其附属于该证券之利息证券、定期金证券或分配利益证券，以已交付于质权人者为限，其质权之效力，及于此等附属之证券。

第八章 典　　权

第 911 条 （典权之定义）

称典权者，谓支付典价，占有他人之不动产，而为使用及收益之权。

第 912 条 （典权之期限）

典权约定期限不得逾 30 年，逾 30 年者缩短为 30 年。

第 913 条 （绝卖之限制）

典权之约定期限不满 15 年者，不得附有到期不赎即作绝卖之条款。

第 914 条 （相邻关系规定之准用）

第 774 条至第 800 条之规定，于典权人间或典权人与土地所有人间准用之。

第 915 条 （典物之转典或出租）

典权存续中，典权人得将典物转典或出租于他人。但契约另有订定，或另有习惯者，依其订定或习惯。

典权定有期限者，其转典或租赁之期限，不得逾原典权之期限，未定期限者，其转典或租赁，不得定有期限。

转典之典价，不得超过原典价。

第 916 条 （转典或出租之责任）

典权人对于典物因转典或出租所受之损害，负赔偿责任。

第 917 条 （典权之让与）

典权人得将典权让与他人。

前项受让人对于出典人取得与典权人同一之权利。

第918条　（典物之让与）

出典人于典权设定后，得将典物之所有权，让与他人。

典权人对于前项受让人，仍有同一之权利。

第919条　（典权人之留买权）

出典人将典物之所有权让与他人时，如典权人声明提出同一之价额留买者，出典人非有正当理由，不得拒绝。

第920条　（危险分担——非常事变责任）

典权存续中，典物因不可抗力致全部或一部灭失者，就其灭失之部分，典权与回赎权，均归消灭。

前项情形，出典人就典物之余存部分，为回赎时，得由原典价中扣减典物灭失部分灭失时之价值之半数。但以扣尽原典价为限。

第921条　（典权人之重建修缮权）

典权存续中，典物因不可抗力致全部或一部灭失者，典权人，除经出典人同意外，仅得于灭失时灭失部分之价值限度内为重建或修缮。

第922条　（典权人保管典物责任）

典权存续中，因典权人之过失，致典物全部或一部灭失者，典权人于典价额限度内，负其责任。但因故意或重大过失，致灭失者，除将典价抵偿损害外，如有不足，仍应赔偿。

第923条　（定期典权之回赎）

典权定有期限者，于期限届满后，出典人得以原典价回赎典物。

出典人于典期届满后，经过2年，不以原典价回赎者，典权人即取得典物所有权。

第 924 条 （未定期典权之回赎）

典权未定期限者，出典人得随时以原典价回赎典物。但自出典后经过 30 年不回赎者，典权人即取得典物所有权。

第 925 条 （回赎之时期与通知）

出典人之回赎，如典物为耕作地者，应于收益季节后次期作业开始前为之。如为其他不动产者，应于 6 个月前，先行通知典权人。

第 926 条 （找贴与其次数）

出典人于典权存续中，表示让与其典物之所有权于典权人者，典权人得按时价找贴，取得典物所有权。

前项找贴，以一次为限。

第 927 条 （有益费用之求偿权）

典权人因支付有益费用，使典物价值增加，或依第 921 条之规定，重建或修缮者，于典物回赎时，得于现存利益之限度内，请求偿还。

第九章 留置权

第 928 条 （留置权之发生）

债权人占有属于其债务人之动产，而具有下列各款之要件者，于未受清偿前，得留置之：

一　债权已至清偿期者。

二　债权之发生，与该动产有牵连之关系者。

三　其动产非因侵权行为而占有者。

第 929 条 （牵连关系之拟制）

商人间因营业关系而占有之动产，及其因营业关系所生之债权，视为有前条所定之牵连关系。

第930条　（留置权发生之限制）

动产之留置，如违反公共秩序或善良风俗者，不得为之。其与债权人所承担之义务或与债务人于交付动产前或交付时所为之指示相抵触者，亦同。

第931条　（留置权之扩张）

债务人无支付能力时，债权人纵于其债权未届清偿期前，亦有留置权。

债务人于动产交付后，成为无支付能力，或其无支付能力，于交付后始为债权人所知者，其动产之留置，纵有前条所定之抵触情形，债权人仍得行使留置权。

第932条　（留置权之不可分性）

债权人于其债权未受全部清偿前，得就留置物之全部，行使其留置权。

第933条　（留置物之保管）

债权人应以善良管理人之注意，保管留置物。

第934条　（必要费用偿还请求权）

债权人因保管留置物所支出之必要费用，得向其物之所有人，请求偿还。

第935条　（孳息之收取）

债权人得收取留置物所生之孳息，以抵偿其债权。

第936条　（留置权之实行）

债权人于其债权已届清偿期而未受清偿者，得定6个月以上之相当期限，通知债务人，声明如不于其期限内为清偿时，即就其留置物取偿。

债务人不于前项期限内为清偿者，债权人得依关于实行质权之规定，拍卖留置物，或取得其所有权。

不能为第1项之通知者，于债权清偿期届满后，经过2年仍未受清偿时，债权人亦得行使前项所定之权利。

第937条　（留置权之消灭（一）——提出相当担保）

债务人为债务之清偿，已提出相当之担保者，债权人之留置权消灭。

第938条　（留置权之消灭（二）——丧失占有）

留置权因占有之丧失而消灭。

第939条　（法定留置权之准用）

法定留置权，除另有规定外，准用本章之规定。

第十章　占　　有

第940条　（占有人之定义）

对于物有事实上管领之力者，为占有人。

第941条　（间接占有人）

质权人、承租人、受寄人、或基于其他类似之法律关系，对于他人之物为占有者，该他人为间接占有人。

第942条　（占有辅助人）

受雇人、学徒或基于其他类似之关系，受他人之指示，而对于物有管领之力者，仅该他人为占有人。

第943条　（占有权利之推定）

占有人于占有物上，行使之权利，推定其适法有此权利。

第944条　（占有态样之推定）

占有人，推定其为以所有之意思，善意、和平及公然占有者。

经证明前后两时为占有者，推定前后两时之间，继续占有。

第945条　（占有之变更）

占有依其所由发生之事实之性质，无所有之意思者，其占有人对于使其占有之人表示所有之意思时起,为以所有之意思而占有。其因新事实变为以所有之意思占有者,亦同。

第946条 （占有之移转）

占有之移转,因占有物之交付,而生效力。

前项移转,准用第761条之规定。

第947条 （占有之合并）

占有之继承人或受让人,得就自己之占有,或将自己之占有与其前占有人之占有合并,而为主张。

合并前占有人之占有而为主张者,并应承继其瑕疵。

第948条 （善意受让）

以动产所有权,或其他物权之移转或设定为目的,而善意受让该动产之占有者,纵其让与人无让与之权利,其占有仍受法律之保护。

第949条 （善意受让之例外（一）——盗赃遗失物之回复请求）

占有物如系盗赃或遗失物,其被害人或遗失人,自被盗或遗失之时起,2年以内,得向占有人,请求回复其物。

第950条 （善意受让之例外（二）——盗赃遗失物回复请求之限制）

盗赃或遗失物,如占有人由拍卖或公共市场,或由贩卖与其物同种之物之商人,以善意买得者,非偿还其支出之价金,不得回复其物。

第951条 （盗赃遗失物回复请求之禁止）

盗赃或遗失物,如系金钱或无记名证券,不得向其善意占有人,请求回复。

第952条 （善意占有人之权利）

善意占有人,依推定其为适法所有之权利得为占有物之使用及收益。

第953条　（善意占有人之责任）

善意占有人，因可归责于自己之事由，致占有物灭失或毁损者，对于回复请求人，仅以因灭失或毁损所受之利益为限，负赔偿之责。

第954条　（善意占有人之必要费用求偿权）

善意占有人，因保存占有物所支出之必要费用，得向回复请求人请求偿还。但已就占有物取得孳息者，不得请求偿还。

第955条　（善意占有人之有益费用求偿权）

善意占有人，因改良占有物所支出之有益费用，于其占有物现存之增加价值限度内，得向回复请求人，请求偿还。

第956条　（恶意占有人之责任）

恶意占有人，或无所有意思之占有人，因可归责于自己之事由，致占有物灭失或毁损者，对于回复请求人，负损害赔偿之责。

第957条　（恶意占有人之必要费用求偿权）

恶意占有人，因保存占有物所支出之必要费用，对于回复请求人，得依关于无因管理之规定，请求偿还。

第958条　（恶意占有人之返还孳息义务）

恶意占有人，负返还孳息之义务，其孳息如已消费，或因其过失而毁损，或怠于收取者，负偿还其孳息价金之义务。

第959条　（视为恶意占有人）

善意占有人，于本权诉讼败诉时，自其诉讼拘束发生之日起，视为恶意占有人。

第960条　（占有人之自力救济）

占有人对于侵夺或妨害其占有之行为，得以己力防御之。

占有物被侵夺者，如系不动产，占有人得于侵夺后，即时排除加害人而取回之。如系动产，占有人得就地或追踪向加害人取回之。

第961条 （占有辅助人之自力救济）

依第942条所定对于物有管领力之人，亦得行使前条所定占有人之权利。

第962条 （占有人之物上请求权）

占有人，其占有被侵夺者，得请求返还其占有物。占有被妨害者，得请求除去其妨害。占有有被妨害之虞者，得请求防止其妨害。

第963条 （占有人物上请求权之消灭时效）

前条请求权，自侵夺或妨害占有，或危险发生后，1年间不行使而消灭。

第964条 （占有之消灭）

占有，因占有人丧失其对于物之事实上管领力而消灭。但其管领力仅一时不能实行者，不在此限。

第965条 （共同占有）

数人共占有一物时，各占有人，就其占有物使用之范围，不得互相请求占有之保护。

第966条 （准占有）

财产权，不因物之占有而成立者，行使其财产权之人，为准占有人。

本章关于占有之规定，于前项准占有准用之。

主要参考书目

一、中文书籍

史尚宽	物权法论	1987年
李光夏	民法物权新论	1955年
李肇伟	民法物权	1962年
姚瑞光	民法物权论	1999年
倪江表	民法物权论	1954年
梅仲协	民法要义	1954年
张企泰	中国民法物权论	1948年
黄右昌	民法诠解物权论	1972年
杨与龄	民法物权	1985年
郑玉波	民法物权	1999年
谢在全	民法物权论（上册）	1997年
苏永钦主编	民法物权争议问题研究	1999年

二、日文书籍

铃木禄弥	物权法讲义二订版	1959
舟桥谆一	物权法	1960
广中俊雄	物权法（第2版增补）	1982
我妻荣　　补订 有泉亨	新订物权法（民法讲义Ⅱ）	1983
川井健	物权法	1985年
田中整尔　编	物权法	1986年

| 高岛平藏 | 物权法制の基础理论 | 1986 年 |
| 鹰岛信孝 | 物权变动の法理的检讨 | 1994 年 |

三、德文书籍
（一）教科书

Baur/Stürner, Lehrbuch des Sachenrechts, 17. Aufl. 1999

Brehm/Berger, Sachenrecht, 2000

Eichler, Institutionen des Sachenrechts, 1954 – 1960

Heck, Grundiss des Sachenrechts, 1930

Hedemann, Sachenrecht, 3. Aufl. 1960

Müller, Klaus, Sachenrecht, 2. Aufl. 1989

Schwab/Prütting, Sachenrecht, 24. Aufl. 1993

Westermann, Sachenrecht, 6. Aufl. Bd. I, 1990

Wieling, Sachenrecht, Bd. I, 1990

Wolf, Ernst, Lehrbuch des Sachenrechts, 2. Aufl. 1979

Wolf, Manfred, Sachenrecht, 14. Aufl. 1997

Wolff – Raiser, Sachenrecht, 10. Bearbeitung 1957

（二）注释书

Erman, Hankommentar zum BGB, 8. Aufl. 1991

Jauernig, Bürgerliches Gesetzbuch mit Erläuterungen, 4. Aufl. 1987

Münchener Kommentar, 1. /2. Aufl. 1978ff.

Palandt, Bürgerliches Gesetzbuch, 59. Aufl. 1999

Staudinger, Kommentar zum Bürgerlichen Gesetzbuch, 11. /12. Aufl. 1956/1980 ff.

（三）主要简语表

| AcP | Archiv für die civilistische Praxis |
| BGH | Bundesgerichtshof, Entscheidungen in Zivilsachen |

JherJahrb	Jahrbücher für Dogmatik des heutigen römischen und deutschen Privatrechts, begründet von R. Jhering
JuS	Juristische Schulung
JZ	Juristenzeitung
NJW	Neue Juristische Wochenschrift
OLG	Die Rechtsprechung der Oberlandesgerichts
RabelsZ	Zeitschrift für ausländisches und internationales Privatrecht, begründet von Ernst Rabel

图书在版编目(CIP)数据

民法物权.第2册,用益物权、占有/王泽鉴著.—北京:中国政法大学出版社,2001.10
ISBN 7-5620-2187-2

Ⅰ.民... Ⅱ.王... Ⅲ.①物权—研究 Ⅳ.D913

中国版本图书馆 CIP 数据核字(2001)第 072291 号

☆ ☆ ☆ ☆ ☆

书 名:	民法物权.第2册
	用益物权·占有
出 版 人:	李传敢
出版发行:	中国政法大学出版社
经 销:	全国各地新华书店
承 印:	清华大学印刷厂
开 本:	850×1168mm 1/32
印 张:	15.5
字 数:	372 千字
版 本:	2001 年 10 月第 1 版 2001 年 10 月第 1 次印刷
印 数:	0 001—11 000
书 号:	ISBN 7-5620-2187-2/D·2147
定 价:	30.00 元

社 址:	北京市海淀区西土城路 25 号 邮政编码:100088
电 话:	(010)62229563 (010)62229278 (010)62229803
电子信箱:	zf5620@263.net
网 址:	http://www.cup1.edu.cn/cbs/index.htm

☆ ☆ ☆ ☆ ☆

声明:1. 版权所有,侵权必究。
2. 如发现印装质量问题,请与出版社联系调换。